国家自然科学基金重点课题支持项目

动态随机一般均衡
模型及其应用
（第三版）

刘　斌　著

中国金融出版社

责任编辑：方　晓
责任校对：张志文
责任印制：丁淮宾

图书在版编目（CIP）数据

动态随机一般均衡模型及其应用（Dongtai Suiji Yiban Junheng Moxing ji qi
Yingyong）/刘斌著. —3版. —北京：中国金融出版社，2016.8
ISBN 978-7-5049-8586-6

Ⅰ.①动…　Ⅱ.①刘…　Ⅲ.①经济模型—研究　Ⅳ.①F224.0

中国版本图书馆CIP数据核字（2016）第146352号

出版
发行　中国金融出版社

社址　北京市丰台区益泽路2号
市场开发部　　（010）63266347，63805472，63439533（传真）
网上书店　http://www.chinafph.com
　　　　　　　（010）63286832，63365686（传真）
读者服务部　　（010）66070833，62568380
邮编　100071
经销　新华书店
印刷　保利达印务有限公司
尺寸　169毫米×239毫米
印张　26.5
字数　432千
版次　2016年8月第1版
印次　2018年1月第2次印刷
定价　66.00元
ISBN 978-7-5049-8586-6/F.8146
如出现印装错误本社负责调换　联系电话（010）63263947

前　　言

　　动态随机一般均衡（DSGE）模型绝对不是指一成不变的一个模型或者一类模型，而是一种针对不同具体问题的分析框架或者方法。其名称本身就体现出以下几个方面的含义：首先，动态意味着该分析框架是从经济主体的行为决策出发，经济主体在可获得的信息集下理性地对其现在及未来的行为决策做出最优的选择。显然，这种行为决策不仅要考虑每期内不同决策之间的静态替代关系，而且也要考虑跨期决策之间的动态替代关系，决策中既要考虑替代效应，也要考虑收入或者财富效应，既要考虑已做的决策，也要考虑未做的决策，经济主体这种以优化为基础的行为决策方式使整个经济体系体现出内在的动态机制。其次，随机意味着经济主体是在不确定环境下进行决策。经济主体不可能生活在没有干扰的确定性环境中，其时刻都可能受到各种各样的冲击。这些冲击既包括实际冲击，也包括名义冲击，既包括暂时性冲击，也包括永久性冲击，既包括内部冲击，也包括外部冲击，既包括结构性冲击，也包括非结构性冲击等等，经济主体必须在包括这些冲击的不确定性环境下做出自己的行为决策，因此如果能够将经济中的不确定性刻画清楚和全面，那么将对经济主体的决策是有意义的。再次，一般均衡意味着整个分析是在瓦尔拉斯一般均衡框架下进行的。在瓦尔拉斯一般均衡框架下，经济主体的决策不是孤立进行的，每个经济主体的决策一方面会受到其他经济主体的影响，另一方面其决策也会影响其他经济主体的决策，各个经济主体的决策是相互影响的，整个经济在一定的条件下最终达到均衡状态。从以上几个方面可以看出，DSGE 模型具有建模框架显性化、理论分析一致、微观分析和宏观分析完美结合、长短期分析有机整合等特性，这些特性使其逐渐成为经济分析工具中一颗耀眼的明星，DSGE 模型已经逐步成为经济研究和政策分析领域发展速度最快、技术化程度最高、应用范围最广的主流研究方法和分析平台。

　　DSGE 模型不仅吸收了理性预期、动态优化以及一般均衡分析这些现代经济学的革命性发展，更试图将对经济增长、经济波动、货币与财政政策等宏观经济现象的分析建立在微观经济行为的基础之上，从方法上极大地填补了宏观经济学与微观经济学之间连接的空缺，而且在严谨数理逻辑的支持下，整个宏观经济的研究和讨论被纳入一个统一的平台，为宏观经济学的科学应用和规范性发展奠定了重要的方法论基础。

DSGE 模型的形成和发展是与经济学的发展紧密相连的。自 1970—1980 年代至今，宏观经济学分别经历了以 Lucas 批判为代表的对传统经济结构分析的反思、强调预期效应的理性预期革命以及一般均衡框架下进行动态递归分析等三次重大的变革。为纳入这些新的变革，宏观经济模型也在逐步由过去的静态分析转变为更加强调系统动态特性的分析；由过去确定性环境下的分析转变为不确定性环境下的分析；由过去的纯总量分析转变为更加注重微观基础的刻画、强调微观与宏观、长期和短期分析的有机结合。因此，与其说 DSGE 是一种新的经济模型，不如说其是对原有宏观经济模型、研究方法及框架的一次升级换代更为准确。

DSGE 模型的使用非常重视其建立的理论基础以及由微观到宏观的机制刻画。经济主体的增加不是随意而为，需要微观经济理论作支撑。在一般均衡的框架下，DSGE 模型采用动态优化的方法，自底向上考察经济系统中行为主体的决策，其能够很好地刻画经济系统中个体行为及个体行为最优情况下经济系统所体现的整体特性。

DSGE 模型专长于刻画经济系统的具体结构，便于进行各种类型的冲击模拟，而自下而上的建模原则又赋予其逻辑清晰的解释能力，非常适合于结构分析、冲击传导研究和政策模拟。另外，DSGE 模型与传统实证方法也实现了较好的结合，特别是与传统的时间序列分析方法，包括 VAR 模型及宏观计量模型的结合方面也展现出了较好的性质，并且随着 Bayes 估计技术的使用，DSGE 模型的估计以及对数据的解释能力等方面都得到了较大幅度的提升。

DSGE 模型不仅备受研究人员的青睐，而且得到了政府、货币当局和其他机构的重视。在国际上，许多国家的中央银行、财政部门以及 OECD、IMF、世界银行等国际机构纷纷针对自己关注的经济体，建立不同复杂程度的 DSGE 模型，基于这些 DSGE 模型对货币、财政、贸易、汇率等政策对经济的影响进行分析和预测，并作为政策制定的重要决策依据。

DSGE 模型的广泛使用，为宏观政策决策提供了非常重要的保障，同时也对从事宏观决策的人员素质提出了更高的要求。作为一种新型的分析工具和方式，如何正确看待和使用包括 DSGE 模型在内的各种模型从而对决策进行支持将非常关键，尽管仍有不足之处和争论，但大规模使用包括 DSGE 在内的各种模型、提高宏观决策的模型化和科学化水平已经是一个不可阻挡的趋势和方向。

　　与其他所有模型一样，DSGE 的分析方法也同样面临许多挑战并且不断在更新。2008 年金融危机后，DSGE 模型得到了迅速的发展，包括异质性经济主体行为的刻画、金融部门的细化、市场结构差异的描述、宏观政策的协调以及非常规货币政策的影响和宏观审慎政策的作用等问题均是 DSGE 模型探讨的方向和挑战，而且已经取得了一些非常好的结果。DSGE 模型的建立，需要针对具体的经济体而开展。由于中国转轨经济的属性，中国经济发展的高速性和不均衡性、中国宏观调控的特殊性、开创性和深入性等特点，对我国经济构建 DSGE 模型更加具有挑战性。因此，展望未来，无论是理论研究还是政策实践，都将在精准度、及时性、针对性等方面面临更高的要求，这也必将为我们学习、研究和使用 DSGE 模型提供更多机会和更加宽广的舞台。

　　在本书第一版出版时，本人只想将有关 DSGE 的最新成果以及自己的有限经验和体会及时介绍给读者，不曾想该书出版后得到了广大同仁的欢迎和支持。在本书的第二版中，本人对书中的错误进行了改正，同时增加了关于我国经济波动的根源分析及政策选择等内容。近几年来，DSGE 模型取得了飞速的发展，一些最新成果不断出现。在求解方法上，高阶非线性扰动法、高阶近似中的修剪算法、随机路径拓展法及非线性投影法等方面取得的一系列成果，使人们采用非线性求解方法直接对 DSGE 模型进行求解已经较为方便，从而对 DSGE 模型的非线性动态特性研究更为细致和准确；在估计方法上，随着粒子滤波等非线性滤波技术的发展和成熟，直接对 DSGE 模型进行非线性 Bayes 估计和进行模型的比较已经成为可能；在最优政策的选择上，不完全承诺的政策规则得到了较快的发展和应用；在黏性信息的处理上，新的算法使得计算和模拟黏性信息模型更加方便。针对以上几个方面，这一版增加了相关内容的介绍。

　　最后感谢国家自然科学基金重点课题（70933003）及面上课题（71173233） 对本书的支持。

目　　录

第一章　DSGE 模型的基本介绍

近十年来，经济分析工具的一个重要突破是动态随机一般均衡模型（Dynamic Stochastic General Equilibrium Models， DSGE 模型）的飞速发展和广泛应用，以此作为工具研究的经济问题也更加细致和深入。

DSGE 模型就是在不确定环境下研究经济的一般均衡问题，它是一种优化模型，它的出发点是严格依据一般均衡理论，利用动态优化方法对各经济主体（居民、厂商、政府等）在不确定环境下的行为决策进行详细的刻画，从而得到经济主体在资源约束、技术约束及信息约束等条件下的最优行为方程，再加上市场出清条件，并考虑加总（aggregation）方法，最终得到不确定环境下总体经济满足的方程。

DSGE 模型的最早雏形是 Kydland-Prescott（1980）提出的实际经济周期 （RBC）模型，他们在市场连续出清、价格为弹性及信息完全的假设条件下，利用动态优化方法，得到了不确定环境下经济主体的最优行为方程，并且，他们指出生产率冲击是经济波动的主要根源。虽然 RBC 模型的结论值得学者的进一步研究，但 RBC 模型对不确定环境下经济主体行为决策的处理方法引起了后来学者们的极大推崇，也成为 DSGE 模型采用的一个基本方法。另外，人们在经济建模方面不再仅仅停留于模型给出的数量结果，而是更加关注这些数量结果所隐含的幕后故事及其理论上的依据和解释，这其实对经济建模提出了更高的要求。DSGE 模型在近年来得到了飞速的发展，它的显性建模框架、理论一致性、微观和宏观的完美结合、长短期分析的有机整合等独特性日益受到人们的青睐，并且，计算机速度的迅速提高及 Bayes 估计方法的不断改进使 DSGE 模型的更新程度和进度大大提高，用它作为工具研究的经济问题也更加广泛和深入。目前许多国家的中央银行、财政部门和其他经济部门以及欧洲中央银行、国际货币基金组织、世界银行、OECD 等国际组织已经和正在开发不同复杂程度的 DSGE 模型，利用该模型研究的问题涉及经济景气分析、货币政策和财政政策、国际贸易、汇率的改革、收入分配及金融稳定等众多相关领域。可以预见，DSGE 模型未来将取代传统的计量经济模型而成为经济分析的一个基准工具。

本章主要对 DSGE 模型进行初步的介绍，并将其与传统的计量经济模型进行比较，从而了解其基本特点。

第一节　一个简单的 DSGE 模型

为考察 DSGE 模型的特点，首先来看一个简单的 DSGE 模型。在这个模型中，假设经济主体的种类连续分布于区间[0，1]，对于某个经济主体 j，其在预算约束下使其预期的效用贴现和最大化，即考虑下面的优化问题：

$$\max_{\{c_{j,t+i}, A_{j,t+i}\}} E_t \left[\sum_{i=0}^{\infty} \beta^i U(c_{j,t+i}) \right]$$

$$\textit{s.t.} \quad A_{j,t+i+1} = (1+r)A_{j,t+i} + y_{j,t+i} - c_{j,t+i}$$

其中，E 表示预期，U 是效用函数，β 是贴现因子，$c_{j,t}$ 是经济主体 j 在第 t 期的消费，$y_{j,t}$ 是经济主体 j 在第 t 期的收入，$A_{j,t}$ 是经济主体 j 在第 t 期期初拥有的财富，r 是财富的收益率。为后面讨论的方便，这里假设财富的收益率是常数，并且假设收入 $y_{j,t}$ 是外生变量，另外假设效用函数采用下面的函数形式：

$$U(c_{j,t}) = \frac{c_{j,t}^{1-\gamma}}{1-\gamma}$$

在后面的章节我们将详细讨论一般优化问题的解法，这里我们仅给出上面问题的结果，即经过处理可以得到上面优化问题的一阶条件：

$$c_{j,t}^{-\gamma} = E_t \left[\beta(1+r) c_{j,t+1}^{-\gamma} \right]$$

对于上面的预算约束等式，通过向前迭代可得到下式：

$$(1+r)A_{j,t} + \sum_{i=0}^{\infty} \frac{y_{j,t+i} - c_{j,t+i}}{(1+r)^i} = \lim_{i \to \infty} \left[(1+r)^{-i} A_{j,t+i+1} \right]$$

为避免 Ponzi 策略，需要施加横截性条件，$\lim_{i \to \infty} E_t A_{j,t+i}(1+r)^{-i} = 0$，代入上式可得

$$E_t \sum_{i=0}^{\infty} \frac{c_{j,t+i}}{(1+r)^i} = (1+r)A_{j,t} + E_t \sum_{i=0}^{\infty} \frac{y_{j,t+i}}{(1+r)^i}$$

该式表明，消费的贴现和等于收入的贴现和加上期初拥有的财富。利用上面得到的一阶条件进一步可以得到消费的表达式：

$$c_{j,t} = (1-\rho)\left[(1+r)A_{j,t} + E_t \sum_{i=0}^{\infty} \frac{y_{j,t+i}}{(1+r)^i}\right]$$

其中，$\rho = \beta^{\frac{1}{\gamma}}(1+r)^{\frac{1}{\gamma}-1}$。可以看出，当期消费不仅决定于当期财富，而且还决定于未来收入的贴现和，即 Friedman 提出的永久性收入。

上面得到了某个经济主体 j 的行为决策，由于模型中假设经济主体的种类连续分布于区间[0，1]，因而若直接对每个经济主体的行为特征进行研究将会非常复杂，为此我们期望从总量上研究整个经济的规律，这就需要考虑变量的加总（aggregation）问题。在加总时需要考虑的一个关键问题是，经济主体是同质的（homogeneous）还是异质的（heterogeneous），经济主体性质不同，将会对加总结果产生影响。这里假设经济主体是同质的，因此可定义以下总量：

$$c_t = \int_0^1 c_{j,t}\mathrm{d}j, \qquad y_t = \int_0^1 y_{j,t}\mathrm{d}j, \qquad A_t = \int_0^1 A_{j,t}\mathrm{d}j$$

其中，c_t、y_t 和 A_t 分别是加总后的消费、收入和财富。经过上述处理，从总量上前面的方程可改写为

$$c_t^{-\gamma} = E_t\left[\beta(1+r)c_{t+1}^{-\gamma}\right]$$

$$A_{t+1} = (1+r)A_t + y_t - c_t$$

$$c_t = (1-\rho)\left[(1+r)A_t + E_t \sum_{i=0}^{\infty} \frac{y_{t+i}}{(1+r)^i}\right] \tag{1-1}$$

可以看出，对于同质的经济主体，上面得到的总量行为方程与单个经济主体的行为方程在形式上是一致的。

若要进一步完全刻画消费的行为，则还需要考虑收入的变化规律。在上面的模型中，由于假设收入 y_t 是外生变量，因而我们不妨假设它由下面的方程描述：

$$y_t = ay_{t-1} + u_t$$

其中，u_t 是随机误差，这里假设它是均值为零的白噪声。

至此，我们基本上完成了对上面整个模型的描述。这个模型基本上包括两部分，一是外生变量的变化规律，二是内生变量的行为方程。而且，在我们的假设中，不确定性主要来源于收入的不确定性。如果要进一步求解模型，需要考虑的一个问题是预期采用什么样的形式，是采用自适应预期、理性预期，还是其他预期，不同的预期形式也将会影响求解的结果。这里，假设采用理性预期，即

$$x_{t+k} = E_t x_{t+k} + \eta_{t+k}, \qquad E_t(\eta_{t+k}) = 0, \;\; k \geqslant 1$$

其中，$E_t x_{t+k}$ 表示在第 t 期对变量 x_{t+k} 在第 $t+k$ 期的预期，η_{t+k} 是预期误差。在以上假设下，模型的最终解可表示为

$$c_t = (1-\rho)\left[(1+r)A_t + \frac{1+r}{1+r-a}y_t\right] + \frac{1-\rho}{1+r}u_t \qquad （1\text{-}2）$$

虽然在这个方程中，消费最终可以表示为当期财富和收入的函数形式，但要知道，方程（1-2）是在一定的假设下由方程（1-1）得到的，即它是方程（1-1）的简化式。另外也可以看到，在这个模型中，不确定性的刻画是非常清楚的，即不确定性主要来源于收入的不确定性。

当给出参数 γ、β、r 和 a 的数值后，参数 ρ 可通过 $\rho = \beta^{\frac{1}{\gamma}}(1+r)^{\frac{1}{\gamma}-1}$ 得到，若再知道随机项 u_t 的分布特征，则可以得到模型的求解结果。上面这个模型比较简单，我们实际上得到模型的解析解，在实际中通常并不能得到模型的解析解，因而需要通过一定的算法来得到模型的数值解。另外，我们非常关注的一个方面是经济达到长期均衡的状态，即稳态（steady-state）。由于上面这个简单模型能够得到解析解，因而经济的稳态就能够很容易地得到。但在实际中，当模型很复杂时，确定模型的稳态往往也是一件不容易的事情。

可以看出，DSGE 模型的建立首先从单个经济主体的行为决策出发，在得到单个经济主体的行为方程后，然后采用适当的加总技术得到经济总量满足的行为方程，最后在考虑预期的形成机制后采用一定的技术手段对模型进行求解。

第二节　传统计量经济模型与 Lucas 批判

对于前一节介绍的简单经济结构，我们再来看传统的计量经济模型是如何建模的。

从这个模型可以看出，随着收入 y_t 和财富 A_t 的增加，消费 c_t 也将增加。基于这个分析，若采用传统的计量经济方法对消费行为进行建模，通常设定如下的形式：

$$c_t = a_1 y_t + a_2 A_t + e_t \qquad (1\text{-}3)$$

其中，参数 a_1 和 a_2 分别表示消费关于收入和财富的边际倾向，e_t 表示残差。

在以上模型的设定形式下，人们会提出以下问题：首先，消费关于收入和财富的边际倾向 a_1 和 a_2 是否是常数？其是否会随着经济环境（如消费者的偏好、生产的技术条件等因素）、政策体制、预期的变化而保持稳定？其次，残差 e_t 的设定具有什么样的经济含义？它是否是人们感兴趣的经济冲击？最后，总量消费方程的设定形式是否与单个经济主体的消费决策行为一致？

比较方程（1-3）和方程（1-2）可以看出，传统的计量经济模型在模型设定时依据的理论实际上就是方程（1-2）。但是要知道，方程（1-2）是在一定的假设下由方程（1-1）得到的，即它是方程（1-1）的简化式，而这些假设中的两个重要方面是：（a）预期的形式是理性预期；（b）外生变量 y_t 的数据生成过程（DGP）采用了一阶自回归的形式。因此，传统的计量经济模型在模型设定时并不是严格地依据理论上得到的行为方程，只是利用了最终得到的变量之间的相互关系，从而其在模型设定上具有一定的任意性。另外，比较方程（1-3）和方程（1-2）可以看出

$$a_1 = \frac{(1-\rho)(1+r)}{1+r-a}$$

$$a_2 = (1-\rho)(1+r)$$

$$e_t = \frac{1-\rho}{1+r} u_t$$

$$\rho = \beta^{\frac{1}{\gamma}}(1+r)^{\frac{1}{\gamma}-1}$$

消费关于收入和财富的边际倾向 a_1 和 a_2 并不是一个简单的常数，它们依赖于其他深层次参数的常数，这里包括 β、γ、r 和 a，因而当经济环境、政策体制、预期等发生变化导致这些深层次参数发生变化时，可能会导致边际倾向 a_1 和 a_2 的变化及消费方

程的不稳定，即产生 Lucas 批判（1976）问题，这将对政策分析和评价造成很大影响。另外，由于方程（1-2）是方程（1-1）的简化式，因而直接从简化式设定总量消费方程可能与单个经济主体的消费决策行为并非完全一致，并且残差 e_t 设定的任意性使人们很难把握经济冲击产生的根源，从而对模拟分析的结果解释并不具有真正的客观性。实际上上面的模型只考虑了一个结构性冲击，即收入不确定产生的冲击，该冲击对消费及其他经济变量的影响可以清楚地通过 DSGE 模型的模拟计算而得到。此外，传统的计量经济模型并没有对经济的稳态进行显性的刻画，而 DSGE 模型却做得非常鲜明。

第三节　两种建模方式的比较

从以上这个简单模型，可对 DSGE 模型和传统的计量经济模型在建模上的主要特征进行概括。

（一）理论的严谨性比较

长期以来经济建模过程中一个没有得到根本解决的问题是，经济模型不能同时兼顾微观经济分析和宏观经济分析两方面，这两个方面在模型中基本上处于相对隔离的状态，出现这一问题的根本原因是由于模型的理论出发点对此问题考虑得不充分。比较 DSGE 模型和传统的计量经济模型可以看出，DSGE 模型在理论上是非常严谨的，这是因为 DSGE 模型严格依据一般均衡理论，利用动态优化方法对各经济主体在不确定环境下的行为决策进行了详细的描述并得到经济主体在资源约束、技术约束及信息约束等条件下的最优决策行为满足的一阶条件，因而它具有坚实的微观经济理论基础。而传统的计量经济模型没有对各经济主体的行为决策进行微观理论上的刻画，特别是没有对经济主体的跨期优化问题进行详细的描述，因而在进行模型设定时并不是严格地依据理论上得到的行为方程，只是利用了最终得到的变量之间的相互关系，从而其在模型设定上具有一定的任意性。DSGE 模型理论上的严谨性使其真正能够成为整合微观经济分析和宏观经济分析的经济模型。

（二）理论的一致性比较

比较 DSGE 模型和传统的计量经济模型可以看出，DSGE 模型具有理论上的一致性，具体体现在几个方面：一是 DSGE 模型在微观经济理论的基础上，基于经济主体的行为决策采用适当的加总技术得到经济总量满足的行为方程，这从根本上保证了宏观经济分析与微观经济分析的一致性，并使模型具有良好的整体特性。二是 DSGE 模型不仅对经济主体的最优行为决策方式及各经济主体决策行为之间的相互关系进行了清晰的描述，而且对经济的长期均衡状态（即稳态）及短期的动态调整过程进行了细致的刻画，从而使长期分析与短期分析得到了有机的结合。三是 DSGE 模型在不确定性环境下对经济主体的行为决策、行为方程中参数所依赖的深层次参数（即结构性参数）、各经济冲击的设定和识别进行了详细的描述，因而 DSGE 模型本质上是结构性模型，这可以避免 Lucas 批判。

而在传统的计量经济模型中，首先，微观经济分析与宏观经济分析基本上处于相对隔离的状态，人们不能从模型中鲜明地挖掘微观层面的经济含义，模型过分强调宏观经济分析，从而使模型缺乏良好的整体特性。其次，模型也没有对经济的稳态进行明确的描述，稳态是否存在成为一个关键问题。如果稳态不存在，那么经济运行的最终取向也就无从把握，这将对政策分析造成障碍。再次，模型对动态调整机制有一定的描述，但这些动态机制基本上是根据统计检验得到的，并且处理的方法具有随意性，因而不能真正反映经济主体行为决策的深刻含义。最后，模型通常表现为一种简化式的模型形式，这种非结构性模型常常受到 Lucas 批判，使用其进行政策模拟和分析得到的结果未必可靠，这将对政策分析和评价造成很大影响。虽然现有的一些模型通过外生性检验（exogeneity tests）或者超外生性检验（superexogeneity tests）可以减弱 Lucas 批判，但由于这些外生性检验并不是对整个模型进行的，因而并不是完全可靠。

（三）建模框架结构的比较

比较 DSGE 模型和传统的计量经济模型可以看出，DSGE 模型在建模框架上呈现出显性的结构特点，其在模型设定、行为方程的推导、参数的确定、冲击的识别、模型的动态特性及预期的形成机制等方面具有显性的结构特点，这种显性的建模框架能够真正使模型在开发者与应用者之间得到沟通和提高、模型的模拟和预测结果得到理解和可信。而传统的计量经济模型，在模型设定方面（特别是对行为方程的动态调整过程设定）具有一定的任意性，冲击的识别任意性处理也常常使人们很难把握经济冲击产生的根源，从而对模拟分析的结果解释并不具有真正的客观性。

（四）政策分析的比较

比较 DSGE 模型和传统的计量经济模型可以看出，DSGE 模型在政策分析上具有优越性，首先 DSGE 模型的结构性特点使其能够避免 Lucas 批判，从而在政策分析和评价中发挥巨大作用；其次，优化为基础的分析框架为福利分析提供了便利性，使政策的最优选择及各种政策的相互比较成为可能。

第四节　DSGE 模型建模的一般步骤

从前面介绍的简单模型我们可以对 DSGE 模型的建模过程概括为以下几个步骤。

（一）微观理论分析

实际中遇到的问题通常很复杂，经济系统中各要素间的影响关系也并非那么简单，为此，我们需要对所考察问题的性质进行剖析，并在现有的可利用资源基础上进行理论上的抽象。DSGE 模型的基础是微观经济理论，因此建立 DSGE 模型的第一步是对模型中的经济主体进行行为分析。

首先，我们需要针对具体的实际问题，确定模型中包含哪些类型的经济主体，如模型中通常假设包括居民、厂商、政府和中央银行等经济主体；每种类型的经济主体是否可以进一步细分，如模型中通常可以将厂商进一步细分为生产最终产品的厂商和生产中间产品的厂商；每个类型中的经济主体是同质的还是异质的，如模型中的每个居民可以假设为一样的，也可以根据其出生时间假设为不同时代的居民；经济主体的数量是有限的还是无限的，如模型中通常假设居民和厂商连续分布于某个区间。

其次，对各经济主体的行为决策进行描述并得到其行为方程。总的来看，在 DSGE 模型中，各经济主体的行为决策可表示为一些不确定环境下优化问题的求解，即经济主体在一定的约束条件下（如资源约束、技术约束及信息约束等）对其目标函数进行优化。对于每种类型的经济主体，其目标函数和约束条件不尽相同，如居民在预算约束条件下对其效用最大化，厂商在技术约束和需求约束条件下对其利润最大化或对其成本最小化，政府和中央银行在资源约束和信息约束条件下对社会福利水平最大化，等等。通过对这些随机优化问题进行求解，我们可以得到经济主体在不确定环境下的最优行为决策及其行为方程。

（二）从微观行为方程推导宏观行为方程

虽然从微观上对经济主体的行为决策进行了详细的描述，并得到了经济主体的行为方程，但值得注意的是，由于经济主体的数量非常大，有些甚至是连续分布于某个区间，因而如果直接对这些单个经济主体的行为方程进行求解将是非常复杂的，而且实际中我们通常也不可能得到每个经济主体的数据变量，为此，我们需要从宏观上得到更容易处理的模型，即需要将微观行为方程转换为宏观行为方程。在从微观行为方程推导宏观行为方程时，我们需要考虑针对不同类型的经济主体所采用的加总方法，这是 DSGE 模型必须考虑的一个问题。

如果经济主体是一样的和对称的，即经济主体是同质的，那么这类模型通常称为典型经济人（representative agent）模型，对于这类模型，加总方法相对比较简单，而且通常得到的总量行为方程与单个经济主体的行为方程在形式上是一致的，从而可以通过研究其中某个经济主体的决策行为，来描述整个经济的特征。

但在实际中我们经常还会遇到经济主体是异质的情况，对于这类问题，加总方法非常复杂，通常可能难以得到显性的总量表达式。目前对于这类模型，经常考虑是交迭世代模型（overlapping generations model，OLG 模型）。在 OLG 模型中，可以明显地看出总量行为方程与单个经济主体的行为方程在形式上存在着一定的差异。

正是由于 DSGE 模型在微观经济理论的基础上，基于经济主体的行为决策采用适当的加总技术得到经济总量满足的行为方程，从而从根本上保证了宏观经济理论分析与微观经济理论分析的一致性，并使模型具有良好的整体特性。

（三）模型的整体结构分析

将上面得到的经济行为方程与经济中的一些等式结合起来，就构成了 DSGE 模型。在使用 DSGE 模型之前，我们通常需要对模型的整体结构进行分析。

模型整体结构分析的一个重要方面是模型是否能够对经济的长期均衡状态（即稳态）进行很好的刻画，这一点在传统的计量经济模型中是非常欠缺的。如果模型对经济的长期均衡状态没有很好的刻画，那么经济运行的最终取向也就无从把握，此时模型的稳定性也将受到质疑，最终将对政策分析造成障碍。为此，DSGE 模型非常重视对经济稳态的刻画。

经济稳态的刻画包括两部分：（1）实体经济稳态的确定。主要体现在三方面：一是实体经济的稳态是由什么因素决定的，这些决定因素是实体经济因素（如生产率变化）还是非实体经济因素（如货币变化）；二是实体经济的稳态是否受价格水平变化的影响，即各实体经济的行为方程关于价格是否具有静态齐次性（static homogeneity，静态齐次性是指实体经济的稳态不受名义变量水平变化的影响），如果具有静态齐次性，那么说明实体经济关于货币在长期是中性的；三是实体经济的稳态是否会受到通胀率变化的影响，即实体经济的行为方程关于价格是否具有动态齐次性（dynamic homogeneity，动态齐次性是指实体经济的稳态不受名义变量增长率变化的影响），如果具有动态齐次性，那么说明实体经济关于货币在长期是超中性的。如果满足这些齐次性条件，则说明实体经济的稳态主要由实体经济因素而非货币因素来确定，此时模型在长期呈现出新古典经济学的特点。（2）名义变量稳态的确定。名义变量的稳态由选定的名义锚（nominal anchor）来确定，名义锚通常体现为对某些名义变量长期目标值的设定（如通胀率或物价水平的目标值）。为保证这些目标值的实现，通常选定联系政策操作工具和名义锚的目标值的反应函数，如经常使用的一个名义锚是货币政策规则（monetary policy rules）。

模型整体结构分析的另一个重要方面是模型是否能够对经济的动态调整机制进行很好的刻画。由于实际经济常常处于非均衡状态，因而一个性能良好的模型不仅要对经济的长期均衡状态进行刻画，而且还要对经济由非均衡状态向均衡状态的调整机制进行详细的描述。传统的计量经济模型通常采用一定的统计方法对模型的动态调整机制进行了描述，如经常采用的误差校正（error-correction）调整机制，这样确定的动态调整机制虽然能够很好地拟合实际数据，但处理的方法具有随意性，缺乏从微观到宏观的理论解释和相互联系性，因而不能真正反映经济主体行为决策的深刻含义。与此不同的是，DSGE 模型的动态调整机制是从经济主体的行为决策直接得到的，如在考虑投资具有调整成本的情况下，由厂商的行为决策得到的投资行为方程本身就体现了动态调整的过程。因此，DSGE 模型的动态调整机制具有坚定的理论基础，且从微观到宏观是有机地结合在一起的。

总的来看，现有的 DSGE 模型基本上是以动态优化为基础的新兴新古典综合模型（new neoclassical synthesis model），模型在长期呈现出新古典经济学的特点，在短期呈现新凯恩斯经济学（new Keynesian economics）的特点，由于其对经济的长期均衡状态及短期的动态调整过程进行了细致的刻画，从而使长期与短期经济分析得到了有机的结合。

（四）模型的求解

大部分 DSGE 模型在长期均呈现出新古典经济学的特点，因而经济最终可能趋向一条均衡的增长路径而不是一个点，为此在求解 DSGE 模型之前，通常需要先对 DSGE 模型进行适当的变换，在采用适当的方法去掉经济变量的共同趋势项后，将模型变换成平稳的形式，然后再对模型进行求解。虽然计量经济学在处理趋势项已有很多较成熟的方法，但在 DSGE 建模过程中，通常在对产生趋势项的根源进行深入的分析后，再采用适当的方法处理趋势项。

在得到平稳形式的 DSGE 模型后，下一步就是对其进行求解。在对模型进行求解时，需要对解的存在性、唯一性及稳定性进行深入的分析。大部分 DSGE 模型都是非线性模型，对其求解非常复杂，计算量也非常大。目前对 DSGE 模型求解的方法大致可以分为两类，一类方法是直接对非线性模型进行求解，使用这类方法的好处是我们可以得到所有感兴趣的变量信息，但不足之处是求解复杂，计算速度缓慢；另一类方法是先对模型进行对数变换，然后在稳态附近进行 Taylor 展开，再对展开后的模型进行求解。如果只对变量的一阶矩感兴趣，那么可以采用一阶近似即可，此方法通常称为对数线性化的求解方法；如果对变量的高阶矩感兴趣，如在利用模型进行福利分析时经常要使用变量的高阶矩，那么可以采用二阶或者高阶近似，此方法通常称为高阶形式的求解方法。采用第二类方法的好处是计算速度快，但不足之处是该方法只是针对局部解而言的，为此，若要考虑全局解的特性，通常还须配合敏感性分析（sensitivity analysis）。

由于我们是针对经过变换的模型进行求解的，因而在得到模型的解之后，还需要将模型的解进行反变换，这样才能最终得到原始模型的求解结果，为进一步分析奠定基础。

（五）模型中参数的确定

DSGE 模型虽然具有坚定的理论基础，但如果其求解结果不能很好地反映实际经济数据的特征，那么该模型也不是一个有效的模型。由于模型的求解结果依赖于参数的选择，因此根据实际经济数据对模型中的参数进行正确的设定是 DSGE 模型中的一个重要环节。

DSGE 模型中的参数可以分为两类，一是反映模型稳态特性的有关参数，二是反映模型动态特性的有关参数。对于第一类参数，通常采用校准（calibration）的方法来设定，对于第二类参数，通常采用估计的方法来确定，常用的估计方法有极大似然估计方法、广义矩方法（Generalized Method of Moments， GMM）、模拟矩方法（Simulated Method of Moments， SMM）及 Bayes 估计方法。GMM 和 SMM 可以针对单方程进行，也可以针对整个联立方程进行。与极大似然估计方法相比较，Bayes 估计方法在充分考虑了参数的先验分布特征后，再根据 Bayes 原理对参数进行事后的估计和修正，从而使参数的估计更加有效，其日益成为 DSGE 模型估计的一种主要方法。

（六）模型的比较和选择

理论基础、模型设定及估计技术的差异可能产生不同的模型，那么这些模型到底是哪个比较好或者是否存在一个包含另一个的情况呢？这就是模型的比较和选择问题。我们建立模型的目标是模型能够尽量简洁，但模型能够保证理论与数据的尽量相容。因此，对于建立的不同模型进行比较并最终选择理论与数据相一致的模型是非常必要的，只有在可靠的模型下，我们才能进行可靠的经济模拟和预测。关于 DSGE 模型的比较和选择，既有传统的计量经济模型比较和选择方法，也有 Bayes 模型比较和选择方法。特别是，在对非嵌套的 DSGE 模型进行比较和选择方面，Bayes 方法是目前最为有效的一个方法。

（七）经济模拟

建立模型的目的之一是进行定量的经济分析，经济分析包括对政策变化及各种冲击（包括内部和外部冲击、确定性冲击和不确定性冲击、短暂性冲击和持久性冲击等）对经济系统的影响效果进行分析，即利用历史数据，在一定的假设前提下，对各种情景进行经济模拟分析。那么我们建立的经济模型是否能够做到这一点呢？要做到这一点，我们就需要对建立的经济模型进行进一步的模拟检验。利用模型进行经济模拟不仅能检验模型的计算结果是否符合经济理论，而且可以分析宏观经济政策的实施效果，从而为政策的制定提供决策依据。模拟包括确定性模拟和随机模拟。确定性模拟是指在不考虑误差项的情况下通过改变模型中外生变量（如政策变量等）的数值，观察模型中内生变量的变化情况。随机模拟是指分析各种不确定性因素（如生产率冲击）对模型中内生变量所产生的影响。两种模拟方法都是必不可少的。

（八）最优经济政策的选择

由于 DSGE 模型具有坚定的微观经济理论基础，微观分析与宏观分析也是完美地结合在一起的，因此，这就为福利分析及最优经济政策的选择提供了基础。所谓最优的经济政策，就是在一定的约束条件下政策决策部门通过选择政策操作工具使政策目标达到最优，即在模型的约束下，通过选择政策工具使损失函数达到最小值。

在选择最优的经济政策之前，我们首先需要解决的一个问题是，损失函数与社会福利目标函数存在什么关系，它们的最终目标是否一致。无论采用哪种经济政策，从福利分析的角度来看，经济政策应该以提高社会福利为其目标，从而政策决策部门的损失函数应选择社会福利目标函数。Woodford（1999）、Erceg-Henderson-Levin（2000）和 Svensson（2003）等学者指出，损失函数的负值是社会福利目标函数的二阶近似，因而在二阶近似的范围内通过使损失函数最小化也就使社会福利目标函数达到了最大化，故此选择损失函数与社会福利目标函数的最终目标是一致的，而且这些结论也给损失函数赋予了微观理论上的进一步解释。

在求解该优化问题时，经济政策的决策方式对求解结果具有很大的影响。决策方式体现了政策决策部门为实现其目标进行政策工具选择和调整的原则。一种较为常用的决策方式是相机抉择（discretion），即政策决策部门根据经济状态相机而灵活地调整政策工具，这种方式的灵活性特点使之至今仍被政策决策所采用。另一种决策方式是政策规则，即政策决策部门始终按照某种规则来调整政策工具。相机抉择虽然灵活，但缺少承诺机制，如果缺少承诺机制，那么政策的有效性和可信性（credibility）就值得怀疑。政策规则虽然缺少灵活性，但却建立了承诺机制，从而可以提高政策的有效性和可信性。在不确定环境下，由于经济系统时刻受到国内外各种冲击的影响，因而如何针对各种冲击设计出及时的、有效的、时间一致的（time consistent）、稳健（robust）的政策规则，从而指导政策决策部门制定出切实可行的各项政策措施，不仅具有重要的实际意义，而且对促进经济的平稳发展具有重要的作用。

以上介绍了 DSGE 经济模型建模的几个基本步骤，这几个步骤是缺一不可的，而且在实际建模中，这些环节通常是一个反复迭代的过程，后面的章节将陆续介绍建模的这些环节。

第二章　DSGE 模型的结构

第一节　微观经济主体的行为刻画

一、动态优化的一些方法

DSGE 模型的微观理论基础是经济主体的行为描述，在以下各章推导经济主体的行为方程时，时常会遇到最优控制问题，即经济主体在一定的约束条件下（如资源约束、技术约束及信息约束等），对其目标函数进行优化，从而得到经济主体的最优行为决策，为此，这里介绍一些最优控制的基本解法。

（一）经典最优控制的基本解法

1. 确定性情况。考虑下面的最优控制问题：

$$\max_{\{u\}}\left[\sum_{t=0}^{\infty}\beta^{t}r(x_{t},u_{t})\right]$$

$$\textit{s.t.}\quad x_{t+1}=g(x_{t},u_{t}),\qquad x_{0}\text{给定}$$

其中，β 是贴现因子，$0<\beta<1$，$r(x_{t},\ u_{t})$ 是当期目标函数（如效用函数），x_{t} 是状态变量（$n\times1$ 维向量），u_{t} 是控制变量（$k\times1$ 维向量）。

对于该问题的求解，下面主要介绍两种方法的基本思想和算法，关于解的存在性及稳定性等证明这里不再详述。这两种方法是动态规划（dynamic programming）方法和 Lagrange 乘子法。

（1）动态规划方法。动态规划的基本原理是，如果在某期得到最优解，那么该解在以后各期仍然是最优的。

定义值函数（value function）如下：

$$V(x_t) = \max_{\{u\}}\left[\sum_{s=t}^{\infty}\beta^{s-t}r(x_s,u_s)\right]$$

其满足下面的 Bellman 方程：

$$V(x_t) = \max_{u_t}\{r(x_t,u_t) + \beta V[g(x_t,u_t)]\}$$

我们期望能够同时得到最优控制 u_t 和值函数 $V(x_t)$，即

$$u_t = h(x_t)$$

$$V(x_t) = r[x_t,h(x_t)] + \beta V\{g[x_t,h(x_t)]\}$$

最优控制 u_t 满足的一阶条件是

$$\frac{\partial r(x_t,u_t)}{\partial u_t} + \beta\frac{\partial g(x_t,u_t)}{\partial u_t}V'[g(x_t,u_t)] = 0$$

同时，我们还可以得到值函数 $V(x_t)$ 满足的 Benveniste-Scheinkman 方程，即

$$V'(x_t) = \frac{\partial r[x_t,h(x_t)]}{\partial x_t} + \beta\frac{\partial g[x_t,h(x_t)]}{\partial x_t}V'\{g[x_t,h(x_t)]\}$$

对于上述问题的 Howard 算法为：

步骤 1：初选控制 $u_t = h_j(x_t)$，并计算

$$x_{t+1} = g[x_t,h_j(x_t)], \quad V_{h_j}(x_t) = \sum_{s=t}^{\infty}\beta^{s-t}r[x_s,h_j(x_s)]$$

步骤 2：对优化问题 $\max_{u_t}\{r(x_t,u_t) + \beta V_{h_j}[g(x_t,u_t)]\}$ 进行求解得到新的控制，即

$$u_t = h_{j+1}(x_t)$$

步骤 3：采用新的控制返回到步骤 1 和步骤 2，并对 j 进行迭代，直至上述过程收敛，从而得到最终优化解。

从上面可以看出，动态规划的最大特点是将原来的跨期优化问题转换为一系列的单期优化问题。

（2）Lagrange 乘子法。假设约束方程对应的 Lagrange 乘子向量为 λ_{t+1}，构造 Lagrange 函数，即

$$L = \sum_{t=0}^{\infty} \beta^t \{ r(x_t, u_t) + \lambda_{t+1}' [g(x_t, u_t) - x_{t+1}] \}$$

分别对 u_t 和 x_t 求导，可得到下面的一阶条件：

$$\frac{\partial r(x_t, u_t)}{\partial u_t} + \frac{\partial g(x_t, u_t)}{\partial u_t} \lambda_{t+1} = 0$$

$$\frac{\partial r(x_t, u_t)}{\partial x_t} + \frac{\partial g(x_t, u_t)}{\partial x_t} \lambda_{t+1} - \lambda_t / \beta = 0$$

由状态方程和上面的一阶条件联立进行求解可得到 u_t、x_t 和 λ_t，并得到最终优化解。

从上面可以看出，Lagrange 乘子法的特点是在得到一阶条件后，通过联立求解方程得到优化解。

如果从上面的方程消去 $V(x_t)$ 或消去 λ_t，那么将得到相同的 Euler 方程，因此这两种方法是等价的，并且 $\lambda_t = \beta V'(x_t)$，$\lambda_t$ 通常也称影子价格（shadow prices）。

2. 随机情况。将上面的确定性最优控制问题推广到随机情况，即考虑随机最优控制问题：

$$\max_{\{u\}} E_0 [\sum_{t=0}^{\infty} \beta^t r(x_t, u_t)]$$

$$\textbf{\textit{s.t.}} \quad x_{t+1} = g(x_t, u_t, \varepsilon_{t+1}), \qquad x_0 \text{ 给定}$$

其中，与确定性情况不同的是，E_0 是表示条件期望，ε_t 是符合独立同分布的随机误差向量。此时，Bellman 方程变为

$$V(x_t) = \max_{u_t} \{ r(x_t, u_t) + \beta E_t \{ V[g(x_t, u_t, \varepsilon_{t+1})] \} \}$$

一阶条件变为

$$\frac{\partial r(x_t, u_t)}{\partial u_t} + \beta E_t \{ \frac{\partial g(x_t, u_t, \varepsilon_{t+1})}{\partial u_t} V'[g(x_t, u_t, \varepsilon_{t+1})] \} = 0$$

$$V'(x_t) = \frac{\partial r[x_t, h(x_t)]}{\partial x_t} + \beta E_t \{ \frac{\partial g[x_t, h(x_t), \varepsilon_{t+1}]}{\partial x_t} V'\{g[x_t, h(x_t), \varepsilon_{t+1}]\} \}$$

同样，也可以写出相应的 Howard 算法。

3. 线性系统下的二次型最优控制。在以上的分析中，函数 $r(x_t, u_t)$ 和 $g(x_t, u_t)$ 的形式没有具体的设定，实际中我们还经常考虑下面线性系统下的二次型最优控制：

$$\max_{\{u\}} \sum_{t=0}^{\infty} \beta^t ([x_t' \quad u_t'] \begin{bmatrix} Q & W \\ W' & R \end{bmatrix} \begin{bmatrix} x_t \\ u_t \end{bmatrix})$$

$$\textbf{\textit{s.t.}} \quad x_{t+1} = Ax_t + Bu_t, \quad x_0 \text{给定}$$

其中，x_t 是状态变量（$n \times 1$ 维向量），u_t 是控制变量（$k \times 1$ 维向量），A、Q 是 $n \times n$ 矩阵，B、W 是 $n \times k$ 矩阵，R 是 $k \times k$ 矩阵，矩阵 $\begin{bmatrix} Q & W \\ W' & R \end{bmatrix}$ 是半负定矩阵。假设值函数 $V(x) = x'Px$，矩阵 P 是半负定 $n \times n$ 矩阵。采用上面介绍的动态规划方法，可得到下面的方程：

$$u_t = -Fx_t, \quad F = (R + \beta B'PB)^{-1}(\beta B'PA + W')$$

$$P = Q + \beta A'PA - (W + \beta A'PB)(R + \beta B'PB)^{-1}(\beta B'PA + W')$$

上面的方程是关于矩阵 P 的 Ricatti 方程。通过迭代求解 P 后，可以得到最优控制问题的解。

若推广到随机情况，即考虑下面的随机最优控制问题：

$$\max_{\{u\}} E_0 [\sum_{t=0}^{\infty} \beta^t ([x_t' \quad u_t'] \begin{bmatrix} Q & W \\ W' & R \end{bmatrix} \begin{bmatrix} x_t \\ u_t \end{bmatrix})]$$

$$\textbf{\textit{s.t.}} \quad x_{t+1} = Ax_t + Bu_t + \varepsilon_{t+1}, \quad x_0 \text{给定}$$

其中，ε_t 是随机误差向量，其服从均值为零、协方差为 Σ 的正态独立同分布。假设值函数 $V(x) = x'Px + d$，矩阵 P 是半负定 $n \times n$ 矩阵，d 是常数。

采用动态规划方法可以得到与确定性情况一样的方程，只是值函数相差一个常数 $d = \beta(1-\beta)^{-1}[trace(P\Sigma)]$。因此，在线性系统情况下，当目标函数是二次型时，最优控制 u_t 及矩阵 P 在确定新情况与随机情况是相同的，其与随机项 ε_t 的统计特征无关，从而在随机情况下求解最优控制 u_t 及矩阵 P 时，我们只要对忽略随机项的确定性情况进行求解即可，这就是确定性等价定理（certainty-equivalence theorem）。

（二）经典最优控制的扩展

经济中常常涉及预期变量，因此对经典最优控制进一步扩展是有必要的。考虑下面的随机最优控制问题：

$$\max_{\{u\}} E_0[\sum_{t=0}^{\infty} \beta^t r(x_t, u_t)]$$

$$\boldsymbol{s.t.} \quad E_t[f(x_{t+1}, x_t, x_{t-1}, u_t, \varepsilon_t)] = 0，\quad x_0 \text{ 给定}$$

其中，E_t 表示条件数学期望，x_t 是状态变量，u_t 是控制变量，ε_t 是符合独立同分布的随机误差向量，与上面不同的是，此时状态方程中含有预期变量。

定义 Lagrange 函数如下：

$$L = E_0 \left\{ \sum_{t=0}^{\infty} \beta^t [r(x_t, u_t) + \lambda_{t+1}^{'} f(x_{t+1}, x_t, x_{t-1}, u_t, \varepsilon_t)] \right\}$$

其中，λ_{t+1} 为约束方程对应的 Lagrange 乘子向量。

该优化问题的一阶条件为

$$E_t \left[\begin{array}{l} \dfrac{\partial r(x_t, u_t)}{\partial x_t} + \lambda_{t+1}^{'} f_2(x_{t+1}, x_t, x_{t-1}, u_t, \varepsilon_t) \\ + \beta \lambda_{t+2}^{'} f_3(x_{t+2}, x_{t+1}, x_t, u_{t+1}, \varepsilon_{t+1}) + \beta^{-1} \lambda_t^{'} f_1(x_t, x_{t-1}, x_{t-2}, u_{t-1}, \varepsilon_{t-1}) \end{array} \right] = 0$$

$$E_t \left[\frac{\partial r(x_t, u_t)}{\partial u_t} + \lambda_{t+1}^{'} f_4(x_{t+1}, x_t, x_{t-1}, u_t, \varepsilon_t) \right] = 0$$

$$E_t[f(x_{t+1}, x_t, x_{t-1}, u_t, \varepsilon_t)] = 0$$

其中，f_j 表示函数 f 对第 j 个变量的偏导数。

通过求解上面的联立方程，我们最终可以得到优化问题的解，由于上面对应于一般的非线性情况，因而求解过程将非常复杂。

如果考虑线性情况，上面的二次型最优控制通常写成下面的形式：

$$\max_{\{u\}} E_0[\sum_{t=0}^{\infty} \beta^t ([x_t^{'} \quad u_t^{'}] \begin{bmatrix} Q & W \\ W' & R \end{bmatrix} \begin{bmatrix} x_t \\ u_t \end{bmatrix})]，\quad x_t = \begin{bmatrix} x_{1t} \\ x_{2t} \end{bmatrix}$$

$$s.t. \quad \begin{bmatrix} x_{1t+1} \\ E_t x_{2t+1} \end{bmatrix} = A \begin{bmatrix} x_{1t} \\ x_{2t} \end{bmatrix} + Bu_t + \begin{bmatrix} \varepsilon_{t+1} \\ 0_{n_2 \times 1} \end{bmatrix}$$

其中，状态变量 x_t 由前定变量（predetermined variables） x_{1t}（$n_1 \times 1$）和前瞻性变量（forward-looking variables） x_{2t}（$n_2 \times 1$）组成，u_t（$k \times 1$）是控制变量，E_t 表示条件数学期望，ε_t（$n_1 \times 1$）是误差变量，其服从均值为零、协方差为 Ω 的正态独立同分布。

假设约束方程对应的 Lagrange 乘子为 $\rho_{t+1} = \begin{bmatrix} \rho_{1t+1} \\ \rho_{2t+1} \end{bmatrix}$，其中 ρ_{1t+1}（$n_1 \times 1$）和 ρ_{2t+1}

（$n_2 \times 1$）分别对应前定变量 x_{1t} 和前瞻性变量 x_{2t} 的方程，记 $\xi_{t+1} = \begin{bmatrix} \varepsilon_{t+1} \\ x_{2t+1} - E_t x_{2t+1} \end{bmatrix}$，那么对上述问题的求解可表示为下式：

$$\max_{\{u_t\}} E_0 \{ \sum_{t=0}^{\infty} \beta^t [x_t' Q x_t + 2x_t' W u_t + u_t' R u_t + 2\rho_{t+1}'(Ax_t + Bu_t + \xi_{t+1} - x_{t+1})] \}$$

其一阶条件为

$$\begin{bmatrix} I_n & 0_{n \times k} & 0_{n \times n} \\ 0_{n \times n} & 0_{n \times k} & \beta A' \\ 0_{k \times n} & 0_{k \times k} & -B' \end{bmatrix} \begin{bmatrix} x_{t+1} \\ u_{t+1} \\ E_t \rho_{t+1} \end{bmatrix} = \begin{bmatrix} A & B & 0_{n \times n} \\ -\beta Q & -\beta W & I_n \\ W' & R & 0_{k \times n} \end{bmatrix} \begin{bmatrix} x_t \\ u_t \\ \rho_t \end{bmatrix} + \begin{bmatrix} \xi_{t+1} \\ 0_{n \times 1} \\ 0_{k \times 1} \end{bmatrix}, \quad t > 0$$

为求解方程上式，我们还须给出初值条件，即给定前定变量的初值。由于 Lagrange 乘子 ρ_{1t+1} 和 ρ_{2t+1} 分别对应前定变量 x_{1t} 和前瞻性变量 x_{2t} 的方程，因而 ρ_{2t+1} 是前定变量，ρ_{1t+1} 是前瞻性变量，由此初值由 x_{10} 和 ρ_{20} 给出。

二、一些典型经济主体的行为刻画

建立 DSGE 模型的首要任务是从理论上对经济主体的行为进行详细的描述，这些经济主体在一定的约束条件下（如资源约束、技术约束及信息约束等），对其目标函数进行优化，从而得到其行为方程。在建模时，为了便于处理，通常对经济主体进行一定的分类，然后对于每类经济主体考察其行为方程。

如果对 DSGE 模型中的经济主体进行大致的分类，那么通常可分为以下几类：居民、厂商、金融机构、政府及对外部门。其中，厂商可分为生产最终产品的厂商和生产中间产品的厂商；金融机构可分为商业银行及中央银行两类；对外部门可分为出口商和进口商。

居民在预算约束条件下，对消费、劳动力供给及资产的选择进行决策。可供居民选择的资产包括实物资产（如居民作为企业的所有者拥有的实物资本）和金融资产，金融资产包括货币、债券、股票及国外金融资产等。如果没有将居民对企业的所有权和经营权进行分离，那么居民在对资本进行选择时，也同时考虑对投资的选择，在追加投资时，通常受到调整成本的影响；如果将居民对企业的所有权和经营权进行分离，那么可以假设存在一个生产资本品和投资品的厂商，他们作为经营者来决定资本和投资的选择，并将资本收益转移支付给居民。另外，若劳动力市场处于垄断竞争的状态，那么居民在劳动力需求的约束下，对工资率有一定的定价权。

生产最终产品的厂商将中间产品进行加工成最终产品，并提供给其他经济主体，通常假设最终产品的市场处于完全竞争状态。从需求的角度，最终产品可分为国内产品的需求和进口产品的需求；从供给的角度，最终产品可分为国内产品的供给和出口产品的供给。

生产中间产品的厂商利用劳动力和资本进行生产，并将中间产品出售给生产最终产品的厂商。在垄断竞争的环境下，生产中间产品的厂商面临需求约束，对中间产品有一定的定价权，同时在剔除劳动力成本及资本成本后，将超额利润转移支付给居民。在资本短期内难以调整的情况下，生产中间产品的厂商可以确定最优的资本利用率，但对此需要付出使用成本。

商业银行通过吸收存款和拆借资金等方式获得资金来源，并向厂商提供贷款。同时在经营过程中，商业银行由于受到法定存款准备金率的约束及流动性需求的约束，从而在中央银行的账户上保留法定准备金和合理的超额准备金。

中央银行和财政部门可以合并为广义政府部门，从福利分析的角度来看，广义政府在考虑其他经济主体的行为决策下，通过选择其调控工具使社会福利函数最大化，从而得到最优的政策选择。

对外部门的出口商（进口商）同样可以分为最终产品的出口商（进口商）和中间产品的出口商（进口商），最终产品的市场处于完全竞争状态，而中间产品的市场处于垄断竞争状态。中间产品的出口商（进口商）面临需求约束对中间产品的出口（进口）有一定的定价权。

为探讨动态优化方法的应用，我们下面以一个封闭经济的例子详细研究经济主体的行为决策。在这个封闭经济中，经济主体包括居民、厂商、中央银行和政府。为讨论方便，在这里的模型中，假设价格是黏性的，而假设工资是弹性的。在后面的章节中，我们可以进一步假设工资也是黏性的，从而可以探讨更一般的情况。

（一）居民的行为决策

假设居民连续分布于区间[0，1]，对于某个居民 j，其行为决策由下面的优化问题来描述：

$$\max_{\{c,n,M,B,k,i\}} E_t[\sum_{i=0}^{\infty} \beta^i U(c_{j,t+i}, n_{j,t+i}, M_{j,t+i} / P_{t+i})]$$

$$\textbf{\textit{s.t.}} \qquad ICB_{j,t} = 0$$
$$KC_{j,t} = 0$$

其中，

$$U(c_{j,t}, n_{j,t}, M_{j,t} / P_t) = \frac{z_t^c c_{j,t}^{1-\sigma_c}}{1-\sigma_c} - \omega_n \frac{n_{j,t}^{1+\sigma_n}}{1+\sigma_n} + \omega_m \frac{(M_{j,t}/P_t)^{1-\sigma_m}}{1-\sigma_m}$$

$$IBC_{j,t} \equiv M_{j,t-1}/P_t + B_{j,t-1}/P_t + yd_{j,t} - c_{j,t} - i_{j,t} - M_{j,t}/P_t - B_{j,t}/[P_t(1+nr_t)]$$

$$KC_{j,t} \equiv (1-\delta)k_{j,t-1} + \left[1 - S\left(\frac{i_{j,t}}{i_{j,t-1}}\right)\right] i_{j,t} z_t^i - k_{j,t}$$

$$yd_{j,t} = w_t n_{j,t} + r_t^k k_{j,t-1} + div_{j,t} - \tau_{j,t}$$

其中，E 是数学期望；β 是贴现因子；U 是当期效用函数，它是消费、劳动和货币实际余额的函数；$c_{j,t}$ 是居民 j 在 t 期对最终产品的消费；$n_{j,t}$ 是居民 j 在 t 期提供的劳动力；P_t 是最终产品的价格；$M_{j,t}$ 和 $B_{j,t}$ 分别是居民 j 在 t 期持有的名义货币和名义债券的期末余额；$i_{j,t}$ 是居民 j 在 t 期的实际投资；$k_{j,t}$ 是居民 j 在 t 期持有的实物资本的期末存量；nr_t 是债券的名义利率；r_t^k 是资本的实际收益率；$yd_{j,t}$ 是居民 j 在 t 期的可支配收入，它包括劳动收入 $w_t n_{j,t}$、资本收入 $r_t^k k_{j,t-1}$ 及生产中间产品的厂商对其支付的剩余利润 $div_{j,t}$，再抛去其向政府部门上缴的税收 $\tau_{j,t}$，w_t 是实际工资。模型中假设居民同时是企业的所有者和经营者，因而其同时考虑对资本和投资的决策，在追加投资时，其考虑了调整成本的影响，调整成本是依赖于投资 $i_{j,t}$ 的函数 $S\left(\frac{i_{j,t}}{i_{j,t-1}}\right)$，$\delta$ 是资本的折旧率。在不确定性环境下，居民在行为决策时受到随机冲击的影响，这里随机冲击包括总需求冲击 z_t^c 及投资冲击 z_t^i。

采用 Lagrange 乘子法，上面的优化问题可写成：

$$\max_{\{c,n,M,B,k,i\}} E_t\{\sum_{i=0}^{\infty} \beta^i [U(c_{j,t+i}, n_{j,t+i}, M_{j,t+i}/P_{t+i}) + \lambda_{j,t+i} IBC_{j,t+i} + \lambda_{j,t+i} q_{j,t+i} KC_{j,t+i}]\}$$

其中，$\lambda_{j,t}$ 和 $\lambda_{j,t} q_{j,t}$ 分别是前面两个约束条件对应的 Lagrange 乘子，$\lambda_{j,t}$ 和 $q_{j,t}$ 实际上分别是财富的边际效用和资本品的相对价格。

这个优化问题的一阶条件是

$$z_t^c c_{j,t}^{-\sigma_c} = \lambda_{j,t}$$

$$\omega_n n_{j,t}^{\sigma_n} = \lambda_{j,t} w_t$$

$$\omega_m \left(\frac{M_{j,t}}{P_t}\right)^{-\sigma_m} = \lambda_{j,t} \frac{nr_t}{1+nr_t}$$

$$\lambda_{j,t} = E_t[\beta(1+r_t)\lambda_{j,t+1}]$$

$$q_{j,t} = E_t\{\beta(\lambda_{j,t+1}/\lambda_{j,t})[(1-\delta)q_{j,t+1} + r_{t+1}^k]\}$$

$$E_t\left[q_{j,t} z_t^i \left(1 - S - \frac{i_{j,t}}{i_{j,t-1}} S'\right) + \beta \frac{\lambda_{j,t+1} q_{j,t+1} z_{t+1}^i}{\lambda_{j,t}} \left(\frac{i_{j,t+1}}{i_{j,t}}\right)^2 S'\right] = 1$$

其中，$r_t = (1+nr_t)/(1+\pi_{t+1}) - 1$ 是实际利率，$\pi_t = P_t/P_{t-1} - 1$ 是通胀率。

另外，假设总需求冲击 z_t^c 及投资冲击 z_t^i 的动态方程为

$$z_t^c = (z^{c,ss})^{1-\rho_c} (z_{t-1}^c)^{\rho_c} e^{\varepsilon_t^c}$$

$$z_t^i = (z^{i,ss})^{1-\rho_i} (z_{t-1}^i)^{\rho_i} e^{\varepsilon_t^i}$$

其中，$z^{c,ss}$ 和 $z^{i,ss}$ 分别是 z_t^c 和 z_t^i 的稳态值，ε_t^c 和 ε_t^i 分别是两个方程的随机误差项。

由于方程 $\lambda_{j,t} = E_t[\beta(1+r_t)\lambda_{j,t+1}]$ 对任何居民 j 都是一样的，因而在完全的资产市场条件下，Lagrange 乘子 $\lambda_{j,t}$ 不依赖于居民的类型，即

$$\lambda_t = \lambda_{j,t}, \forall j$$

从而该方程可改写为

$$\lambda_t = E_t[\beta(1 + r_t)\lambda_{t+1}]$$

基于同样原理可以得到

$$q_t = q_{j,t}, \forall j$$

从而资本品的价格方程可改写为

$$q_t = E_t\{\beta(\lambda_{t+1} / \lambda_t)[(1 - \delta)q_{t+1} + r_{t+1}^k]\}$$

上面得到了第 j 个居民的行为方程，为得到总量方程，需对各个变量进行加总，即

$$c_t = \int_0^1 c_{j,t}\mathrm{d}j, \qquad i_t = \int_0^1 i_{j,t}\mathrm{d}j, \qquad k_t = \int_0^1 k_{j,t}\mathrm{d}j,$$

$$n_t = \int_0^1 n_{j,t}\mathrm{d}j, \qquad M_t = \int_0^1 M_{j,t}\mathrm{d}j, \qquad B_t = \int_0^1 B_{j,t}\mathrm{d}j$$

其中，c_t、i_t、k_t、n_t、M_t 和 B_t 分别表示总消费、总投资、资本总量、劳动力总供给、货币总需求和债券总需求。

这些总量满足的方程呈现出什么样的形式与加总的方法有关，下一节将着重考虑加总方法。

（二）最终产品的生产

生产最终产品的厂商将中间产品进行加工成最终产品，并提供给其他经济主体。假设中间产品连续分布于区间[0，1]，生产最终产品的厂商采用下面的生产技术：

$$y_t = \left\{ \int_0^1 [y_t(s)]^{\frac{1}{1 + \lambda_t^p}} \mathrm{d}s \right\}^{1 + \lambda_t^p}$$

其中，y_t 是最终产品；$y_t(s)$ 是第 s 类中间产品；λ_t^p 是反映中间产品相互之间的替代弹性的变量，假设其动态方程为

$$\lambda_t^p = (\lambda^{p,ss})^{1 - \rho_p} (\lambda_{t-1}^p)^{\rho_p} e^{\varepsilon_t^p}$$

其中，$\lambda^{p,ss}$ 是 λ_t^p 的稳态值，ε_t^p 是随机误差项。

对于生产最终产品的典型厂商来说，其行为决策由下面的优化问题来描述：

$$\min \int_0^1 P_{s,t} y_t(s) \mathrm{d}s$$

$$\textbf{\textit{s.t.}} \quad y_t = \left\{ \int_0^1 [y_t(s)]^{\frac{1}{1+\lambda_t^p}} \mathrm{d}s \right\}^{1+\lambda_t^p}$$

采用 Lagrange 乘子法，定义

$$L \equiv \int_0^1 P_{s,t} y_t(s)\mathrm{d}s - \widetilde{P}_t \left\{ \left[\int_0^1 [y_t(s)]^{\frac{1}{1+\lambda_t^p}} \mathrm{d}s \right]^{1+\lambda_t^p} - y_t \right\}$$

其中，$P_{s,t}$ 是第 s 类中间产品的价格，$\tilde{P}_t$ 是生产技术约束对应的 Lagrange 乘子。从该优化问题可得到一阶条件：

$$y_t(s) = \left(\frac{P_{s,t}}{\widetilde{P}_t} \right)^{-\frac{1+\lambda_t^p}{\lambda_t^p}} y_t$$

假设最终产品的市场处于完全竞争状态，因而在均衡条件下垄断利润为零，从而可得到总价格水平满足下面的方程：

$$P_t = \tilde{P}_t = \left[\int_0^1 (P_{s,t})^{-\frac{1}{\lambda_t^p}} \mathrm{d}s \right]^{-\lambda_t^p}$$

（三）中间产品的生产及其定价

生产第 s 类中间产品采用下面的生产函数形式：

$$y_t(s) = A_t [k_{t-1}(s)]^{\alpha} [n_t(s)]^{1-\alpha}$$

其中，$y_t(s)$ 是第 s 类中间产品；$k_{t-1}(s)$ 是生产中间产品使用的资本；$n_t(s)$ 是生产中间产品使用的劳动力；α 和（$1-\alpha$）分别是产出关于资本和劳动力的弹性；A_t 是生产率，假设其动态方程为

$$A_t = (A^{ss})^{1-\rho_a} A_{t-1}^{\rho_a} e^{\varepsilon_t^a}$$

其中，A^{ss} 是 A_t 的稳态值，ε_t^a 是随机误差项。

中间产品的生产可通过下面的优化问题来刻画:

$$\min_{\{k_{t-1}(s),n_t(s)\}} \left[w_t n_t(s) + r_t^k k_{t-1}(s) \right]$$

$$\textbf{\textit{s.t.}} \quad y_t(s) = A_t [k_{t-1}(s)]^\alpha [n_t(s)]^{1-\alpha}$$

其中,w_t 是实际工资,r_t^k 是资本收益率。

假设生产技术约束对应的 Lagrange 乘子是 $mc_{s,t}$,其实际上是生产单位产品的实际边际成本,求解该优化问题可得到下面的方程:

$$mc_{s,t} = \frac{(r_t^k)^\alpha w_t^{1-\alpha} [\alpha^{-\alpha}(1-\alpha)^{-(1-\alpha)}]}{A_t}$$

可以看出,生产单位产品的实际边际成本 $mc_{s,t}$ 对任何类型的中间产品是一样的,因而上式可改写为

$$mc_t = mc_{s,t} = \frac{(r_t^k)^\alpha w_t^{1-\alpha} [\alpha^{-\alpha}(1-\alpha)^{-(1-\alpha)}]}{A_t}$$

另外,还可以得到下面的两个方程:

$$r_t^k k_{t-1}(s) = \alpha mc_t y_t(s)$$

$$w_t n_t(s) = (1-\alpha) mc_t y_t(s)$$

这两个方程实际上对应着生产第 s 类中间产品需要的资本和劳动力,进行加总可得到对资本和劳动力的总需求,即

$$k_t = \int_0^1 k_t(s)\mathrm{d}s , \quad n_t = \int_0^1 n_t(s)\mathrm{d}s$$

其中,k_t 和 n_t 分别表示资本和劳动力的总需求。

由于中间产品的市场处于垄断竞争的状态,因此,生产中间产品的厂商在需求的约束下,对中间产品具有一定的定价权,假设中间产品的定价策略采用 Calvo(1983)定价策略。Calvo 假设在每期并不是所有的厂商都调整自己的价格水平,进行价格调整的厂商只占一定的比例。假设在每期生产中间产品的厂商调整价格所占的比例为($1-\xi_p$),对于没有调整价格的厂商,他的价格钉住上期通胀率。因此,厂商的定价行为可通过下面的利润最大化问题来描述:

$$\max_{\{P^*_{s,t}\}} E_t\{\sum_{i=0}^{\infty}\left[(\xi_p\beta)^i\,\lambda_{t+i}\left(P^a_{s,t+i}/P_{t+i}-mc_{t+i}\right)\cdot y_{t+i}(s)\right]\}$$

$$\textbf{\textit{s.t.}}\quad y_{t+i}(s)=\left(\frac{P^a_{s,t+i}}{P_{t+i}}\right)^{-\frac{1+\lambda^p_t}{\lambda^p_t}}y_{t+i}$$

$$P^a_{s,t+i}=P^*_{s,t}[(1+\pi_t)\cdots(1+\pi_{t+i-1})]$$

$$1+\pi_{t+1}=P_{t+1}/P_t$$

其中，y_t 是最终产品，$y_t(s)$ 是第 s 类中间产品，P_t 是总价格水平，$P_{s,t}$ 是第 s 类中间产品的价格水平，π_t 是通胀率，mc_t 是生产单位产品的实际边际成本，λ_t 是财富的边际效用。由于厂商代表居民进行生产，因而其使用的贴现率应是居民使用的贴现率。上面优化问题的一阶条件是

$$E_t\left[\frac{P^*_{s,t}}{P_t}\sum_{i=0}^{\infty}\frac{(\beta\xi_p)^i\,\lambda_{t+i}y_{t+i}(s)}{\lambda^p_{t+i}}-\sum_{i=0}^{\infty}\frac{(\beta\xi_p)^i\,\lambda_{t+i}y_{t+i}(s)(1+\lambda^p_{t+i})mc_{t+i}}{\lambda^p_{t+i}}\frac{P_tP_{t+i-1}}{P_{t-1}P_{t+i}}\right]=0$$

定义以下两个变量：

$$pa_t=\sum_{i=0}^{\infty}\frac{(\beta\xi_p)^i\,\lambda_{t+i}y_{t+i}}{\lambda^p_{t+i}}\left(\frac{P_tP_{t+i-1}}{P_{t-1}P_{t+i}}\right)^{-\frac{1+\lambda^p_{t+i}}{\lambda^p_{t+i}}}$$

$$pb_t=\sum_{i=0}^{\infty}\frac{(\beta\xi_p)^i\,\lambda_{t+i}y_{t+i}(1+\lambda^p_{t+i})mc_{t+i}}{\lambda^p_{t+i}}\left(\frac{P_tP_{t+i-1}}{P_{t-1}P_{t+i}}\right)^{-\frac{1+\lambda^p_{t+i}}{\lambda^p_{t+i}}-1}$$

则上面的一阶条件可写成：

$$pa_t=\beta\xi_p pa_{t+1}\left(\frac{P_tP_t}{P_{t-1}P_{t+1}}\right)^{-\frac{1+\lambda^p_{t+1}}{\lambda^p_{t+1}}}+\frac{\lambda_ty_t}{\lambda^p_t}$$

$$pb_t=\beta\xi_p pb_{t+1}\left(\frac{P_tP_t}{P_{t-1}P_{t+1}}\right)^{-\frac{1+\lambda^p_{t+1}}{\lambda^p_{t+1}}-1}+\frac{\lambda_ty_t(1+\lambda^p_t)mc_t}{\lambda^p_t}$$

$$E_t\left(\frac{P^*_{s,t}}{P_t}pa_t-pb_t\right)=0$$

可以看出，上面的定价方程对任何类型的中间产品来说都是一样的，即

$$P^*_{s,t}=P^*_t,\quad\forall s$$

从而可得到

$$E_t\left(\frac{P^*_t}{P_t}pa_t-pb_t\right)=0$$

在得到最优的中间产品定价后，总价格水平由下面的方程来确定：

$$(P_t)^{-1/\lambda^p_t}=(1-\xi_p)\left(P^*_t\right)^{-1/\lambda^p_t}+\xi_p\left[(1+\pi_{t-1})P_{t-1}\right]^{-1/\lambda^p_t}$$

（四）政府和中央银行的行为

在上面这个封闭经济模型中，如果将中央银行和政府部门合并为广义政府，则受到下面的预算约束：

$$M_{t-1}/P_t+B_{t-1}/P_t+g_t-\tau_t=M_t/P_t+B_t/[P_t(1+nr_t)]$$

其中，P_t 是价格水平，M_t 和 B_t 分别是货币供应量和政府债券的期末余额，g_t 是政府支出，τ_t 是政府税收，nr_t 是债券的名义利率。

为简单起见，假设货币供应量及政府支出和税收是外生的，即

$$M_t=(M^{ss})^{1-\rho_m}M^{\rho_m}_{t-1}e^{\varepsilon^m_t}$$

$$g_t=(g^{ss})^{1-\rho_g}g^{\rho_g}_{t-1}e^{\varepsilon^g_t}$$

$$\tau_t=(\tau^{ss})^{1-\rho_\tau}\tau^{\rho_\tau}_{t-1}e^{\varepsilon^\tau_t}$$

其中，M^{ss}、g^{ss} 和 τ^{ss} 分别是稳态时货币供应量、政府支出和税收，ε^m_t、ε^g_t 和 ε^τ_t 分别表示货币冲击、政府支出冲击及税收冲击。在确定了这三项后，那么政府的债券水平由上面的预算等式来确定。

（五）市场出清条件

先来看商品市场的出清条件。可以看出，总需求为

$$ad_t=c_t+i_t+g_t,\qquad c_t=\int_0^1 c_{j,t}\mathrm{d}j,\qquad i_t=\int_0^1 i_{j,t}\mathrm{d}j$$

其中，ad_t、c_t、i_t 和 g_t 分别表示总需求、总消费、总投资和政府总支出。

根据前面的分析，对第 s 类中间产品的需求为

$$ad_t(s) = \left(\frac{P_{s,t}}{P_t}\right)^{-\frac{1+\lambda_t^p}{\lambda_t^p}} ad_t$$

其中，$ad_t(s)$ 是对第 s 类中间产品的需求，P_t 是总价格水平，$P_{s,t}$ 是第 s 类中间产品的价格水平。

由于中间产品市场存在垄断竞争，因此，从生产法来看，中间产品的总产出 $y_t(s)$ 并不等于总需求 $ad_t(s)$，其还包括垄断利润。假设垄断利润为 φ，那么，中间产品市场的均衡条件为

$$y_t(s) - \varphi = ad_t(s) = \left(\frac{P_{s,t}}{P_t}\right)^{-\frac{1+\lambda_t^p}{\lambda_t^p}} ad_t = \left(\frac{P_{s,t}}{P_t}\right)^{-\frac{1+\lambda_t^p}{\lambda_t^p}} (c_t + i_t + g_t)$$

进行加总可得到最终产品市场的出清条件：

$$y_t = \int_0^1 y_t(s)\mathrm{d}s = \varphi + (c_t + i_t + g_t)s_t$$

$$s_t = \int_0^1 \left(\frac{P_{s,t}}{P_t}\right)^{-\frac{1+\lambda_t^p}{\lambda_t^p}} \mathrm{d}s$$

其中，变量 s_t 反映了垄断竞争对资源配置效率的影响，利用前面的结果可将其写成下面的递推形式：

$$s_t = \left[(1-\xi_p)\left(\frac{P_t^*}{P_t}\right)^{-\frac{1+\lambda_t^p}{\lambda_t^p}} + \xi_p\left(\frac{1+\pi_{t-1}}{1+\pi_t}\right)^{-\frac{1+\lambda_t^p}{\lambda_t^p}} s_{t-1}\right]$$

再来看劳动力市场的出清条件。从居民的行为决策可得到劳动力的总供给为

$$n_t = \int_0^1 n_{j,t}\mathrm{d}j, \qquad n_{j,t}^{\sigma_n} = \lambda_t w_t$$

从厂商的生产决策可得到劳动力的总需求为

$$n_t = \int_0^1 n_t(s)\mathrm{d}s, \qquad w_t n_t(s) = (1-\alpha)mc_t y_t(s)$$

从而劳动力市场的出清条件为

$$n_t = \int_0^1 n_{j,t}\mathrm{d}j = \int_0^1 n_t(s)\mathrm{d}s$$

类似地，可得到资本市场的出清条件为

$$k_t = \int_0^1 k_{j,t}\mathrm{d}j = \int_0^1 k_t(s)\mathrm{d}s$$

货币总需求的方程为

$$M_t = \int_0^1 M_{j,t}\mathrm{d}j, \qquad \left(\frac{M_{j,t}}{P_t}\right)^{-\sigma_m} = \lambda_t \frac{nr_t}{1+nr_t}$$

考虑到货币总供给，货币市场的出清条件由下式描述：

$$M_t = \int_0^1 M_{j,t}\mathrm{d}j = (M^{ss})^{1-\rho^m} M_{t-1}^{\rho^m} e^{\varepsilon_t^m}$$

根据 Walras 的一般均衡原理，在 N 个市场中，如果有 $N-1$ 个市场处于均衡状态，那么剩下的一个市场也处于均衡状态，因此，债券市场的均衡条件也就能够满足。

第二节　从微观行为方程到宏观行为方程

前面从微观上对经济主体的行为决策进行了详细的描述，并得到了经济主体的行为方程。但值得注意的是，由于经济主体的数量非常大，有些甚至是连续分布于某个区间，因而如果直接对这些单个经济主体的行为方程进行求解将是非常复杂的，而且实际中我们通常也不可能得到每个经济主体的数据变量。为此，我们需要从宏观上得到更容易处理的模型，即需要将微观行为方程转换到宏观行为方程，这就涉及经济主体的加总方法，它是 DSGE 模型必须考虑的一个问题。

一、同质性经济主体的加总方法

如果经济主体是一样的和对称的，即经济主体是同质的（homogeneous），那么这类模型通常称为典型经济人（representative agent）模型，对于这类模型，加总方法相对比较简单。

仍然考虑前一节的封闭经济模型，对于某个居民 j，其关于消费的一阶条件是

$$z_t^c c_{j,t}^{-\sigma_c} = \lambda_t$$

如果假设居民是同质的，那么可以看出

$$c_t = \int_0^1 c_{j,t} \mathrm{d}j = \int_0^1 (\lambda_t / z_t^c)^{-\frac{1}{\sigma_c}} \mathrm{d}j = (\lambda_t / z_t^c)^{-\frac{1}{\sigma_c}}$$

或

$$z_t^c c_t^{-\sigma_c} = \lambda_t$$

因而，消费的总量方程与单个居民的消费方程是一致的。

采用同样方法，可得到居民行为的其他总量方程，

$$\omega_n n_t^{\sigma_n} = \lambda_t w_t$$

$$\omega_m \left(\frac{M_t}{P_t} \right)^{-\sigma_m} = \lambda_t \frac{nr_t}{1+nr_t}$$

$$E_t \left[q_t z_t^i \left(1 - S - \frac{i_t}{i_{t-1}} S' \right) + \beta \frac{\lambda_{t+1} q_{t+1} z_{t+1}^i}{\lambda_t} \left(\frac{i_{t+1}}{i_t} \right)^2 S' \right] = 1$$

假设投资的调整成本函数采用下面的二次函数形式：

$$S \left(\frac{i_t}{i_{t-1}} \right) = \frac{1}{2} h \left(\frac{i_t}{i_{t-1}} - 1 \right)^2$$

则投资方程可以进一步写成

$$E_t \left[\begin{array}{l} q_t z_t^i \left(1 - \frac{1}{2} h \left(\frac{i_t}{i_{t-1}} - 1 \right)^2 - h \left(\frac{i_t}{i_{t-1}} - 1 \right) \frac{i_t}{i_{t-1}} \right) \\ + \beta h \frac{\lambda_{t+1} q_{t+1} z_{t+1}^i}{\lambda_t} \left(\frac{i_t}{i_{t-1}} - 1 \right) \left(\frac{i_{t+1}}{i_t} \right)^2 \end{array} \right] = 1$$

对于厂商来说，利用条件 $\dfrac{k_{t-1}(s)}{n_t(s)} = \dfrac{\alpha w_t}{(1-\alpha) r_t^k} = \dfrac{k_{t-1}}{n_t}$ 可得到

$$y_t = \int_0^1 y_t(s)\mathrm{d}s = \int_0^1 A_t[k_{t-1}(s)]^\alpha[n_t(s)]^{1-\alpha}\mathrm{d}s$$

$$= A_t\int_0^1 [k_{t-1}(s)/n_t(s)]^\alpha n_t(s)\mathrm{d}s = A_t\int_0^1 (k_{t-1}/n_t)^\alpha n_t(s)\mathrm{d}s$$

$$= A_t(k_{t-1}/n_t)^\alpha\int_0^1 n_t(s)\mathrm{d}s = A_t(k_{t-1}/n_t)^\alpha n_t$$

$$= A_t k_{t-1}^\alpha n_t^{1-\alpha}$$

从而总量生产函数与单个厂商的生产函数在形式上是一样的，进一步可得到

$$r_t^k k_{t-1} = \alpha mc_t y_t$$

$$w_t n_t = (1-\alpha)mc_t y_t$$

可以看出，生产要素的总量需求方程与单个厂商的生产要素需求方程是一致的。

在经济主体是同质的假设下，我们最终可得到典型经济人的模型形式如下：

$$\lambda_t = E_t[\beta(1+r_t)\lambda_{t+1}]$$

$$z_t^c c_t^{-\sigma_c} = \lambda_t$$

$$\omega_n n_t^{\sigma_n} = \lambda_t w_t$$

$$\omega_m\left(\frac{M_t}{P_t}\right)^{-\sigma_m} = \lambda_t\frac{nr_t}{1+nr_t}$$

$$q_t = E_t\{\beta(\lambda_{t+1}/\lambda_t)[(1-\delta)q_{t+1} + r_{t+1}^k]\}$$

$$E_t\begin{bmatrix} q_t z_t^i\left(1-\frac{1}{2}h\left(\frac{i_t}{i_{t-1}}-1\right)^2 - h\left(\frac{i_t}{i_{t-1}}-1\right)\frac{i_t}{i_{t-1}}\right) \\ +\beta h\frac{\lambda_{t+1}q_{t+1}z_{t+1}^i}{\lambda_t}\left(\frac{i_t}{i_{t-1}}-1\right)\left(\frac{i_{t+1}}{i_t}\right)^2 \end{bmatrix} = 1$$

$$k_t = (1-\delta)k_{t-1} + \left[1-\frac{1}{2}h\left(\frac{i_t}{i_{t-1}}-1\right)^2\right]z_t^i i_t$$

$$mc_t = \frac{(r_t^k)^\alpha w_t^{1-\alpha}[\alpha^{-\alpha}(1-\alpha)^{-(1-\alpha)}]}{A_t}$$

$$r_t^k k_{t-1} = \alpha mc_t y_t$$

$$w_t n_t = (1-\alpha) mc_t y_t$$

$$pa_t = \beta \xi_p pa_{t+1} \left(\frac{P_t P_t}{P_{t-1} P_{t+1}} \right)^{-\frac{1+\lambda_{t+1}^p}{\lambda_{t+1}^p}} + \frac{\lambda_t y_t}{\lambda_t^p}$$

$$pb_t = \beta \xi_p pb_{t+1} \left(\frac{P_t P_t}{P_{t-1} P_{t+1}} \right)^{-\frac{1+\lambda_{t+1}^p}{\lambda_{t+1}^p}-1} + \frac{\lambda_t y_t (1+\lambda_t^p) mc_t}{\lambda_t^p}$$

$$E_t \left(\frac{P_t^*}{P_t} pa_t - pb_t \right) = 0$$

$$(P_t)^{-1/\lambda_t^p} = (1-\xi_p) \left(P_t^* \right)^{-1/\lambda_t^p} + \xi_p \left[(1+\pi_{t-1}) P_{t-1} \right]^{-1/\lambda_t^p}$$

$$y_t = \varphi + (c_t + i_t + g_t) s_t$$

$$s_t = \left[(1-\xi_p) \left(\frac{P_t^*}{P_t} \right)^{-\frac{1+\lambda_t^p}{\lambda_t^p}} + \xi_p \left(\frac{1+\pi_{t-1}}{1+\pi_t} \right)^{-\frac{1+\lambda_t^p}{\lambda_t^p}} s_{t-1} \right]$$

$$M_{t-1}/P_t + B_{t-1}/P_t + g_t - \tau_t = M_t/P_t + B_t/[P_t(1+nr_t)]$$

$$1 + r_t = (1+nr_t)/(1+\pi_{t+1})$$

$$1 + \pi_t = P_t/P_{t-1}$$

$$M_t = (M^{ss})^{1-\rho_m} M_{t-1}^{\rho_m} e^{\varepsilon_t^m}$$

$$g_t = (g^{ss})^{1-\rho_g} g_{t-1}^{\rho_g} e^{\varepsilon_t^g}$$

$$\tau_t = (\tau^{ss})^{1-\rho_\tau} \tau_{t-1}^{\rho_\tau} e^{\varepsilon_t^\tau}$$

$$z_t^c = (z^{c,ss})^{1-\rho_c} (z_{t-1}^c)^{\rho_c} e^{\varepsilon_t^c}$$

$$z_t^i = (z^{i,ss})^{1-\rho_i} (z_{t-1}^i)^{\rho_i} e^{\varepsilon_t^i}$$

$$A_t = (A^{ss})^{1-\rho_a} A_{t-1}^{\rho_a} e^{\varepsilon_t^a}$$

$$\lambda_t^p = (\lambda^{p,ss})^{1-\rho_p} (\lambda_{t-1}^p)^{\rho_p} e^{\varepsilon_t^p}$$

其中，后面七个方程是外生变量的动态方程，这七个方程中涉及的外部冲击依次包括货币冲击、政府支出冲击、税收冲击、总需求冲击、投资冲击、生产率冲击及定价成本冲击。

二、异质性经济主体的加总方法

在前面的典型经济人模型中，每个时期，由于经济主体是同质的，并且总量行为方程与单个经济主体的行为方程在形式上是一致的，从而可以通过研究其中某个经济主体的决策行为，来描述整个经济的特征。在实际中，我们经常还会遇到经济主体是异质的（heterogeneous）情况，对于这类问题，加总方法非常复杂，通常可能难以得到显性的表达式。这里考虑一类特殊的模型，即交迭世代模型（Overlapping Generations Model，OLG 模型），这也是一种较为广泛使用的经济模型。其雏形最早由 Allais（1947）提出，Samuelson（1958）和 Diamond（1965）对此模型进行了详细的讨论，随后它逐渐被学者们所重视并得到了不断的推广和应用。

OLG 模型假设，在每个时期，经济主体不完全是同质的，即由不同代的人组成，每一代人在生命的不同时期可以和不同代的人进行交易。每期可观察到的总交易量由不同的成分组成，这些成分反映了不同代人的偏好。如某一代人在其年轻时主要与老一代的人打交道，其将进行较少的消费，从而将较多的储蓄在年老时使用；而在年老时，其主要与年轻人打交道，在没有遗产动机的情况下，其可能将年轻时的储蓄完全使用掉，从而不再进行储蓄。因此，OLG 模型的结构更能反映现实实际情况。Samuelson（1958）和 Diamond（1965）主要研究了两期寿命的 OLG 模型，随后 Blanchard（1985）、Sargent（1987）及 Blanchard-Fischer（1989）等学者对该模型进行了推广，研究了多期寿命的 OLG 模型。在纯物物交易（barter）的 OLG 模型中，如果没有遗产动机，那么各代之间由于缺乏联系，其将导致分散竞争均衡不是 Pareto 最优的，从而产生动态无效性（dynamic inefficiency）的结果。这为政府通过以永久借款人的角色发行债券和货币来重新配置各代之间的资源，从而改善经济的福利提供了机遇。正基于此，人们不断对原有的 OLG 模型进行推广，使其更能反映现实情况，其中，将货币加入原有的 OLG 模型并研究货币在资源配置的作用是一个重要的研究方面。研究带有货币的 OLG 模型比较著名的学者有 Wallace（1980，1983）、McCallum（1983）、Weil（1989，1991）、Brock（1990）、Champ-Freeman（1994）等。Weil 模型是一种无限期寿命的 OLG 模型，它近年来日益受到人们的重视，这里主要介绍 Ireland（2001）和 Aikman（2003）的 OLG 模型。

假设在每个时期，经济主体由不同代的人组成，这些不同代的人以其出生时间来刻画，且经济主体的寿命是无限的。以 N_t 表示 t 期的人口总数，由于假设寿命是无限的，因此，人口的增长满足下面的等式：

$$N_{t+1} = (1+n)N_t$$

其中，n 是人口增长率。在典型经济人模型中，由于每个时期假设经济主体是等同的，因而实际上暗含着 $n=0$。但在 OLG 模型中，由于以出生时间来刻画某一代人，因而每个时期新增的经济主体是不同的，这就暗含着 $n>0$。在下面研究经济主体的行为时，对于同一代人，我们依然可以采用前面典型经济人模型的研究方法，即选取这一代人中的某个典型来研究。

为简单起见，我们考虑确定性的情况。对于在 v 期出生的一代人，其行为决策由下式来描述：

$$\max U_v^v = \sum_{s=v}^{\infty} \beta^{s-v} u(c_s^v, \ M_s^v / P_s)$$

$$s.t. \quad B_{s+1}^v + M_s^v = (1+i_s)B_s^v + M_{s-1}^v + P_s(y_s + \tau_s - c_s^v)$$

即居民在其预算约束下，通过对效用的贴现和进行最大化，从而决定消费水平和金融资产持有水平。其中，U 是效应的贴现和，u 是当期效用函数，β 是贴现因子，c_s^v 表示 v 期出生的居民在 s 期的实际消费，M_s^v 表示 v 期出生的居民在 s 期末持有的名义货币余额，B_{s+1}^v 表示 v 期出生的居民在 s 期末持有的名义政府债券余额，i_s 是债券的名义收益率，P_s 是物价水平，为讨论方便，假设在每期，所有活着的居民的实际收入 y_s 和政府对其的转移支付 τ_s 是相同的。

定义 v 期出生的居民在 $s+1$ 期初的实际金融财富为

$$a_{s+1}^v = [(1+i_{s+1})B_{s+1}^v + M_s^v] / P_{s+1}, \quad a_s^s = 0, s > 0$$

这里假设居民在刚出生时不拥有金融财富，从而上面的预算约束可改写为

$$a_{s+1}^v / (1 + r_{s+1}) = a_s^v + y_s + \tau_s - c_s^v - [i_{s+1} / (1 + i_{s+1})] M_s^v / P_{s+1}$$

$$(1 + r_{s+1}) = (1 + i_{s+1}) P_s / P_{s+1}$$

其中，r_{s+1} 是债券的实际收益率。

上面优化问题的一阶条件为

$$u_c(c_s^v, M_s^v / P_s) = \beta(1 + r_{s+1}) u_c(c_{s+1}^v, M_{s+1}^v / P_{s+1})$$

$$u_m(c_s^v, M_s^v / P_s) = [i_{s+1} / (1 + i_{s+1})] u_c(c_s^v, M_s^v / P_s)$$

为避免Ponzi策略，我们施加横截性条件，$\lim\limits_{T \to \infty} \dfrac{a_{s+T}^v}{\prod_{j=s+1}^{T}(1 + r_j)} = 0$。若效用函数采用下面的形式：

$$u(c_s^v, M_s^v / P_s) = \ln(c_s^v) + \chi \ln(M_s^v / P_s)$$

则一阶条件可表示为

$$c_{s+1}^v = \beta(1 + r_{s+1}) c_s^v$$

$$M_s^v / P_s = \chi[i_{s+1} / (1 + i_{s+1})] c_s^v$$

定义人力财富为 $h_s = \sum\limits_{i=s}^{\infty} \dfrac{(y_i + \tau_i)}{\prod_{j=s+1}^{i}(1 + r_j)}$，从而可得到下面式子：

$$\sum_{i=s}^{\infty} \frac{(1 + \chi) c_i^v}{\prod_{j=s+1}^{i}(1 + r_j)} = a_s^v + h_s$$

$$c_s^v = \kappa(a_s^v + h_s), \quad \kappa = (1 - \beta) / (1 + \chi)$$

$$M_s^v / P_s = \chi[i_{s+1} / (1 + i_{s+1})] c_s^v$$

以上我们得到了 v 期出生的居民在 s 期的行为变量，为从总量上研究居民的决策行为，我们必须研究有关变量的加总问题。由于在每个时期生活着不同代的居民，因而利用下面的方法来研究每期人均消费、货币持有额等变量的变化：

$$x_s = \frac{x_s^0 + \sum_{v=1}^{s} n(1+n)^{v-1} x_s^v}{(1+n)^s}$$

其中，x_s^v 表示 v 期出生的居民在 s 期的某个变量，x_s 表示 s 期的人均变量。基于以上方法，可得到每期的人均行为方程为

$$c_s = \kappa(a_s + h_s)$$

$$M_s / P_s = \chi[i_{s+1}/(1+i_{s+1})]c_s$$

$$a_{s+1} = [(1+i_{s+1})B_{s+1} + M_s] / P_{s+1}$$

$$a_{s+1} = [(1+r_{s+1})/(1+n)][a_s + y_s + \tau_s - (1+\chi)c_s]$$

$$h_s = \sum_{i=s}^{\infty} \frac{(y_i + \tau_i)}{\prod_{j=s+1}^{i}(1+r_j)}$$

比较总量方程和每代居民的方程可以看出，与每代居民相比，每期人均金融财富的增长率较低，这主要源于在假设没有遗产动机的 OLG 模型中，每期新增的居民在其出生期不拥有金融财富，正是这个特点使得 OLG 模型表现出更加丰富的内容。

为探讨 OLG 模型的不同特性，按照上面的加总方法，对上面的方程进行处理可得到

$$\beta(1+r_{s+1})c_s = c_{s+1} + n(c_{s+1} - c_{s+1}^{s+1})$$

该方程具有鲜明的经济意义：首先，如果 $n = 0$，那么上面的方程就与前一节介绍的典型经济人模型的方程相同。其次，当 $n > 0$，由于每期新增的居民在其出生期不拥有金融财富，因而其消费水平 c_{s+1}^{s+1} 将低于该期人均消费水平 c_{s+1}。实际上根据以上方程经过变换可得到下面的方程：

$$\beta(1+r_{s+1})c_s = c_{s+1} + n\kappa a_{s+1}$$

可以看出，人均消费水平与新出生居民消费水平的差异 $(c_{s+1} - c_{s+1}^{s+1})$ 决定于边际消费倾向和金融财富水平，金融财富水平的差异导致了消费水平的差异，这种分配性效应是 OLG 模型的一个最重要特点。

总结以上分析，最终我们可以得到整个 OLG 模型如下：

$$\beta(1+r_{s+1})c_s = c_{s+1} + n\kappa a_{s+1}$$

$$a_{s+1} = [(1+r_{s+1})/(1+n)][a_s + y_s + \tau_s - (1+\chi)c_s]$$

$$a_{s+1} = [(1+i_{s+1})B_{s+1} + M_s]/P_{s+1}$$

$$M_s/P_s = \chi[i_{s+1}/(1+i_{s+1})]c_s$$

$$c_s = y_s$$

可以看出，OLG 模型更加丰富了典型经济人模型中所没有的内容，特别是揭示了财富的分配效应所带来的影响，这为政府通过以永久借款人的角色发行债券和货币来重新配置各代之间的资源并改善经济的福利水平提供了机遇。但是也应看到，在模型中考虑异质性经济主体时，得到的宏观行为方程也更加复杂。

第三节　DSGE 模型的整体结构特性

只有对模型的整体结构进行了透彻的分析，才能更加有效地求解模型，从而为应用模型奠定基础。

一、稳态特性

模型整体结构分析的一个重要方面是模型是否能够对经济的长期均衡状态（即稳态）进行很好的刻画，这一点在传统的计量经济模型中是非常欠缺的。如果模型对经济的长期均衡状态没有进行很好的刻画，那么经济运行的最终取向也就无从把握，此时模型的稳定性也将受到质疑，最终将对政策分析造成障碍。为此，DSGE 模型非常重视对经济稳态的刻画。

假定一个模型可通过下面的方程来描述：

$$E_t[f(y_{t+1}, y_t, y_{t-1}, u_t; \theta)] = 0$$

其中，E_t 是预期，y_t 是变量，θ 是参数，u_t 是外部随机冲击，假设其是白噪声。

模型的稳态就是在随机项取其均值（通常均值为零）的情况下，模型的解最终趋近的状态，其可通过求解下面的方程来得到：

$$f(y^{ss}, y^{ss}, y^{ss}, 0; \theta) = 0$$

其中，y^{ss} 是 y_t 的稳态值。

经济稳态的刻画包括两部分：（1）实体经济稳态的确定。主要体现在三方面：一是实体经济的稳态是由什么因素决定的，这些决定因素是实体经济因素（如生产率变化）还是非实体经济因素（如货币变化）；二是实体经济的稳态是否受价格水平变化的影响，即各实体经济的行为方程关于价格是否具有静态齐次性（static homogeneity，静态齐次性是指实体经济的稳态不受名义变量水平变化的影响），如果具有静态齐次性，那么说明实体经济关于货币在长期是中性的；三是实体经济的稳态是否会受到通胀率变化的影响，即实体经济的行为方程关于价格是否具有动态齐次性（dynamic homogeneity，动态齐次性是指实体经济的稳态不受名义变量增长率变化的影响），如果具有动态齐次性，那么说明实体经济关于货币在长期是超中性的。如果满足这些齐次性条件，则说明实体经济的稳态主要由实体经济因素而非货币因素来确定，此时模型在长期呈现出新古典经济学的特点。（2）名义变量稳态的确定。名义变量的稳态由选定的名义锚（nominal anchor）来确定，名义锚通常体现为对某些名义变量长期目标值的设定（如通胀率或物价水平的目标值）。为保证这些目标值的实现，通常选定联系政策操作工具和名义锚的目标值的反应函数，如经常使用的一个名义锚是货币政策规则（monetary policy rules）。

下面以前面的封闭经济模型为例，具体来分析该模型的稳态特性。为讨论方便，我们将该模型的方程列在下面，该模型可以分为两部分，一部分是外生变量的方程，另一部分是内生变量的方程，即

外生变量的方程：

$$M_t = (M^{ss})^{1-\rho_m} M_{t-1}^{\rho_m} e^{\varepsilon_t^m}$$

$$g_t = (g^{ss})^{1-\rho_g} g_{t-1}^{\rho_g} e^{\varepsilon_t^g}$$

$$\tau_t = (\tau^{ss})^{1-\rho_\tau} \tau_{t-1}^{\rho_\tau} e^{\varepsilon_t^\tau}$$

$$z_t^c = (z^{c,ss})^{1-\rho_c}(z_{t-1}^c)^{\rho_c}e^{\varepsilon_t^c}$$

$$z_t^i = (z^{i,ss})^{1-\rho_i}(z_{t-1}^i)^{\rho_i}e^{\varepsilon_t^i}$$

$$A_t = (A^{ss})^{1-\rho_a}A_{t-1}^{\rho_a}e^{\varepsilon_t^a}$$

$$\lambda_t^p = (\lambda^{p,ss})^{1-\rho_p}(\lambda_{t-1}^p)^{\rho_p}e^{\varepsilon_t^p}$$

内生变量的方程：

$$\lambda_t = E_t[\beta(1+r_t)\lambda_{t+1}]$$

$$z_t^c c_t^{-\sigma_c} = \lambda_t$$

$$\omega_n n_t^{\sigma_n} = \lambda_t w_t$$

$$\omega_m\left(\frac{M_t}{P_t}\right)^{-\sigma_m} = \lambda_t \frac{nr_t}{1+nr_t}$$

$$q_t = E_t\{\beta(\lambda_{t+1}/\lambda_t)[(1-\delta)q_{t+1}+r_{t+1}^k]\}$$

$$E_t\left[\begin{array}{c} q_t z_t^i\left(1-\frac{1}{2}h\left(\frac{i_t}{i_{t-1}}-1\right)^2 - h\left(\frac{i_t}{i_{t-1}}-1\right)\frac{i_t}{i_{t-1}}\right) \\ +\beta h\frac{\lambda_{t+1}q_{t+1}z_{t+1}^i}{\lambda_t}\left(\frac{i_t}{i_{t-1}}-1\right)\left(\frac{i_{t+1}}{i_t}\right)^2 \end{array}\right]=1$$

$$k_t = (1-\delta)k_{t-1}+\left[1-\frac{1}{2}h\left(\frac{i_t}{i_{t-1}}-1\right)^2\right]z_t^i i_t$$

$$mc_t = \frac{(r_t^k)^\alpha w_t^{1-\alpha}[\alpha^{-\alpha}(1-\alpha)^{-(1-\alpha)}]}{A_t}$$

$$r_t^k k_{t-1} = \alpha mc_t y_t$$

$$w_t n_t = (1-\alpha)mc_t y_t$$

$$pa_t = \beta\xi_p pa_{t+1}\left(\frac{P_t P_t}{P_{t-1}P_{t+1}}\right)^{\frac{1+\lambda_{t+1}^p}{\lambda_{t+1}^p}} + \frac{\lambda_t y_t}{\lambda_t^p}$$

$$pb_t = \beta \xi_p pb_{t+1} \left(\frac{P_t P_t}{P_{t-1} P_{t+1}} \right)^{-\frac{1+\lambda_{t+1}^p}{\lambda_{t+1}^p}-1} + \frac{\lambda_t y_t (1+\lambda_t^p) mc_t}{\lambda_t^p}$$

$$E_t \left(\frac{P_t^*}{P_t} pa_t - pb_t \right) = 0$$

$$(P_t)^{-1/\lambda_t^p} - (1-\xi_p)\left(P_t^*\right)^{-1/\lambda_t^p} + \xi_p \left[(1+\pi_{t-1}) P_{t-1} \right]^{-1/\lambda_t^p}$$

$$y_t = \varphi + (c_t + i_t + g_t) s_t$$

$$s_t = \left\{ (1-\xi_p)\left(\frac{P_t^*}{P_t} \right)^{-\frac{1+\lambda_t^p}{\lambda_t^p}} + \xi_p \left[\frac{(1+\pi_{t-1})}{(1+\pi_t)} \right]^{-\frac{1+\lambda_t^p}{\lambda_t^p}} s_{t-1} \right\}$$

$$M_{t-1}/P_t + B_{t-1}/P_t + g_t - \tau_t = M_t/P_t + B_t/[P_t(1+nr_t)]$$

$$1 + r_t = (1+nr_t)/(1+\pi_{t+1})$$

$$1 + \pi_t = P_t/P_{t-1}$$

在稳态时，随机冲击 ε_t^m、ε_t^g、ε_t^τ、ε_t^c、ε_t^i、ε_t^a 和 ε_t^p 的均值为零，从而可得到外生变量 A^{ss}、g^{ss}、τ^{ss}、$z^{c,ss}$、$z^{i,ss}$、$\lambda^{p,ss}$ 及 M^{ss} 的稳态值。

在给定这些外生变量的稳态值及模型中的参数值后，内生变量的稳态值由下面的方程确定：

$$\pi^{ss} = 0$$

$$nr^{ss} = r^{ss}$$

$$r^{ss} = 1/\beta - 1$$

$$r^{k,ss} = 1/\beta - 1 + \delta = r^{ss} + \delta$$

$$q^{ss} = 1$$

$$i^{ss} = \delta k^{ss}$$

$$s^{ss} = 1$$

$$y^{ss} = \varphi + c^{ss} + i^{ss} + g^{ss}$$

$$pa^{ss} = \beta\xi_p pa^{ss} + \lambda^{ss} y^{ss} / \lambda^{p,ss}$$

$$pb^{ss} = \beta\xi_p pb^{ss} + \lambda^{ss} y^{ss}(1 + \lambda^{p,ss})mc^{ss} / \lambda^{p,ss}$$

$$mc^{ss} = 1 / (1 + \lambda^{p,ss})$$

$$w^{ss} = \left[\frac{A^{ss} mc^{ss} \alpha^{\alpha}(1-\alpha)^{(1-\alpha)}}{(r^{k,ss})^{\alpha}}\right]^{\frac{1}{1-\alpha}}$$

$$r^{k,ss} k^{ss} = \alpha mc^{ss} y^{ss}$$

$$w^{ss} n^{ss} = (1-\alpha)mc^{ss} y^{ss}$$

$$z^{c,ss}(c^{ss})^{-\sigma_c} = \lambda^{ss}$$

$$\omega_n(n^{ss})^{\sigma_n} = \lambda^{ss} w^{ss}$$

$$\omega_m\left(m^{ss}\right)^{-\sigma_m} = \lambda^{ss} \frac{nr^{ss}}{1+nr^{ss}}$$

$$P^{ss} = M^{ss} / m^{ss}$$

$$b^{ss} + g^{ss} - \tau^{ss} = b^{ss} / (1 + nr^{ss})$$

$$B^{ss} = b^{ss} P^{ss}$$

为考察实体经济的稳态特性，从上面的要素需求方程可得到

$$\frac{k^{ss}}{y^{ss}} = \alpha \frac{mc^{ss}}{r^{k,ss}}$$

$$\frac{n^{ss}}{y^{ss}} = (1-\alpha)\frac{mc^{ss}}{w^{ss}}$$

利用投资方程可得到

$$\frac{i^{ss}}{y^{ss}} = \delta \frac{k^{ss}}{y^{ss}}$$

从商品市场的出清条件可得到

$$\frac{c^{ss}}{y^{ss}} = 1 - \frac{i^{ss}}{y^{ss}} - \frac{g^{ss}}{y^{ss}} - \varphi$$

利用方程 $z^{c,ss}(c^{ss})^{-\sigma_c} = \lambda^{ss}$ 和 $\omega_n(n^{ss})^{\sigma_n} = \lambda^{ss} w^{ss}$ 可得到

$$\omega_n(n^{ss})^{\sigma_n} = z^{c,ss}(c^{ss})^{-\sigma_c} w^{ss}$$

或者

$$(y^{ss})^{\sigma_c + \sigma_n} = (z^{c,ss} / \omega_n) w^{ss} \left(\frac{n^{ss}}{y^{ss}}\right)^{-\sigma_n} \left(\frac{c^{ss}}{y^{ss}}\right)^{-\sigma_c}$$

这个方程确定了稳态时的产出水平，在产出的稳态值确定后，消费、投资、资本及劳动力的稳态值也就相应地通过下面的方程确定下来：

$$c^{ss} = \frac{c^{ss}}{y^{ss}} y^{ss}, \qquad i^{ss} = \frac{i^{ss}}{y^{ss}} y^{ss}, \qquad k^{ss} = \frac{i^{ss}}{y^{ss}} \frac{y^{ss}}{\delta}, \qquad n^{ss} = \frac{n^{ss}}{y^{ss}} y^{ss}$$

可以看出，货币或价格水平的变化在长期对产出、投资、消费、资本及劳动力这些实际变量没有影响，即实体经济关于货币在长期是中性的，实体经济在长期主要受到实体经济因素的影响，其中生产率的变化是导致实体经济长期变化的一个重要的因素。

再来看名义变量稳态值的确定，从方程

$$z^{c,ss}(c^{ss})^{-\sigma_c} = \lambda^{ss}$$

和

$$\omega_m \left(m^{ss}\right)^{-\sigma_m} = \lambda^{ss} \frac{nr^{ss}}{1 + nr^{ss}}$$

可以确定出实际货币余额的稳态值，再利用下式：

$$P^{ss} = M^{ss} / m^{ss}$$

可以确定物价水平的稳态值，可以看出，货币的变化在长期将会导致物价水平的同比

例变化。

在得到物价水平的稳态值后，利用下面的方程可得到政府债券的稳态值：

$$b^{ss} + g^{ss} - \tau^{ss} = b^{ss}/(1+nr^{ss})$$

$$B^{ss} = b^{ss}P^{ss}$$

总的来看，在该模型中，由于效用函数关于消费、劳动力及货币呈现出一种可分离（separable）的形式，因而实体经济关于货币在长期是中性的（实际上在该模型中，货币也是超中性的，读者可进一步验证）。

二、动态特性

模型整体结构分析的另一个重要方面是模型是否能够对经济的动态调整机制进行很好的刻画。由于实际经济常常处于非均衡状态，因而一个性能良好的模型不仅要对经济的长期均衡状态进行刻画，而且还要对经济由非均衡状态向均衡状态的调整机制进行详细的描述。传统的计量经济模型通常采用一定的统计方法对模型的动态调整机制进行了描述，这样确定的动态调整机制虽然能够很好地拟合实际数据，但处理的方法具有随意性，缺乏从微观到宏观的理论解释和相互联系性，因而不能真正反映经济主体行为决策的深刻含义。与此不同的是，DSGE 模型的动态调整机制是从经济主体的行为决策直接得到的，因此 DSGE 模型的动态调整机制具有坚定的理论基础，且从微观到宏观是有机地结合在一起的。

总的来看，模型的动态特性来源于两方面，一是外生变量的动态特性，二是内生变量的动态特性。对于这二者的处理方式，DSGE 具有其自身的特点。

对于外生变量的动态特性，虽然形式上 DSGE 模型与传统的计量经济模型的处理方式一样，即通常假设取对数后的外生变量服从一阶或高阶自回归过程，但二者不完全相同。传统的计量经济模型是为了拟合数据的需要直接对外生变量进行这样设定的，没有进一步的经济解释；尽管 DSGE 模型也采用这样的设定形式，但需注意的是，DSGE 模型非常重视外生变量出现的源头，从而对这些外生变量的经济含义进行了较明确的阐释。

仍然以前面的封闭经济模型为例，模型中的总需求冲击在下面的两个方程中

动态随机一般均衡模型及其应用

出现：

$$z_t^c = (z^{c,ss})^{1-\rho_c} (z_{t-1}^c)^{\rho_c} e^{\varepsilon_t^c}$$

$$z_t^c c_t^{-\sigma_c} = \lambda_t$$

这一点与传统的计量经济模型在形式上没有什么区别，但是，在该模型中总需求冲击首先出现在居民的效应函数中，在刻画居民的行为决策后，其最终才出现在上面的方程中，因此其具有明显的微观经济解释，即居民在受到总需求冲击的影响下如何确定其最优的行为决策。类似地，在上面的模型中，其他外生变量都具有明确的经济含义。

对于内生变量的动态特性，DSGE 模型与传统的计量经济模型的处理方式存在本质上的差异。传统的计量经济模型通常采用一定的统计方法对模型的动态调整机制进行描述，如经常采用的误差校正（error-correction）调整机制，这样确定的动态调整机制虽然能够很好地拟合实际数据，但处理的方法具有随意性，缺乏理论解释，不能真正反映经济主体行为决策的深刻含义。而 DSGE 模型的动态调整机制是从经济主体的行为决策直接得到的，因此 DSGE 模型的动态调整机制具有坚定的理论基础，且从微观到宏观是有机地结合在一起的。

仍然以前面的封闭经济模型为例，模型中的投资是由下面的方程刻画的：

$$q_t = E_t\{\beta(\lambda_{t+1}/\lambda_t)[(1-\delta)q_{t+1} + r_{t+1}^k]\}$$

$$E_t\left[\begin{array}{l} q_t z_t^i \left(1 - \frac{1}{2}h\left(\frac{i_t}{i_{t-1}}-1\right)^2 - h\left(\frac{i_t}{i_{t-1}}-1\right)\frac{i_t}{i_{t-1}}\right) \\ + \beta h \frac{\lambda_{t+1}q_{t+1}z_{t+1}^i}{\lambda_t}\left(\frac{i_t}{i_{t-1}}-1\right)\left(\frac{i_{t+1}}{i_t}\right)^2 \end{array}\right] = 1$$

$$k_t = (1-\delta)k_{t-1} + \left[1 - \frac{1}{2}h\left(\frac{i_t}{i_{t-1}}-1\right)^2\right]z_t^i i_t$$

可以看出，投资方程呈现出的动态特性来源于资本在其调整过程中具有调整成本，调整成本的存在不仅对投资的水平产生影响，而且对投资的动态变化过程产生影响，在投资变化时，资本品的价格也发生相应的变化。

再来考虑消费的动态变化，模型中的消费由下面的方程来描述：

$$\lambda_t = E_t[\beta(1+r_t)\lambda_{t+1}]$$

$$z_t^c c_t^{-\sigma_c} = \lambda_t$$

经过变换可得到

$$z_t^c c_t^{-\sigma_c} = E_t[\beta(1+r_t)z_{t+1}^c c_{t+1}^{-\sigma_c}]$$

可以看出，消费方程呈现的动态特性来源于居民的跨期行为决策，居民在预算约束条件下，不仅要对当期的最优消费水平进行抉择，而且要对未来各期的最优消费水平进行抉择，居民对这二者要进行权衡。

最后来看价格的动态变化，模型中的价格取决于下面的方程：

$$pa_t = \beta \xi_p pa_{t+1} \left(\frac{P_t P_t}{P_{t-1} P_{t+1}} \right)^{-\frac{1+\lambda_{t+1}^p}{\lambda_{t+1}^p}} + \frac{\lambda_t y_t}{\lambda_t^p}$$

$$pb_t = \beta \xi_p pb_{t+1} \left(\frac{P_t P_t}{P_{t-1} P_{t+1}} \right)^{-\frac{1+\lambda_{t+1}^p}{\lambda_{t+1}^p}-1} + \frac{\lambda_t y_t (1+\lambda_t^p) mc_t}{\lambda_t^p}$$

$$E_t \left(\frac{P_t^*}{P_t} pa_t - pb_t \right) = 0$$

$$(P_t)^{-1/\lambda_t^p} = (1-\xi_p)\left(P_t^* \right)^{-1/\lambda_t^p} + \xi_p \left[(1+\pi_{t-1}) P_{t-1} \right]^{-1/\lambda_t^p}$$

可以看出，价格方程呈现的动态特性来源于厂商的定价行为。由于中间产品的市场处于垄断竞争的状态，因此，生产中间产品的厂商在需求的约束下，对中间产品具有一定的定价权，在采用 Calvo（1983）定价策略的情况下，每期并不是所有的厂商都调整自己的价格水平，进行价格调整的厂商只占一定的比例，而对于没有调整价格的厂商，他的价格钉住上期通胀率，垄断竞争条件下的这种定价策略使得价格的动态调整具有一定的黏性。

总体来看，DSGE 模型的动态调整机制具有坚定的理论基础，且从微观到宏观是有机地结合在一起的，具有内生性，从而克服了传统计量经济模型对动态调整处理方法的随意性。

第三章　DSGE 模型的求解与模拟

DSGE 模型的求解是应用 DSGE 模型的关键，虽然目前已有一些成熟的求解方法，但对其求解仍然是一个非常复杂的过程，本章主要介绍一些常用的方法。

第一节　DSGE 模型求解前的预处理

一、在模型平稳的情况下如何去掉实际数据的趋势项

从前两章介绍的 DSGE 模型中可以看出，模型是平稳的，经济最终趋向一个均衡点，但是实际数据通常含有趋势项，因此要使模型与实际数据对应起来，通常采用的一个方法是去掉实际数据中的趋势项。趋势项包括确定性趋势项和随机性趋势项，两种趋势项的处理方法是不完全相同的。

（一）确定性趋势

1. 特殊函数法。处理趋势的一个常用方法是采用特殊函数形式来逼近趋势，常用的函数有下面的几种形式。

线性函数：　$y=a+bt$

二次函数：　$y=a+bt+ct^2$

指数函数：　$y=a\,e^{bt}$

幂函数：　　$y=\sum a_i t^i$

2. 移动平均方法。该方法的原理是采用移动平均的思想，对于季度时间序列 y_t，趋势项 s_t 的计算公式为

$$s_t = （0.5y_{t-2} + y_{t-1} + y_t + y_{t+1} + 0.5y_{t+2}）/4$$

对于月度时间序列 y_t，趋势项 s_t 的计算公式为

$$s_t = （0.5y_{t-6} + y_{t-5} + \cdots + y_t + \cdots + y_{t+5} + 0.5y_{t+6}）/12$$

3．指数平滑方法。指数平滑方法不仅可以处理时间序列的趋势项，还可以在信息较少的情况下对单个序列作预测。它包括单因子平滑方法、双因子平滑方法及多因子平滑方法。对于时间序列 y_t，利用单因子平滑方法计算的趋势项 s_t 为

$$s_t = \alpha y_t + (1 - \alpha) s_{t-1}, \qquad 0 < \alpha < 1$$

其中，α 是平滑因子，α 越小，计算出的趋势 s_t 越平滑。对上式进行迭代，可得出下面的公式：

$$s_t = \alpha \sum_{s=0}^{t-1} (1 - \alpha)^s y_{t-s}$$

从上式可以看出，利用指数平均方法计算出的趋势实际上是对原序列的滞后值的加权平均。

4．HP 滤波法。HP 滤波（Hodrick-Prescott filter）是计算趋势项的一个广泛使用的方法，其最早由 Hodrick-Prescott 于 1981 年在分析第二次世界大战后美国经济景气情况的一篇技术报告中提出，后来该方法于 1997 年正式发表。

HP 滤波假设某个时间序列 y_t 可以分为两个部分，即

$$y_t = s_t + c_t$$

其中，s_t 表示趋势项，c_t 表示波动项。HP 滤波通过使下式取得最小值来确定趋势项 s_t：

$$\min \left\{ \sum_{t=1}^{T} (y_t - s_t)^2 + \lambda \sum_{t=2}^{T-1} [(s_{t+1} - s_t) - (s_t - s_{t-1})]^2 \right\}$$

其中，T 表示序列的样本量；λ 是平滑参数，λ 越大，趋势 s_t 越平滑，当 $\lambda \to \infty$ 时，s_t 趋近于线性趋势。对于月度序列，通常将 λ 取为 14 400；对于季度序列，通常将 λ 取为 1 600；对于年度序列，通常将 λ 取为 100。

虽然 HP 滤波得到了广泛的应用，但其有以下不足之处：（1）在对时间序列进行分解时，理论上要求趋势项与波动项不相关，但 HP 滤波有时未必能满足此条件，因此，采用 HP 滤波有时不能完全分解序列，其得到的趋势项可能还含有波动的成分，而波动项也可能还含有趋势的成分。（2）Harvey（1993）指出，当一个序列具有 2 阶整形时（一个不含确定性趋势的时间序列若差分 d 次后是平稳的，而差分 $d-1$ 次并不平稳，则称此序列具有 d 阶整形），HP 滤波才真正有效，而实际中序列未必具有 2 阶

整形。（3）平滑参数 λ 的选取方法是一种经验性的选取方法，经济理论并没有给出严格的判断依据。

5. BP 滤波法。针对 HP 滤波的不足，Baxter-King（1995）提出了 BP 滤波（Band-Pass filter），此后，Cogley（2001）及 Morley-Nelson-Zivot（2002）等学者进一步改进了 BP 滤波。BP 滤波的出发点是基于以下几个方面的考虑：（1）通过滤波处理能够取得一定频率范围内的周期波动项，且滤波不应改变该周期波动项的基本特性。（2）滤波不应改变原时间序列转折点发生的时间。（3）通过滤波处理得到的周期波动项应与序列样本的长度无关。（4）滤波方法应具有操作性。

某个时间序列 y_t 经过 BP 滤波处理后得到的周期波动项可以表示为

$$\tilde{y}_t = \sum_{j=-K}^{K} a_j L^j y_t$$

其中，L 是滞后算子，a_j 是待选择的权重。

若上式的 Fourier 变换为 $\alpha(\omega)$，那么通过使下式达到最小值来选取权重 a_j：

$$\min_{\alpha_j} Q = \int_{-\pi}^{\pi} |\beta(\omega) - \alpha(\omega)|^2 \, d\omega$$

$$\textbf{\textit{s.t.}} \ \alpha(0) = 0$$

其中，

$$|\beta(\omega)| = \begin{cases} 1 & \omega \in [\omega_1, \omega_2] \\ 0, & \omega \notin [\omega_1, \omega_2] \end{cases}$$

权重 a_j 的计算结果为

$$a_j = b_j + \theta, \ j = 0, \pm 1, \cdots, \pm K$$

$$b_j = \begin{cases} (\omega_2 - \omega_1)/\pi, \ j = 0 \\ (\sin \omega_2 j - \sin \omega_1 j)/(j\pi), \ j = \pm 1, \pm 2, \cdots \end{cases}$$

$$\theta = \left(-\sum_{j=-K}^{K} b_j \right) / (2K+1)$$

对于季度序列，Baxter-King 提出以下数值，$K = 12$，$\omega_1 = \pi/16$，$\omega_2 = \pi/3$ 或 π，对于年度序列，$K = 3$，$\omega_1 = \pi/4$，$\omega_2 = \pi$。为了使 BP 滤波更加平滑，通常对 b_j 进行以下改进：

$$b_j^* = b_j \sin[(2\pi j)/(2K+1)]/[(2\pi j)/(2K+1)], |j| = 1, \cdots, K$$

（二）随机性趋势

随机性趋势（stochastic trend）是另一种趋势，其与确定性趋势具有不同的特征。这里我们简要介绍随机性趋势的一般特征和概念，有关随机性趋势的详细介绍请读者参考有关计量经济的书籍。

考虑一个序列：

$$y_t = y_{t-1} + e_t, \qquad y_0 = 0, \qquad e_t \sim N(0,1)$$

其中，随机项 e_t 是符合均值为 0，方差为 1 的标准正态分布随机变量。对于这个序列，由于序列初始值为零，随机项在零附近变动，因而我们直观上会觉得该序列也应该在零附近变动。但实际上该序列除了初始值在零点外，以后几乎不再回到零点，呈现出随机游动（random walk）的特性，这其实体现了一种随机性趋势。对上式进行迭代，可得出下面的公式：

$$y_t = y_0 + \sum_{i=1}^{t} e_i$$

如果序列在初始值附近变动，那么其应该可以通过下面的公式描述：

$$y_t = y_0 + e_t$$

比较上面两式可以看出，右边的第二项在这两种情况下体现出完全不同的特征，因此，在分析数据趋势特征时，应特别关注两种趋势项的差别。

二、如何将模型变换成平稳的形式

大部分 DSGE 模型在长期均呈现出新古典经济学的特点，因而经济最终可能趋向一条均衡的增长路径而不是一个点，为此在求解 DSGE 模型之前，通常需要先对 DSGE 模型进行适当的变换，在采用适当的方法去掉经济变量的共同趋势项后，将模型变换成平稳的形式，然后再对模型进行求解。虽然计量经济学在处理趋势项已有很多较成熟的方法，但在 DSGE 建模过程中，通常在对产生趋势项的根源进行深入的分析后，再采用适当的方法处理趋势项。

下面以第一章介绍的简单 DSGE 模型为例，介绍模型形式变换的一些基本方法。

在这个模型中，经济主体在预算约束下使其预期的效用贴现和最大化，即考虑下面的优化问题：

$$\max_{\{C_{t+i}, A_{t+i}\}} E_t \left[\sum_{i=0}^{\infty} \beta^i U(C_{t+i}) \right]$$

$$\textbf{\textit{s.t.}} \quad A_{t+i+1} = (1+r)A_{t+i} + Y_{t+i} - C_{t+i}$$

$$U(C_t) = \frac{C_t^{1-\gamma}}{1-\gamma}$$

其中，E 表示预期，U 是效用函数，β 是贴现因子，C_t 是消费，Y_t 是收入，A_t 是期初的财富，r 是财富的收益率。为后面讨论的方便，这里假设财富的收益率 r 是常数，收入 Y_t 是外生变量。

该优化问题的一阶条件为

$$C_t^{-\gamma} = E_t \left[\beta(1+r) C_{t+1}^{-\gamma} \right]$$

在第一章，我们假设外生变量 Y_t 是没有趋势项的平稳变量，从而得到了模型解的解析表达式。现在考虑另一种情况，即假设其是一个带有趋势项的变量：

$$Y_t = Z_t y_t$$

$$Z_t = g^t$$

其中，Z_t 是 Y_t 的趋势项，这里假定其是一个增长率为常数的确定性趋势。

由于收入变量 Y_t 最终趋向于一条平稳增长的路径，因而模型中的消费 C_t 及财富 A_t 最终也将趋向于一条平稳增长的路径，这实际上意味着上述的一阶条件及预算约束等式均含有一个趋势项，从而直接根据这两个方程讨论模型的稳态是有问题的，因为按照前一章关于稳态的定义，稳态是模型解长期达到的一个状态，其是模型的一个不动点，而此时模型长期达到的状态是一条增长的路径。为此，若要应用前一章的分析方法，则需要对模型进行适当的处理。通常有两种方法，方法一是对已得到的模型方程进行变换，将其转换成平稳的形式；方法二是直接从经济主体的行为决策入手，经过处理得到模型的平稳形式。

首先来看方法一的处理方式。定义以下变量：

$$c_t = \frac{C_t}{Z_t}, \quad a_t = \frac{A_t}{Z_t}$$

即对消费和财富去掉趋势项，这样一阶条件及预算约束等式变换为

$$c_t^{-\gamma} = E_t \left[\beta(1+r)(gc_{t+1})^{-\gamma} \right]$$

$$ga_{t+1} = (1+r)a_t + y_t - c_t$$

进行迭代可得到

$$E_t \sum_{i=0}^{\infty} \frac{g^i c_{t+i}}{(1+r)^i} = (1+r)a_t + E_t \sum_{i=0}^{\infty} \frac{g^i y_{t+i}}{(1+r)^i}$$

进一步可写成

$$c_t = (1-\rho)\left[(1+r)a_t + E_t \sum_{i=0}^{\infty} \frac{g^i y_{t+i}}{(1+r)^i} \right]$$

其中，$\rho = \beta^{\frac{1}{\gamma}}(1+r)^{\frac{1}{\gamma}-1}$。

假设去掉趋势项后的收入方程变化规律为

$$y_t = ay_{t-1} + u_t$$

其中，u_t 是随机项。代入上面方程并经过简单的运算最终可得到

$$c_t = (1-\rho)\left[(1+r)a_t + \frac{1+r}{1+r-ga}y_t \right] + \frac{1-\rho}{1+r}u_t$$

其次来看方法二的处理方式。该方法的特点是直接从经济主体的行为决策入手，即直接考虑下面的优化问题：

$$\max_{\{c_{t+i}, a_{t+i}\}} E_t \left[\sum_{i=0}^{\infty} \tilde{\beta}^i U(c_{t+i}) \right]$$

$$\textbf{\textit{s.t.}} \quad ga_{t+i+1} = (1+r)a_{t+i} + y_{t+i} - c_{t+i}$$

$$U(c_t) = \frac{c_t^{1-\gamma}}{1-\gamma}$$

$$\tilde{\beta} = \beta g^{1-\gamma}$$

可以看出，在去掉趋势项后，贴现因子与原来的优化问题不同。该优化问题的一阶条件为

$$c_t^{-\gamma} = E_t \left[(\tilde{\beta} / g)(1+r)c_{t+1}^{-\gamma} \right]$$

将上面的一阶条件代入下面的跨期预算约束等式：

$$E_t \sum_{i=0}^{\infty} \frac{g^i c_{t+i}}{(1+r)^i} = (1+r)a_t + E_t \sum_{i=0}^{\infty} \frac{g^i y_{t+i}}{(1+r)^i}$$

经过变换可得到

$$c_t = (1-\rho) \left[(1+r)a_t + E_t \sum_{i=0}^{\infty} \frac{g^i y_{t+i}}{(1+r)^i} \right]$$

其中，常数 $\rho = g(\tilde{\beta} / g)^{\frac{1}{\gamma}}(1+r)^{\frac{1}{\gamma}-1} = \beta^{\frac{1}{\gamma}}(1+r)^{\frac{1}{\gamma}-1}$ 与第一种方法的结果是一样的。再考虑去掉趋势项后的收入方程，最终可得到

$$c_t = (1-\rho) \left[(1+r)a_t + \frac{1+r}{1+r-ga} y_t \right] + \frac{1-\rho}{1+r} u_t$$

由此可见，两种方法各有其特点，应用者可根据其偏好选择其中的一种，但无论采取哪种方法，最终得到的结果是相同的。

再以第二章的封闭经济模型为例，我们现在假设该模型采用下面的生产函数形式：

$$Y_t = A_t (K_{t-1})^{\alpha} (N_t)^{1-\alpha}$$

其中，假设劳动力是一个带有趋势项的变量，即

$$N_t = n_t Z_t$$

$$Z_t = g^t$$

定义以下变量：

$$Y_t = y_t Z_t, \quad K_{t-1} = k_{t-1} Z_t$$

从而可得到去掉趋势项后的生产函数形式如下：

$$y_t = A_t (k_{t-1})^{\alpha} (n_t)^{1-\alpha}$$

生产单位产品的实际边际成本及对生产要素的需求方程现在变成

$$mc_t = \frac{(r_t^k)^\alpha (W_t / Z_t)^{1-\alpha}[\alpha^{-\alpha}(1-\alpha)^{-(1-\alpha)}]}{A_t}$$

$$r_t^k K_{t-1} = \alpha mc_t Y_t$$

$$(W_t / Z_t)N_t = (1-\alpha)mc_t Y_t$$

其中，W_t 是实际工资。

定义去掉趋势项后的实际工资为

$$W_t = w_t Z_t$$

那么，上面三个方程变成

$$mc_t = \frac{(r_t^k)^\alpha (w_t)^{1-\alpha}[\alpha^{-\alpha}(1-\alpha)^{-(1-\alpha)}]}{A_t}$$

$$r_t^k k_{t-1} = \alpha mc_t y_t$$

$$w_t n_t = (1-\alpha)mc_t y_t$$

原模型中的资本积累方程为

$$K_t = (1-\delta)K_{t-1} + \left[1 - \frac{1}{2}h\left(\frac{I_t}{I_{t-1}}-1\right)^2\right]I_t z_t^i$$

定义去掉趋势项后的投资为

$$I_t = i_t Z_t$$

那么，资本积累方程变成

$$gk_t = (1-\delta)k_{t-1} + \left[1 - \frac{1}{2}h\left(\frac{gi_t}{i_{t-1}}-1\right)^2\right]i_t z_t^i$$

原模型中的消费行为是通过下面两个方程描述的：

$$z_t^c C_t^{-\sigma_c} = \Lambda_t$$

$$\Lambda_t = E_t[\beta(1+r_t)\Lambda_{t+1}]$$

其中，Λ_t 是财富的边际效用。

动态随机一般均衡模型及其应用

若定义以下去掉趋势项后的变量：

$$C_t = c_t Z_t$$

$$\Lambda_t = \lambda_t Z_t^{-\sigma_c}$$

则得到

$$z_t^c c_t^{-\sigma_c} = \lambda_t$$

$$\lambda_t = E_t[\beta(1+r_t)g^{-\sigma_c}\lambda_{t+1}]$$

在第二章，我们假设该模型采用了下面的效应函数形式：

$$U(C_t, N_t, M_t/P_t) = \frac{z_t^c C_t^{1-\sigma_c}}{1-\sigma_c} - \omega_n \frac{N_t^{1+\sigma_n}}{1+\sigma_n} + \omega_m \frac{(M_t/P_t)^{1-\sigma_m}}{1-\sigma_m}$$

并且得到了劳动力供给方程和货币需求方程如下：

$$\omega_n N_t^{\sigma_n} = \Lambda_t W_t$$

$$\omega_m \left(\frac{M_t}{P_t}\right)^{-\sigma_m} = \Lambda_t \frac{nr_t}{1+nr_t}$$

但是，若按照上面去掉趋势项的方法，可以看出，上面两个方程的左右两边趋势增长率是不匹配的。为克服该问题，我们放弃效用函数中 ω_n 和 ω_m 是常数的假定，而采用下面的函数形式：

$$U(C_t, N_t, M_t/P_t) = \frac{z_t^c C_t^{1-\sigma_c}}{1-\sigma_c} - \Omega_{nt} \frac{N_t^{1+\sigma_n}}{1+\sigma_n} + \Omega_{mt} \frac{(M_t/P_t)^{1-\sigma_m}}{1-\sigma_m}$$

这样，劳动力供给方程和货币需求方程调整如下：

$$\Omega_{nt} N_t^{\sigma_n} = \Lambda_t W_t$$

$$\Omega_{mt} \left(\frac{M_t}{P_t}\right)^{-\sigma_m} = \Lambda_t \frac{nr_t}{1+nr_t}$$

定义下面的变量：

$$N_t = n_t Z_t, \quad W_t = w_t Z_t, \quad M_t = m_t Z_t P_t,$$

$$\Omega_{nt} = \omega_n Z_t^{1-\sigma_c-\sigma_n} , \qquad \Omega_{mt} = \omega_m Z_t^{\sigma_m-\sigma_c}$$

那么，可得到去掉趋势项后的劳动力供给方程和货币需求方程：

$$\omega_n n_t^{\sigma_n} = \lambda_t w_t$$

$$\omega_m m_t^{-\sigma_m} = \lambda_t \frac{nr_t}{1+nr_t}$$

原模型中的资本品相对价格和投资方程为

$$q_t = E_t\{\beta(\Lambda_{t+1} / \Lambda_t)[(1-\delta)q_{t+1} + r_{t+1}^k]\}$$

$$E_t \begin{bmatrix} q_t z_t^i \left(1 - \frac{1}{2} h\left(\frac{i_t}{i_{t-1}} - 1\right)^2 - h\left(\frac{i_t}{i_{t-1}} - 1\right)\frac{i_t}{i_{t-1}}\right) \\ + \beta h \frac{\lambda_{t+1} q_{t+1} z_{t+1}^i}{\lambda_t} \left(\frac{i_t}{i_{t-1}} - 1\right)\left(\frac{i_{t+1}}{i_t}\right)^2 \end{bmatrix} = 1$$

按照上面的结果，这两个方程应调整为

$$q_t = E_t\{\beta g^{-\sigma_c}(\lambda_{t+1} / \lambda_t)[(1-\delta)q_{t+1} + r_{t+1}^k]\}$$

$$E_t \begin{bmatrix} q_t z_t^i \left(1 - \frac{1}{2} h\left(\frac{gi_t}{i_{t-1}} - 1\right)^2 - h\left(\frac{gi_t}{i_{t-1}} - 1\right)\frac{gi_t}{i_{t-1}}\right) \\ + \beta g^{-\sigma_c} h \frac{\lambda_{t+1} q_{t+1} z_{t+1}^i}{\lambda_t} \left(\frac{gi_t}{i_{t-1}} - 1\right)\left(\frac{gi_{t+1}}{i_t}\right)^2 \end{bmatrix} = 1$$

原模型中的定价方程是通过下面的式子描述的：

$$PA_t = \beta\xi_p PA_{t+1}\left(\frac{P_t P_t}{P_{t-1} P_{t+1}}\right)^{-\frac{1+\lambda_{t+1}^p}{\lambda_{t+1}^p}} + \frac{\Lambda_t Y_t}{\lambda_t^p}$$

$$PB_t = \beta\xi_p PB_{t+1}\left(\frac{P_t P_t}{P_{t-1} P_{t+1}}\right)^{-\frac{1+\lambda_{t+1}^p}{\lambda_{t+1}^p}-1} + \frac{\Lambda_t Y_t(1+\lambda_t^p)mc_t}{\lambda_t^p}$$

$$E_t\left(\frac{P_t^*}{P_t} PA_t - PB_t\right) = 0$$

$$(P_t)^{-1/\lambda_t^p} = (1-\xi_p)\left(P_t^*\right)^{-1/\lambda_t^p} + \xi_p\left[(1+\pi_{t-1})P_{t-1}\right]^{-1/\lambda_t^p}$$

定义下面的变量：

$$PA_t = pa_t Z_t^{1-\sigma_c}$$

$$PB_t = pb_t Z_t^{1-\sigma_c}$$

$$p_t^* = P_t^* / P_t$$

这样上面的方程调整为

$$pa_t = \beta\xi_p g^{1-\sigma_c} pa_{t+1}\left(\frac{1+\pi_t}{1+\pi_{t+1}}\right)^{-\frac{1+\lambda_{t+1}^p}{\lambda_{t+1}^p}} + \frac{\lambda_t y_t}{\lambda_t^p}$$

$$pb_t = \beta\xi_p g^{1-\sigma_c} pb_{t+1}\left(\frac{1+\pi_t}{1+\pi_{t+1}}\right)^{-\frac{1+\lambda_{t+1}^p}{\lambda_{t+1}^p}-1} + \frac{\lambda_t y_t(1+\lambda_t^p)mc_t}{\lambda_t^p}$$

$$E_t(p_t^* pa_t - pb_t) = 0$$

$$1 = (1-\xi_p)\left(p_t^*\right)^{-1/\lambda_t^p} + \xi_p\left[(1+\pi_{t-1})/(1+\pi_t)\right]^{-1/\lambda_t^p}$$

另外，在考虑到趋势项后，原模型中的水平市场均衡条件为

$$Y_t = \varphi Z_t + (C_t + I_t + G_t)s_t$$

定义：$Y_t = y_t Z_t$，$C_t = c_t Z_t$，$I_t = i_t Z_t$，$G_t = g_t Z_t$。那么上面的方程调整为

$$y_t = \varphi + (c_t + i_t + g_t)s_t$$

其中，

$$s_t = \left\{(1-\xi_p)\left(p_t^*\right)^{-\frac{1+\lambda_t^p}{\lambda_t^p}} + \xi_p\left[\frac{(1+\pi_{t-1})}{(1+\pi_t)}\right]^{-\frac{1+\lambda_t^p}{\lambda_t^p}} s_{t-1}\right\}$$

最后，将中央银行和政府部门合并为广义政府，其受到下面的预算约束：

$$M_{t-1}/P_t + B_{t-1}/P_t + G_t - T_t = M_t/P_t + B_t/[P_t(1+nr_t)]$$

定义：$G_t = g_t Z_t$，$T_t = \tau_t Z_t$，$B_t = b_t Z_t P_t$，$M_t = m_t Z_t P_t$。那么上面的约束方程调整为

$$m_{t-1} / [g(1+\pi_t)] + b_{t-1} / [g(1+\pi_t)] + g_t - \tau_t = m_t + b_t / [(1+nr_t)]$$

现在假设中央银行控制货币供应量的增长率，即

$$\mu_t = M_t / M_{t-1}$$

$$\mu_t = (\mu^{ss})^{1-\rho_m} \mu_{t-1}^{\rho_m} e^{\varepsilon_t^m}$$

那么可得到

$$m_t = m_{t-1} \mu_t / [g(1+\pi_t)]$$

经过以上处理，我们最终得到去掉趋势项后的模型：

$$\lambda_t = E_t [\beta(1+r_t) g^{-\sigma_c} \lambda_{t+1}]$$

$$z_t^c c_t^{-\sigma_c} = \lambda_t$$

$$\omega_n n_t^{\sigma_n} = \lambda_t w_t$$

$$\omega_m m_t^{-\sigma_m} = \lambda_t \frac{nr_t}{1+nr_t}$$

$$q_t = E_t \{\beta g^{-\sigma_c} (\lambda_{t+1} / \lambda_t)[(1-\delta)q_{t+1} + r_{t+1}^k]\}$$

$$E_t \begin{bmatrix} q_t z_t^i \left(1 - \frac{1}{2}h\left(\frac{gi_t}{i_{t-1}} - 1\right)^2 - h\left(\frac{gi_t}{i_{t-1}} - 1\right)\frac{gi_t}{i_{t-1}}\right) \\ + \beta g^{-\sigma_c} h \frac{\lambda_{t+1} q_{t+1} z_{t+1}^i}{\lambda_t} \left(\frac{gi_t}{i_{t-1}} - 1\right)\left(\frac{gi_{t+1}}{i_t}\right)^2 \end{bmatrix} = 1$$

$$gk_t = (1-\delta)k_{t-1} + \left[1 - \frac{1}{2}h\left(\frac{gi_t}{i_{t-1}} - 1\right)^2\right]i_t z_t^i$$

$$mc_t = \frac{(r_t^k)^\alpha w_t^{1-\alpha}[\alpha^{-\alpha}(1-\alpha)^{-(1-\alpha)}]}{A_t}$$

$$r_t^k k_{t-1} = \alpha mc_t y_t$$

$$w_t n_t = (1-\alpha) mc_t y_t$$

$$pa_t = \beta \xi_p g^{1-\sigma_c} pa_{t+1} \left(\frac{1+\pi_t}{1+\pi_{t+1}} \right)^{-\frac{1+\lambda^p_{t+1}}{\lambda^p_{t+1}}} + \frac{\lambda_t y_t}{\lambda^p_t}$$

$$pb_t = \beta \xi_p g^{1-\sigma_c} pb_{t+1} \left(\frac{1+\pi_t}{1+\pi_{t+1}} \right)^{\frac{1+\lambda^p_{t+1}}{\lambda^p_{t+1}}-1} + \frac{\lambda_t y_t (1+\lambda^p_t) mc_t}{\lambda^p_t}$$

$$E_t(p_t^* pa_t - pb_t) = 0$$

$$1 = (1-\xi_p)\left(p_t^*\right)^{-1/\lambda^p_t} + \xi_p \left[(1+\pi_{t-1})/(1+\pi_t) \right]^{-1/\lambda^p_t}$$

$$y_t = \varphi + (c_t + i_t + g_t)s_t$$

$$s_t = \left\{ (1-\xi_p)\left(p_t^*\right)^{\frac{1+\lambda^p_t}{\lambda^p_t}} + \xi_p \left[\frac{(1+\pi_{t-1})}{(1+\pi_t)} \right]^{-\frac{1+\lambda^p_t}{\lambda^p_t}} s_{t-1} \right\}$$

$$m_{t-1}/[g(1+\pi_t)] + b_{t-1}/[g(1+\pi_t)] + g_t - \tau_t = m_t + b_t/(1+nr_t)$$

$$1 + r_t = (1+nr_t)/(1+\pi_{t+1})$$

$$1 + \pi_t = P_t / P_{t-1}$$

$$m_t = m_{t-1}\mu_t /[g(1+\pi_t)]$$

$$\mu_t = M_t / M_{t-1}$$

$$\mu_t = (\mu^{ss})^{1-\rho_m} \mu_{t-1}^{\rho_m} e^{\varepsilon^m_t}$$

$$g_t = (g^{ss})^{1-\rho_g} g_{t-1}^{\rho_g} e^{\varepsilon^g_t}$$

$$\tau_t = (\tau^{ss})^{1-\rho_\tau} \tau_{t-1}^{\rho_\tau} e^{\varepsilon^\tau_t}$$

$$z_t^c = (z^{c,ss})^{1-\rho_c} (z_{t-1}^c)^{\rho_c} e^{\varepsilon^c_t}$$

$$z_t^i = (z^{i,ss})^{1-\rho_i} (z_{t-1}^i)^{\rho_i} e^{\varepsilon^i_t}$$

$$A_t = (A^{ss})^{1-\rho_a} A_{t-1}^{\rho_a} e^{\varepsilon^a_t}$$

$$\lambda_t^p = (\lambda^{p,ss})^{1-\rho_p} (\lambda_{t-1}^p)^{\rho_p} e^{\varepsilon_t^p}$$

可以看出，原模型中的产出 $Y_t = y_t Z_t$、劳动力 $N_t = n_t Z_t$、资本 $K_{t-1} = k_{t-1} Z_t$、消费 $C_t = c_t Z_t$、投资 $I_t = i_t Z_t$、政府实际支出 $G_t = g_t Z_t$、政府实际税收 $T_t = \tau_t Z_t$ 及实际工资 $W_t = w_t Z_t$ 等变量具有共同趋势项 $Z_t = g^t$，货币 $M_t = m_t Z_t P_t$、政府债券 $B_t = b_t Z_t P_t$ 及名义工资 $WN_t = w_t Z_t P_t$ 等名义变量具有共同趋势项 $Z_t P_t$，另外在计算过程中使用的一些辅助变量 $\Lambda_t = \lambda_t Z_t^{-\sigma_c}$、$\Omega_{nt} = \omega_n Z_t^{1-\sigma_c-\sigma_n}$、$\Omega_{mt} = \omega_m Z_t^{\sigma_m-\sigma_c}$、$PA_t = pa_t Z_t^{1-\sigma_c}$ 及 $PB_t = pb_t Z_t^{1-\sigma_c}$ 等变量分别具有趋势项 $Z_t^{-\sigma_c}$、$Z_t^{1-\sigma_c-\sigma_n}$、$Z_t^{\sigma_m-\sigma_c}$、$Z_t^{1-\sigma_c}$ 及 $Z_t^{1-\sigma_c}$。如果对变量进行对数变换，那么可以看出所有的实际变量均具有趋势项 $\ln(Z_t)$，而所有的名义变量均具有趋势项 $\ln(Z_t) + \ln(P_t)$，这一点体现了新古典经济模型的特点。

总结上面这两个例子可以得出，在 DSGE 建模过程中，通常是在对产生趋势项的根源进行深入的分析后，再采用适当的方法处理趋势项，这一点与计量经济学处理趋势项的方法是不完全相同的。总的来看，在求解 DSGE 模型之前，通常需要先对 DSGE 模型进行适当的变换，将模型变换成平稳的形式，然后再对模型进行求解。

三、如何将非线性模型变换成线性模型

假定 DSGE 模型可以表示为下式：

$$E_t[g(y_{t+1}, y_t, y_{t-1}, \varepsilon_t)] = 1$$

其中，y_t 是 n 维向量，E_t 表示条件数学期望，ε_t 是均值为零且服从独立同分布的随机误差向量，g 是非线性函数矩阵。

对于该非线性方程，一种较为常用的处理方法是通过对非线性方程进行求解来考察系统的特性，该方法将在后面的章节进行讨论。这里主要讨论另一种常用方法，即对数线性化近似方法，从而将非线性模型转换成线性模型。

对数线性化近似方法首先计算经济达到的稳态：

$$g(y^{ss}, y^{ss}, y^{ss}, 0) = 1$$

在得到稳态解 y^{ss} 后，再进一步考察实际状态偏离稳态的程度，即考察相对变化：

$$\hat{y}_t = \ln(y_t) - \ln(y^{ss})$$

将 $y_t = y^{ss}e^{\hat{y}_t}$ 代入原来的模型可得到下面的方程：

$$E_t[g(y^{ss}e^{\hat{y}_{t+1}}, y^{ss}e^{\hat{y}_t}, y^{ss}e^{\hat{y}_{t-1}}, \varepsilon_t)] = 1$$

对上述方程在零值附近关于 $\hat{y}_t$ 进行一阶展开，最终可以得到关于 $\hat{y}_t$ 的线性方程。

在进行对数线性化时，我们经常使用以下表达式。

1. 对数个相乘变量的对数线性化。

假设 $z_t = \prod_{i=1}^{n} x_{it}$ ，那么对数线性化后的表达式为

$$\hat{z}_t = \sum_{i=1}^{n} \hat{x}_{it}$$

2. 对数个相加变量的对数线性化。

假设 $z_t = \sum_{i=1}^{n} x_{it}$ ，那么对数线性化后的表达式为

$$\hat{z}_t = \sum_{i=1}^{n} \frac{x^{i,ss}}{z^{ss}} \hat{x}_{it}$$

3. 对一般函数的对数线性化。

假设 $z_t = f(x_{1t}, \cdots, x_{nt})$ ，那么对数线性化后的表达式为

$$\hat{z}_t = \sum_{i=1}^{n} \frac{x^{i,ss}}{z^{ss}} \frac{\partial f}{\partial x_{it}} \hat{x}_{it}$$

值得注意的是，如果要对以增长率形式表示的变量进行对数线性化，如假设变量 $z_t = 1 + x_t$ ，那么按照上面的方法对数线性化的结果为

$$\hat{z}_t = \frac{x^{ss}}{1 + x^{ss}} \hat{x}_t$$

此时意味着 z_t 关于 x_t 的相对变化，如假设 x^{ss}=2%，则 x_t 相对 x^{ss} 增加 1% 意味着 z_t 增加 $\dfrac{0.02}{1+0.02} \times 1\%$。但通常我们也采用下面的方法来近似表示：

$$\hat{z}_t = \hat{x}_t$$

此时意味着 z_t 关于 x_t 的绝对变化，如假设 x^{ss}=2%，则 x_t 增加 1% 意味着 z_t 变化增加 1%。这两种方式在实际中都经常使用，需注意它们的区别。

为清楚起见，我们采用上述方法对第二章介绍的封闭经济模型进行对数线性化，其中在对通胀率和利率等以变化率形式表示的变量进行操作时，我们采用绝对变化的形式，最终得到的对数线性化模型形式如下：

$$\hat{M}_t = \rho_m \hat{M}_{t-1} + \varepsilon_t^m$$

$$\hat{g}_t = \rho_g \hat{g}_{t-1} + \varepsilon_t^g$$

$$\hat{\tau}_t = \rho_\tau \hat{\tau}_{t-1} + \varepsilon_t^\tau$$

$$\hat{z}_t^c = \rho_c \hat{z}_{t-1}^c + \varepsilon_t^c$$

$$\hat{z}_t^i = \rho_i \hat{z}_{t-1}^i + \varepsilon_t^i$$

$$\hat{A}_t = \rho_a \hat{A}_{t-1} + \varepsilon_t^a$$

$$\hat{\lambda}_t^p = \rho_p \hat{\lambda}_{t-1}^p + \varepsilon_t^p$$

$$\hat{\lambda}_t = E_t(\hat{r}_t + \hat{\lambda}_{t+1})$$

$$\hat{r}_t = \hat{nr}_t - \hat{\pi}_{t+1}$$

$$\hat{\pi}_t = \hat{P}_t - \hat{P}_{t-1}$$

$$\hat{z}_t^c - \sigma_c \hat{c}_t = \hat{\lambda}_t$$

$$\sigma_n \hat{n}_t = \hat{\lambda}_t + \hat{w}_t$$

$$-\sigma_m \hat{m}_t = \hat{\lambda}_t + \frac{1}{nr^{ss}} \widehat{nr}_t$$

$$\hat{m}_t = \hat{M}_t - \hat{P}_t$$

$$\hat{i}_t = \frac{1}{1+\beta} E_t \left[\hat{i}_{t-1} + \beta \hat{i}_{t+1} + \beta \hat{z}_{t+1}^i - \hat{z}_t^i + (1/h)\hat{q}_t \right]$$

$$\hat{q}_t = E_t \left[\hat{\lambda}_{t+1} - \hat{\lambda}_t + \frac{(1-\delta)\hat{q}_{t+1} + r^{k,ss}\hat{r}_{t+1}^k}{1-\delta+r^{k,ss}} \right]$$

$$\hat{k}_t = (1-\delta)\hat{k}_{t-1} + \delta \hat{i}_t$$

$$\widehat{mc_t} = (1-\alpha)\hat{w}_t + \alpha\hat{r}_t^k - \hat{A}_t$$

$$\hat{r}_t^k = \widehat{mc_t} - \hat{k}_{t-1} + \hat{y}_t$$

$$\hat{n}_t = \widehat{mc_t} - \hat{w}_t + \hat{y}_t$$

$$\widehat{pa_t} = (1-\xi_p\beta)(\hat{\lambda}_t + \hat{y}_t - \hat{\lambda}_t^p) + \xi_p\beta[\widehat{pa_{t+1}} + (1+1/\lambda^{p,ss})(\hat{\pi}_{t+1} - \hat{\pi}_t)]$$

$$\widehat{pb_t} = (1-\xi_p\beta)[\hat{\lambda}_t + \hat{y}_t + \widehat{mc_t} - (1/\lambda^{p,ss})\hat{\lambda}_t^p]$$
$$+\xi_p\beta[\widehat{pb_{t+1}} + (2+1/\lambda^{p,ss})(\hat{\pi}_{t+1} - \hat{\pi}_t)]$$

$$E_t(\hat{P}_t^* - \hat{P}_{t-1} + \widehat{pa_t} - \widehat{pb_t}) = 0$$

$$\hat{P}_t = (1-\xi_p)\hat{P}_t^* + \xi_p(\hat{P}_{t-1} + \hat{\pi}_{t-1})$$

$$\hat{y}_t = \frac{y^{ss}-\varphi}{y^{ss}}\hat{s}_t + \frac{c^{ss}}{y^{ss}}\hat{c}_t + \frac{i^{ss}}{y^{ss}}\hat{i}_t + \frac{g^{ss}}{y^{ss}}\hat{g}_t$$

$$\hat{s}_t = \xi_p\hat{s}_{t-1}$$

$$\hat{B}_t = \widehat{nr_t} + (1+nr^{ss})[\hat{B}_{t-1} + \frac{P^{ss}(g^{ss}-\tau^{ss})}{B^{ss}}\hat{P}_t + \frac{P^{ss}g^{ss}}{B^{ss}}\hat{g}_t$$

$$-\frac{P^{ss}\tau^{ss}}{B^{ss}}\hat{\tau}_t - \frac{M^{ss}}{B^{ss}}(\hat{M}_t - \hat{M}_{t-1})]$$

如果考虑前面介绍的趋势项处理事项，模型中需要调整的方程如下，其他方程与上面的结果相同，

$$\hat{\mu}_t = \rho_m\hat{\mu}_{t-1} + \varepsilon_t^m$$

$$\hat{m}_t = \hat{m}_{t-1} + \hat{\mu} - \hat{\pi}_t$$

$$\hat{i}_t = \frac{1}{1+\tilde{\beta}}E_t\left[\hat{i}_{t-1} + \tilde{\beta}\hat{i}_{t+1} + \tilde{\beta}\hat{z}_{t+1}^i - \hat{z}_t^i + (1/h)\hat{q}_t\right]$$

$$\hat{k}_t = \left(\frac{1-\delta}{g}\right)\hat{k}_{t-1} + \left(\frac{g+\delta-1}{g}\right)\hat{i}_t$$

$$\widehat{pa_t} = (1-\xi_p\tilde{\beta})(\hat{\lambda}_t + \hat{y}_t - \hat{\lambda}_t^p) + \xi_p\tilde{\beta}[\widehat{pa_{t+1}} + (1+1/\lambda^{p,ss})(\hat{\pi}_{t+1} - \hat{\pi}_t)]$$

$$\widehat{pb}_t = (1-\xi_p\tilde{\beta})[\hat{\lambda}_t + \hat{y}_t + \widehat{mc}_t - (1/\lambda^{p,ss})\hat{\lambda}_t^p]$$
$$+\xi_p\tilde{\beta}[\widehat{pb}_{t+1} + (2+1/\lambda^{p,ss})(\hat{\pi}_{t+1} - \hat{\pi}_t)]$$

$$E_t(\hat{p}_t^* + \widehat{pa}_t - \widehat{pb}_t) = 0$$

$$(1-\xi_p)\hat{p}_t^* + \xi_p(\hat{\pi}_{t-1} - \hat{\pi}_t) = 0$$

$$\hat{b}_t = \widehat{nr}_t + (1+nr^{ss})\left[\begin{array}{l} \dfrac{1}{g(1+\pi^{ss})}(\hat{b}_{t-1} - \hat{\pi}) + \dfrac{g^{ss}}{b^{ss}}\hat{g}_t - \dfrac{\tau^{ss}}{b^{ss}}\hat{\tau}_t \\ -\dfrac{m^{ss}}{b^{ss}}\hat{m}_t + \dfrac{m^{ss}}{g+(1+\pi^{ss})}(\hat{m}_{t-1} - \hat{\pi}_{t-1}) \end{array}\right]$$

其中，参数 $\tilde{\beta} = \beta g^{1-\sigma_c}$。

第二节　DSGE 模型的求解方法

　　一般情况下 DSGE 模型是一个含有预期的非线性模型，实际中我们往往先通过适当的去趋势手段将 DSGE 模型变成平稳形式，然后对平稳形式的 DSGE 模型进行求解。在对模型进行求解时，需要对解的存在性、唯一性及稳定性进行深入的分析。大部分 DSGE 模型都是非线性模型，对其求解非常复杂，计算量也非常大。但是近年来关于 DSGE 模型的求解方法发展非常迅速，一些新的算法都得到了成功的应用。目前对 DSGE 模型求解的方法大致可以分为两类，一类方法采用线性化或对数线性化的方法将模型转换成线性模型，然后对该线性模型进行求解，这类方法实际上是一阶近似方法；另一类方法是对非线性模型进行求解，这类方法实际上是高阶近似方法。根据实际问题的需要和关注点的不同，人们可采用适当的求解方法。

一、求解前预处理、预期、初值条件和终值条件

　　未经预处理的 DSGE 模型大都带有趋势项（如大部分 DSGE 模型在长期内均呈现出新古典经济学的特点，经济最终可能趋向一条均衡的增长路径），这样模型呈现出非平稳的形式，直接对模型进行求解并不方便，为此在求解 DSGE 模型之前，通常对模型进行变换，使之成为平稳的形式。与传统的计量经济学处理趋势项的方法不完全相

同的是，在求解 DSGE 之前，通常是在对产生趋势项的根源进行深入的分析后，再采用适当的方法处理趋势项，从而将模型变换成平稳的形式。例如，若实体经济最终沿着一条均衡的增长路径变化，那么可认为描述实体经济的有关变量（产出、消费、投资等变量）均有一个共同的增长趋势，从而可将这些变量去除这个趋势项，进而将这些变量变成平稳的形式；又如，模型中的所有名义变量都将随着物价总水平的变化而发生变化，因而可以认为所有的名义变量都有一个随物价总水平而变化的趋势项（当然可能还有别的趋势项），这样可以将这个趋势项去除。总之，进行适当的去趋势手段，最终可以将原先非平稳形式的 DSGE 模型变成平稳形式的 DSGE 模型，下面均以平稳形式下的 DSGE 模型为讨论对象。

DSGE 模型总的来说可以表示成以下形式，

$$E_t f(Y_{t-p_y},...,Y_{t-1},Y_t,Y_{t+1},...,Y_{t+q_y}, x_t, x_{t-1},...,x_{t-p_x}, x_{t+1},...,x_{t+q_x}, \varepsilon_t) = 0$$

其中，Y_t 是由内生变量组成的向量，x_t 是由外生变量组成的向量，ε_t 是由随机冲击组成的向量，E_t 表示条件预期，p_y 和 p_x 分别表示内生变量和外生变量滞后期的阶数，q_y 和 q_x 分别表示对内生变量和外生变量预期的阶数，$f(*)$ 通常是非线性向量函数。若记，$y_t = \begin{bmatrix} Y_t \\ x_t \end{bmatrix}$，$p = \max(p_y, p_x)$，$q = \max(q_y, q_x)$，那么上述模型可重新表示成，

$$E_t f(y_{t-p},...,y_{t-1}, y_t, y_{t+1},...,y_{t+q}, \varepsilon_t) = 0$$

因此下面以上面表达形式为讨论对象。实际中遇到的模型通常可以分为后顾性模型（Backward-Looking Model）、前瞻性模型（Forward-Looking Model）及混合性模型（Hybrid Model）三种，即，

后顾性模型：$f(y_{t-p},...,y_{t-1}, y_t, \varepsilon_t) = 0$

前瞻性模型：$E_t f(y_t, y_{t+1},...,y_{t+q}, \varepsilon_t) = 0$

混合性模型：$E_t f(y_{t-p},...,y_{t-1}, y_t, y_{t+1},...,y_{t+q}, \varepsilon_t) = 0$

对于前瞻性模型和混合性模型，由于模型中包含预期变量，因此在求解之前必须对采用的预期进行了解，通常采用的预期有自适应预期（Adaptive Expectation）和理性预期（Rational Expectation），采用不同的预期假设，将会对模型的求解产生一定的影响。

为讨论方便，假设在第 t 期对第 $t+k$ 期的变量 x_{t+k} 的预期值为，

$$E_t(x_{t+k}) = E(x_{t+k} \mid I_t)$$

这里，I_t 代表在 t 期的信息集。若采用 Muth（1961）的理性预期假设，则有，

$$x_{t+k} = E_t(x_{t+k}) + \eta_{t+k}, \quad E_t(\eta_{t+k}) = 0$$

其中，η_t 是预测误差。由于误差的不可预测性，因而在理论和实用的各种模型中，通常采用比理性预期假设更强的预期假设，即与模型一致的预期（Model Consistent Expectations），并且在完美预见性（Perfect Foresight）的情况下考虑模型的求解，此时假设预测误差的实际值等于其预测值，从而下式成立，

$$x_{t+k} = E_t(x_{t+k})$$

在讨论带有预期变量的线性和非线性模型的求解方法之前，首先值得注意的是，求解这些模型需要给定初值条件（Initial Conditions）和终值条件（Terminal Conditions）。

假设对模型在 $t=1,...,T$ 进行求解，求解时需要给定内生变量 y_t 在求解区间外的值，这包括初值条件：$y_0,...,y_{-p+1}$ 和终值条件 $y_{T+1}, y_{T+2},...,y_{T+q}$。初值条件通常由经济初始所处的状态给出，终值条件通常有以下几种取值方法：其一是假定终值为常数，如 $y_{T+j} = y_T$, $j=1,...,q$；其二是假定终值的增长率为常数，如 $y_{T+j} = y_T^{j+1} y_{T-1}^{-j}$, $j=1,...,q$；其三是根据理论模型所确定的稳态来取定终值条件；其四是根据优化模型的横截性条件（Transversal Conditions）来取定终值条件。

二、DSGE 模型的线性求解方法

如果我们只对变量的一阶矩感兴趣，那么可以通过线性化或者对数线性化将模型转换成线性模型，对于带有预期变量的线性模型，目前有以下求解方法。

（一）矩阵多项式因子分解方法

假设带有预期变量的线性模型可以表示为下列形式，

$$B(L)y_t + D(F)y_t = C(L)x_t + u_t$$

$$B(L) = B_0 + B_1 L + ... + B_p L^p$$

$$C(L) = C_0 + C_1 L + ... + C_q L^q$$

$$D(F) = D_1 F + ... + D_k F^k$$

$$L^j x_t = x_{t-j}, \quad F^j x_t = E_t x_{t+j}$$

其中，y_t 是内生变量，x_t 是外生变量，u_t 是随机冲击，x_t 和 u_t 都假设为平稳的随机变量，$B(L)$ 和 $C(L)$ 是滞后多项式，$D(F)$ 是超前多项式，L 是滞后算子，F 是超前算子。在采用与模型一致的预期并考虑完美预见的情况下，$F = L^{-1}$，从而上式可改写为，

$$[B(L)y_t + D(L^{-1})]y_t = \phi(L, L^{-1})y_t = C(L)x_t + u_t$$

$$\phi(L, L^{-1}) = D_k L^{-k} + ... + D_1 L^{-1} + B_0 + B_1 L + ... + B_p L^p$$

假设矩阵多项式 ϕ 的 $n(p+k)$ 个特征根没有单位根（n 是内生变量 y_t 的维数），从而其可以分解为下面两个矩阵多项式的乘积，

$$\phi(L, L^{-1}) = \phi_1(L)\phi_2(L^{-1})$$

其中，矩阵多项式 $\phi_1(L)$ 的特征根位于单位圆外，矩阵多项式 $\phi_2(L^{-1})$ 的特征根位于单位圆内。

Sargent（1979）和 Blanchard-Kahn（1980）指出，当 $\phi_2(L^{-1})$ 的特征根个数不多于模型中预期变量的个数时，模型的解是稳定的；当 $\phi_2(L^{-1})$ 的特征根个数等于模型中预期变量的个数时，模型的解是鞍点解（Saddle-Path Solution），且是唯一的；当 $\phi_2(L^{-1})$ 的特征根个数少于模型中预期变量的个数时，模型有无穷多个稳定解。在稳定性条件满足的情况下，模型的解可表示为，

$$y_t = \phi_2(L^{-1})^{-1}\phi_1(L)^{-1}C(L)x_t + \phi_2(L^{-1})^{-1}\phi_1(L)^{-1}u_t$$

该方法的本质是通过向前或者向后迭代来求解模型，对于包含稳定根的矩阵多项式 $\phi_1(L)$，将方程向后迭代求解，而对于包含不稳定根的矩阵多项式 $\phi_2(L^{-1})$，将方程向前迭代求解。如果能够将矩阵多项式 $\phi_2(L^{-1})$ 和 $\phi_1(L)$ 进一步进行分解成低阶的矩阵多项式乘积形式，如，理想的情况是将这两个矩阵多项式分解成一系列一阶矩阵多项式乘积形式，那么，模型求解起来会更加方便。但是，由于矩阵多项式的因子分解并不太容易，因而实际中矩阵多项式因子分解方法并不常用。

（二）Anderson–Moore（AiM）方法

AiM 方法最早由 Anderson 和 Moore 于 1983 年提出，正式发表于 1985 年（Anderson-Moore, 1985）。该方法首先在美联储得到了成功的应用，因其计算速度快、模型表达形式简单、灵活和适用范围广等特点，随后该方法迅速在美国其他机构及学术界和应用界得到了推广，在 Zagaglia（2002, 2005）的介绍和积极推进下，该方法也在欧洲得到了成功的应用。经过近三十年的实践检验和不断改进，AiM 方法已经成为

一个非常可靠和有效的方法，Anderson（2008，2010）将 AiM 方法和其他方法进行了比较发现，无论是在计算速度还是在计算精度方面，AiM 方法都有其优越性，特别是在求解大规模的模型方面，该方法的优越性表现得更为突出。另外，非线性的 AiM 方法也在近年来得到了飞速发展。

AiM 方法考虑以下线性模型形式，

$$\sum_{i=1}^{\tau} H_{-i} x_{t-i} + H_0 x_t + \sum_{i=1}^{\theta} H_i E_t(x_{t+i}) = D\eta_t$$

其中，E 表示预期，x_t 是模型中所有的变量（n 维向量），η_t 是随机冲击（m 维向量），$H_i(i=-\tau,...,\theta)$ 是系数矩阵（$n \times n$ 维矩阵），D 是 $n \times m$ 维矩阵，假设随机冲击 η_t 是均值为零的平稳随机过程。变量 x_t 可以是内生变量，也可以是外生变量或者前定变量；随机冲击 η_t 可以是自回归形式（AR 形式），也可以是移动平均形式（MA 形式），甚至是可以是自回归移动平均形式（ARMA 形式）以及向量自回归形式（VAR 形式）；滞后变量的阶数并不局限于 1 阶情况，可包括 1 阶到 τ 阶滞后；预期也不局限于 1 期，可包括 1 期到 θ 期的预期。可看出，AiM 方法给出的模型形式具有很好的灵活性和较广的一般性，在实际应用中更加方便。

由于随机冲击均值为零，因而原点是上面模型的一个稳态，要保证原点是模型的唯一稳态，Anderson-Moore（1983）给出了下面的秩条件（Rank Condition），即，矩阵 $\sum_{i=-\tau}^{\theta} H_i$ 的秩等于 n，若矩阵 $\sum_{i=-\tau}^{\theta} H_i$ 的秩小于 n，则稳态不唯一。

对于上面方程的求解，Anderson-Moore（1983，1985）分两步进行，首先不考虑随机冲击 η_t 或者在确定性情况下求解以下齐次方程，

$$\sum_{i=1}^{\tau} H_{-i} x_{t-i} + H_0 x_t + \sum_{i=1}^{\theta} H_i E_t(x_{t+i}) = 0$$

在给定初值 $x_i(i=-1,...,-\tau)$ 的情况下，假设我们找到如下形式的解，

$$x_t = \sum_{i=1}^{\tau} B_i x_{t-i}$$

那么，在考虑随机冲击 η_t 的情况下，原来非齐次方程的解可表示成，

$$x_t = \sum_{i=1}^{\tau} B_i x_{t-i} + f(\eta_t)$$

即，齐次方程的解和非齐次方程某个特解之和，这里，特解是关于随机冲击 η_t 的函数。

关于矩阵 B_i（$i=1,\dots,\tau$）的确定，Anderson-Moore（1983，1985）给出了以下计算步骤。

第一步：若矩阵 H_θ 可逆，则构造矩阵 $\Gamma = H_\theta^{-1}[H_{-\tau},\dots,H_{\theta-1}]$。若矩阵 H_θ 不可逆，不妨假设 H_θ 的秩为 k，则先对矩阵 H_θ 进行 QR 分解（Q 是正交矩阵，R 是下三角矩阵），

这样 $Q'H_\theta = \begin{bmatrix} 0_{n-k,n} \\ \times \end{bmatrix}$，即该矩阵的前（$n$-$k$）行元素均为 0，定义矩阵 $H =[H_{-\tau},\dots,H_\theta]$，

用矩阵 Q 的转置左乘该矩阵得到 $Q'H = H_1$，显然矩阵 H_1 具有下面的形式，

$$\begin{bmatrix} q_{n-k,n(\tau+\theta)} : 0_{n-k,n} \\ r_{k,n(\tau+\theta+1)} \end{bmatrix} = H_1$$

即，矩阵 H_1 最后 n 列中的前（n-k）行元素均为 0，这意味着变量 x_t 的某些变量依赖的预期低于 θ 期，因而对这些变量的求解可以向后推 1 期求解，Anderson-Moore 非常巧妙地采用了右移的方式对矩阵 H_1 进行了处理，也就是说，把矩阵 H_1 前（n-k）行右移 n 列，右移空出来的元素用 0 填补，这样得到下面的矩阵，

$$\begin{bmatrix} 0_{n-k,n} : q_{n-k,n(\tau+\theta)} \\ r_{k,n(\tau+\theta+1)} \end{bmatrix} = H^*$$

另外，构造下面的矩阵作为初值矩阵，

$$Z =[q_{n-k,n(\tau+\theta)}]$$

再将矩阵 H^* 视为矩阵 H，并进行上面的操作，同时将得到的矩阵 q 按行添加到矩阵 Z 中，$Z = \begin{bmatrix} Z \\ q \end{bmatrix}$。直到矩阵 H 的最后 n 列构成的矩阵 H_θ 可逆，这样就可以构造矩阵 $\Gamma = H_\theta^{-1}[H_{-\tau},\dots,H_{\theta-1}]$，并且可得到，

$$\begin{bmatrix} x_{t-\tau+1} \\ \vdots \\ x_{t+\theta} \end{bmatrix} = A \begin{bmatrix} x_{t-\tau} \\ \vdots \\ x_{t+\theta-1} \end{bmatrix}，\text{ 其中，} A = \begin{bmatrix} 0_{n(\tau+\theta-1),n} : I_{n(\tau+\theta-1)} \\ \Gamma \end{bmatrix}$$

第二步：将矩阵 A 所有位于单位圆外的特征值对应的左特征向量构成矩阵 V，即，$VA = DV$，D 是特征值的绝对值大于 1 的 Jordan 矩阵，可以看出，要得到稳定解，则只要满足

$$V \begin{bmatrix} x_{t-\tau} \\ \vdots \\ x_{t+\theta-1} \end{bmatrix} = 0 \text{（对某个 } t \text{ 成立）}$$

也就是说，通过选择适当的初值可以去掉非稳定根对应的解，从而使整个系统的解得到稳定。将矩阵 V 添加到第一步得到的矩阵 Z 中从而构造矩阵 Q，

$$Q = \begin{bmatrix} Z \\ V \end{bmatrix}$$

再将矩阵 Q 进行下面的分块操作，

$$Q = [Q_L : Q_R]$$

其中，矩阵 Q_L 的列数为 $n\tau$，矩阵 Q_R 的列数为 $n\theta$。以 $x_{ini} = \begin{bmatrix} x_{-\tau} \\ \vdots \\ x_{-1} \end{bmatrix}$ 表示由初始值构成的

向量，如果向量 $\begin{bmatrix} x_{ini} \\ 0_{n\theta,1} \end{bmatrix}$ 不能落入由矩阵 $M_1 = \begin{bmatrix} I & 0 \\ Q_L & Q_R \end{bmatrix}$ 的列向量张成的子空间，那么模

型不存在稳定解，只有落入该子空间，才有可能存在稳定解。

第三步：计算矩阵 Q 的行数 p。

若 $p > n\theta$，则除了原点外，不存在稳定解。

若 $p < n\theta$，则稳定解存在但不唯一。

若 $p = n\theta$，但矩阵 Q_R 不可逆，则稳定解存在但不唯一。

若 $p = n\theta$，且矩阵 Q_R 可逆，则存在唯一的稳定解，此时由矩阵 B_i（$i=1,\ldots,\tau$）构成 $B = [B_\tau,\ldots,B_1]$，那么矩阵 B 是矩阵 $-Q_R^{-1}Q_L$ 的前 n 行。

在确定矩阵 B_i（$i=1,\ldots,\tau$）后，假设原来非齐次方程的解可表示成，

$$x_t = \sum_{i=1}^{\tau} B_i x_{t-i} + B_0 \eta_t$$

那么，下面的任务是确定矩阵 B_0。为讨论方便，假设随机冲击 η_t 是独立同分布（*i.i.d*）

的白噪声，定义以下矩阵，

$$\widetilde{B} = \begin{bmatrix} 0_{n(\tau-1),n} \vdots I_{n(\tau-1)} \\ B \end{bmatrix}$$

$$\widetilde{B}_j = B\widetilde{B}^{j-1}, (j=1,2,\ldots) \quad \widetilde{B}_1 = B$$

从而可得到，

$$E_t(x_{t+j}) = \widetilde{B}_{j+1} \begin{bmatrix} x_{t-\tau} \\ \vdots \\ x_{t-1} \end{bmatrix} + \widetilde{B}_j \begin{bmatrix} 0_{n(\tau-1),n} \\ I_{n,n} \end{bmatrix} B_0 \eta_t, \quad j=1,2\ldots,$$

代入原方程并比较随机项的系数可得到，

$$\left(H_0 + [H_1,\ldots,H_\theta] \begin{bmatrix} \widetilde{B}_1 \\ \vdots \\ \widetilde{B}_\theta \end{bmatrix} \begin{bmatrix} 0_{n(\tau-1),n} \\ I_{n,n} \end{bmatrix} \right) B_0 = D$$

根据上面的方程可确定矩阵 B_0。若随机冲击 η_t 是更复杂的随机过程，则通过适当的增加变量手段可以重新改写成上面的形式，并可通过上面的求解方法来求解。可以看出，B_i（$i=1,\ldots,\tau$）的确定与 B_0 的确定无关，即，在确定 B_i（$i=1,\ldots,\tau$）时可以不考虑随机项，这说明确定性等价定理（Certainty-Equivalence Theorem）是成立的。

（三）矩阵 Jordan 型分解方法

Blanchard-Kahn（1980）最早提出了该方法，King-Watson（1998, 2002）对该方法进行了推广，由于矩阵的 Jordan 型分解与矩阵的其他正交分解方法相比较在稳定性和计算速度方面比较逊色，因而该方法在目前应用并不广泛，但如果将该方法中的 Jordan 型分解步骤换成其他矩阵分解方法，并考虑 King-Watson 的系统降维步骤，那么该方法仍不失为一个好方法。

Blanchard-Kahn（1980）考虑以下模型，

$$A \begin{bmatrix} x_{1t+1} \\ E_t x_{2t+1} \end{bmatrix} = B \begin{bmatrix} x_{1t} \\ x_{2t} \end{bmatrix} + Cf_t$$

其中，x_{1t} 是后顾型变量（Backward-Looking Variables），初值 x_{10} 给定，x_{2t} 是前瞻型变量（Forward-Looking Variables），f_t 是随机冲击，E_t 表示条件数学期望，A、B 和 C 是相应的系数矩阵。

Blanchard-Kahn（1980）在当初讨论上面方程求解时假设矩阵 A 可逆，在这种情况下，可将上面模型变成下面形式，

$$\begin{bmatrix} x_{1t+1} \\ E_t x_{2t+1} \end{bmatrix} = \widetilde{A} \begin{bmatrix} x_{1t} \\ x_{2t} \end{bmatrix} + K f_t, \quad \widetilde{A} = A^{-1}B, \quad K = A^{-1}C$$

记，$\widetilde{A} = \begin{bmatrix} \widetilde{A}_{11} & \widetilde{A}_{12} \\ \widetilde{A}_{21} & \widetilde{A}_{22} \end{bmatrix}$，$K = \begin{bmatrix} K_1 \\ K_2 \end{bmatrix}$，对矩阵 $\widetilde{A}$ 进行 Jordan 型分解，

$$\Lambda \widetilde{A} \Lambda^{-1} = J, \quad J = \begin{bmatrix} J_1 & 0 \\ 0 & J_2 \end{bmatrix}$$

这里，J 是矩阵 $\widetilde{A}$ 的特征值构成的 Jordan 型，Λ 是特征向量矩阵，J 是块状对角矩阵，可将其分成两块，J_1 的特征值绝对值小于 1，J_2 的特征值绝对值大于 1。记，

$$\Lambda = \begin{bmatrix} \Lambda_{11} & \Lambda_{12} \\ \Lambda_{21} & \Lambda_{22} \end{bmatrix}, \quad \begin{bmatrix} z_{1t} \\ z_{2t} \end{bmatrix} = \begin{bmatrix} \Lambda_{11} & \Lambda_{12} \\ \Lambda_{21} & \Lambda_{22} \end{bmatrix} \begin{bmatrix} x_{1t} \\ x_{2t} \end{bmatrix}, \quad \begin{bmatrix} D_1 \\ D_2 \end{bmatrix} = \Lambda K，将原方程左乘 \Lambda 可得到，$$

$$\begin{bmatrix} z_{1t+1} \\ E_t z_{2t+1} \end{bmatrix} = \begin{bmatrix} J_1 & 0 \\ 0 & J_2 \end{bmatrix} \begin{bmatrix} z_{1t} \\ z_{2t} \end{bmatrix} + \begin{bmatrix} D_1 \\ D_2 \end{bmatrix} f_t,$$

对于第二个方程，由于 J_2 的特征值绝对值大于 1，我们可以向前求解方程，

$$z_{2t} = J_2^{-1} E_t z_{2t+1} - J_2^{-1} D_2 f_t$$
$$= -\sum_{i=0}^{\infty} (J_2^{-1})^{i+1} D_2 E_t (f_{t+i})$$

但对于第一个方程的求解，只有知道初值 z_{10} 后，才能得到 z_{1t}。由 $\begin{bmatrix} x_{1t} \\ x_{2t} \end{bmatrix} = \Lambda^{-1} \begin{bmatrix} z_{1t} \\ z_{2t} \end{bmatrix} = \begin{bmatrix} \Gamma_{11} & \Gamma_{12} \\ \Gamma_{21} & \Gamma_{22} \end{bmatrix} \begin{bmatrix} z_{1t} \\ z_{2t} \end{bmatrix}$ 可得到，

$$x_{10} = \Gamma_{11} z_{10} + \Gamma_{12} z_{20}$$

由于 x_{10} 给定，z_{20} 已由上面的方程可以求出，因而由该式来确定 z_{10} 的必要条件是稳定根的个数不少于 x_{1t} 的维数。当稳定根的个数等于 x_{1t} 的维数时，方程的解是存在且唯一的，此时模型的解具有鞍点（Saddle-Path）性质，而当稳定根的个数多于 x_{1t} 的维数时，方程的解虽然存在，但不唯一，此时模型有无穷多个稳定解解，以上就是 Blanchard-Kahn（1980）等证明的结论。

在得到解 z_t 后，由 $z_{2t} = \Lambda_{21}x_{1t} + \Lambda_{22}x_{2t}$ 可得到，

$$x_{2t} = -\Lambda_{22}^{-1}\Lambda_{21}x_{1t} + \Lambda_{22}^{-1}z_{2t}$$

$$= -\Lambda_{22}^{-1}\Lambda_{21}x_{1t} - \Lambda_{22}^{-1}\sum_{i=0}^{\infty}(J_2^{-1})^{i+1}D_2E_t(f_{t+i})$$

代入原方程的第一个方程并整理可得到下式，

$$x_{1t+1} = \widetilde{A}_{11}x_{1t} + \widetilde{A}_{22}x_{2t} + K_1f_t$$

$$= (\widetilde{A}_{11} - \widetilde{A}_{22}\Lambda_{22}^{-1}\Lambda_{21})x_{1t} + K_1f_t - A_{22}\Lambda_{22}^{-1}\sum_{i=0}^{\infty}(J_2^{-1})^{i+1}D_2E_t(f_{t+i})$$

一旦解出 x_{1t} 后，x_{2t} 由下式确定，

$$x_{2t} = -\Lambda_{22}^{-1}\Lambda_{21}x_{1t} - \Lambda_{22}^{-1}\sum_{i=0}^{\infty}(J_2^{-1})^{i+1}D_2E_t(f_{t+i})$$

至此原方程的求解结束。上面 Blanchard-Kahn（1980）方法最大的限制是要求矩阵 A 可逆，且事先要区分哪些是后顾型变量，哪些是前瞻型变量。King-Watson（1998，2002）认为这些条件可进一步放宽。其考虑以下模型形式，

$$AE_t(x_{t+1}) = Bx_t + Cf_t$$

显然该模型形式比上面的 Blanchard-Kahn（1980）模型形式更为一般。King-Watson（1998，2002）指出，若矩阵 A 可逆，则可以按照上面的方法进行，而若矩阵 A 不可逆，此时矩阵 A 和 B 都对方程的解产生重要的影响，则可以将原来的模型系统进一步降低维数，再按照上面的方法进行。

假设矩阵 A 不可逆，不妨假设矩阵 A 的维数为 $n{\times}n$ 维，其秩为 n_1（$n_1 < n$）。King-Watson（1998，2002）方法首先对矩阵 A 进行奇异值分解，$A = USV'$，U 和 V 都是正交矩阵，$U'U = I$，$V'V = I$，S 是由 A 的奇异值构成的对角矩阵，不妨将奇异值按从大到小的顺序排列，$S = \begin{bmatrix} \lambda_{n_1,n_1} & 0 \\ 0 & 0 \end{bmatrix}$，$\lambda_{n_1,n_1}$ 是由 A 的 n_1 个非零奇异值构成的对角矩阵。令 $x_t = Vy_t$，方程 $AE_t(x_{t+1}) = Bx_t + Cf_t$ 变为，

$$SE_t(y_{t+1}) = (U'BV)y_t + (U'C)f_t$$

考虑到 S 的形状，进行相应的分块操作，$U'BV = \begin{bmatrix} b_{11} & b_{12} \\ b_{21} & b_{22} \end{bmatrix}$，$U'C = \begin{bmatrix} c_1 \\ c_2 \end{bmatrix}$，上式变成，

$$\begin{bmatrix} \lambda_{n_1,n_1} & 0 \\ 0 & 0 \end{bmatrix} E_t \begin{bmatrix} y_{1t+1} \\ y_{2t+1} \end{bmatrix} = \begin{bmatrix} b_{11} & b_{12} \\ b_{21} & b_{22} \end{bmatrix} \begin{bmatrix} y_{1t} \\ y_{2t} \end{bmatrix} + \begin{bmatrix} c_1 \\ c_2 \end{bmatrix} f_t$$

其中，变量 y_{1t} 和 y_{2t} 的维数分别为 n_1 维和（$n-n_1$）维。可见该式的下半块不含有预期项，仅为当期变量之间的关系式，即，

$$b_{21} y_{1t} + b_{22} y_{2t} = -c_2 f_t$$

对矩阵 b_{22} 进行 QR 分解，

$$b_{22} P = \begin{bmatrix} Q_{11} & Q_{12} \\ Q_{21} & Q_{22} \end{bmatrix} \begin{bmatrix} R_1 & R_2 \\ 0 & 0 \end{bmatrix}$$

其中，P 是置换矩阵，Q 是正交矩阵，R_1 是可逆的上三角矩阵，若 b_{22} 的秩为 r，则 R_1 的维数为（$r \times r$），且 $r \leq$（$n-n_1$）。利用该分解结果可得到，

$$Q' b_{21} y_{1t} + Q' b_{22} y_{2t} = -Q' c_2 f_t$$

令 $P' y_{2t} = [w'_{1t} w'_{2t}]'$，取上面方程的上半部可得到，

$$w_{1t} = -R_1^{-1} R_2 w_{2t} - R_1^{-1} [Q'_{11}, Q'_{21}] (b_{21} y_{1t} + c_2 f_t)$$

这样变量 w_{1t} 能够通过变量 y_{1t} 和 w_{2t} 表示出来，将 $y_{2t} = P \begin{bmatrix} w_{1t} \\ w_{2t} \end{bmatrix}$ 代入方程

$\begin{bmatrix} \lambda_{n_1,n_1} & 0 \\ 0 & 0 \end{bmatrix} E_t \begin{bmatrix} y_{1t+1} \\ y_{2t+1} \end{bmatrix} = \begin{bmatrix} b_{11} & b_{12} \\ b_{21} & b_{22} \end{bmatrix} \begin{bmatrix} y_{1t} \\ y_{2t} \end{bmatrix} + \begin{bmatrix} c_1 \\ c_2 \end{bmatrix} f_t$ 中，可得到关于变量 $\tilde{y}_t = \begin{bmatrix} y_{1t} \\ w_{2t} \end{bmatrix}$ 的方程，

$$A_1 E_t \begin{bmatrix} y_{1t+1} \\ w_{2t+1} \end{bmatrix} = B_1 \begin{bmatrix} y_{1t} \\ w_{2t} \end{bmatrix} + C_1 f_t$$

而模型中的其他变量 w_{1t} 能够用 y_{1t} 和 w_{2t} 表示出来，显然这样做将原来的模型系统进行了降维，按照上面的作法，进一步重新考察矩阵 A_1 是否可逆，如可逆，则降维过程结束，如不可逆，则重复上述过程，直到其可逆。当降维过程结束后，就可以采用 Blanchard-Kahn（1980）的方法对模型进行求解。King-Watson（1998, 2002）进一步证明，只要原方程系统有唯一的鞍点解，那么一定存在唯一的低维系统，其非零解与原

方程的解具有同样的动态特性。可以看出，降维过程是 King-Watson（1998, 2002）方法的核心，而且在实际应用中很有价值。

（四）矩阵广义 Schur 分解（QZ 分解）方法

由于矩阵的正交分解技术具有很好的稳健性，因而利用矩阵的广义 Schur 分解（又称 QZ 分解）方法来求解带有预期变量的线性模型也成为非常有影响的一类方法。这类方法大致分为两类，一类采用 Klein(2001)的模型设定形式，另一类采用 Sims(2002)的模型设定形式。两类方法的求解基础是矩阵的广义 Schur 分解引理。

引理（矩阵的广义 Schur 分解或 QZ 分解）：对于任意两个矩阵（$n \times n$）维 A 和 B，存在酉矩阵 Q 和 Z（即，$QQ^H = I, ZZ^H = I$）及上三角矩阵 S 和 T，使得 $A = QSZ^H$，$B = QTZ^H$。

1. Klein 方法

Klein（2000）方法通常可以将带有预期变量的线性模型写成下面的形式，

$$A \begin{bmatrix} x_{1t+1} \\ E_t x_{2t+1} \end{bmatrix} = B \begin{bmatrix} x_{1t} \\ x_{2t} \end{bmatrix} + Cf_t$$

其中，x_{1t} 是后顾型变量，初值 x_{10} 给定，x_{2t} 是前瞻型变量，f_t 是随机冲击，E_t 表示条件数学期望，矩阵 A 可能为非奇异矩阵，也可能为奇异矩阵。

根据矩阵的广义 Schur 分解引理，对矩阵 A 和 B 进行分解，$A = QSZ^H$，$B = QTZ^H$，$QQ^H = I, ZZ^H = I$，并将矩阵进行简单变换，使得上三角矩阵 T 和 S 均由两块组成，其中二者上面一块矩阵的对角线元素满足关系式 $|T_{ii} / S_{ii}| < 1$，即这些广义特征根是稳定的。

令 $\begin{bmatrix} \theta_t \\ \delta_t \end{bmatrix} = Z^H \begin{bmatrix} x_{1t} \\ x_{2t} \end{bmatrix}$，对原方程左乘矩阵 Q^H 可得，

$$Q^H QSZ^H E_t \begin{bmatrix} x_{1t+1} \\ x_{2t+1} \end{bmatrix} = Q^H QTZ^H \begin{bmatrix} x_{1t} \\ x_{2t} \end{bmatrix} + Q^H Cf_t$$

或，

$$SE_t \begin{bmatrix} \theta_{t+1} \\ \delta_{t+1} \end{bmatrix} = T \begin{bmatrix} \theta_t \\ \delta_t \end{bmatrix} + Q^H Cf_t$$

进一步将矩阵进行分块，

$$\begin{bmatrix} S_{\theta\theta} & S_{\theta\delta} \\ 0 & S_{\delta\delta} \end{bmatrix} E_t \begin{bmatrix} \theta_{t+1} \\ \delta_{t+1} \end{bmatrix} = \begin{bmatrix} T_{\theta\theta} & T_{\theta\delta} \\ 0 & T_{\delta\delta} \end{bmatrix} \begin{bmatrix} \theta_t \\ \delta_t \end{bmatrix} + \begin{bmatrix} K_1 \\ K_2 \end{bmatrix} f_t , \quad \begin{bmatrix} K_1 \\ K_2 \end{bmatrix} = Q^H C$$

由于上三角矩阵 T 和 S 下面一块矩阵的对角线元素满足关系式 $|T_{ii}/S_{ii}|>1$，因此对上面方程的下半块向前迭代可得到 δ_t 的解，

$$\begin{aligned} \delta_t &= T_{\delta\delta}^{-1} S_{\delta\delta} E_t \delta_{t+1} - T_{\delta\delta}^{-1} K_2 f_t \\ &= -\sum_{i=0}^{\infty} (T_{\delta\delta}^{-1} S_{\delta\delta})^i T_{\delta\delta}^{-1} K_2 E_t(f_{t+i}) \end{aligned}$$

再代入上面方程的上半块可得到 θ_t 的解，

$$\begin{aligned} \theta_{t+1} &= -S_{\theta\theta}^{-1} S_{\theta\delta} E_t \delta_{t+1} + S_{\theta\theta}^{-1} T_{\theta\theta} \theta_t + S_{\theta\theta}^{-1} T_{\theta\delta} \delta_t + S_{\theta\theta}^{-1} K_1 f_t \\ &= S_{\theta\theta}^{-1} T_{\theta\theta} \theta_t + S_{\theta\theta}^{-1} K_1 f_t + S_{\theta\theta}^{-1} T_{\theta\delta} (T_{\delta\delta}^{-1} S_{\delta\delta} E_t \delta_{t+1} - T_{\delta\delta}^{-1} K_2 f_t) - S_{\theta\theta}^{-1} S_{\theta\delta} E_t \delta_{t+1} \\ &= S_{\theta\theta}^{-1} T_{\theta\theta} \theta_t + S_{\theta\theta}^{-1} (K_1 - T_{\theta\delta} T_{\delta\delta}^{-1} K_2) f_t + S_{\theta\theta}^{-1} (T_{\theta\delta} T_{\delta\delta}^{-1} S_{\delta\delta} - S_{\theta\delta}) E_t \delta_{t+1} \\ &= S_{\theta\theta}^{-1} T_{\theta\theta} \theta_t + S_{\theta\theta}^{-1} (K_1 - T_{\theta\delta} T_{\delta\delta}^{-1} K_2) f_t \\ &\quad - S_{\theta\theta}^{-1} (T_{\theta\delta} T_{\delta\delta}^{-1} S_{\delta\delta} - S_{\theta\delta}) \sum_{i=0}^{\infty} (T_{\delta\delta}^{-1} S_{\delta\delta})^i T_{\delta\delta}^{-1} K_2 E_t(f_{t+1+i}) \end{aligned}$$

但只有知道初值 θ_0 后，才能由上式得到 θ_t。由 $\begin{bmatrix} x_{1t} \\ x_{2t} \end{bmatrix} = Z \begin{bmatrix} \theta_t \\ \delta_t \end{bmatrix} = \begin{bmatrix} Z_{1\theta} & Z_{1\delta} \\ Z_{2\theta} & Z_{2\delta} \end{bmatrix} \begin{bmatrix} \theta_t \\ \delta_t \end{bmatrix}$ 可得到，

$$x_{10} = Z_{1\theta} \theta_0 + Z_{1\delta} \delta_0$$

由于 x_{10} 给定，δ_0 已由上面的方程可以求出，因而由该式来确定 θ_0 的必要条件是稳定根的个数不少于 x_{1t} 的维数。当稳定根的个数等于 x_{1t} 的维数时，方程的解是存在且唯一的，而当稳定根的个数多于 x_{1t} 的维数时，方程的解虽然存在，但不唯一。

在得到解 $\begin{bmatrix} \theta_t \\ \delta_t \end{bmatrix}$ 后，由 $\begin{bmatrix} x_{1t} \\ x_{2t} \end{bmatrix} = Z \begin{bmatrix} \theta_t \\ \delta_t \end{bmatrix} = \begin{bmatrix} Z_{1\theta} & Z_{1\delta} \\ Z_{2\theta} & Z_{2\delta} \end{bmatrix} \begin{bmatrix} \theta_t \\ \delta_t \end{bmatrix}$ 可得到原方程的最终解，为写出最终解的显性表达式，将 $\theta_t = Z_{1\theta}^{-1} (x_{1t} - Z_{1\delta} \delta_t)$ 代入上面已得到的 θ_t 方程，

$$\begin{aligned} Z_{1\theta}^{-1} (x_{1t+1} - Z_{1\delta} E_t \delta_{t+1}) &= S_{\theta\theta}^{-1} T_{\theta\theta} Z_{1\theta}^{-1} (x_{1t} - Z_{1\delta} \delta_t) - S_{\theta\theta}^{-1} S_{\theta\delta} E_t \delta_{t+1} + S_{\theta\theta}^{-1} T_{\theta\delta} \delta_t \\ &\quad + S_{\theta\theta}^{-1} K_1 f_t \end{aligned}$$

或，

$$x_{1t+1} = Z_{1\delta}E_t\delta_{t+1} + Z_{1\theta}S_{\theta\theta}^{-1}T_{\theta\theta}Z_{1\theta}^{-1}(x_{1t} - Z_{1\delta}\delta_t) - Z_{1\theta}S_{\theta\theta}^{-1}S_{\theta\delta}E_t\delta_{t+1} +$$

$$Z_{1\theta}S_{\theta\theta}^{-1}T_{\theta\delta}\delta_t + Z_{1\theta}S_{\theta\theta}^{-1}K_1f_t$$

$$= Z_{1\theta}S_{\theta\theta}^{-1}T_{\theta\theta}Z_{1\theta}^{-1}x_{1t} + Z_{1\theta}S_{\theta\theta}^{-1}K_1f_t + (Z_{1\delta} - Z_{1\theta}S_{\theta\theta}^{-1}S_{\theta\delta})E_t\delta_{t+1} +$$

$$Z_{1\theta}S_{\theta\theta}^{-1}(T_{\theta\delta} - T_{\theta\theta}Z_{1\theta}^{-1}Z_{1\delta})(T_{\delta\delta}^{-1}S_{\delta\delta}E_t\delta_{t+1} - T_{\delta\delta}^{-1}K_2f_t)$$

$$= Z_{1\theta}S_{\theta\theta}^{-1}T_{\theta\theta}Z_{1\theta}^{-1}x_{1t} + M_2f_t + M_1E_t\delta_{t+1}$$

$$= Z_{1\theta}S_{\theta\theta}^{-1}T_{\theta\theta}Z_{1\theta}^{-1}x_{1t} + M_2f_t - M_1\sum_{i=0}^{\infty}(T_{\delta\delta}^{-1}S_{\delta\delta})^iT_{\delta\delta}^{-1}K_2E_t(f_{t+1+i})$$

其中，

$$M_1 = Z_{1\delta} - Z_{1\theta}S_{\theta\theta}^{-1}[S_{\theta\delta} - (T_{\theta\delta} - T_{\theta\theta}Z_{1\theta}^{-1}Z_{1\delta})T_{\delta\delta}^{-1}S_{\delta\delta}]$$

$$M_2 = Z_{1\theta}S_{\theta\theta}^{-1}[K_1 - (T_{\theta\delta} - T_{\theta\theta}Z_{1\theta}^{-1}Z_{1\delta})T_{\delta\delta}^{-1}K_2]$$

在得到 x_{1t} 后，再由下面的方程可得到 x_{2t}，

$$x_{2t} = Z_{2\theta}\theta_t + Z_{2\delta}\delta_t = Z_{2\theta}Z_{1\theta}^{-1}(x_{1t} - Z_{1\delta}\delta_t) + Z_{2\delta}\delta_t$$

$$= Z_{2\theta}Z_{1\theta}^{-1}x_{1t} - (Z_{2\delta} - Z_{2\theta}Z_{1\theta}^{-1}Z_{1\delta})\sum_{i=0}^{\infty}(T_{\delta\delta}^{-1}S_{\delta\delta})^iT_{\delta\delta}^{-1}K_2E_t(f_{t+i})$$

至此最终解的形式总结如下，

$$x_{1t+1} = Z_{1\theta}S_{\theta\theta}^{-1}T_{\theta\theta}Z_{1\theta}^{-1}x_{1t} + M_2f_t - M_1\sum_{i=0}^{\infty}(T_{\delta\delta}^{-1}S_{\delta\delta})^iT_{\delta\delta}^{-1}K_2E_t(f_{t+1+i})$$

$$x_{2t} = Z_{2\theta}Z_{1\theta}^{-1}x_{1t} - (Z_{2\delta} - Z_{2\theta}Z_{1\theta}^{-1}Z_{1\delta})\sum_{i=0}^{\infty}(T_{\delta\delta}^{-1}S_{\delta\delta})^iT_{\delta\delta}^{-1}K_2E_t(f_{t+i})$$

2. Sims 方法

Blanchard-Kahn（1980）和 Klein（2000）方法都事先将模型中的变量区分为后顾型变量和前瞻型变量，且均将模型写成前瞻型的形式，而 Sims（2001）方法和 AiM 方法一样并不事先区分模型中的变量，且 Sims（2001）方法将模型写成下面的后顾型形式，

$$Ax_t + Bx_{t-1} + Cf_t + D\eta_t = 0$$

这里，x_t 是模型中所有的变量（n 维向量），f_t 是外生的随机冲击（m 维向量），η_t 是预测误差（n 维向量），$\eta_t = x_t - E_{t-1}(x_t)$，$A$、$B$、$C$ 和 D 是相应的系数矩阵，其中，A、

B 和 D 是 $n×n$ 维矩阵，C 是 $n×m$ 维矩阵，理性预期要求 $E_t(\eta_{t+1})=0$。虽然 Sims（2001）方法将模型写成后顾型的形式，但由于预测误差并不是一般的外生随机冲击，而是内生地发生变化，因而对以上方程的求解并不简单。

Sims（2001）方法同样对矩阵 A 和 B 进行广义 Schur 分解，$A=QSZ^H$，$B=QTZ^H$，$QQ^H=I$，$ZZ^H=I$，并将矩阵进行简单变换，使得上三角矩阵 T 和 S 均由两块组成，其中二者上面一块矩阵的对角线元素满足关系式 $|T_{ii}/S_{ii}|<1$，且满足该关系式的个数为 r（即稳定根的数目为 r）。

令 $\begin{bmatrix} z_{1t} \\ z_{2t} \end{bmatrix} = Z^H \begin{bmatrix} x_{1t} \\ x_{2t} \end{bmatrix}$，对原方程左乘矩阵 Q^H 可得并对矩阵进行分块可得，

$$\begin{bmatrix} S_{11} & S_{12} \\ 0 & S_{22} \end{bmatrix}\begin{bmatrix} z_{1t} \\ z_{2t} \end{bmatrix} + \begin{bmatrix} T_{11} & T_{12} \\ 0 & T_{22} \end{bmatrix}\begin{bmatrix} z_{1t-1} \\ z_{2t-1} \end{bmatrix} + \begin{bmatrix} c_1 \\ c_2 \end{bmatrix}f_t + \begin{bmatrix} d_1 \\ d_2 \end{bmatrix}\eta_t = 0$$

其中，$\begin{bmatrix} c_1 \\ c_2 \end{bmatrix}=Q^H C$，$\begin{bmatrix} d_1 \\ d_2 \end{bmatrix}=Q^H D$。由于上式的下半块对应着不稳定根部分，从而可以

向前迭代，并利用理性预期条件 $E_t(\eta_{t+1})=0$，可得到 z_{2t} 的解，

$$z_{2t} = -T_{22}^{-1}S_{22}E_t z_{2t+1} - T_{22}^{-1}(c_2 E_t f_{t+1} + d_2 E_t \eta_{t+1})$$
$$= -\sum_{i=0}^{\infty}(-T_{22}^{-1}S_{22})^i T_{22}^{-1} c_2 E_t(f_{t+1+i})$$

一旦求得了 z_{2t} 的解，可进一步对部分预测误差 $d_2\eta_t$ 进行判断，

$$d_2\eta_t = -S_{22}z_{2t} - T_{22}z_{2t-1} - c_2 f_t$$

如果能够对全部预测误差 η_t 进行判断，那么代入模型的上半块

$$S_{11}z_{1t} + S_{12}z_{2t} + T_{11}z_{1t-1} + T_{12}z_{2t-1} + (c_1 f_t + d_1\eta_t) = 0$$

就能够得到 z_{1t} 的解。但在仅得到部分预测误差 $d_2\eta_t$ 的情况下，要使上面方程得到很好的控制，显然需要满足，

$$d_1\eta_t = \Phi d_2\eta_t，\quad 或，\quad d_1 = \Phi d_2$$

即，上半块方程得到的预测误差 $d_1\eta_t$ 是下半块方程得到的预测误差 $d_2\eta_t$ 的线性组合，矩阵 d_1 是 $r×n$ 矩阵，矩阵 d_2 是（$n-r$）$×n$ 矩阵，从而满足上述该形式要求矩阵 Φ 是 $r×$

（n-r）矩阵，若要得到唯一的稳定解，这进一步要求矩阵 Φ 的秩为 r。

假设满足上面的条件，用矩阵 $\begin{bmatrix} I & -\Phi \\ 0 & I \end{bmatrix}$ 左乘上面的方程可得到，

$$\begin{bmatrix} I & -\Phi \\ 0 & I \end{bmatrix}\begin{bmatrix} S_{11} & S_{12} \\ 0 & S_{22} \end{bmatrix}\begin{bmatrix} z_{1t} \\ z_{2t} \end{bmatrix} + \begin{bmatrix} I & -\Phi \\ 0 & I \end{bmatrix}\begin{bmatrix} T_{11} & T_{12} \\ 0 & T_{22} \end{bmatrix}\begin{bmatrix} z_{1t-1} \\ z_{2t-1} \end{bmatrix}$$

$$+ \begin{bmatrix} I & -\Phi \\ 0 & I \end{bmatrix}\begin{bmatrix} c_1 \\ c_2 \end{bmatrix}f_t + \begin{bmatrix} I & -\Phi \\ 0 & I \end{bmatrix}\begin{bmatrix} d_1 \\ d_2 \end{bmatrix}\eta_t = 0$$

或，

$$\begin{bmatrix} S_{11} & S_{12} - \Phi S_{22} \\ 0 & S_{22} \end{bmatrix}\begin{bmatrix} z_{1t} \\ z_{2t} \end{bmatrix} + \begin{bmatrix} T_{11} & T_{12} - \Phi T_{22} \\ 0 & T_{22} \end{bmatrix}\begin{bmatrix} z_{1t-1} \\ z_{2t-1} \end{bmatrix} + \begin{bmatrix} c_1 - \Phi c_2 \\ c_2 \end{bmatrix}f_t + \begin{bmatrix} 0 \\ d_2 \end{bmatrix}\eta_t = 0$$

显然，利用上式的上半块可以得到 z_{1t} 的解，即，

$$S_{11}z_{1t} + (S_{12} - \Phi S_{22})z_{2t} + T_{11}z_{1t-1} + (T_{12} - \Phi T_{22})z_{2t-1} + (c_1 - \Phi c_2)f_t = 0$$

由 $\begin{bmatrix} x_{1t} \\ x_{2t} \end{bmatrix} = Z\begin{bmatrix} z_{1t} \\ z_{2t} \end{bmatrix} = \begin{bmatrix} Z_{11} & Z_{12} \\ Z_{21} & Z_{22} \end{bmatrix}\begin{bmatrix} z_{1t} \\ z_{2t} \end{bmatrix}$ 得到，$z_{1t} = Z_{11}^{-1}(x_{1t} - Z_{12}z_{2t})$，代入上式得到，

$$S_{11}Z_{11}^{-1}x_{1t} + (S_{12} - \Phi S_{22} - S_{11}Z_{11}^{-1}Z_{12})z_{2t} + T_{11}Z_{11}^{-1}x_{1t-1}$$

$$+ (T_{12} - \Phi T_{22} - T_{11}Z_{11}^{-1}Z_{12})z_{2t-1} + (c_1 - \Phi c_2)f_t = 0$$

利用前面已经得到的 $z_{2t} = -\sum_{i=0}^{\infty}(-T_{22}^{-1}S_{22})^i T_{22}^{-1}c_2 E_t(f_{t+1+i})$，代入上式最终可得到 x_{1t} 的显性表达式。

再利用 $x_{2t} = Z_{21}Z_{11}^{-1}(x_{1t} - Z_{12}z_{2t}) + Z_{22}z_{2t} = Z_{21}Z_{11}^{-1}x_{1t} + (Z_{22} - Z_{21}Z_{11}^{-1}Z_{12})z_{2t}$ 可得到 x_{2t} 的显性表达式。

（五）求解矩阵二次方程方法

对于带有预期变量的线性模型，一类求解方法是先将原模型最终变成一个矩阵二次方程的求解，这类方法的代表是 Uhlig（1995）和 Binder-Pesaran（1995, 1997），他们的模型设定形式虽然不同，但求解矩阵二次方程都是其求解的核心。

先来看矩阵二次方程的解法，考虑以下关于矩阵 P 的二次方程，

$$\Psi P^2 + \Gamma P + \Theta = 0$$

其中，Ψ、Γ 和 Θ 都是给定矩阵。

为求解该矩阵方程，定义以下两个矩阵，

$$\Xi = \begin{bmatrix} -\Gamma & -\Theta \\ I & 0 \end{bmatrix} \qquad \Delta = \begin{bmatrix} \Psi & 0 \\ 0 & I \end{bmatrix}$$

假设 λ 和 $\begin{bmatrix} y \\ x \end{bmatrix}$ 分别为矩阵 Ξ 关于 Δ 的广义特征值和广义特征量，即，

$$\Xi \begin{bmatrix} y \\ x \end{bmatrix} = \lambda \Delta \begin{bmatrix} y \\ x \end{bmatrix}$$

考虑到矩阵 Ξ 和 Δ 的特殊结构，那么广义特征量实际上具有下面的形式，

$$y = \lambda x$$

从而得到，

$$\begin{bmatrix} -\Gamma & -\Theta \\ I & 0 \end{bmatrix} \begin{bmatrix} \lambda x \\ x \end{bmatrix} = \lambda \begin{bmatrix} \Psi & 0 \\ 0 & I \end{bmatrix} \begin{bmatrix} \lambda x \\ x \end{bmatrix}$$

由矩阵的上半块可得到，

$$\lambda^2 \Psi x + \lambda \Gamma x + \Theta x = 0$$

若矩阵 Ξ 关于 Δ 的广义特征值和广义特征量分别为，

$$(\lambda_1, ..., \lambda_m, ...) , \quad \begin{bmatrix} \lambda_1 x_1 \\ x_1 \end{bmatrix}, ..., \begin{bmatrix} \lambda_m x_m \\ x_m \end{bmatrix}, ...$$

定义，

$$\Omega = [x_1, ..., x_m, ...], \quad \Lambda = diag(\lambda_1, ..., \lambda_m, ...)$$

那么，上面方程可写成矩阵的形式，

$$\Psi \Omega \Lambda^2 + \Gamma \Omega \Lambda + \Theta \Omega = 0$$

由于广义特征量是相互独立的，因而上面方程可进一步表示为，

$$\Psi \Omega \Lambda^2 \Omega^{-1} + \Gamma \Omega \Lambda \Omega^{-1} + \Theta = 0$$

定义，$P = \Omega \Lambda \Omega^{-1}$，则矩阵 P 满足下面的矩阵二次方程，

$$\Psi P^2 + \Gamma P + \Theta = 0$$

另外，如果广义特征值均在单位圆内，那么矩阵 P 的特征值也在单位圆内。

动态随机一般均衡模型及其应用

1. Uhlig 的待定系数法

对于带有预期变量的线性模型，Ulhig（1995）提出了以下的待定系数法，其假设模型可表示为下式，

$$E_t[Fx_{t+1} + Gx_t + Hx_{t-1} + Lz_{t+1} + Mz_t] = 0$$

$$z_t = Nz_{t-1} + \varepsilon_t, \quad E_t(\varepsilon_{t+1}) = 0$$

其中，x_t 是内生变量，z_t 是外生变量，ε_t 是随机冲击，E_t 表示条件数学期望。

假设我们期望最终得到如下形式的解，

$$x_t = Px_{t-1} + Qz_t$$

那么我们的目标就是确定矩阵 P 和 Q。

从上式可得到，

$$x_{t+1} = P^2x_{t-1} + PQz_t + Qz_{t+1}$$

代入原模型中可得到，

$$(FP^2 + GP + H)x_{t-1} + [(FQ + L)N + (FP + G)Q + M]z_t = 0$$

由于上面的式子对变量 x_{t-1} 和 z_t 的任何值均成立，那么可得到，

$$FP^2 + GP + H = 0$$

$$(FQ + L)N + (FP + G)Q + M = 0$$

显然第一个方程是一个关于矩阵 P 的二次方程，利用前面的结果，我们可得到矩阵 P，若其特征值均在单位圆内，那么就得到了矩阵 P 的最终求解结果。

一旦求出矩阵 P，那么第二个方程是一个典型的关于矩阵 Q 的 Sylvester 矩阵方程，这是一个关于矩阵的线性方程，可通过下式得到求解，

$$[N' \otimes F + I \otimes (FP + G)]vec(Q) = -vec(LN + M)$$

其中，$\otimes$ 是矩阵的 Kronecker 乘积，$vec(Q)$ 表示将矩阵 Q 的每列依次排成一列从而得到由所有列向量组成的一个向量，这样最终矩阵 Q 也就得到了求解。

2. Binder-Pesaran 的递归求解方法

Binder-Pesaran （1995, 1997）将模型表示成以下形式，

$$x_t = Ax_{t-1} + BE_t x_{t+1} + w_t$$

其中，x_t 是内生变量，w_t 是外生的随机冲击，E_t 表示条件数学期望。

假设模型的解可表示为，

$$x_t = Px_{t-1} + X_t$$

其中，矩阵 P 是待定矩阵，X_t 是变换后的变量，那么将上式代入原模型可得到，

$$BP^2 - P + A = 0$$

$$(I - BP)X_t = BE_t(X_{t+1}) + w_t$$

上面第一个方程是一个关于矩阵 P 的二次方程，利用前面的结果，我们可求解矩阵 P；在得到矩阵 P 后，如果矩阵 $(I - BP)$ 可逆，那么上面第二个方程是关于变量 X_t 的预期方程，并且该方程形式比较简单，可通过向前迭代得到解的形式如下，

$$X_t = \sum_{i=0}^{\infty} F^i (I - BP)^{-1} E_t(w_{t+i})$$

其中，$F = (I - BP)^{-1}B$。这样原模型的解最终形式可表示为，

$$x_t = Px_{t-1} + \sum_{i=0}^{\infty} F^i (I - BP)^{-1} E_t(w_{t+i})$$

Binder-Pesaran （1995, 1997）给出了矩阵 $(I - BP)$ 可逆的条件，从而证明了上述方法的可行性。但上面算法的一个弊病是，矩阵二次方程的求解不是递归的，故此他们给出了一个完全递归的算法，可使原模型的求解更加有效。

记 $Q_N = I$, $R_{t+N} = BE_t(x_{t+N+1}) + E_t(w_{t+N})$，原方程可写成，

$$Q_N E_t(x_{t+N}) = AE_t(x_{t+N-1}) + R_{t+N}$$

解出 $E_t(x_{t+N}) = Q_N^{-1}[AE_t(x_{t+N-1}) + R_{t+N}]$，代入，

$$E_t(x_{t+N-1}) = AE_t(x_{t+N-2}) + BE_t(x_{t+N}) + E_t(w_{t+N-1})$$

可得到，

$$E_t(x_{t+N-1}) = AE_t(x_{t+N-2}) + BQ_N^{-1}[AE_t(x_{t+N-1}) + R_{t+N}] + E_t(w_{t+N-1})$$

经过整理得到，

$$(I - BQ_N^{-1}A)E_t(x_{t+N-1}) = AE_t(x_{t+N-2}) + BQ_N^{-1}R_{t+N} + E_t(w_{t+N-1})$$

记 $Q_{N-1} = I - BQ_N^{-1}A$ ，$R_{t+N-1} = BQ_N^{-1}R_{t+N} + E_t(w_{t+N-1})$ ，则可重新写成下式，

$$Q_{N-1}E_t(x_{t+N-1}) = AE_t(x_{t+N-2}) + R_{t+N-1}$$

类似前面的做法，求出 $E_t(x_{t+N-1}) = Q_{N-1}^{-1}[AE_t(x_{t+N-2}) + R_{t+N-1}]$ ，并代入

$$E_t(x_{t+N-2}) = AE_t(x_{t+N-3}) + BE_t(x_{t+N-1}) + E_t(w_{t+N-2})$$

可得到，

$$E_t(x_{t+N-2}) = AE_t(x_{t+N-3}) + BQ_{N-1}^{-1}[AE_t(x_{t+N-2}) + R_{t+N-1}] + E_t(w_{t+N-2})$$

记 $Q_{N-2} = I - BQ_{N-1}^{-1}A$ ，$R_{t+N-2} = BQ_{N-1}^{-1}R_{t+N-1} + E_t(w_{t+N-2})$ ，上式有可写成，

$$Q_{N-2}E_t(x_{t+N-2}) = AE_t(x_{t+N-3}) + R_{t+N-2}$$

这样就可以得到以下递归算法，

$$Q_{N-j} = I - BQ_{N-j+1}^{-1}A, \quad j = 1, \dots, N$$

$$R_{t+N-j} = BQ_{N-j+1}^{-1}R_{t+N-j+1} + E_t(w_{t+N-j}), \quad j = 1, \dots, N$$

其中，$Q_N = I$ ，$R_{t+N} = BE_t(x_{t+N+1}) + E_t(w_{t+N})$ 。

原方程的最终解可表示为，

$$x_t = Q_0^{-1}Ax_{t-1} + Q_0^{-1}R_t$$

值得注意的是，在使用 Binder-Pesaran （1995, 1997）方法时终值条件必须给出，在经过线性化或者对数线性化的模型中，这点不难做到。另外，要保证该方法的有效性，预期的阶数 N 不能取得太小。

三、DSGE 模型的非线性求解方法

由于我们通常不仅对变量的一阶矩感兴趣，而且还对变量的高阶矩感兴趣，如在利用模型进行福利分析时经常要使用变量的高阶矩，因而采用线性或者对数线性近似方法是远远不够的，这就要求对模型采用更精确的近似方法进行求解。大部分 DSGE 模型都是非线性模型，尽管非线性模型的动态特性远比线性模型丰富，揭示的经济规

律也更加深入，但对其求解也更加复杂。Aruoba-Fernandez-Villaverde-Rubio-Ramirez（2006）通过比较几种不同的非线性计算方法发现，不同的算法对计算精度和计算效率影响很大，实际中针对不同的问题各种算法有其各自的优越性，一种算法不可能对所有问题都是最优的，因而应针对具体问题选择合适的算法。

目前对非线性模型求解的方法总体来讲可以分为两类，即扰动法（Perturbation Method）和投影法（Projection Method）。扰动法的基本思路是先找到一个特解或者近似解，通常是在低阶情况下找到一个特解（如模型的稳态解或者一阶近似解），然后逐步拓展模型的解，最后找到一个满足要求的高阶近似解。投影法的基本思路是先将模型的解投影到一个由特殊函数（通常选取多项式函数）构成的泛函空间，该泛函空间具有以下特性，即由该泛函空间的基函数的线性组合构成的函数具有良好的逼近任意函数的性质，然后通过待定系数法找到解的投影坐标，最后由基函数的线性组合构成模型的解。

一般来讲，扰动法是一种局部近似方法，投影法是一种全局近似法，投影法对函数特性的要求没有扰动法要求那么严格，但如果函数满足一定的要求，那么扰动法的计算速度比投影法快，并且再配合敏感性分析（Sensitivity Analysis），扰动法也可以达到较好的全局分析目的。

（一）扰动法

Gaspar-Judd（1997）和 Judd-Guu（1997）首先将扰动法应用于非线性 DSGE 模型的求解，随后该方法得到了迅速发展，近十年来该方法被广泛应用于非线性 DSGE 模型的求解及诸多应用问题。使用二阶扰动法的典型代表有 Juillard（1999）、Collard-Juillard（2001）、Schmitt-Grohe-Uribe（2004）、Lombardo-Sutherland（2007）、Kim-Kim-Schaumburg-Sims（2008）和 Gomme-Klein（2011）等学者，使用二阶以上高阶扰动法的典型代表有 Juillard-Kamenik（2004）、Kamenik（2005）、Anderson-Levin-Swanson（2006）、Lombardo（2010）、Lan-Meyer-Gohde（2011, 2012, 2013）、Van-Binsbergen-Fernandez-Villaverde-Koijen-Rubio-Ramirez（2012）、Andreasen（2012）、Andreasen-Fernandez-Villaverde-Rubio-Ramirez（2013）和 Den-Haan-Wind（2012）。在这些研究中，针对算法的收敛性和全局稳定性等问题，Judd-Guu（1997）、Anderson-Levin-Swanson（2006）和 Lan-Meyer-Gohde（2012）等学者从不同的角度均

证明，只要模型方程中的函数具有足够的光滑性，那么若模型在一阶情况下具有唯一的稳定解，则模型在高阶情况下也具有唯一的稳定解，且若模型在一阶情况下的唯一稳定解具有全局性质，那么模型在高阶情况下的唯一稳定解也具有全局性质，这个结论对利用扰动法求解 DSGE 模型的存在性、唯一性、稳定性及全局性进行了很好的解释。

1. 二阶近似方法

（1）Juillard 和 Schmitt-Grohe-Uribe 的二阶近似方法

除了模型的表达形式略有不同外，Juillard（1999）和 Schmitt-Grohe-Uribe（2004）提出的二阶近似方法差别不大，它们在思路上基本类似于前面介绍的线性模型求解的待定系数法，唯一不同的是采用了高阶近似的处理手段，利用该方法通常分两步进行，首先在一阶情况下对原模型进行求解，然后再扩展到二阶情况。

假设经过对数变换后的模型可表示成下式，

$$E_t[f(y_{t+1}, y_t, y_{t-1}, u_t)] = 0$$

$$u_{t+1} = \sigma \varepsilon_{t+1}, \quad E(\varepsilon_t) = 0, \quad E(\varepsilon_t \varepsilon_t') = \Sigma_\varepsilon$$

其中，E_t 表示条件数学期望，$f(*)$ 是模型中的方程，通常是向量函数，y_t 是内生变量，u_t 是外生的随机冲击，为处理风险的需要，通常对未实现的随机冲击 u_{t+1} 进行标准化处理，σ 是风险尺度因子（又称扰动参数），ε_{t+1} 是经过标准化处理后的随机冲击，其均值为零，协方差为 Σ_ε。

假设我们期望得到的模型解可表示成下式，

$$y_t = g(y_{t-1}, u_t, \sigma)$$

该解依赖于目前所处的经济状态（用已得到的内生变量 y_{t-1} 和已实现的随机冲击 u_t 来刻画）和未来的不确定性 σ，我们的目的是确定该表达式的二阶近似形式。

从该表达式可以得到，

$$y_{t+1} = g(y_t, u_{t+1}, \sigma) = g[g(y_{t-1}, u_t, \sigma), u_{t+1}, \sigma]$$

代入原方程可得到，

$$E_t[F(y_{t-1}, u_t, u_{t+1}, \sigma)] = 0$$

其中，函数 $F(y_{t-1}, u_t, u_{t+1}, \sigma) \equiv f\{g[g(y_{t-1}, u_t, \sigma), u_{t+1}, \sigma], g(y_{t-1}, u_t, \sigma), y_{t-1}, u_t\}$。

模型的确定性稳态（Deterministic Steady-State）为 $\bar{y}$，其满足下面的方程，

$$f(\bar{y}, \bar{y}, \bar{y}, 0) = 0$$

及

$$\bar{y} = g(\bar{y}, 0, 0)$$

首先对模型进行一阶 Taylor 展开可得到，

$$F^{(1)}(y_{t-1}, u_t, u_{t+1}, \sigma) = f(\bar{y}, \bar{y}, \bar{y}, 0) + f_{y^-}\hat{y} + f_u u + f_{y0}(g_y\hat{y} + g_u u + g_\sigma\sigma)$$
$$+ f_{y^+}[g_y(g_y\hat{y} + g_u u + g_\sigma\sigma) + g_u u' + g_\sigma\sigma]$$

其中，$F^{(1)}$ 表示对函数 $F(*)$ 进行 Taylor 一阶展开，$\hat{y} = y_{t-1} - \bar{y}$，$u = u_t$，$u' = u_{t+1}$，

$f_{y^+} = \dfrac{\partial f}{\partial y_{t+1}}$，$f_{y^0} = \dfrac{\partial f}{\partial y_t}$，$f_{y^-} = \dfrac{\partial f}{\partial y_{t-1}}$，$f_u = \dfrac{\partial f}{\partial u_t}$，$g_y = \dfrac{\partial g}{\partial y_{t-1}}$，$g_u = \dfrac{\partial g}{\partial u_t}$，$g_\sigma = \dfrac{\partial g}{\partial \sigma}$。对

上式取条件期望可得到，

$$0 = E_t[F^{(1)}(y_{t-1}, u_t, u_{t+1}, \sigma)]$$
$$= f(\bar{y}, \bar{y}, \bar{y}, 0) + f_{y^-}\hat{y} + f_u u + f_{y^0}(g_y\hat{y} + g_u u + g_\sigma\sigma)$$
$$+ f_{y^+}[g_y(g_y\hat{y} + g_u u + g_\sigma\sigma) + g_\sigma\sigma]$$

由于上面的式子对变量的任何值均成立，那么可得到，

$$(f_{y^+}g_y g_y + f_{y^0}g_y + f_{y^-})\hat{y} = 0$$

$$(f_{y^+}g_y g_u + f_{y^0}g_u + f_u)u = 0$$

$$(f_{y^+}g_y g_\sigma + f_{y^0}g_\sigma)\sigma = 0$$

可以将方程 $(f_{y^+}g_y g_y + f_{y^0}g_y + f_{y^-})\hat{y} = 0$ 改写成下面的形式，

$$\begin{bmatrix} 0 & f_{y^+} \\ I & 0 \end{bmatrix}\begin{bmatrix} I \\ g_y \end{bmatrix}g_y\hat{y} = \begin{bmatrix} -f_{y^-} & -f_{y^0} \\ 0 & I \end{bmatrix}\begin{bmatrix} I \\ g_y \end{bmatrix}\hat{y}$$

或，

$$\begin{bmatrix} 0 & f_{y^+} \\ I & 0 \end{bmatrix}\begin{bmatrix} y_t - \bar{y} \\ y_{t+1} - \bar{y} \end{bmatrix} = \begin{bmatrix} -f_{y^-} & -f_{y^0} \\ 0 & I \end{bmatrix}\begin{bmatrix} y_{t-1} - \bar{y} \\ y_t - \bar{y} \end{bmatrix}$$

对矩阵 $\begin{bmatrix} 0 & f_{y^+} \\ I & 0 \end{bmatrix}$ 关于 $\begin{bmatrix} -f_{y^-} & -f_{y^0} \\ 0 & I \end{bmatrix}$ 进行广义 Schur 分解，可将上式变换成，

$$\begin{bmatrix} T_{11} & T_{12} \\ 0 & T_{22} \end{bmatrix}\begin{bmatrix} Z_{11} & Z_{12} \\ Z_{21} & Z_{22} \end{bmatrix}\begin{bmatrix} I \\ g_y \end{bmatrix}g_y\hat{y} = \begin{bmatrix} S_{11} & S_{12} \\ 0 & S_{22} \end{bmatrix}\begin{bmatrix} Z_{11} & Z_{12} \\ Z_{21} & Z_{22} \end{bmatrix}\begin{bmatrix} I \\ g_y \end{bmatrix}\hat{y}$$

其中，Q 和 Z 是酉矩阵，$QQ^H = I$，$ZZ^H = I$。为保证鞍点解的存在，则需要满足下面的条件，

$$Z_{21} + Z_{22}g_y = 0$$

从而可得到，

$$g_y = -Z_{22}^{-1}Z_{21}$$

在得到上式后，由 $(f_{y^+}g_yg_u + f_{y^0}g_u + f_u)u = 0$ 可得到，

$$g_u = -(f_{y^+}g_y + f_{y^0})^{-1}f_u$$

另外，由 $(f_{y^+}g_yg_\sigma + f_{y^0}g_\sigma)\sigma = 0$ 可得到，

$$g_\sigma = 0$$

经过上面这些运算，我们得到了模型的一阶近似解，

$$y_t = \bar{y} + g_y\hat{y} + g_u u$$

其中，$\hat{y} = y_{t-1} - \bar{y}$，$u = u_t$。

在得到一阶近似解后，我们进一步对模型进行二阶 Taylor 展开，在进行二阶 Taylor 展开之前，我们采用下面的记法，假设 m 维向量函数 $F(x)$ 及其导数表示如下（自变量 x 是 n 维向量，$x' = [x_1, ..., x_n]$），

$$F(x) = \begin{bmatrix} F_1(x) \\ \vdots \\ F_m(x) \end{bmatrix}$$

$$F_x = \frac{\partial F}{\partial x} = \begin{bmatrix} \dfrac{\partial F_1}{\partial x_1} & \cdots & \dfrac{\partial F_1}{\partial x_n} \\ \vdots & \vdots & \vdots \\ \dfrac{\partial F_m}{\partial x_1} & \cdots & \dfrac{\partial F_m}{\partial x_n} \end{bmatrix}$$

$$F_{xx} = \frac{\partial^2 F}{\partial x \partial x} = \begin{bmatrix} \dfrac{\partial^2 F_1}{\partial x_1 \partial x_1} & \cdots & \dfrac{\partial^2 F_1}{\partial x_1 \partial x_n} \cdots \dfrac{\partial^2 F_1}{\partial x_n \partial x_1} & \cdots & \dfrac{\partial^2 F_1}{\partial x_n \partial x_n} \\ \vdots & \vdots & \vdots \quad \vdots & \vdots & \vdots \\ \dfrac{\partial^2 F_m}{\partial x_1 \partial x_1} & \cdots & \dfrac{\partial^2 F_m}{\partial x_1 \partial x_n} \dfrac{\partial^2 F_m}{\partial x_n \partial x_1} & \cdots & \dfrac{\partial^2 F_m}{\partial x_n \partial x_n} \end{bmatrix}$$

根据该表示法，对于复合函数，

$$y = g(s), \quad f(y) = f(g(s))$$

我们可以得到，

$$\frac{\partial^2 f}{\partial s \partial s} = \frac{\partial f}{\partial y} \frac{\partial^2 g}{\partial s \partial s} + \frac{\partial^2 f}{\partial y \partial y} \left[\frac{\partial g}{\partial s} \otimes \frac{\partial g}{\partial s} \right]$$

其中，$\otimes$ 是矩阵的 Kronecker 乘法。

应用这些表达式，我们对原模型进行二阶 Taylor 展开可得到，

$$\begin{aligned} &F^{(2)}(y_{t-1}, u_t, u_{t+1}, \sigma) \\ &= F^{(1)}(y_{t-1}, u_t, u_{t+1}, \sigma) \\ &\quad + 0.5[F_{y^-y^-}(\hat{y} \otimes \hat{y}) + F_{uu}(u \otimes u) + F_{u'u'}(u' \otimes u') + F_{\sigma\sigma}\sigma^2] \\ &\quad + F_{y^-u}(\hat{y} \otimes u) + F_{y^-u'}(\hat{y} \otimes u') + F_{y^-\sigma}\hat{y}\sigma \\ &\quad + F_{uu'}(u \otimes u') + F_{u\sigma}u\sigma + F_{u'\sigma}u'\sigma \end{aligned}$$

其中，$F^{(1)}$ 和 $F^{(2)}$ 分别表示函数 $F(*)$ 的一阶和二阶 Taylor 展开表达式，$\hat{y} = y_{t-1} - \bar{y}$，

$$u = u_t, \quad u' = u_{t+1}, \quad F_{y^-y^-} = \frac{\partial^2 F}{\partial y_{t-1} \partial y_{t-1}}, \quad F_{uu} = \frac{\partial^2 F}{\partial u_t \partial u_t}, \quad F_{u'u'} = \frac{\partial^2 F}{\partial u_{t+1} \partial u_{t+1}}, \quad F_{\sigma\sigma} = \frac{\partial^2 F}{\partial \sigma \partial \sigma},$$

$$F_{y^-u} = \frac{\partial^2 F}{\partial y_{t-1} \partial u_t}, \quad F_{y^-u'} = \frac{\partial^2 F}{\partial y_{t-1} \partial u_{t+1}}, \quad F_{y^-\sigma} = \frac{\partial^2 F}{\partial y_{t-1} \partial \sigma}, \quad F_{uu'} = \frac{\partial^2 F}{\partial u_t \partial u_{t+1}}, \quad F_{u\sigma} = \frac{\partial^2 F}{\partial u_t \partial \sigma},$$

$$F_{u'\sigma} = \frac{\partial^2 F}{\partial u_{t+1} \partial \sigma} \text{。}$$

对上式取条件期望可得到，

$$0 = E_t[F^{(2)}(y_{t-1}, u_t, u_{t+1}, \sigma)]$$
$$= E_t[F^{(1)}(y_{t-1}, u_t, u_{t+1}, \sigma)] + F_{y^-u}(\hat{y} \otimes u) + F_{y^-\sigma}\hat{y}\sigma + F_{u\sigma}u\sigma$$
$$+ 0.5[F_{y^-y^-}(\hat{y} \otimes \hat{y}) + F_{uu}(u \otimes u) + F_{u'u'}(u' \otimes u') + F_{\sigma\sigma}\sigma^2]$$

上面的式子对变量的任何值均成立，从而可得到以下条件，

$$F_{y^-y^-} = 0, \quad F_{uu} = 0, \quad F_{y^-u} = 0, \quad F_{y^-\sigma} = 0, \quad F_{u\sigma} = 0$$

$$F_{\sigma\sigma} + F_{u'u'}\Sigma_\varepsilon = 0$$

另外，直接从 $F(y_{t-1}, u_t, u_{t+1}, \sigma) \equiv f\{g[g(y_{t-1}, u_t, \sigma), u_{t+1}, \sigma], g(y_{t-1}, u_t, \sigma), y_{t-1}, u_t\}$ 进行微分可得到，

$$F_{y^-y^-} = f_{y^+}[g_{yy}(g_y \otimes g_y) + g_y g_{yy}] + f_{y^0}g_{yy} + B_1$$

其中，B_1 表示一阶和常数项，$g_{yy} = \dfrac{\partial^2 g}{\partial y_{t-1} \partial y_{t-1}}$，进行简单处理后得到，

$$f_{y^+}g_{yy}(g_y \otimes g_y) + (f_{y^+}g_y + f_{y^0})g_{yy} = -B_1$$

结合前面已得到的一阶近似解，利用已得到的 g_y 和 g_u，那么上式是一个典型的 Sylvester 矩阵方程，已经有很成熟的求解方法，经过求解可以得到矩阵 g_{yy}。

从上面复合函数的二阶展开式还可得到，

$$F_{y^-u} = f_{y^+}[g_{yy}(g_y \otimes g_u) + g_y g_{yu}] + f_{y^0}g_{yu} + B_2$$

$$F_{uu} = f_{y^+}[g_{yy}(g_u \otimes g_u) + g_y g_{uu}] + f_{y^0}g_{uu} + B_3$$

其中，B_2 和 B_3 表示一阶和常数项，$g_{yu} = \dfrac{\partial^2 g}{\partial y_{t-1} \partial u_t}$，$g_{uu} = \dfrac{\partial^2 g}{\partial u_t \partial u_t}$。代入条件 $F_{uu} = 0, F_{y^-u} = 0$，并根据已经求解得到的矩阵 g_{yy}，我们可得到，

$$g_{yu} = -(f_{y^+}g_y + f_{y^0})^{-1}[f_{y^+}g_{yy}(g_y \otimes g_u) + B_2]$$

$$g_{uu} = -(f_{y^+}g_y + f_{y^0})^{-1}[f_{y^+}g_{yy}(g_u \otimes g_u) + B_3]$$

此外从复合函数的二阶展开式还可得到，

$$F_{y^-\sigma} = f_{y^+}g_y g_{y\sigma} + f_{y^0}g_{y\sigma}$$

$$F_{u\sigma} = f_{y^+}g_y g_{u\sigma} + f_{y^0}g_{u\sigma}$$

$$F_{\sigma\sigma} + F_{u'u'}\Sigma_\varepsilon = f_{y^+}(g_{\sigma\sigma} + g_y g_{\sigma\sigma}) + f_{y^0}g_{\sigma\sigma} + [f_{y^+y^+}(g_u \otimes g_u) + f_{y^+}g_{uu}](\varepsilon \otimes \varepsilon)$$

其中，$g_{\sigma\sigma} = \dfrac{\partial^2 g}{\partial \sigma \partial \sigma}$，$\quad g_{y\sigma} = \dfrac{\partial^2 g}{\partial y_{t-1} \partial \sigma}$，$\quad g_{u\sigma} = \dfrac{\partial^2 g}{\partial u_t \partial \sigma}$，代入条件 $F_{y^-\sigma} = 0$，$F_{u\sigma} = 0$ 和

$F_{\sigma\sigma} + F_{u'u'}\Sigma_\varepsilon = 0$ 可得到，

$$g_{y\sigma} = g_{u\sigma} = 0$$

$$g_{\sigma\sigma} = -[f_{y^+}(I + g_y) + f_{y^0}]^{-1}[f_{y^+y^+}(g_u \otimes g_u) + f_{y^+}g_{uu}](\varepsilon \otimes \varepsilon)$$

经过上面运算，最终得到了模型的二阶阶近似解，

$$y_t = \bar{y} + g_y \hat{y} + g_u u + 0.5[g_{yy}(\hat{y} \otimes \hat{y}) + g_{uu}(u \otimes u)] + g_{yu}(\hat{y} \otimes u) + 0.5\sigma^2$$

其中，$\hat{y} = y_{t-1} - \bar{y}$，$u = u_t$。

（2）Lombardo-Sutherland 的二阶近似方法

Lombardo-Sutherland（2007）提出的二阶近似方法非常巧妙，在求解中仅用到带有预期的线性模型的求解手段，前面已经介绍，关于带有预期的线性模型求解有各种方法，并且已经非常成熟，因此，充分利用这些线性求解方法来解决二阶近似问题也不失为一种值得参考的方法。

仍然考虑前面的模型，

$$E_t[f(y_{t+1}, y_t, y_{t-1}, u_t)] = 0$$

$$u_{t+1} = \sigma \varepsilon_{t+1}, \quad E(\varepsilon_t) = 0, \quad E(\varepsilon_t \varepsilon_t^{'}) = \Sigma_\varepsilon$$

其中，y_t 是内生变量，u_t 是外生的随机冲击，σ 是风险尺度因子，ε_{t+1} 是经过标准化处理后的随机冲击，其均值为零，协方差为 Σ_ε。在模型的稳态 $\bar{y}$ 对上面方程进行二阶展开，

$$f^{(2)}(y_{t+1}, y_t, y_{t-1}, u_t) = f^{(1)}(\hat{y}_{t+1}, \hat{y}_t, \hat{y}_{t-1}, u_t) + U_t$$

其中，$f^{(1)}$ 和 $f^{(2)}$ 分别表示函数 $f(*)$ 的一阶和二阶 Taylor 展开表达式，U_t 是二阶项，

$$U_t = 0.5[f_{y^+y^+}(\hat{y}_{t+1} \otimes \hat{y}_{t+1}) + f_{y^0y^0}(\hat{y}_t \otimes \hat{y}_t) + f_{y^-y^-}(\hat{y}_{t-1} \otimes \hat{y}_{t-1}) + f_{uu}(u_t \otimes u_t)]$$
$$+ f_{y^+y^0}(\hat{y}_{t+1} \otimes \hat{y}_t) + f_{y^+y^-}(\hat{y}_{t+1} \otimes \hat{y}_{t-1}) + f_{y^+u}(\hat{y}_{t+1} \otimes u_t)$$
$$+ f_{y^0y^-}(\hat{y}_t \otimes \hat{y}_{t-1}) + f_{y^0u}(\hat{y}_t \otimes u_t) + f_{y^-u}(\hat{y}_{t-1} \otimes u_t)$$

此处，$f_{y^+y^+} = \dfrac{\partial^2 f}{\partial y_{t+1}\partial y_{t+1}}$，$f_{y^0y^0} = \dfrac{\partial^2 f}{\partial y_t \partial y_t}$，$f_{y^-y^-} = \dfrac{\partial^2 f}{\partial y_{t-1}\partial y_{t-1}}$，$f_{uu} = \dfrac{\partial^2 f}{\partial u_t \partial u_t}$，

$f_{y^+y^0} = \dfrac{\partial^2 f}{\partial y_{t+1}\partial y_t}$，$f_{y^+y^-} = \dfrac{\partial^2 f}{\partial y_{t+1}\partial y_{t-1}}$，$f_{y^+u} = \dfrac{\partial^2 f}{\partial y_{t+1}\partial u_t}$，$f_{y^0y^-} = \dfrac{\partial^2 f}{\partial y_t \partial y_{t-1}}$ $f_{y^0u} = \dfrac{\partial^2 f}{\partial y_t \partial u_t}$，

$f_{y^-u} = \dfrac{\partial^2 f}{\partial y_{t-1}\partial u_t}$，$\hat{y}_t = y_t - \bar{y}$，$\otimes$ 是矩阵的 Kronecker 乘法。

假设我们期望得到的模型解可表示成下式，

$$y_t = g(y_{t-1}, u_t, \sigma)$$

前面已介绍在一阶情况下，对方程 $E_t[f^{(1)}(\hat{y}_{t+1}, \hat{y}_t, \hat{y}_{t-1}, u_t)] = 0$ 进行求解可得到模型的一阶近似表达式为，

$$\hat{y}_t^{(1)} = g_y \hat{y}_{t-1}^{(1)} + g_u u_t$$

其中，$g_y = \dfrac{\partial g}{\partial y_{t-1}}$，$g_u = \dfrac{\partial g}{\partial u_t}$，$\hat{y}_t^{(1)} = y_t^{(1)} - \bar{y}$，$y_t^{(1)}$ 表示 y_t 的一阶近似解。

假设对模型解 $y_t = g(y_{t-1}, u_t, \sigma)$ 进行二阶展开可得到，

$$\hat{y}_t^{(2)} = g_y \hat{y}_{t-1}^{(1)} + g_u u_t + 0.5[g_{yy}(\hat{y}_{t-1}^{(2)} \otimes \hat{y}_{t-1}^{(2)}) + g_{uu}(u_t \otimes u_t) + g_{\sigma\sigma}\sigma^2]$$
$$+ g_{yu}(\hat{y}_{t-1}^{(2)} \otimes u_t) + g_{y\sigma}\hat{y}_{t-1}^{(2)}\sigma + g_{u\sigma}u_t\sigma$$

这里，$g_{yy} = \dfrac{\partial^2 g}{\partial y_{t-1}\partial y_{t-1}}$，$g_{uu} = \dfrac{\partial^2 g}{\partial u_t \partial u_t}$，$g_{\sigma\sigma} = \dfrac{\partial^2 g}{\partial \sigma \partial \sigma}$，$g_{yu} = \dfrac{\partial^2 g}{\partial y_{t-1}\partial u_t}$，$g_{y\sigma} = \dfrac{\partial^2 g}{\partial y_{t-1}\partial \sigma}$，

$g_{u\sigma} = \dfrac{\partial^2 g}{\partial u_t \partial \sigma}$，$\hat{y}_t^{(2)} = y_t^{(2)} - \bar{y}$，$y_t^{(2)}$ 表示 y_t 的二阶近似解。在二阶近似条件下，可以看出，

$$\hat{y}_{t+1} \otimes \hat{y}_{t+1} = \hat{y}_{t+1}^{(1)} \otimes \hat{y}_{t+1}^{(1)}，\quad \hat{y}_t \otimes \hat{y}_t = \hat{y}_t^{(1)} \otimes \hat{y}_t^{(1)}，\quad \hat{y}_{t-1} \otimes \hat{y}_{t-1} = \hat{y}_{t-1}^{(1)} \otimes \hat{y}_{t-1}^{(1)}，$$

$$\hat{y}_{t+1} \otimes \hat{y}_t = \hat{y}_{t+1}^{(1)} \otimes \hat{y}_t^{(1)}, \quad \hat{y}_{t+1} \otimes \hat{y}_{t-1} = \hat{y}_{t+1}^{(1)} \otimes \hat{y}_{t-1}^{(1)}, \quad \hat{y}_{t+1} \otimes u_t = \hat{y}_{t+1}^{(1)} \otimes u_t,$$

$$\hat{y}_t \otimes \hat{y}_{t-1} = \hat{y}_t^{(1)} \otimes \hat{y}_{t-1}^{(1)}, \quad \hat{y}_t \otimes u_t = \hat{y}_t^{(1)} \otimes u_t, \quad \hat{y}_{t-1} \otimes u_t = \hat{y}_{t-1}^{(1)} \otimes u_t$$

从而原方程的二阶项可表示为，

$$U_t = 0.5[f_{y^+y^+}(\hat{y}_{t+1}^{(1)} \otimes \hat{y}_{t+1}^{(1)}) + f_{y^0y^0}(\hat{y}_t^{(1)} \otimes \hat{y}_t^{(1)}) + f_{y^-y^-}(\hat{y}_{t-1}^{(1)} \otimes \hat{y}_{t-1}^{(1)}) + f_{uu}(u_t \otimes u_t)]$$

$$+ f_{y^+y^0}(\hat{y}_{t+1}^{(1)} \otimes \hat{y}_t^{(1)}) + f_{y^+y^-}(\hat{y}_{t+1}^{(1)} \otimes \hat{y}_{t-1}^{(1)}) + f_{y^+u}(\hat{y}_{t+1}^{(1)} \otimes u_t)$$

$$+ f_{y^0y^-}(\hat{y}_t^{(1)} \otimes \hat{y}_{t-1}) + f_{y^0u}(\hat{y}_t^{(1)} \otimes u_t) + f_{y^-u}(\hat{y}_{t-1}^{(1)} \otimes u_t)$$

即，所有的二阶项可以用已经得到的一阶近似值来计算。

记，$\Lambda_t = vech\left(\begin{bmatrix} u_t \\ \hat{y}_{t-1}^{(1)} \\ \hat{y}_t^{(1)} \end{bmatrix} \begin{bmatrix} u_t' & \hat{y}_{t-1}^{(1)} & \hat{y}_t^{(1)} \end{bmatrix}\right)$，这里向量化算子 $vech(Q)$ 表示将矩阵 Q 的

上半角部分按每列排成一列得到的向量，由于协方差矩阵通常是对称的，为此我们采用向量化算子 $vech$ 更简洁。$vech(Q)$ 与一般的向量化算子 $vec(Q)$ 不同，但存在矩阵 L^h 和 L^c 使得二者存在以下关系，$L^h vech(Q) = vec(Q)$，$vech(Q) = L^c vec(Q)$，$L^h L^c = I$。采用这些记法，二阶项及原模型可表示成，

$$U_t = D_1\Lambda_t + D_2\Lambda_{t+1}$$

$$0 = E_t[f^{(2)}(y_{t+1}, y_t, y_{t-1}, u_t)] = E_t[f^{(1)}(\hat{y}_{t+1}, \hat{y}_t, \hat{y}_{t-1}, u_t)] + D_1\Lambda_t + D_2 E_t(\Lambda_{t+1})$$

其中，D_1 和 D_2 是按上面方法得到的相应系数矩阵。为清晰地写出 Λ_t 的表达式，注意到下面的关系式，

$$\begin{bmatrix} u_{t+1} \\ \hat{y}_t^{(1)} \end{bmatrix} = \Phi\begin{bmatrix} u_t \\ \hat{y}_{t-1}^{(1)} \end{bmatrix} + \Gamma\varepsilon_{t+1}, \quad \Phi = \begin{bmatrix} 0 & 0 \\ g_u & g_y \end{bmatrix}, \quad \Gamma = \begin{bmatrix} \sigma \\ 0 \end{bmatrix}$$

$$\begin{bmatrix} u_{t+1} \\ \hat{y}_t^{(1)} \\ \hat{y}_{t+1}^{(1)} \end{bmatrix} = \Omega\begin{bmatrix} u_{t+1} \\ \hat{y}_t^{(1)} \end{bmatrix}, \quad \Omega = \begin{bmatrix} I & 0 \\ 0 & I \\ g_u & g_y \end{bmatrix}$$

记，$V_t = vech\left(\begin{bmatrix} u_t \\ \hat{y}_{t-1}^{(1)} \end{bmatrix} \begin{bmatrix} u_t' & \hat{y}_{t-1}^{(1)} \end{bmatrix}\right)$，$\widetilde{\varepsilon}_t = vech(\varepsilon_t\varepsilon_t')$，$\widetilde{\xi}_t = vech\left(\begin{bmatrix} u_t \\ \hat{y}_{t-1}^{(1)} \end{bmatrix}\varepsilon_t'\right)$，利用这些关系式

可得到，

$$\Lambda_t = RV_t$$

$$V_t = \widetilde{\Phi} V_{t-1} + \widetilde{\Gamma} \widetilde{\varepsilon}_t + \widetilde{\Psi} \widetilde{\xi}_t$$

其中，$R = L_{\Omega}^c (\Omega \otimes \Omega) L_{\Omega}^h$，$\widetilde{\Phi} = L_{\Phi}^c (\Phi \otimes \Phi) L_{\Phi}^h$，$\widetilde{\Gamma} = L_{\Gamma}^c (\Gamma \otimes \Gamma) L_{\Gamma}^h$，$\widetilde{\Psi} = L_{\widetilde{\Psi}}^c [(\Phi \otimes \Gamma) + (\Gamma \otimes \Phi) P']$，矩阵 L^h 和 L^c 是按照前面处理得到的相应矩阵，矩阵 P 是按照 $vec(Z) = P vec(Z')$ 定义的置换矩阵。这样原模型可进一步写成，

$$E_t[f^{(1)}(\hat{y}_{t+1}^{(2)}, \hat{y}_t^{(2)}, \hat{y}_{t-1}^{(2)}, u_t)] + GV_t + H\Sigma_t = 0$$

其中，$\hat{y}_t^{(2)} = y_t^{(2)} - \bar{y}$，$y_t^{(2)}$ 表示 y_t 的二阶近似解，$G = D_1 R + D_2 R \widetilde{\Phi}$，$H = D_2 R \widetilde{\Gamma}$，$\Sigma_t = E_t(\widetilde{\varepsilon}_{t+1})$。

可以看出，经过上面处理，原模型可转化成线性模型，该方程与一阶近似比较唯一不同的是，在一阶近似的基础上两项 $GV_t + H\Sigma_t$，但这两项均能够用一阶近似值很方便地计算得到，从而可以在原来一阶近似的基础上增加这两项再求解线性方程并得到原模型的二阶近似解。总结以上分析，原模型的二阶近似解可通过下面的方程得到，

$$E_t[f^{(1)}(\hat{y}_{t+1}^{(1)}, \hat{y}_t^{(1)}, \hat{y}_{t-1}^{(1)}, u_t)] = 0$$

$$E_t[f^{(1)}(\hat{y}_{t+1}^{(2)}, \hat{y}_t^{(2)}, \hat{y}_{t-1}^{(2)}, u_t)] + GV_t + H\Sigma_t = 0$$

$$V_t = \widetilde{\Phi} V_{t-1} + \widetilde{\Gamma} \widetilde{\varepsilon}_t + \widetilde{\Psi} \widetilde{\xi}_t$$

$$\hat{y}_t^{(1)} = y_t^{(1)} - \bar{y}, \quad \hat{y}_t^{(2)} = y_t^{(2)} - \bar{y}, \quad u_{t+1} = \sigma \varepsilon_{t+1}$$

$$\widetilde{\varepsilon}_t = vech\left(\varepsilon_t \varepsilon_t'\right), \quad \widetilde{\xi}_t = vech\left(\begin{bmatrix} u_t \\ \hat{y}_{t-1}^{(1)} \end{bmatrix} \varepsilon_t'\right), \quad \Sigma_t = E_t(\widetilde{\varepsilon}_{t+1})$$

由于上面模型的一阶项在形式上与一阶近似形式完全一样，从而其解可表示成下式，

$$\hat{y}_t^{(2)} = g_y \hat{y}_{t-1}^{(2)} + g_u u_t + P_3 V_{t-1} + P_4 \Sigma_t$$

其中，矩阵 P_3 和 P_4 均可以利用成熟的有关线性模型的解法求得。

Lombardo-Sutherland（2007）方法最大好处是只需要求解线性模型，不足之处是引入了众多新的状态变量，从而模型的规模会迅速扩大，但对于大规模的线性模型求

解，已经有很多非常成熟的求解方法，从而可以克服这一不足之处。

2. 高阶近似方法

（1）求解 Sylvester 矩阵方程方法

采用二阶以上的高阶近似方法来求解非线性 DSGE 模型，Juillard-Kamenik（2004）采用的思路基本与上面介绍的 Juillard 二阶近似方法类似，即依次进行高阶展开并利用已经得到的低阶近似结果来得到最终的高阶近似结果，唯一不同的是求解过程更复杂。Lan-Meyer-Gohde（2011）采用了非线性移动平均方法（Nonlinear Moving Average），将模型的解表示成随机冲击项的无穷阶移动平均的函数，当然该函数是非线性形式。这两种方法看上去形式上不太相同，但对于高阶项的求解，最终都可以转换成一个求解 Sylvester 矩阵方程问题，并且 Kamenik（2005）提出了一种关于 Sylvester 矩阵方程的改进算法，利用该算法可大大提高求解的效率。

仍然考虑前面的模型，

$$E_t[f(y_{t+1}, y_t, y_{t-1}, u_t)] = 0$$

$$u_{t+1} = \sigma \varepsilon_{t+1}, \quad E(\varepsilon_t) = 0, \quad E(\varepsilon_t \varepsilon_t^{'}) = \Sigma_\varepsilon$$

其中，y_t 是内生变量，u_t 是外生的随机冲击，σ 是风险尺度因子，ε_{t+1} 是经过标准化处理后的随机冲击，其均值为零，协方差为 Σ_ε。

假设模型解可表示成下式，

$$y_t = g(y_{t-1}, u_t, \sigma)$$

求解高阶近似解的关键是计算函数 g（＊）关于各个变量的高阶导数，将上式代入原模型 f（＊）并进行高阶展开，利用隐函数定理我们可以求出函数 g（＊）关于各个变量的高阶导数。为方便起见，采用下面的记号，

$$x' = [x_1, \ldots, x_n]$$

$$F(x) = \begin{bmatrix} F_1(x) \\ \vdots \\ F_m(x) \end{bmatrix}$$

$$A^{\otimes[k]} \equiv \underbrace{A \otimes \cdots \otimes A}_{k}$$

$$\left[\frac{\partial}{\partial x_1} \quad \cdots \quad \frac{\partial}{\partial x_n}\right]^{\otimes[k]} \equiv \underbrace{\left[\frac{\partial}{\partial x_1} \quad \cdots \quad \frac{\partial}{\partial x_n}\right] \otimes \cdots \otimes \left[\frac{\partial}{\partial x_1} \quad \cdots \quad \frac{\partial}{\partial x_n}\right]}_{k}$$

$$F_{x^k} = \frac{\partial^k F}{\partial x^k} = \left[\frac{\partial}{\partial x_1} \quad \cdots \quad \frac{\partial}{\partial x_n}\right]^{\otimes[k]} \otimes F(x)$$

定义状态变量为 $z_t = \begin{bmatrix} y_{t-1} \\ u_t \end{bmatrix}$，在稳态 $\bar{z} = \begin{bmatrix} \bar{y} \\ 0 \end{bmatrix}$ 对 $y_t = g(y_{t-1}, u_t, \sigma) = g(z_t, \sigma)$ 进行 M 阶

展开可得到，

$$y_t = \sum_{j=0}^{M} \frac{1}{j!}\left[\sum_{i=0}^{M-j} \frac{1}{i!}(y_{z^j\sigma^i})\sigma^i\right](z_t - \bar{z})^{\otimes[j]}$$

其中，$y_{z^j\sigma^i} = \frac{\partial^{j+i} y_t}{\partial z_t^j \partial \sigma^i}$ 表示 $y_t = g(z_t, \sigma)$ 对变量 z_t 求 j 阶及对 σ 求 i 阶的导数，因此我们

的任务是计算出各阶导数 $y_{z^j\sigma^i}$。

将 $y_t = g(z_t, \sigma)$ 和 $y_{t+1} = g(z_{t+1}, \sigma)$ 代入原模型，$E_t[f(y_{t+1}, y_t, y_{t-1}, u_t)] =$ $E_t[f(g(z_{t+1}, \sigma), g(z_t, \sigma), z_t)] = 0$，在稳态 $\bar{z} = (\bar{y}, 0)$ 进行展开并利用前面结果可得到，

$$E_t[f_{y^+} y_{z^j\sigma^i}(z_y y_z)^{\otimes[j]} + (f_{y^+} y_z z_y + f_{y^0}) y_{z^j\sigma^i} + B(j, i)] = 0$$

其中，$f_{y^+} = \frac{\partial f}{\partial y_{t+1}}$，$f_{y^0} = \frac{\partial f}{\partial y_t}$，$y_{z^j\sigma^i} = \frac{\partial^{j+i} y_t}{\partial z_t^j \partial \sigma^i}$，$z_y = \frac{\partial z_t}{\partial y_{t-1}}$，$y_z = \frac{\partial y_t}{\partial z_t}$，$B(j, i)$ 是展开

式中阶数低于 $(j+i)$ 的项。

不难看出，$z_y = \begin{bmatrix} I \\ 0 \end{bmatrix}$，$y_z$ 和 $B(j, i)$ 都是 y_t 关于变量 z_t 和 σ（$l < j, k < i$）的低阶导

数 $y_{z^l\sigma^k}(l+k \leq j+i)$，在由低阶向高阶近似求解的过程中，这些低阶导数都已经求出，从而上面方程是一个关于 $y_{z^j\sigma^i}$ 的 Sylvester 矩阵方程，通过求解该矩阵方程可得到 $y_{z^j\sigma^i}$，进而得到原模型的高阶近似解。另外，当 $i = 1$ 时，由于展开项关于 ε_{t+1} 来说是线性的，从而利用条件 $E_t(\varepsilon_{t+1}) = 0$ 可知，$y_{z^j\sigma} = 0$，$(j \geq 0)$，这个结论在前面的二阶近似方法也得到过。

以上是将解表示成 $y_t = g(y_{t-1}, u_t, \sigma)$ 的形式，如果再向后迭代，那么，可以得到，

$$y_t = h(u_t, u_{t-1}, ..., \sigma)$$

其中，函数 $h(\ast)$ 是关于随机冲击 u_t 的非线性移动平均函数。Lan-Meyer-Gohde（2011）采用该表达形式，代入原模型并进行高阶展开，按照由低阶向高阶求解的顺序，最终也获得了原模型的高阶近似解。

无论采用上面哪种表达形式，高阶近似解最终都需要求解一个 Sylvester 矩阵方程。

（2）非线性 AiM 方法

前面介绍了 Anderson 和 Moore 提出的 AiM 方法在求解线性模型的优越性，该方法不仅求解速度快，而且模型设定形式方便和灵活，因而得到了广泛的推崇和应用，Anderson-Levin-Swanson（2006）进一步将该方法推广到非线性情形并且指出，只要模型方程中的函数具有足够的光滑性，那么模型在一阶情况下具有的良好特性能够很容易地推广到高阶情况，这个结论对使用扰动法来求解非线性模型具有很好的理论价值和实际指导意义。

类似于线性模型，非线性 AiM 方法考虑的模型仍采用非常灵活的表达形式，

$$E_t F(x_{t-\tau}, ..., x_{t-1}, x_t, x_{t+1}, ..., x_{t+\theta}, \varepsilon_t, \sigma\varepsilon_{t+1}, ..., \sigma\varepsilon_{t+\varphi}, \sigma) = 0$$

其中，E 表示预期，$F(\ast)$ 是描述方程的非线性函数，x_t 是模型中所有的变量，τ 是滞后的最大阶数，θ 是预期的最大阶数，ε_t 是随机冲击，σ 是风险尺度因子，ε_t 是均值为零、协方差为 Σ_ε 的平稳随机过程，φ 是用来刻画随机冲击特征的有关参数。与线性模型类似，上面模型形式具有很好的灵活性和较广的一般性。

假定模型的解可表示成下面形式，

$$x_t = B(x_{t-\tau}, ..., x_{t-1}, \varepsilon_t, \sigma)$$

其中，表达式 $B(\ast)$ 是非线性函数。若模型的确定性稳态（Deterministic Steady-State）为 $\bar{x}$，则其满足下面的方程，

$$F(\bar{x}, ..., \bar{x}, ..., \bar{x}, 0, ..., 0, 0) = 0$$

及

$$\bar{x} = B(\bar{x}, ..., \bar{x}, 0, 0)$$

在求解出模型的稳态后，若对模型在稳态进行一阶展开，那么上面模型可变换成一般的线性模型形式，通过前面介绍的线性 AiM 方法可很方便地求解一阶近似解。采用类似的基本思路，可逐渐由一阶近似解推广到高阶近似解。若将解 $x_t = B(x_{t-\tau}, ..., x_{t-1}, \varepsilon_t, \sigma)$，$x_{t+1} = B[x_{t+1-\tau}, ..., x_{t-1}, B(x_{t-\tau}, ..., x_{t-1}, \varepsilon_t, \sigma), \sigma\varepsilon_{t+1}, \sigma], ...$，代入原方程可得到，

$$E_t(F \circ B) = 0$$

其中，以 $F \circ B$ 表示复合函数，该复合函数形式如下，

$$F \circ B(x_{t-\tau}, ..., x_{t-1}, \varepsilon_t, \sigma\varepsilon_{t+1}, ..., \sigma\varepsilon_{t+\max(\theta, \varphi)}, \sigma)$$

我们知道，求解高阶近似解的关键是计算函数 $B(*)$ 关于各个变量的高阶导数，若对上面的方程在稳态进行可 k 阶展开并取预期，那么由隐函数定理可以看出，函数 $B(*)$ 在稳态时的 k 阶导数是其稳态时所有低阶导数（$k-1, k-2, ..., 1$）值的函数，在已经得到低阶近似值的情况下，由该方程可得到函数 $B(*)$ 在稳态时的 k 阶导数值，进而也就得到了原模型的 k 阶近似解。Anderson-Levin-Swanson（2006）指出，按照由低阶向高阶近似的顺序，并利用已经非常成熟的符号推导程序（如 Mathematica），上面的复合函数求导过程可很容易地通过计算机来完成，这样可避免由人工求高阶导数造成的不必要手误，从而高阶近似扰动法实现起来并不难，并且他们指出，只要模型方程中的函数具有足够的光滑性，那么模型在一阶情况下具有的良好特性能够很容易地推广到高阶情况。

（3）Lombardo 的高阶近似法

Lombardo（2010）的高阶扰动法可适用于较一般的模型形式，这里为讨论方便将模型写成状态空间形式，

$$x_{t+1} = h(x_t, \sigma) + \sigma\Xi\varepsilon_{t+1}$$

$$y_t = g(x_t, \sigma)$$

其中，x_t 是状态变量，y_t 是观测变量，$h(*)$ 和 $g(*)$ 都是非线性函数，ε_{t+1} 是随机冲击，矩阵 Ξ 反映了随机冲击的相关性，σ 是风险尺度因子，ε_{t+1} 是经过标准化处理后的随机冲击，其均值为零，协方差为单位矩阵。

Lombardo（2010）将风险尺度因子 σ 看成是一个扰动参数，并对该参数进行 n 阶展开得到，

$$x_t = x_0 + \sigma x_t^{(1)} + \sigma^2 x_t^{(2)} + ... + \sigma^n x_t^{(n)}$$

其中，$x_t^{(n)}$ 表示 x_t 针对扰动参数 σ 展开的 n 阶近似值，x_0 是常数项。为讨论方便，我们以三阶近似为例，即，

$$x_t = x_0 + \sigma x_t^{(1)} + \sigma^2 x_t^{(2)} + \sigma^3 x_t^{(3)}$$

对函数 $h(x_t, \sigma)$ 进行展开可得到，

$$h(x_t, \sigma) = h_0 + h_x x_t + h_\sigma \sigma + \tfrac{1}{2}[h_{xx}(x_t \otimes x_t) + h_{\sigma\sigma}\sigma^2] + h_{x\sigma}x_t\sigma + \tfrac{1}{6}h_{xxx}(x_t \otimes x_t \otimes x_t)$$
$$+ \tfrac{1}{2}h_{x\sigma\sigma}\sigma^2 x_t + \tfrac{1}{2}h_{xx\sigma}\sigma(x_t \otimes x_t) + \tfrac{1}{6}h_{\sigma\sigma\sigma}\sigma^3$$

这里，h_0 是常数项，$h_x = \dfrac{\partial h}{\partial x}$，$h_\sigma = \dfrac{\partial h}{\partial \sigma}$，$h_{xx} = \dfrac{\partial^2 h}{\partial x \partial x}$，$h_{\sigma\sigma} = \dfrac{\partial^2 h}{\partial \sigma \partial \sigma}$，$h_{x\sigma} = \dfrac{\partial^2 h}{\partial x \partial \sigma}$，

$h_{xxx} = \dfrac{\partial^3 h}{\partial x \partial x \partial x}$，$h_{xx\sigma} = \dfrac{\partial^3 h}{\partial x \partial x \partial \sigma}$，$h_{x\sigma\sigma} = \dfrac{\partial^3 h}{\partial x \partial \sigma \partial \sigma}$，$h_{\sigma\sigma\sigma} = \dfrac{\partial^3 h}{\partial \sigma \partial \sigma \partial \sigma}$。

将 $x_t = x_0 + \sigma x_t^{(1)} + \sigma^2 x_t^{(2)} + \sigma^3 x_t^{(3)}$ 和上式代入状态方程，

$$x_0 + \sigma x_{t+1}^{(1)} + \sigma^2 x_{t+1}^{(2)} + \sigma^3 x_{t+1}^{(3)} = h(x_0 + \sigma x_t^{(1)} + \sigma^2 x_t^{(2)} + \sigma^3 x_t^{(3)}, \sigma) + \sigma \Xi \varepsilon_{t+1}$$

通过比较系数可得到，

$$x_0 = h_0$$

$$x_{t+1}^{(1)} = h_x x_t^{(1)} + h_\sigma + \Xi \varepsilon_{t+1}$$

$$x_{t+1}^{(2)} = h_x x_t^{(2)} + h_{x\sigma}x_t^{(1)} + \tfrac{1}{2}h_{xx}(x_t^{(1)} \otimes x_t^{(1)}) + \tfrac{1}{2}h_{\sigma\sigma}$$

$$x_{t+1}^{(3)} = h_x x_t^{(3)} + \tfrac{1}{2}h_{x\sigma\sigma}x_t^{(1)} + h_{x\sigma}x_t^{(2)} + \tfrac{1}{2}h_{xx\sigma}(x_t^{(1)} \otimes x_t^{(1)})$$
$$+ \tfrac{1}{6}h_{xxx}(x_t^{(1)} \otimes x_t^{(1)} \otimes x_t^{(1)}) + \tfrac{1}{6}h_{\sigma\sigma\sigma}$$

可以看出，高阶近似解依赖于低阶近似解，按照由低阶到高阶的顺序，逐步通过求解上面的方程可得到 $x_t^{(n)}$（$n=1,2,3$），最后代入 $x_t = x_0 + \sigma x_t^{(1)} + \sigma^2 x_t^{(2)} + \sigma^3 x_t^{(3)}$ 可得到模型的高阶近似解。上述方法可推广到 n 阶情形，且 Lombardo（2010）证明，只要在一阶情况下模型具有唯一的稳定解，则模型在 n 阶情况下也具有唯一的稳定解，从而上

述算法是稳定的。在得到状态变量 x_t 的高阶近似解后，由于观测方程是静态方程，因而也很容易计算出观测变量 y_t 的高阶近似解。

（4）Evers 的自相容扰动算法

Evers（2010）认为扰动法求解中状态变量的扰动和风险尺度因子的扰动对经济的动态特性具有不同的影响，风险尺度因子的扰动将会对经济系统面临的不确定性产生重要的影响，而状态变量的扰动将会对解的形状和状态变化规律产生影响，鉴于这两类波动的性质不同，因而前面介绍的扰动法在进行高阶展开时关于状态变量和风险尺度因子进行同等对待是欠缺的，应分别对这它们进行考虑，Evers（2010）提出了自相容（Self-consistent Perturbation）扰动算法。

仍然考虑前面的模型，

$$E_t[f(y_{t+1}, y_t, y_{t-1}, u_t)] = 0$$

$$u_{t+1} = \sigma\varepsilon_{t+1}, \quad E(\varepsilon_t) = 0, \quad E(\varepsilon_t\varepsilon_t^{'}) = \Sigma_\varepsilon$$

其中，y_t 是内生变量，u_t 是外生的随机冲击，σ 是风险尺度因子，ε_{t+1} 是经过标准化处理后的随机冲击，其均值为零，协方差为 Σ_ε。模型解可表示成下式，

$$y_t = g(y_{t-1}, u_t, \sigma)$$

如果随机冲击项 $u_{t+1} = \sigma\varepsilon_{t+1}$ 是多维随机变量，那么当风险尺度因子 $\sigma = 0$ 时，模型解的维数大大降低，由原来的多维随机系统退化成一个低维的确定性系统，显然 σ 是否为零对系统的影响是不同的。前面假定模型的稳态是一种确定性稳态（Deterministic Steady-State）$\bar{y}$，即满足方程，

$$f(\bar{y}, \bar{y}, \bar{y}, 0) = 0 \ , \quad \bar{y} = g(\bar{y}, 0, 0)$$

实际中还存在另一种稳态，通常称这种稳态为随机性稳态（Stochastic Steady-state），这种稳态考虑了未来风险的存在。关于随机性稳态通常遇到的一个经典实例是预防性储蓄问题，即在考虑未来风险的情况下，实际储蓄水平高于没有风险的储蓄水平。显然随机性稳态依赖于扰动参数 σ （$\sigma \neq 0$），这里以 $\bar{y}^\sigma$ 表示，其满足方程，

$$\bar{y}^\sigma = g(\bar{y}^\sigma, 0, \sigma)$$

如何计算随机性稳态是必须考虑的一个基本问题。Evers（2010）在其提出的自相

容扰动算法中，通过在确定性稳态关于扰动参数 σ 进行高阶展开来逼近随机性稳态，即，

$$\bar{y}^{\sigma} = \bar{y} + \tfrac{1}{2} g_{\sigma\sigma}(\bar{y},0,0)\sigma^2 + \ldots + \tfrac{1}{n!} g_{\sigma^n}(\bar{y},0,0)\sigma^n$$

其中，$g_{\sigma^n}(\bar{y},0,0) = \dfrac{\partial^n g(\bar{y},0,0)}{\partial \sigma^n}$ 表示函数 $\bar{y}^{\sigma} = g(\bar{y}^{\sigma},0,\sigma)$ 在确定性稳态 $\bar{y} = g(\bar{y},0,0)$ 关于 σ 的 n 阶导数值，在一阶情况下由确定性等价定理可知，$g_{\sigma}(\bar{y},0,0) = 0$。显然通过以上近似得到的随机性稳态需要满足下面的方程，

$$f(\bar{y}^{\sigma},\bar{y}^{\sigma},\bar{y}^{\sigma},0) = 0$$

在得到随机性稳态 $\bar{y}^{\sigma}$ 后，再考虑原模型的一般高阶近似解。Evers（2010）认为，可在随机性稳态附近对状态变量进行高阶展开来进行。为方便起见，定义状态变量为 $z_t = \begin{bmatrix} y_{t-1} \\ u_t \end{bmatrix}$，利用前面的结果，随机性稳态 $\bar{z}^{\sigma} = \begin{bmatrix} \bar{y}^{\sigma} \\ 0 \end{bmatrix}$，将解 $y_t = g(y_{t-1},u_t,\sigma) = g(z_t,\sigma)$ 在随机性稳态 $\bar{z}^{\sigma}$ 进行 M 阶展开可得到，

$$y_t^{\sigma} = \sum_{j=0}^{M} \frac{1}{j!} \left[\frac{\partial^j g(\bar{z}^{\sigma},\sigma)}{\partial z^j} \right] (z_t - \bar{z}^{\sigma})^{\otimes[j]}$$

其中，$\dfrac{\partial^j g(\bar{z}^{\sigma},\sigma)}{\partial z^j}$ 表示 $y_t = g(z_t,\sigma)$ 对变量 z_t 求 j 阶导数在随机性稳态 $\bar{z}^{\sigma}$ 的值。要使上面的高阶近似解成为原模型的解，还需要满足下面的方程，

$$E_t[f(y_{t+1}^{\sigma},y_t^{\sigma},y_{t-1}^{\sigma},u_t)] = 0$$

从 Evers（2010）的算法可以看出，该算法充分考虑了状态变量和风险尺度因子两类不同性质的扰动问题，克服了一般高级近似方法中将二者扰动等同对待的不足，从而在随机性稳态附近也可以得到高阶近似解，这为研究风险对经济的影响等非线性问题很有意义。

3. 高阶近似的修剪算法

随着阶数的增加，高阶近似扰动法理论上讲更加逼近真实解，但是近似阶数的增加也带来了另外一个问题，即，高阶项的增加是否会影响近似解的收敛性和稳定性。

如果高阶项的增加导致了模型近似解是不收敛的，这意味着模型中的某些高阶矩是不存在的，而若实际数据是平稳的，那么显然不可能通过实际数据来检验模型的解法，也不可能对模型进行有效的估计。为此，对于高阶近似方法，有必要进行适当的修剪（Pruning）。

对高阶近似进行修剪的目的是，根据近似精度的要求去掉一些可能发散的高阶项或者干扰项，从而保证近似方法的有效性和稳定性。Kim-Kim-Schaumburg-Sims（2008）最早将修剪算法（Pruning Algorithm）应用于二阶近似方法，虽然 Lombardo-Sutherland（2007）并不认为他们的二阶近似方法是一种修剪算法，但实际上该方法带有修剪的色彩。Lombardo（2010）和 Den -Haan-Wind（2012）等认为修剪算法带有一定的任意性，修剪不当会丢失模型中可能固有的非线性特性，真正的高阶扰动法本身隐含着合理的修剪特征，因而没有必要进行人为的刻意修剪，应从本身的算法上进行改进。Andreasen（2012）和 Andreasen-Fernandez-Villaverde-Rubio-Ramirez（2013）认为，合理的修剪算法能避免高阶近似过程中不必要的高阶项运算，进而能够提高高阶近似计算的效率。Ruge-Murcia（2012）也认为在使用二阶以上近似方法时，修剪算法有其固有的特色，充分利用这些特色是有益的。Lan-Meyer-Gohde（2013）对几种修剪算法从一阶到三阶近似进行了总结和比较，发现当近似阶数达到三阶时，不同的修剪算法在近似精度上存在差异。Andreasen-Fernandez-Villaverde-Rubio-Ramirez（2013）对修剪算法的理论基础、实际应用及实证检验等方面进行了清晰的刻画，这为模型的矩估计方法提供了理论支持。

假设模型的解可表示成下面的状态空间形式（State-space Form），

$$y_{t+1} = h(y_t, \sigma) + \sigma \Sigma_\varepsilon \varepsilon_{t+1}$$

$$E(\varepsilon_t) = 0, \quad E(\varepsilon_t \varepsilon_t^{'}) = I$$

其中，y_t 是状态变量，σ 是风险尺度因子，ε_t 是经过标准化处理后的随机冲击，其是均值为零、协方差为单位矩阵的随机过程，未经处理的随机冲击是一个均值为零、协方差为 $(\Sigma_\varepsilon)^2$ 的随机过程。

模型的确定性稳态 $\bar{y}$ 以及一阶近似满足下面的方程，

$$\bar{y} = h(\bar{y}, 0)$$

$$\hat{y}_{t+1}^{(1)} = h_y \hat{y}_t^{(1)} + \sigma \Sigma_\varepsilon \varepsilon_{t+1}$$

其中，$h_y = \dfrac{\partial h}{\partial y}$，$\hat{y}_t^{(1)} = y_t^{(1)} - \bar{y}$，$y_t^{(1)}$ 表示 y_t 未经修剪的一阶近似解，$\hat{y}_t^{(1)}$ 实际上表

示的是纯一阶效应，在一阶近似条件下，确定性等价定理要求 $h_\sigma = 0$。

模型的二阶近似展开式为，

$$\hat{y}_{t+1}^{(2)} = h_y \hat{y}_t^{(2)} + 0.5[h_{yy}(\hat{y}_t^{(2)} \otimes \hat{y}_t^{(2)}) + h_{\sigma\sigma}\sigma^2] + \sigma\Sigma_\varepsilon \varepsilon_{t+1}$$

这里，$h_{yy} = \dfrac{\partial^2 h}{\partial y \partial y}$，$h_{\sigma\sigma} = \dfrac{\partial^2 h}{\partial \sigma \partial \sigma}$，$\hat{y}_t^{(2)} = y_t^{(2)} - \bar{y}$，$y_t^{(2)}$ 表示 y_t 未经修剪的二阶近似解。

假设将 $\hat{y}_t^{(2)}$ 进一步分解为纯一阶效应 $\hat{y}_t^{(1)}$ 和纯二阶效应 $\hat{y}_t^s$，即，

$$\hat{y}_t^{(2)} = \hat{y}_t^{(1)} + \hat{y}_t^s$$

那么二阶展开式可表示为，

$$\hat{y}_{t+1}^{(1)} + \hat{y}_{t+1}^s = h_y(\hat{y}_t^{(1)} + \hat{y}_t^s) + 0.5h_{yy}[(\hat{y}_t^{(1)} + \hat{y}_t^s) \otimes (\hat{y}_t^{(1)} + \hat{y}_t^s)]$$
$$+ 0.5h_{\sigma\sigma}\sigma^2 + \sigma\Sigma_\varepsilon \varepsilon_{t+1}$$

利用一阶近似条件，上式可简化成，

$$\hat{y}_{t+1}^s = h_y \hat{y}_t^s + 0.5h_{yy}(\hat{y}_t^{(1)} \otimes \hat{y}_t^{(1)}) + 0.5h_{\sigma\sigma}\sigma^2$$

定义状态变量 $z_t^{(2)} = \begin{bmatrix} \hat{y}_t^{(1)} \\ \hat{y}_t^s \\ (\hat{y}_t^{(1)} \otimes \hat{y}_t^{(1)}) \end{bmatrix}$，随机冲击 $\eta_{t+1}^{(2)} = \begin{bmatrix} \varepsilon_{t+1} \\ \varepsilon_{t+1} \otimes \varepsilon_{t+1} - vec(I) \\ \varepsilon_{t+1} \otimes \hat{y}_t^{(1)} \\ \hat{y}_t^{(1)} \otimes \varepsilon_{t+1} \end{bmatrix}$，这样在二

阶近似条件下，原模型可以通过新的状态空间形式来表示，

$$z_{t+1}^{(2)} = A^{(2)} z_t^{(2)} + B^{(2)} \eta_{t+1}^{(2)} + c^{(2)}$$

其中，

$$A^{(2)} = \begin{bmatrix} h_y & 0 & 0 \\ 0 & h_y & 0.5h_{yy} \\ 0 & 0 & h_y \otimes h_y \end{bmatrix}$$

$$B^{(2)} = \begin{bmatrix} \sigma & 0 & 0 & 0 \\ 0 & 0 & 0 & 0 \\ 0 & \sigma\Sigma_\varepsilon \otimes \sigma\Sigma_\varepsilon & (\sigma\Sigma_\varepsilon) \otimes h_y & h_y \otimes (\sigma\Sigma_\varepsilon) \end{bmatrix}$$

$$c^{(2)} = \begin{bmatrix} 0 \\ 0.5h_{\sigma\sigma}\sigma^2 \\ (\sigma\Sigma_\varepsilon \otimes \sigma\Sigma_\varepsilon)vec(I) \end{bmatrix}$$

经过以上修剪处理后，显然若模型在一阶情况下具有唯一的稳定解，则模型在二阶情况下也具有唯一的稳定解。另外，根据上面的状态方程可以很方便地计算出原模型的二阶近似解 $y_t^{(2)} - \bar{y} = \hat{y}_t^{(1)} + \hat{y}_t^s$，同时也可以很方便地计算出有关变量的二阶矩等统计量。

以上讨论了二阶近似的修剪算法，对于三阶近似情况，依然设计相应的修剪算法。实际上，对模型进行三阶近似展开式可得到，

$$\hat{y}_{t+1}^{(3)} = h_y\hat{y}_t^{(3)} + \tfrac{1}{2}[h_{yy}(\hat{y}_t^{(3)} \otimes \hat{y}_t^{(3)}) + h_{\sigma\sigma}\sigma^2] + \tfrac{1}{6}h_{yyy}(\hat{y}_t^{(3)} \otimes \hat{y}_t^{(3)} \otimes \hat{y}_t^{(3)})$$
$$+ \tfrac{1}{2}h_{y\sigma\sigma}\sigma^2\hat{y}_t^{(3)} + \tfrac{1}{6}h_{\sigma\sigma\sigma}\sigma^3 + \sigma\Sigma_\varepsilon\varepsilon_{t+1}$$

这里，$h_{yyy} = \dfrac{\partial^3 h}{\partial y\partial y\partial y}$，$h_{y\sigma\sigma} = \dfrac{\partial^3 h}{\partial y\partial\sigma\partial\sigma}$，$h_{\sigma\sigma\sigma} = \dfrac{\partial^3 h}{\partial\sigma\partial\sigma\partial\sigma}$，$\hat{y}_t^{(3)} = y_t^{(3)} - \bar{y}$，$y_t^{(3)}$ 表示 y_t 未经修剪的三阶近似解。

假设将 $\hat{y}_t^{(3)}$ 进一步分解为纯一阶效应 $\hat{y}_t^{(1)}$、纯二阶效应 $\hat{y}_t^s$ 和纯三阶效应 $\hat{y}_t^{rd}$，即，

$$\hat{y}_t^{(3)} = \hat{y}_t^{(1)} + \hat{y}_t^s + \hat{y}_t^{rd}$$

代入前面的三阶近似方程经过整理可得到，

$$\hat{y}_{t+1}^{rd} = h_y\hat{y}_t^{rd} + h_{yy}(\hat{y}_t^{(1)} \otimes \hat{y}_t^s) + \tfrac{1}{6}h_{yyy}(\hat{y}_t^{(1)} \otimes \hat{y}_t^{(1)} \otimes \hat{y}_t^{(1)})$$
$$+ \tfrac{1}{2}h_{y\sigma\sigma}\sigma^2\hat{y}_t^{(1)} + \tfrac{1}{6}h_{\sigma\sigma\sigma}\sigma^3$$

定义状态变量 $z_t^{(3)} = [(\hat{y}_t^{(1)})', (\hat{y}_t^s)', (\hat{y}_t^{(1)} \otimes \hat{y}_t^{(1)})', (\hat{y}_t^{rd})', (\hat{y}_t^{(1)} \otimes \hat{y}_t^s)', (\hat{y}_t^{(1)} \otimes \hat{y}_t^{(1)} \otimes \hat{y}_t^{(1)})']'$ 和随机冲击 $\eta_{t+1}^{(3)}$ 后（为简便起见不具体写出该表达式），在三阶近似条件下，原模型可通过新的状态空间形式来表示，

$$z_{t+1}^{(3)} = A^{(3)}z_t^{(3)} + B^{(3)}\eta_{t+1}^{(3)} + c^{(3)}$$

其中，矩阵 $A^{(3)}$、$B^{(3)}$ 和 $c^{(3)}$ 都可以写出具体的表达式，这里为简便起见略去这个

步骤。

经过以上修剪处理后，同样可得到结论：若模型在一阶情况下具有唯一的稳定解，则模型在三阶情况下也具有唯一的稳定解。另外，根据上面的状态方程也可以很方便地计算出原模型的三阶近似解 $y_t^{(3)} - \bar{y} = \hat{y}_t^{(1)} + \hat{y}_t^s + \hat{y}_t^{rd}$ 及计算出有关变量的三阶矩等统计量。

以上讨论了二阶和三阶近似的修剪算法，按照上面这个步骤可以依次推广到任意阶情形，而且可以看出，若模型在一阶情况下具有唯一的稳定解，则模型在任意阶情况下也具有唯一的稳定解，从而修剪算法是稳定的，并且，利用修剪算法可以很方便地计算出原模型的任意阶近似解及计算出有关变量的高阶矩等统计量。但也应注意，随着阶数的增加，重新定义状态变量和随机冲击也更复杂和烦琐，相应的状态空间系数矩阵也更庞大，求解规模也更大。

（二）投影法

虽然在一定的条件下，扰动法具有全局的性质，但从整体来说，它是一种局部近似方法。求解 DSGE 模型的另一类方法是投影法（Projection Methods），该方法自 Judd（1992）应用以来，成果虽不如扰动法丰富，但在求解 DSGE 模型中也发挥了巨大作用，目前也是一种主要类型的求解方法。

投影法的理论基础是魏尔斯特拉斯（Weierstrass）定理，该定理表明，对于紧集上的任何连续函数，可以通过一系列多项式来一致逼近该函数。据该定理，我们可以构造由多项式函数组成的序列来一致逼近方程的解，通常可以选择由相互独立的多项式函数的线性组合来逼近方程的解，也就是将模型的解投影到由这些特殊函数（称为基函数）构成的泛函空间，若由该泛函空间的基函数的线性组合构成的函数具有良好的逼近任意函数的性质，那么在找到解的投影坐标后，自然也就找到了模型的近似解，从这点来看，投影法与回归的思想相似，并且投影法在整体上来说是一种全局近似方法，这是它的优势所在。

仍考虑前面的模型，

$$E_t[f(y_{t+1}, y_t, y_{t-1}, u_t)] = 0$$

其中，y_t 是内生变量，u_t 是外生的随机冲击。若记 $z_t = \begin{bmatrix} y_{t-1} \\ u_t \end{bmatrix}$，则上式可写成，

$$E_t[f(y_{t+1}, y_t, z_t)] = 0$$

假设模型解可表示成下式，

$$y_t = h(z_t)$$

其中，$h(*)$ 是非线性函数。代入原方程后可以得到，

$$F(h) \equiv E_t[f(h(z_{t+1}), h(z_t))] = 0$$

可以将上面方程看成是一个关于函数 $h(*)$ 的泛函方程，对于该泛函方程的求解，按照 Judd（1992，1998）的做法，投影法通常通过以下几个步骤进行：

第一步：选择基函数，由这些基函数构成泛函空间，并在此泛函空间定义内积。

假设选择以下基函数，

$$\varphi_i(z_t), i = 0, 1, \ldots,$$

其中，函数 $\varphi_i(*)$（$i=0,1,\ldots$）是相互独立的多项式函数。由以上基函数构成一个定义了内积的泛函空间，对于该泛函空间的任意两个函数 $H(*)$ 和 $G(*)$，内积定义为，

$$<H, G> = \int_{z_t} w(z_t) H(z_t) G(z_t) dz_t$$

其中，$w(z_t)$ 是计算内积采用的权重函数。

第二步：选择近似精度，并构造以下近似解，

$$\hat{y}(\gamma, z_t) = \sum_{i=0}^{n} \gamma_i \varphi_i(z_t)$$

其中，n 是近似的阶数，$\gamma = [\gamma_0, \ldots, \gamma_n]$（$i=0, \ldots, n$）是待定系数或称投影坐标。

第三步：将近似解代入关于解的泛函方程 $F(h) = 0$，计算残差函数，

$$R(\gamma, z_t) = F[\hat{y}(\gamma, z_t)]$$

第四步：选择投影函数（或称投影方向）$p_i(*)$（$i=0,1,\ldots,n$），并计算残差函数的投影，即，

$$P_i = \int_{z_t} w(z_t) R(\gamma, z_t) p_i(z_t) dz_t, \quad i = 0, 1, \ldots, n$$

其中，$p_i(*)$（$i=0,1,\ldots,n$）是投影函数。

第五步：选择系数 $\gamma = [\gamma_0, \ldots, \gamma_n]$（$i=0, \ldots, n$），使得残差函数的投影，

$$P_i = 0, \quad i = 0,1,...,n$$

并对近似解进行检验，若不能达到要求的近似精度，则返回上面的第二步并增加近似的阶数 n；若不能满足其他要求，则重新回到上面的相应步骤，直到找到符合要求的解。

对于上面几个步骤，需要解决两个关键问题，一是任何选择基函数，二是如何选择投影函数。

1. 基函数的选择

基函数 $\varphi_i(x), i = 0,1,...,$ 的选择是应用投影法的前提，也是影响投影法效率的一个重要因素，目前主要有以下几种选择方法：

（1）选择单调多项式作为基函数。 当 x 是标量时，基函数可选成 $\{1, x, x^2, ...\}$；当 x 是 m 维向量时，$x' = [x_1,...,x_m]$，基函数可以选成 $[1, x_1,...,x_1^q] \otimes ... \otimes [1, x_m,...,x_m^q]$。但采用这种方式，会出现以下问题，如当变量 x 很大时，高阶项 x^q 和 x^{q+1} 很难识别，从而投影时会造成共线性问题。

（2）选择正交多项式作为基函数。 选择正交多项式的好处是能避免投影时出现的共线性问题，并且投影计算方便。正交多项式的选择方式也很多，如可选择切比雪夫（Chebyshev）多项式、勒让德（Legendre）多项式及其他正交多项式等，但从实际应用情况来看，选择切比雪夫（Chebyshev）多项式作为基函数有其独到的优势，被采用的很多。

当 x 是标量时，切比雪夫多项式定义为，

$$T_0(x) = 1, \quad T_1(x) = x, \quad T_2(x) = 2x^2 - 1$$

$$T_{n+1}(x) = 2xT_n(x) - T_{n-1}(x), \quad x \in [-1,1]$$

若 x 的定义域为 $[a,b]$ 时，则采用变换 $\dfrac{2(x-a)}{b-a} - 1$ 可使定义域变成 $[-1,1]$，代入上面各式可得到一般定义域上的切比雪夫多项式。

当 x 是 m 维向量时，$x' = [x_1,...,x_m]$，可采用下面的方式定义多维切比雪夫多项式，

$$[T_0(x_1), T_1(x_1),...,T_{n_1}(x_1)] \otimes ... \otimes [T_0(x_m), T_1(x_m),...,T_{n_m}(x_m)]$$

（3）选择完备多项式系（Complete Polynomials）作为基函数。 在多维情况下选择多项式作为基函数经常出现的一个问题是，当维数增加时需要计算的高阶项会迅速

增加，Judd（1998）认为，可根据近似精度的要求来选择多项式作为基函数，他建议采用完备多项式系作为基函数，这样可大大减少不必要的计算量。当 x 是 m 维向量时，$x'=[x_1,\ldots,x_m]$，若考虑近似的精度为 d 阶，则可选择以下完备多项式系作为基函数，

$$P^d = \left\{ x_1^{i_1} x_2^{i_2} \cdots x_m^{i_m}, \ \sum_{k=1}^{m} i_k \leq d, \ i_1,\ldots,i_m \geq 0 \right\}$$

例如，假设变量 x 的维数和近似的阶数均为 2，即，$m=d=2$，$x'=[x_1,x_2]$，若采用单调多项式或者切比雪夫多项式作为基函数，需要计算 $[1,x_1,x_1^2] \otimes [1,x_2,\ldots,x_2^2]$ 或者 $[T_0(x_1),T_1(x_1),T_2(x_1)] \otimes [T_0(x_2),T_1(x_2),T_2(x_2)]$，总共有 9 项，而在二阶近似的要求下，实际上很多高阶项是可以不计算的（如 $x_1^2 x_2^2$），因此，若采用完备多项式系作为基函数，上面则只需要计算 $\{1,x_1,x_2,x_1^2,x_2^2,x_1x_2\}$，仅有 6 项。因此，选择完备多项式系作为基函数可大大减少不必要的高阶项的计算，但由于这些多项式不是正交的，仍然不能完全解决投影计算时的共线性问题。

（4）选择分段线性函数作为基函数。这种方法又称有限元（Finite Element）方法，前面几种选择基函数的方法都是一种全局的方法，即基函数的选择是针对整个定义域进行的，这样做的好处是全局性能考虑得比较周到，但针对局部的近似问题可能解决效率很差。有限元方法选择的基函数是一种局部方法，且选择的基函数都是分段线性函数，因而该方法也是一种比较有代表性的方法。

当 x 是标量时，将其定义域划分成 n 个单元 $[x_0,x_1],\ldots,[x_{i-1},x_i]$，$[x_i,x_{i+1}],\ldots,$ $[x_{n-1},x_n]$，定义如下的分段线性函数并选其为基函数，

$$\phi_i(x) = \begin{cases} \dfrac{x-x_{i-1}}{x_i-x_{i-1}}, & x \in [x_{i-1},x_i] \\[2mm] \dfrac{x_{i+1}-x}{x_{i+1}-x_i}, & x \in [x_i,x_{i+1}] \\[2mm] 0, & x\text{取其他值} \end{cases}$$

当 x 是 m 维向量时，可分别对每维的定义域进行划分并定义相应的分段线性函数，再采用类似前面的处理方法，定义多维基函数。

2. 投影函数的选择

在选择基函数后，下面一个问题是如何通过基函数的线性组合来逼近目标函数或

者原方程的解，这个问题可从另外一个角度来考虑。首先由基函数可构成一个泛函空间，并在该泛函空间可定义内积。其次，逼近目标函数实际上就是找到某个投影方向，使得将近似解代入基于原模型的泛函方程后产生的残差与该投影方向正交，因此，如何选择投影方向或者投影函数是一个关键。按照前面的表示方法，残差的投影为，

$$P_i = \int_{z_t} w(z_t) R(\gamma, z_t) p_i(z_t) dz_t, \quad i = 0,1,...,n$$

其中，$p_i(*)$（$i = 0,1,...,n$）是投影函数，$w(*)$是计算内积采用的权重函数，$R(*)$是残差。我们的目标是选择系数 $\gamma = [\gamma_0,..., \gamma_n]$（$i = 0, ..., n$），使得残差的投影，

$$P_i = 0, \quad i = 0,1,...,n$$

并且，当 $n \to \infty$ 时，$P_n \to 0$。针对不同的投影函数，投影法也相应地有以下几种方法。

（1）非线性最小二乘法

如果投影函数和计算内积采用的权重函数选为下面的形式，

$$p_i = \frac{\partial R}{\partial \gamma_i}, \quad i = 0,1,...,n, \quad w = 1$$

那么，此时投影法就是利用非线性最小二乘法来确定系数 $\gamma = [\gamma_0,..., \gamma_n]$（$i = 0, ..., n$），即，求解非线性最小二乘问题，

$$\min_{\gamma} \int_{z_t} R^2(\gamma, z_t) dz_t$$

（2）配置法（Collocation Method）

如果投影函数选为下面的形式，

$$p_i = \begin{cases} 1, & x = x_i \\ 0, & x \neq x_i \end{cases}, i = 0,1,...,n$$

其中，$x_i(i = 0,1,...,n)$ 称为配置节点（Collocation nodes），那么投影法就是求解方程组 $P_i = 0, \quad i = 0,1,...,n$ 来确定系数 $\gamma = [\gamma_0,..., \gamma_n]$（$i = 0, ..., n$），该方法又称配置法。

配置法通常选切比雪夫多项式为基函数，由于切比雪夫多项式的根（$T_m(x_i) = 0, \quad i = 1,...,m$）较容易求出，即为，$x_i = \cos\left(\frac{2i-1}{2m}\pi\right), \quad i = 1,...,m$，因此，配置法选切比雪夫多项式的根作为配置节点。按此选法，若选择系数 $\gamma = [\gamma_0,..., \gamma_n]$

（$i=0,...,n$），使得在配置节点有 $P_i=0$，$i=0,1,...,n$，并且残差函数是光滑的，那么，根据切比雪夫插值定理可知，由切比雪夫多项式的线性组合能够一致逼近原模型的解。

（3）伽辽金方法（Galerkin Method）

如果投影函数选为基函数，

$$p_i = \varphi_i(x), \quad i=0,1,...,n$$

那么，此时的投影法称为伽辽金方法，此时要求选择系数 $\gamma=[\gamma_0,...,\gamma_n]$（$i=0,...,n$），使得残差与每个基函数正交，$P_i=0$，$i=0,1,...,n$。如果由基函数构成的泛函空间是完备的，那么由伽辽金方法得到的近似解将会一致收敛到真实解。虽然伽辽金方法精确度很高，但计算比较复杂，为了计算方便，通常以有限元中的分段线性函数作为基函数，此时投影计算非常简单。

（4）矩匹配法

如果投影函数选为多项式函数，

$$p_i = x^i, \quad i=0,1,...,n$$

那么此时投影法实际上就是矩匹配法，即选择系数 $\gamma=[\gamma_0,...,\gamma_n]$（$i=0,...,n$），使得近似解在 n 阶矩与真实解相匹配。

（三）其他方法

虽然总体上可以将非线性模型的求解方法分为扰动法和投影法两类，但实际中还出现了另外一些方法，这些方法与传统的扰动法或投影法不完全相同，也有其独到的优势，下面对某些方法进行简要的介绍。

1. 堆栈求解方法（Stacked Solution Methods）

为讨论方便，假设在 t 期对 $t+k$ 期的变量 x_{t+k} 的预期值记为 $x_{t+k|t}=E(x_{t+k}|I_t)$，这里，I_t 代表在 t 期的信息集。模型采用下面的表达形式，

$$E_t f(y_{t-p},...,y_{t-1},y_t,y_{t+1},...,y_{t+q},u_t;\theta)=0$$

其中，y_t 是由内生变量组成的 n 维向量，$f(*)$ 是非线性向量函数，θ 是参数向量，u 是随机冲击向量。假设模型能够写成下面的形式，

$$f(y_{t-p},...,y_{t-1},y_t,y_{t+1|t},...,y_{t+q|t},u_t;\theta)=0$$

定义 $Y_t = \{y_t,...,y_{t-p+1}\}$，$\Im_t = \{y_{t+1},...,y_{t+q}\}$，在完美预见（Perfect Foresight）的情况下（即 $x_{t+k|t} = x_{t+k}$）上面模型可写为，

$$f(Y_{t-1}, y_t, \Im_t, u_t; \theta) = 0$$

假定对模型在 $t=1,...,T$ 进行求解，可进一步将上述方程写成下面堆栈的形式，

$$f(Y_0, y_1, \Im_1, u_1; \theta) = 0$$
$$f(Y_1, y_2, \Im_2, u_2; \theta) = 0$$
$$\vdots$$
$$f(Y_{T-1}, y_T, \Im_T, u_T; \theta) = 0$$

即将原来的方程看成为关于 nT 个变量 $y_1, y_2,...,y_T$ 的 nT 个联立方程。定义，$Y = \{y_1,...,y_T\}$，$YY = \{Y_0,...,Y_{T-1}\}$，$\Im = \{\Im_1,...,\Im_T\}$，$U = \{u_1,...,u_T\}$，则上面堆栈形式可表示为，

$$F(YY, Y, \Im, U; \theta) = 0$$

假设考虑一阶近似形式，在 Y 的某个状态 $\bar{Y}$ 对上式进行一阶展开，

$$F(YY, Y, \Im, U; \theta) = F(YY, \bar{Y}, \Im, U; \theta) + \frac{\partial F}{\partial Y}(Y - \bar{Y}) = 0$$

从而可得到，

$$Y = \bar{Y} - J^{-1}F(YY, \bar{Y}, \Im, U; \theta)$$

其中，$J = \dfrac{\partial F}{\partial Y}$ 是 Jacobi 矩阵。根据该式可设计 Newton-Raphson 迭代方法为，

$$Y^s = Y^{s-1} - J_{s-1}^{-1}F(YY^{s-1}, Y^{s-1}, \Im^{s-1}, U; \theta)$$

其中，s 表示第 s 次迭代。

根据该算法，在给出初值条件 $Y_0 = \{y_0, y_{-1},..., y_{-p+1}\}$ 和终值条件 $\Im_T = \{y_{T+1},..., y_{T+q}\}$ 后，假设该方程第（$s-1$）次迭代的解为，$Y^{s-1} = \{y_1^{s-1},...,y_T^{s-1}\}$，那么利用已得到的结果可依次得到，

$$Y_1^{s-1} = \{y_1^{s-1}, y_0,...,y_{-p}\}，\quad ...，\quad Y_{T-1}^{s-1} = \{y_{T-1}^{s-1}, y_{T-2}^{s-1},...,y_{T-p}^{s-1}\}$$

$$\Im_{T-1} = \{y_T^{s-1}, y_{T+1}...,y_{T+q-1}\}，\quad ...，\quad \Im_1 = \{y_2^{s-1}, y_3^{s-1},...,y_{1+q}^{s-1}\}$$

及

$$YY^{s-1} = \{Y_0, Y_1^{s-1}..., Y_{T-1}^{s-1}\}$$

$$\mathfrak{I}^{s-1} = \{\mathfrak{I}_1^{s-1},...,\mathfrak{I}_T^{s-1}\}$$

再通过上面的迭代可得到第 s 次迭代解，$Y^s = \{y_1^s,...,y_T^s\}$，当 $\max_t |y_t^s - y_t^{s-1}| < \varepsilon$ 达到要求的精度后，迭代结束并得到最终解。通常我们可选择模型的稳态或者某个特解作为初始解，然后实行该迭代算法。

为考察上面算法的另一个特点，不妨假设 $p=q=1$，此时 Jacobi 矩阵呈现出下面的块三角矩阵形式，

$$\begin{bmatrix} J_1 & F_1 & & & \\ B_2 & J_2 & F_2 & & \\ & B_3 & \ddots & \ddots & \\ & & \ddots & J_{T-1} & F_{T-1} \\ & & & B_T & J_T \end{bmatrix}$$

$$J_t = \frac{\partial f}{\partial y_t^{'}}, \quad F_t = \frac{\partial f}{\partial y_{t+1}^{'}}, \quad B_t = \frac{\partial f}{\partial y_{t-1}^{'}}$$

这样在采用堆栈法求解时，Jacobi 矩阵通常呈现出稀疏矩阵的形态，因而一些有关稀疏矩阵的较为成熟的算法可用于上面的迭代过程，从而可大大提高求解的效率。

但是上面算法成立的一个前提是，我们能够将原模型转换成 $f(y_{t-p},...,y_{t-1},y_t,y_{t+1|t},...,y_{t+q|t},u_t;\theta)=0$ 形式，显然在一般情况下，这违背了 Jensen 不等式，只有在一阶情况下或者特殊情况下，上面转换才成立。因此，要使该算法适用于一般情况（特别是高阶情况），还需要斟酌。

2. 路径拓展法（Extended Path Appoach）

路径拓展法是 Fair-Taylor（1983）提出的一种模拟方法，该方法假设随机冲击都是暂时的非预料冲击，在长期随着冲击的消失，经济将逐步回到稳定状态，这样，如果对模型的求解区间进行拓展，那么可以利用确定性求解方法来模拟冲击对经济的影响。Fair-Taylor（1983）的路径拓展法又称确定性路径拓展法（Deterministic Extended Path Approach），该方法的一个好处是能够利用确定性求解方法充分考察模型的非线性动态特征并对模拟误差能够很好地控制，这一点是随机模拟非常期望得到的一个性质。但是，该方法在应用中非常受限制的一点是，其忽略了未来随机冲击产生的不确

定性影响，并且假设已实现的冲击并不改变人们的信念，这显然与理性预期的假设是不太一致的。针对这一不足之处，Gagnon（1990）、Taylor-Uhlig（1990）、Love（2009）和 Adjemian-Juillard（2011,2013）等学者进行了进一步的改进，并提出了随机性路径拓展法（Stochastic Extended Path Approach）。

（1）确定性路径拓展法

仍然考虑前面的模型，

$$E_t[f(y_{t+1}, y_t, y_{t-1}, u_t)] = 0$$

其中，y_t 是内生变量，u_t 是外生的随机冲击。

若上面模型能够转换成，

$$f(E_t y_{t+1}, y_t, y_{t-1}, u_t) = 0$$

那么在完美预见的情况下，对于每期 $t+j$（$j=1,...,N$）的求解，可以设计下面的算法，以 y_t 的求解为例，可通过求解下面的堆栈方程进行，

$$f(y_{t+1}, y_t, y_{t-1}, u_t) = 0$$

$$f(y_{t+2}, y_{t+1}, y_t, 0) = 0$$

$$\vdots$$

$$f(y_{t+N+1}, y_{t+N}, y_{t+N-1}, 0) = 0$$

该方程的解依赖于初值 y_{t-1}、终值 y_{t+N+1} 和冲击 u_t，在 N 非常大或者模型的最终状态非常清楚（如知道稳态）的情况下，终值的影响可忽略，此时上面方程的解可表示为，

$$Y_{t,N} \equiv \{y_t,...,y_{t+N}\} \equiv H^N(y_{t-1}, u_t)$$

只取上面解集的第一项，即，

$$y_t = H_t^N(y_{t-1}, u_t)$$

这样就得到了第 t 期的解 y_t，将 t 期推广到 $t+1$ 期，即将 y_t 视为 y_{t-1}，u_{t+1} 视为 u_t，重复上面的步骤可得到，

$$y_{t+1} = H_{t+1}^N(y_t, u_{t+1})$$

假设随机冲击 u_{t+j} 的作用区间为 $[t,..., t+T]$，以此类推最终可得到模型在区间 $[t,...,$

$t+T$]的解，

$$y_t = H_t^N(y_{t-1}, u_t), y_{t+1} = H_{t+1}^N(y_t, u_{t+1}),..., y_{t+T} = H_{t+T}^N(y_{t+T-1}, u_{t+T})$$

以上就是 Fair-Taylor（1983）的确定性路径拓展法。可以看出，该方法实际上将随机冲击 u_{t+j}（$j=0,...,T$）对经济的影响通过设计（$T+1$）条相互关联的路径来计算，每条路径的长度为 N，每条路径只包含一项短暂的随机冲击，每条路径的初值为上条路径计算的第一个值。但上面算法成立的一个前提是能够将原模型方程式 $E_t[f(y_{t+1}, y_t, y_{t-1}, u_t)] = 0$ 转换成 $f(E_t y_{t+1}, y_t, y_{t-1}, u_t) = 0$，显然这也违背了 Jensen 不等式，只有在一阶情况下或者特殊情况下，上面转换才成立。但 Fair-Taylor（1983）认为，如果在每条路径上，短暂的冲击并不改变预期的化或者人们能够确定在完美预见的情况下经济趋向于确定性的稳态，那么上面转换是可以接受的。虽然路径拓展法对路径的长度 N 通常要求很大，从而计算时间很长，但其对模型的非线性动态特征一点也没有丢失，而且对计算的精度控制得非常好，因而该方法是模拟中经常使用的一种方法。

（2）随机性路径拓展法

确定性路径拓展法充分考虑了模型的非线性特征，可是其忽略了未来不确定性对当前经济及预期的影响，这与理性预期的假设是不一致。对于 DSGE 模型来说，未来不确定性产生的风险及其对预期的影响通常是需要考虑的因素，因而针对确定性路径拓展法的不足之处，Gagnon（1990）、Taylor-Uhlig（1990）、Love（2009）和 Adjemian-Juillard（2011,2013）等学者在随机情况下研究了路径拓展法的应用。

从前面的讨论可以看出，将确定性路径拓展法推广到随机情况的一个关键是如何计算条件期望，$E_t[f(y_{t+1}, y_t, y_{t-1}, u_t)]$，即计算下式，

$$E_t[f(y_{t+1}, y_t, y_{t-1}, u_t)] = \int f(y_{t+1}, y_t, y_{t-1}, u_t) dF(u_{t+1})$$

其中，$F(*)$ 是随机冲击 u_t 的累计分布函数。如果假设随机冲击是一个均值为零、协方差为 Σ 的 m 维正态分布，即，

$$E(u_t) = 0, \quad E(u_t u_t') = \Sigma$$

那么上面的条件期望可表示成，

$$E_t[f(y_{t+1}, y_t, y_{t-1}, u_t)] = (2\pi)^{-\frac{m}{2}} \Sigma^{-\frac{1}{2}} \int_{R^m} [f(y_{t+1}, y_t, y_{t-1}, u_t)] e^{-\frac{1}{2}u_{t+1}'\Sigma^{-1}u_{t+1}} du_{t+1}$$

对于该积分的运算，Gaussian-Hermite 数值积分近似公式是一个很有用的工具。

引理（Gaussian-Hermite 积分近似公式）：

①若 x 是标量，对于连续函数 $h(x)$，以下 n 阶近似公式成立，

$$\int_{-\infty}^{\infty} h(x)e^{-x^2}dx \approx \sum_{i=1}^{n} w_i h(x_i)$$

其中，x_i 和 w_i（$w_i \geq 0$）分别是 n 阶 Hermite 多项式的根（也称节点）和相应的权重函数，节点 x_i 和权重 w_i 的确定与函数 $h(x)$ 的具体形式无关。

②若 X 是 m 维随机向量，$X=[x_1,...,x_m]'$，其是均值为零、协方差为 Σ 的 m 维正态分布，对于连续函数 $h(X)$，以下近似公式成立，

$$E[h(X)] = (2\pi)^{-\frac{m}{2}} \Sigma^{-\frac{1}{2}} \int_{R^m} h(X)e^{-\frac{1}{2}X'_{t+1}\Sigma^{-1}X_{t+1}}dX$$

$$\approx (\pi)^{-\frac{m}{2}} \sum_{i_1,...,i_m=1}^{n} w_{i_1} w_{i_2},\cdots,w_{i_m} h(z_{i_1},z_{i_2},\cdots,z_{i_m})$$

其中，$z=[z_1,...,z_m]'=\Sigma^{-\frac{1}{2}}X/\sqrt{2}$ 是均值为零、协方差为单位矩阵的 m 维正态分布，$(z_{i_1},z_{i_2},\cdots,z_{i_m})$ 和 $(w_{i_1},w_{i_2},\cdots,w_{i_m})$ 分别是节点和权重函数，它们的确定与函数 $h(X)$ 的具体形式无关。

根据以上引理，

$$E_t[f(y_{t+1},y_t,y_{t-1},u_t)] = (2\pi)^{-\frac{m}{2}} \Sigma^{-\frac{1}{2}} \int_{R^m} [f(y_{t+1},y_t,y_{t-1},u_t)]e^{-\frac{1}{2}u'_{t+1}\Sigma^{-1}u_{t+1}}du_{t+1}$$

$$\approx (\pi)^{-\frac{m}{2}} \sum_{i_1,...,i_m=1}^{n} w_{i_1} w_{i_2},\cdots,w_{i_m} f(y_{t+1}^{i_1,...,i_m},y_t,y_{t-1},u_t)$$

其中，$u_{t+1}=(u_{i_1},u_{i_2},\cdots,u_{i_m})$ 和 $(w_{i_1},w_{i_2},\cdots,w_{i_m})$ 分别是计算上面积分时采用 m 维未来冲击向量 u_{t+1} 的节点和权重函数，$v_{t+1}=\Sigma^{-\frac{1}{2}}u_{t+1}/\sqrt{2}=(v_{i_1},v_{i_2},\cdots,v_{i_m})$ 是标准化处理后的节点，$y_{t+1}^{i_1,...,i_m}$ 是在 y_{t+1} 在节点 $(v_{i_1},v_{i_2},\cdots,v_{i_m})$ 的取值。这样，条件期望 $E_t[f(y_{t+1},y_t,y_{t-1},u_t)]$ 的计算可通过多条路径上 $f(*)$ 的加权平均来计算，$f(y_{t+1}^{i_1,...,i_m},y_t,y_{t-1},u_t)(i_1,...,i_m=1,...,n)$，每条路径上的冲击为节点 $(v_{i_1},v_{i_2},\cdots,v_{i_m})$，对应的权重为 $(w_{i_1},w_{i_2},\cdots,w_{i_m})$。对于前面介绍的确定性路径拓展法，实际上仅选择了一条路径，即，$f(E_t y_{t+1},y_t,y_{t-1},u_t)$，权重为 1，由此可见，随机性路径拓展法的原理与确定性情况并无太大差异，只不过增加了路径数量。

另外，为考虑未来不确定性对预期的影响，可以假设人们预期未来冲击作用的时

间为 S 期，即，在 $t+S$ 期之后，随机冲击的影响消失，$E_t(u_{t+k})=0$（$k>S$），这实际上确定了随机性路径拓展法中用于计算上面条件期望采用的每条路径长度。由此，随机性路径拓展法使用的路径长度包括两个，一个是在完美预见情况下用于求解的每条路径的长度 N，这一点和确定性路径拓展法相同，称该长度为确定性求解的路径长度，另一个用于计算条件期望的长度 S，称该长度为随机性求解的路径长度。

对近似阶数为 n 和随机性求解的路径长度为 S 的情况，未经排序的节点和权重分别为 $u_{t+q}=(u_{i_1},u_{i_2},\cdots,u_{i_m})_{t+q}$ 和 $(w_{i_1},w_{i_2},\cdots,w_{i_m})$ $(i_1,...,i_m=1,...,n,q=1,...,S)$，为处理方便，对节点和权重重新进行排序，并记为 u_{t+q}^j,w^j $(q=1,...,S,j=1,...,n^m)$，相应的 $y_{t+q}^{i_1,\cdots,i_m}$ 记为 y_{t+q}^j $(q=1,...,S,j=1,...,n^m)$，同时对权重 w^j 和冲击 u_{t+q}^j 进行标准化处理得到 w^{j*}，

$$\sum_{j=1}^{n^m} w^{j*}=1, \quad v_{t+q}^j=\Sigma^{-\frac{1}{2}}u_{t+q}^j/\sqrt{2}, \quad (q=1,...,S,j=1,...,n^m)。$$

关于 $S=1$ 的情形，对 y_t 的求解，可通过求解下面的堆栈方程进行，

$$\sum_{j=1}^{n^m} w^{j*} f(y_{t+1}^j,y_t,y_{t-1},u_t)=0$$

$$f(y_{t+2}^j,y_{t+1}^j,y_t,v_{t+1}^j)=0$$

$$f(y_{t+3}^j,y_{t+2}^j,y_{t+1}^j,0)=0$$

$$\vdots$$

$$f(y_{t+N+1}^j,y_{t+N}^j,y_{t+N-1}^j,0)=0$$

$$j=1,...,n^m$$

关于 $S=2$ 的情形，对 y_t 的求解，可通过求解下面的堆栈方程进行，

$$\sum_{j=1}^{n^m} w^{j*} f(y_{t+1}^j,y_t,y_{t-1},u_t)=0$$

$$\sum_{k=1}^{n^m} w^{k*} f(y_{t+2}^{j,k},y_{t+1}^j,y_t,v_{t+1}^j)=0$$

$$f(y_{t+3}^{j,k},y_{t+2}^{j,k},y_{t+1}^j,v_{t+2}^k)=0$$

$$f(y_{t+4}^{j,k},y_{t+3}^{j,k},y_{t+2}^{j,k},0)=0$$

$$\vdots$$

$$f(y_{t+N+1}^{j,k}, y_{t+N}^{j,k}, y_{t+N-1}^{j,k}, 0) = 0$$

$$j, k = 1, ..., n^m$$

关于一般 S 情形，对 y_t 的求解，可通过求解下面的堆栈方程进行，

$$\sum_{j_1=1}^{n^m} w^{j_1*} f(y_{t+1}^{j}, y_t, y_{t-1}, u_t) = 0$$

$$\sum_{j_2=1}^{n^m} w^{j_2*} f(y_{t+2}^{j_1,j_2}, y_{t+1}^{j_1}, y_t, v_{t+1}^{j_1}) = 0$$

$$\vdots$$

$$\sum_{j_S}^{n^m} w^{j_S*} f(y_{t+S}^{j_1,...,j_S}, y_{t+S-1}^{j_1,...,j_{S-1}}, y_{t+S-2}^{j_1,...,j_{S-2}}, v_{t+S-1}^{j_{S-1}}) = 0$$

$$f(y_{t+S+1}^{j_1,...,j_S}, y_{t+S}^{j_1,...,j_S}, y_{t+S-1}^{j_1,...,j_{S-1}}, v_{t+s}^{j_S}) = 0$$

$$f(y_{t+S+2}^{j_1,...,j_s}, y_{t+S+1}^{j_1,...,j_s}, y_{t+S}^{j_1,...,j_s}, 0) = 0$$

$$\vdots$$

$$f(y_{t+N+1}^{j_1,...,j_s}, y_{t+N}^{j_1,...,j_s}, y_{t+N-1}^{j_1,...,j_s}, 0) = 0$$

$$j_1, ..., j_S = 1, ..., n^m$$

在得到第 t 期的解 y_t，将 t 期推广到 $t+1$ 期，即将 y_t 视为 y_{t-1}，u_{t+1} 视为 u_t，重复上面的步骤可得到 y_{t+1}，以此类推最终可得到模型在区间 $[t, ..., t+T]$ 的解。

由上面可以看出，随机性路径拓展法计算的选择的路径总数为 n^{mS}（m 是冲击 u_{t+1} 的维数），如果仅有少量的冲击（m 很小）和随机性求解的路径长度很短（S 很小），那么选择的路径总数主要决定于近似阶数，因此，相比较其他随机模拟的计算量，随机性路径拓展法是一个不错的计算方法，另外，若能对这些路径进一步修剪的化，去掉一些权重很低的路径，那么计算效率会进一步提高。

3. 人工神经元网络方法（Artificial Neural Networks Approach）

前面介绍的投影法是经典的投影法，尽管实际运用中该方法有多种选择形式，但这些不同形式的方法都有一个共同点，即，利用基函数的线性组合来逼近目标函数。

动态随机一般均衡模型及其应用

利用基函数的线性组合来逼近目标函数的一个特点是计算速度快，可是要达到要求的精度对基函数的数目要求也很大。针对这一不足，投影法的一个改进方向是通过非线性函数形式来逼近目标函数，人工神经元网络方法就是一种非线性的投影法。Hornik-Stinchcombe-White（1989）证明，多层的人工神经元网络能够逼近任何函数，因此，充分利用这一优势将会对投影法的效率大大提高。

人工神经元网络方法在自然科学领域里发展目前比较成熟，已经在人工智能、自动控制、模式识别、图像处理、非线性科学等诸多领域得到了广泛的应用，另外在社会科学领域的预测方面也有很多成果。在经济学领域，Sargent（1993）对神经元网络在经济上的应用进行了初步介绍，Beltratti-Margarita-Terna（1996）探讨了神经元网络在经济和金融建模的初步应用，Duffy-McNelis（2001）和 Sirakaya-Turnovsky-Alemdar（2006）探讨了神经元网络的遗传算法（Genetic Algorithm）在求解和模拟随机增长模型的应用，McNelis（2005）和 Kendrick-Mercado-Amman（2006）探讨了神经元网络在金融预测方面的应用，而最有代表性的是 Lim-McNelis（2008）利用神经元网络方法对开放经济下的 DSGE 模型在有关求解和模拟等问题进行了深入的研究，全书所有的非线性求解方法均是采用神经元网络方法。以下着重介绍该方法在求解非线性 DSGE 模型的应用。

总体来讲，人工神经元网络是一个信息处理或信号处理的复杂系统，它由大量的简单的处理单元（称为神经元，neuron）构成，这些神经元通过相互联接和并行处理来共同完成计算任务。人工元神经网络一个引起人注意的地方是它能够改变相互联接的强度或结构来适应环境条件的处理能力。这里，我们仅仅考虑多层前馈（Feedforward）网络。

令 $u_j^{[s]}$ 代表网络的第 s 层的第 j 个神经元的输入值，其由上一层神经元的输出经过加权得到，

$$u_j^{[s]} = \sum_{i=1}^{n_{s-1}} w_{ji}^{[s]} o_i^{[s-1]} ， \quad (\,s = 1, 2, ..., p; j=1, 2, ..., n_s\,)$$

这里，p 是网络的层数，n_s 是第 s 层包含的神经元数目，$o_i^{[s-1]}$ 是第（$s-1$）层的第 i 个神经元的输出，$w_{ji}^{[s]}$ 是联接第 s 层的第 j 个神经元与第（$s-1$）层的第 i 个神经元的权重，对于初始层，$o_i^{[0]} = x_i, i = 1,...,n$，$x_i$ 是最初的输入单元（即初始 n 个输入变量），对于最

终层，$o_k^{[p]} = y_k, k = 1,...,m$，$y_k$ 是最终的输出单元（即最终 m 个输出变量），通常 $o_i^{[0]} = x_i (i = 1,...,n)$ 称为输入层的单元，$o_k^{[p]} = y_k (k = 1,...,m)$ 称为输出层的单元，$o_i^{[s]} (s = 1,..., p-1, i = 1,..., n_{s-1})$ 称为隐层的单元。

神经元的输出值是通过一个（Activation）激励函数 $\Phi_j^{[s]}$ 来计算，

$$o_j^{[s]} = \Phi_j^{[s]}(u_j^{[s]}) = \Phi_j^{[s]}\left[\sum_{i=1}^{n_{s-1}} w_{ji}^{[s]} o_i^{[s-1]}\right]$$

其中，激励函数可以是线性函数，也可以是非线性函数，通常我们选择非线性的有界激励函数。

上面一个较紧凑的矩阵表示为，

$$y = \Phi[x] = \Phi^{[p]}\left[w^{[p]} \Phi^{[p-1]}\left[...[w^{[1]} x]\right]\right]$$

其中，$o^{[s]} = \left[o_1^{[s]},...,o_{n_s}^{[s]}\right]^T$ 是第 s 层的输出向量，$u^{[s]} = \left[u_1^{[s]},...,u_{n_s}^{[s]}\right]^T$ 是第 s 层的输入向量，$o^{[s]} = \left[\Phi_1^{[s]}(u_1^{[s]}),...,\Phi_{n_s}^{[s]}(u_{n_s}^{[s]})\right]^T$，$w^{[s]} = \left[w_{ji}^s\right]_{n_s \times n_{s-1}}$ 是第 s 层的权重矩阵，$\Phi^{[s]}[*] = \left[\Phi_1^{[s]}(*),...,\Phi_{n_s}^{[s]}(*)\right]^T$ 是非线性算子距阵。

对于激励函数 $\Phi_j^{[s]}$，通常我们采用Sigmoid激励函数形式，即，

$$\Phi(z) = \frac{b}{c + e^{-az}},$$

或，

$$\Phi(z) = \frac{b - ce^{-az}}{b + ce^{-az}}$$

其中，a、b和c是相关参数，这些参数主要用来控制激励函数的有关特性（如斜率、曲率等），该函数虽然形式简单，但其是一个非线性函数，如果将多层网络联合起来，那么网络能够揭示很多系统的非线性特征，下图分别是n个输入变量x和一个输出变量y的单隐层和多隐层神经元网络图。

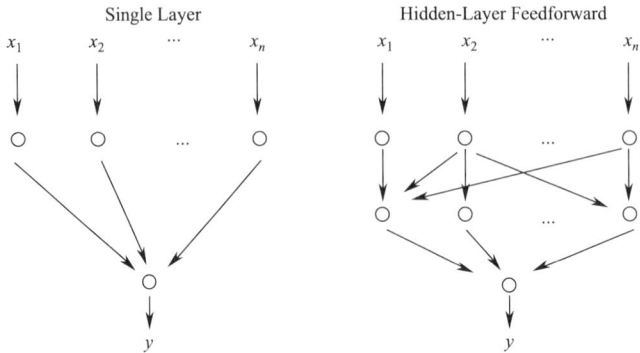

图3-1 多输入变量—单输出变量的单隐层和多隐层神经元网络

我们的目标是使网络的输出 $y = [y_1, ..., y_{n_p}]^T$ 与实际输出 $d = [d_1, ..., d_{n_p}]^T$ 接近，即，通过改变权重 $w_{ji}^{[s]}$ 使下面的误差函数取得最小，

$$E = 0.5 \sum_{n=1}^{N} \sum_{j=1}^{n_p} (y_{jn} - d_{jn})^2$$

这里，N是数据点的数目，y_{jn}和d_{jn}分别是第j个输出变量的第n个模拟值和实际值。对于这个优化问题，反传算法（BP算法，Back Propagation）是广泛使用的一个方法，其算法公式如下，

$$\Delta w_{ji}^{[s]} = -\eta \sum_{n=1}^{N} \delta_j^{[s]} o_i^{[s-1]}$$

$$\delta_j^{[s]} = \frac{\partial \Phi_j^{[s]}}{\partial u_j^{[s]}} \sum_{i=1}^{n_{s+1}} \delta_i^{[s+1]} w_{ij}^{[s+1]}, \quad s < p$$

$$\delta_j^{[p]} = (d_{jn} - y_{jn}) \frac{\partial \Phi_j^{[p]}}{\partial u_j^{[p]}}, \quad s = p$$

$$w_{ji}^{[s]} = w_{ji}^{[s-1]} + \Delta w_{ji}^{[s]}$$

此处，η是学习率，它在实际应用中可根据需要进行调整，不一定选为常数。

反传算法的一个优点是充分利用了函数的可导特点，从而计算速度比较快，可是实际中有时函数并不可导，甚至不连续，因此，对于较一般的函数形式，遗传算法是一个选择，并且遗传算法的全局搜索性能很好，从而遗传算法被广泛推广使用。遗传算法的最大弱点是计算速度慢，为此，应针对具体问题选择合适的算法。

按照上面的思路，仍考虑前面的模型，

$$E_t[f(y_{t+1}, y_t, y_{t-1}, u_t)] = 0$$

其中，y_t 是内生变量，u_t 是外生的随机冲击。可构造下面的人工神经元网络算法，首先，在 t 期将 y_{t-1} 和 u_t 作为初始输入变量，将 y_t 作为最终输出变量，构造单层或多层神经元网络如下，

$$y_t = \Phi[x_t] = \Phi^{[p]}\left[w^{[p]}\Phi^{[p-1]}\left[...[w^{[1]}x_t]\right]\right], \quad x_t = \begin{bmatrix} y_{t-1} \\ u_t \end{bmatrix}$$

其次，代入上面的模型，计算残差向量 $R = E_t[f(y_{t+1}, y_t, y_{t-1}, u_t)]$，通过训练选择权重 $w_{ji}^{[s]}$ 使残差的平方和最小。值得注意的是，上面设计的神经元网络是一个动态网络，它是依赖于时间 t 的一个动态过程，比标准的静态网络要复杂。

（四）近似方法的准确性

对于前面提出的各种近似方法，准确性如何判断和检验是必须考虑的一个问题，这涉及方法的改进和比较。Judd（1992）提出了一种方法，该方法从欧拉方程的近似准确度着眼，针对某种近似方法（线性的或非线性的）计算出欧拉方程的误差，并对误差进行处理得到相对误差，从而来判断欧拉方程计算得是否准确。对于 DSGE 模型，模型中有很大一部分方程是基于优化问题得到的欧拉方程，欧拉方程通常涉及到预期，因此，从欧拉方程着眼并考察各种方法对该方程计算得是否准确，是判断该方法对整个模型计算是否准确的关键一步。但是，Judd（1992）方法的一个不足之处是我们无法从统计上进行检验。针对这一不足，Den-Haan-Marcet（1994）提出了一种统计检验方法，该方法基于模型的模拟数据，通过计算 DM 统计量来判断模拟计算是否准确。

仍考虑前面的模型，

$$E_t[f(y_{t+1}, y_t, y_{t-1}, u_t)] = 0$$

其中，y_t 是内生变量，u_t 是外生的随机冲击。按照理性预期的假设，若 I_t 表示在 t 期的信息集，那么，对于任何属于信息集 I_t 的变量 Z_t，$Z_t \in I_t$，则有，

$$E_t[Z_t f(y_{t+1}, y_t, y_{t-1}, u_t)] = Z_t E_t[f(y_{t+1}, y_t, y_{t-1}, u_t)] = 0$$

这样可得到下面的无条件矩方程，

$$E[Z_t f(y_{t+1}, y_t, y_{t-1}, u_t)] = E\{E_t[Z_t f(y_{t+1}, y_t, y_{t-1}, u_t)]\} = 0$$

假设数据的样本数为 T，根据该矩方程，可计算

$$q = \frac{1}{T} \sum_{i=1}^{T} Z_t f(y_{t+1}, y_t, y_{t-1}, u_t)$$

$$\text{var}(q) = \frac{1}{T} \sum_{i=1}^{T} Z_t f(y_{t+1}, y_t, y_{t-1}, u_t) f(y_{t+1}, y_t, y_{t-1}, u_t)' Z_t'$$

由此可构造 DM 统计量，

$$DM(mn) = Tq'[\text{var}(q)]^{-1} q$$

其中，m 是需要检验的方程数目，n 是工具变量 Z_t 的数目。

Den-Haan-Marcet（1994）证明，如果近似方法是精确的化，那么 DM 统计量符合自由度为 mn 的 $\chi^2(mn)$ 分布。以上检验也称 DM 检验，该检验可以对单方程进行，也可以对单方程进行。DM 检验的思路类似于广义矩的过度识别检验，但由于这里不估计参数，因而自由度没有损失。

四、带有滞后预期的模型求解方法

前面介绍的方法都是基于完全信息的方法，即，模型中采用的预期都是基于当前所有信息对未来经济变化的预期，实际中还会遇到另一类问题，模型中可能依赖于上一期或者滞后多期的预期，如，在黏性信息模型中，模型依赖于从滞后 1 期到滞后无穷期的预期，对于这类模型的求解，前面介绍的方法不完全适用。如果滞后预期的阶数是有限的，那么可以通过增加变量的方式应用前面介绍的方法，但如果滞后预期的阶数非常大或者不是有限的，那么前面介绍的方法不再适用。另外，前面介绍的方法也不是对随机冲击的所有设定形式均是有效的，若随机冲击的设定是自回归的形式或者低阶移动平均的形式，则通过适当的模型变换可采用前面介绍的方法，而若随机冲击的设定是高阶或者不可逆转（Noninvertible）的移动平均的形式，前面介绍的方法并

非有效。为此，下面介绍带有滞后预期的线性模型的解法，这里着重介绍 Meyer-Gohde（2010）的方法，因为该方法充分吸收了前面某些方法的优点并进行了较好的扩展。

假设模型可表示为下面的形式，

$$\sum_{i=0}^{I} A_i E_{t-i}(Y_{t+1}) + \sum_{i=0}^{I} B_i E_{t-i}(Y_t) + \sum_{i=0}^{I} C_i E_{t-i}(Y_{t-1})$$

$$+ \sum_{i=0}^{I} F_i E_{t-i}(W_{t+1}) + \sum_{i=0}^{I} G_i E_{t-i}(W_t) = 0, \quad I \in \{0,1,...,\infty\}$$

其中，Y_t 是内生变量，W_t 是外生的随机冲击，E_t 表示条件数学期望，I 是预期的滞后阶数，它可以是有限的，也可以是无限的。假设随机冲击也是较一般的形式，

$$W_t = \sum_{j=0}^{\infty} N_j \varepsilon_{t-j} \quad \varepsilon_t \sim i.i.d.N(0,\Omega)$$

其中，ε_t 是均值为零、方差为 Ω 的白噪声。

我们采用待定系数法来求解，假设模型的解可表示为下式，

$$Y_t = \sum_{j=0}^{\infty} \Theta_j \varepsilon_{t-j}$$

这里，Θ_j 是待定矩阵。将上面两式代入原模型可得到，

$$\sum_{j=0}^{\infty} \left(\sum_{i=0}^{\min(I,j)} A_i \right) \Theta_{j+1} \varepsilon_{t-j} + \sum_{j=0}^{\infty} \left(\sum_{i=0}^{\min(I,j)} B_i \right) \Theta_j \varepsilon_{t-j} + \sum_{j=0}^{\infty} \left(\sum_{i=0}^{\min(I,j+1)} C_i \right) \Theta_j \varepsilon_{t-j-1}$$

$$+ \sum_{j=0}^{\infty} \left(\sum_{i=0}^{\min(I,j)} F_i \right) N_{j+1} \varepsilon_{t-j} + \sum_{j=0}^{\infty} \left(\sum_{i=0}^{\min(I,j)} G_i \right) N_j \varepsilon_{t-j} = 0$$

定义矩阵，

$$\widetilde{M}_j = \sum_{i=0}^{\min(I,j)} M_i, \quad M = A,B,F,G, \quad \widetilde{C}_j = \sum_{i=0}^{\min(I,j+1)} C_i$$

上式可重写为，

$$\sum_{j=0}^{\infty} \widetilde{A}_j \Theta_{j+1} \varepsilon_{t-j} + \sum_{j=0}^{\infty} \widetilde{B}_j \Theta_j \varepsilon_{t-j} + \sum_{j=0}^{\infty} \widetilde{C}_{j+1} \Theta_j \varepsilon_{t-j-1} + \sum_{j=0}^{\infty} \widetilde{F}_j N_{j+1} \varepsilon_{t-j} + \sum_{j=0}^{\infty} \widetilde{G}_j N_j \varepsilon_{t-j} = 0$$

比较系数可得到，

$$\widetilde{A}_j\Theta_{j+1}+\widetilde{B}_j\Theta_j+\widetilde{C}_j\Theta_{j-1}+\widetilde{F}_jN_{j+1}+\widetilde{G}_jN_j=0 \ , \quad \Theta_{-1}=0$$

首先来看 $j\geqslant I$ 的情况。注意到，

$$\forall j\geqslant I, \quad \widetilde{M}_j=\widetilde{M}_I, \quad M=A,B,C,F,G$$

此时上式可写成，

$$\begin{bmatrix}0 & -\widetilde{A}_I \\ I & 0\end{bmatrix}\begin{bmatrix}\Theta_j \\ \Theta_{j+1}\end{bmatrix}=\begin{bmatrix}\widetilde{C}_I & \widetilde{B}_I \\ 0 & I\end{bmatrix}\begin{bmatrix}\Theta_{j-1} \\ \Theta_j\end{bmatrix}+\begin{bmatrix}\widetilde{F}_IN_{j+1}+\widetilde{G}_IN_j \\ 0\end{bmatrix}$$

对矩阵 $\begin{bmatrix}0 & -\widetilde{A}_I \\ I & 0\end{bmatrix}$ 和 $\begin{bmatrix}\widetilde{C}_I & \widetilde{B}_I \\ 0 & I\end{bmatrix}$ 进行广义 Schur 分解，$QQ^H=I$，$ZZ^H=I$，

$Q^H\begin{bmatrix}0 & -\widetilde{A}_I \\ I & 0\end{bmatrix}Z=S$ ，$Q^H\begin{bmatrix}\widetilde{C}_I & \widetilde{B}_I \\ 0 & I\end{bmatrix}Z=T$ ，并将矩阵进行简单变换，使得上三角矩阵 T

和 S 均由两块组成，其中二者上面一块矩阵的对角线元素满足关系式 $|T_{ii}/S_{ii}|<1$。令

$\begin{bmatrix}z_{1j} \\ z_{2j}\end{bmatrix}=Z^H\begin{bmatrix}\Theta_{j-1} \\ \Theta_j\end{bmatrix}$，对原方程左乘矩阵 Q^H 可得并对矩阵进行分块可得，

$$\begin{bmatrix}S_{11} & S_{12} \\ 0 & S_{22}\end{bmatrix}\begin{bmatrix}z_{1j+1} \\ z_{2j+1}\end{bmatrix}=\begin{bmatrix}T_{11} & T_{12} \\ 0 & T_{22}\end{bmatrix}\begin{bmatrix}z_{1j} \\ z_{2j}\end{bmatrix}+\begin{bmatrix}Q_1^H \\ Q_2^H\end{bmatrix}\begin{bmatrix}\widetilde{F}_IN_{j+1}+\widetilde{G}_IN_j \\ 0\end{bmatrix}=0$$

通过求解可得到，

$$z_{2j}=H_j$$

$$\Theta_j=Z_{21}Z_{11}^{-1}\Theta_{j-1}+(Z_{22}-Z_{21}Z_{11}^{-1}Z_{12})H_j$$

$$H_j=-\sum_{k=0}^{\infty}(T_{22}^{-1}S_{22})^kT_{22}^{-1}Q_2^H\begin{bmatrix}\widetilde{F}_IN_{j+1}+\widetilde{G}_IN_j \\ 0\end{bmatrix}, \quad j\geqslant I$$

再来看 $j<I$ 的情况。此时可求解下面的方程来得到 Θ_j，

$$\begin{bmatrix}\widetilde{B}_0 & \widetilde{A}_0 & 0 & ... & 0 \\ \widetilde{C}_1 & \widetilde{B}_1 & \widetilde{A}_1 & ... & 0 \\ \vdots & & & & \vdots \\ 0 & ... & \widetilde{C}_{I-1} & \widetilde{B}_{I-1} & \widetilde{A}_{I-1} \\ 0 & ... & 0 & -Z_{21}Z_{11}^{-1} & I\end{bmatrix}\begin{bmatrix}\Theta_0 \\ \Theta_1 \\ \vdots \\ \Theta_{I-1} \\ \Theta_I\end{bmatrix}=\begin{bmatrix}\widetilde{F}_0N_1+\widetilde{G}_0N_0 \\ \widetilde{F}_1N_2+\widetilde{G}_1N_1 \\ \vdots \\ \widetilde{F}_{I-1}N_I+\widetilde{G}_{I-1}N_{I-1} \\ (Z_{22}-Z_{21}Z_{11}^{-1}Z_{12})H_I\end{bmatrix}$$

上面讨论了滞后阶数 I 为有限的情况，可以看出 $I=0$ 时模型就变成前面标准的预期模型。当滞后阶数 $I\rightarrow\infty$ 时，假设满足下面条件，

$$\lim_{j\rightarrow\infty}\tilde{M}_j = \tilde{M}_\infty,\quad M = A,B,C,F,G$$

即存在 N，使得 $j>N$ 时，$\tilde{M}_j$ 和 $\tilde{M}_\infty$ 充分接近，那么，原模型可变成下面的近似形式，

$$\tilde{A}_j\Theta_{j+1} + \tilde{B}_j\Theta_j + \tilde{C}_j\Theta_{j-1} + \tilde{F}_j N_{j+1} + \tilde{G}_j N_j = 0,\quad j\leqslant N$$

$$\tilde{A}_\infty\Theta_{j+1} + \tilde{B}_\infty\Theta_j + \tilde{C}_\infty\Theta_{j-1} + \tilde{F}_\infty N_{j+1} + \tilde{G}_\infty N_j = 0,\quad j>N$$

此时依然可按照上面的步骤来求解。

第三节　模型求解结果与实际数据之间的对应

由于我们是针对经过变换的模型进行求解的，因而在得到模型的解之后，还需要将模型的解进行反变换，这样才能最终得到原始模型的求解结果，为进一步分析奠定基础。

假设模型中的原始变量为 $\tilde{Y}_t$，若其含有趋势项 Z_t，那么在求解模型之前，我们按照前面几节介绍的方法首先对其进行了如下的变换：

$$Y_t = \tilde{Y}_t / Z_t$$

这样将原来的模型变成了平稳的形式。为进一步处理的方便，我们通常对上面的变量再进行对数变换：

$$y_t = \ln(Y_t)$$

最终我们得到如下的方程：

$$E_t[f(y_{t+1}, y_t, y_{t-1}, u_t)] = 0$$

其中，u_t 是随机误差。

对这个模型我们首先计算模型的稳态：

$$f(y^{ss}, y^{ss}, y^{ss}, 0) = 0$$

在得到稳态解 y^{ss} 后，再进一步考察实际状态偏离稳态的程度，即进行下面的变换：

$$\hat{y}_t = y_t - y^{ss}$$

并将 $y_t = y^{ss} + \hat{y}_t$ 代入上面的模型中：

$$E_t[f(y^{ss} + \hat{y}_{t+1}, y^{ss} + \hat{y}_t, y^{ss} + \hat{y}_{t-1}, u_t)] = 0$$

对上述方程利用前面介绍的方法最终可以得到关于 $\hat{y}_t$ 的求解结果。

在得到 $\hat{y}_t$ 的求解结果后，我们需要进行反变换，即

$$\tilde{Y}_t = Z_t e^{y^{ss} + \hat{y}_t} = Z_t Y^{ss} e^{\hat{y}_t}, \quad Y^{ss} = e^{y^{ss}}$$

这样我们就得到了模型的原始变量的最终求解结果，如果要进一步考察模型的拟合特性，则可以对上面的求解结果与实际数据进行比较。

仍以前面的封闭经济模型为例，在该模型中没有趋势项，因而在得到对数线性化模型的求解结果后，我们对以下变量进行下面的变换就得到了原始变量的求解结果，即

$$M_t = M^{ss}(1 + \hat{M}_t)$$

$$g_t = g^{ss}(1 + \hat{g}_t)$$

$$\tau_t = \tau^{ss}(1 + \hat{\tau}_t)$$

$$z_t^c = z^{c,ss}(1 + \hat{z}_t^c)$$

$$z_t^i = z^{i,ss}(1 + \hat{z}_t^i)$$

$$A_t = A^{ss}(1 + \hat{A}_t)$$

$$\lambda_t^p = \lambda^{p,ss}(1 + \hat{\lambda}_t^p)$$

$$y_t = y^{ss}(1 + \hat{y}_t)$$

$$n_t = n^{ss}(1 + \hat{n}_t)$$

$$k_t = k^{ss}(1 + \hat{k}_t)$$

$$c_t = c^{ss}(1+\hat{c}_t)$$

$$i_t = i^{ss}(1+\hat{i}_t)$$

$$q_t = q^{ss}(1+\hat{q}_t)$$

$$r_t^k = r^{k,ss}(1+\hat{r}_t^k)$$

$$w_t = w^{ss}(1+\hat{w}_t)$$

$$mc_t = mc^{ss}(1+\widehat{mc_t})$$

$$\lambda_t = \lambda^{ss}(1+\hat{\lambda}_t)$$

$$pa_t = pa^{ss}(1+\widehat{pa}_t)$$

$$pb_t = pb^{ss}(1+\widehat{pb}_t)$$

$$P_t^* = P^{*,ss}(1+\hat{P}_t^*)$$

$$P_t = P^{ss}(1+\hat{P}_t)$$

$$s_t = s^{ss}(1+\hat{s}_t)$$

$$B_t = B^{ss}(1+\hat{B}_t)$$

$$\pi_t = \hat{\pi}_t$$

$$r_t = \hat{r}_t$$

$$nr_t = \widehat{nr}_t$$

如果进一步考虑趋势项，模型中以下变量需要调整，其他变量的处理结果与上面的结果相同：

$$Y_t = Z_t y^{ss}(1+\hat{y}_t)$$

$$N_t = Z_t n^{ss}(1+\hat{n}_t)$$

$$K_{t-1} = Z_t k^{ss} (1 + \hat{k}_{t-1})$$

$$C_t = Z_t c^{ss} (1 + \hat{c}_t)$$

$$I_t = Z_t i^{ss} (1 + \hat{i}_t)$$

$$G_t = Z_t g^{ss} (1 + \hat{g}_t)$$

$$T_t = Z_t \tau^{ss} (1 + \hat{\tau}_t)$$

$$W_t = Z_t w^{ss} (1 + \hat{w}_t)$$

$$WN_t = Z_t P_t w^{ss} (1 + \hat{w}_t)$$

$$p_t^* = p^{*,ss} (1 + \hat{p}_t^*)$$

$$PA_t = pa_t Z_t^{1-\sigma_c}$$

$$PB_t = pb_t Z_t^{1-\sigma_c}$$

$$\mu_t = \mu^{ss} (1 + \hat{\mu}_t)$$

$$m_t = m^{ss} (1 + \hat{m}_t)$$

$$P_t = P_{t-1} (1 + \hat{\pi}_t)$$

$$M_t = Z_t P_t m^{ss} (1 + \hat{m}_t)$$

$$B_t = Z_t P_t b^{ss} (1 + \hat{b}_t)$$

总之，我们在对经过变换的模型进行求解后，必须将模型的解进行反变换，这样才能最终得到原始模型的求解结果，从而为下一步的分析和模拟提供可造作的模型平台。

第四节　模拟与情景分析

建立模型的目的之一是进行定量的经济分析，经济分析包括对政策变化及各种冲击（包括内部和外部冲击、确定性冲击和不确定性冲击、短暂性冲击和持久性冲击等）对经济系统的影响效果进行分析，即利用历史数据，在一定的假设前提下，对各种情景进行经济模拟分析。那么我们建立的经济模型是否能够做到这一点呢？要做到这一点，我们就需要对建立的经济模型进行进一步的模拟检验。利用模型进行经济模拟不仅能检验模型的计算结果是否符合经济理论，而且可以分析宏观经济政策的实施效果，从而为政策的制定提供决策依据。

一、模拟的种类

模拟包括确定性模拟和随机模拟。确定性模拟是指在不考虑误差项的情况下通过改变模型中外生变量（如政策变量等）的数值，观察模型中内生变量的变化情况；随机模拟是指分析各种不确定性因素（如生产率冲击）对模型中内生变量所产生的影响。两种模拟方法都是必不可少的。考虑以下模型：

$$f(y_t, y_{t+1|t}^e, \cdots, y_{t+k|t}^e, y_{t-1}, \cdots, y_{t-p}, x_t, \cdots, x_{t-q}, u_t; \theta) = 0$$

其中，y_t 是由内生变量 y_{it}（$i=1$，$\cdots$，n）组成的 n 维向量，x_t 是由外生变量组成的 r 维向量，f 是非线性函数矩阵，θ 是参数向量，u_t 是误差向量。为讨论上的方便，假设在第 t 期对第 $t+k$ 期的变量 x_{t+k} 的预期值为

$$x_{t+k|t}^e = E(x_{t+k} \mid I_t)$$

其中，I_t 代表在第 t 期的信息集。

我们首先利用实际数值对模型求解，得到一个基准解，即 $\bar{y}_t$，然后通过各种模拟来比较模拟结果与基准解的差异。

对于确定性模拟，通常假定不考虑误差项，并根据实际问题的需要设计一种情景，使外生变量进行调整得到 $\hat{x}_t$，然后代入方程进行求解，即

$$f(y_t, y_{t+1|t}^e, \cdots, y_{t+k|t}^e, y_{t-1}, \cdots, y_{t-p}, \hat{x}_t, \cdots, \hat{x}_{t-q}, 0; \theta) = 0$$

这样得到的模拟解为 $\hat{y}_t$，通过比较模拟解 $\hat{y}_t$ 和基准解 $\bar{y}_t$，我们可以了解模型的特性，并得出相应的政策调整建议。可以看出，对于每种情景，确定性模拟只对模型求解一次。

对于随机性模拟，模拟通常需要对模型求解很多次，从而得出模拟结果的分布特

征。仍然考虑上面的模型，如果我们不考虑参数的不确定性，并假设误差 u_t 服从均值为零、协方差为 Σ 的正态独立同分布，即

$$u_t \sim i.i.d.N(0,\Sigma)$$

那么，我们可以设计下面的随机模拟试验。

首先对误差进行 R 次随机抽样：

$$u_t^r \sim i.i.d.N(0,\Sigma), \quad r=1,\cdots,R$$

对每次抽样，对下列方程进行求解得到 y_t^r：

$$f(y_t^r, y_{t+1|t}^{r,e}, \cdots, y_{t+k|t}^{r,e}, y_{t-1}^r, \cdots, y_{t-p}^r, x_t, \cdots, x_{t-q}, u_t^r; \theta) = 0$$

当 R 足够大时，可计算 y_t 的均值：

$$\widetilde{y}_t = \frac{1}{R}\sum_{r=1}^{R} y_t^r$$

如果我们还考虑参数的不确定性，并假设参数 θ 服从均值为 $\overline{\theta}$、协方差为 Ω 的正态独立同分布，即

$$\theta \sim i.i.d.N(\overline{\theta},\Omega)$$

另外，我们假设参数 θ 与误差 u_t 不相关，那么，我们可进一步设计下面的随机模拟试验。首先对参数进行 S 次随机抽样：

$$\theta^s \sim i.i.d.N(\overline{\theta},\Omega), \quad s=1,\cdots,S$$

对参数的每次抽样，按照上面的随机模拟方案计算 $y_t^{s,r}$，然后可计算 y_t 的均值。

$$\widetilde{y}_t = \frac{1}{SR}\sum_{s=1}^{S}\sum_{r=1}^{R} y_t^{s,r}$$

如果参数 θ 与误差 u_t 相关，我们可以同时对参数和误差进行抽样，再进行随机模拟，最终计算 y_t 的均值。

上面通过随机模拟得到了 y_t 的均值，相应地，还可以得到它的协方差及其他有关矩变量的模拟值，从而可以得到随机模拟的统计分布特征。

对于非线性模型，随机模拟是必不可少的，因为非线性模型的解通常对初值和终值条件比较敏感，而且解的统计分布通常并不表现无偏的特征，因此要保证模型的良

好性能，必须进行随机模拟。当然，随机模拟的计算量要比确定性模拟的计算量大得多，而且模拟的设计较为复杂。

二、模拟的应用

（一）利用模拟对模型的整体结构进行检验

模型的整体结构检验包括部分检验、整体检验和最终检验。

部分检验是针对单个方程的检验，部分检验又包括静态检验和动态检验。静态检验就是用前定变量和其他内生变量的实际值代入方程得到该方程的解，并将其同实际值进行比较。

如下式是模型中的某个方程：

$$y_t = \beta_1 y_{t-1} + \beta_2 z_t + \beta_3 z_{t-1} + u_t$$

其中，z_t 包括外生变量和不在此方程出现的其他内生变量。静态检验就是利用下式求得估计值 $\hat{y}_t$：

$$\hat{y}_t = \beta_1 y_{t-1} + \beta_2 z_t + \beta_3 z_{t-1}$$

并将 $\hat{y}_t$ 同实际值 y_t 进行比较，注意这里 y_{t-1} 用的是实际值，在单方程模型中，静态求解就是拟合。

动态检验是利用下式递归地求得估计值 $\hat{y}_t$：

$$\hat{y}_t = \beta_1 \hat{y}_{t-1} + \beta_2 z_t + \beta_3 z_{t-1}$$

并将 $\hat{y}_t$ 同实际值 y_t 进行比较，注意这里 y_{t-1} 用的是估计值 $\hat{y}_{t-1}$。

整体检验就是将前定变量的实际值代入整个模型的各个方程，联立求解这一方程组得到各个内生变量的估计值，然后将各期的估计值同实际值相比较，也称一步预测检验或静态预测检验。

如考虑下面的模型：

$$y_{1t} = \alpha_1 y_{1t-1} + \alpha_2 y_{2t} + \alpha_3 y_{2t-1} + \alpha_4 x_t + u_{1t}$$
$$y_{2t} = \beta_1 y_{1t} + \beta_2 y_{1t-1} + \beta_3 y_{2t-1} + \beta_4 z_t + u_{2t}$$

其中，y_{1t} 和 y_{2t} 是内生变量，x_t 和 z_t 是外生变量。整体检验就是解下面的联立方程组，求得估计值 $\hat{y}_{1t}$ 和 $\hat{y}_{2t}$：

$$\hat{y}_{1t} = \alpha_1 y_{1t-1} + \alpha_2 \hat{y}_{2t} + \alpha_3 y_{2t-1} + \alpha_4 x_t + u_{1t}$$
$$\hat{y}_{2t} = \beta_1 \hat{y}_{1t} + \beta_2 y_{1t-1} + \beta_3 y_{2t-1} + \beta_4 z_t + u_{2t}$$

并将 $\hat{y}_{1t}$ 和 $\hat{y}_{2t}$ 同实际值进行比较。注意，这里在解联立方程组时，y_{1t-1} 和 y_{2t-1} 用的是实际值。

最终检验就是将已知内生变量的某个初值和外生变量的各期值代入方程组，递归计算内生变量的各期估计值，然后将各期的估计值同实际值相比较，也称多步预测检验或动态预测检验。

仍然考虑上面的模型，最终检验就是解下面的联立方程组递归地求得估计值 $\hat{y}_{1t}$ 和 $\hat{y}_{2t}$：

$$\hat{y}_{1t} = \alpha_1 \hat{y}_{1t-1} + \alpha_2 \hat{y}_{2t} + \alpha_3 \hat{y}_{2t-1} + \alpha_4 x_t + u_{1t}$$
$$\hat{y}_{2t} = \beta_1 \hat{y}_{1t} + \beta_2 \hat{y}_{1t-1} + \beta_3 \hat{y}_{2t-1} + \beta_4 z_t + u_{2t}$$

并将 $\hat{y}_{1t}$ 和 $\hat{y}_{2t}$ 同实际值进行比较。注意，这里在解联立方程组时，y_{1t-1} 和 y_{2t-1} 用的是估计值 $\hat{y}_{1t-1}$ 和 $\hat{y}_{2t-1}$。

（二）利用模拟计算我们感兴趣的参数

模拟不仅可以对模型进行检验，而且可以计算我们感兴趣的有关参数。

考虑下面的模型：

$$f(y_t, y_{t+1|t}^e, \cdots, y_{t+k|t}^e, y_{t-1}, \cdots, y_{t-p}, x_t, \cdots, x_{t-q}, u_t; \theta) = 0$$

其中，y_t 是内生变量，x_t 是外生变量，θ 是参数，u_t 是误差，$y_{t+k|t}^e = E(y_{t+k}|I_t)$ 表示预期，I_t 代表在第 t 期的信息集。

假设利用实际数值对模型求解，得到一个基准解，即 $\bar{y}_t$，现在假设将外生变量由基准值 $\bar{x}_t$ 改变成 $\hat{x}_t$，并代入模型求解得到模拟值 $\hat{y}_t$，那么比较这个模拟值与基准解，我们可以计算下面的有关参数：

1. 边际倾向可通过下面的公式进行计算：

$$MP_t = \frac{\hat{y}_t - \bar{y}_t}{\hat{x}_t - \bar{x}_t}$$

而且，通过模拟计算得到的边际倾向是每期的边际倾向，如果要计算平均的边际倾向，我们则可以进一步通过随机模拟对每期的边际倾向进行平均。

2．弹性可通过下面的公式进行计算：

$$EL_t = \frac{(\hat{y}_t - \bar{y}_t)/\bar{y}_t}{(\hat{x}_t - \bar{x}_t)/\bar{x}_t}$$

而且，通过模拟计算得到的弹性是每期的弹性，如果要计算平均的弹性，我们则可以进一步通过随机模拟对每期的弹性进行平均。

3．计算冲击响应函数。首先对模型中的冲击进行随机抽样，然后通过随机模拟得到模型的求解结果，再通过平均就可以得到冲击响应函数的估计结果。由于在模型中，冲击都呈现显性的识别结构，因此我们得到的冲击响应函数具有鲜明的经济解释意义。

（三）利用模拟考察模型对经济长期均衡状态的刻画

如果模型对经济的长期均衡状态没有很好的刻画，那么模型的稳定性将受到质疑，计算结果也将不可信赖。基于这个考虑，通过模拟我们可以考察模型对经济长期均衡状态的刻画。

具体而言，假设经济受到一个永久性冲击，我们通过模拟首先可以确定模型的解是否还存在，如果不存在，说明模型不能对经济的长期均衡状态进行很好的刻画，我们需要重新对模型进行修正。如果模型的解存在，那么这个解是否唯一，若解是唯一的，其是否是新的均衡状态，与最初的均衡状态有何差异；若解是不唯一的，这几个解代表的均衡状态反映的经济含义是什么，是什么原因导致了这些不同的均衡状态，如何选择与实际情况和理论解释比较一致的均衡状态。

（四）利用模拟考察模型的动态特性

由于实际经济常常处于非均衡状态，因而一个性能良好的模型不仅要对经济的长期均衡状态进行刻画，而且还要对经济由非均衡状态向均衡状态的调整机制进行详细的描述。为此，通过动态模拟，我们可以充分了解模型由非均衡状态向均衡状态的详细过程及其经济上的解释意义，特别是可以对冲击的传导机制进行较详细的刻画，这样就可以对模型的动态特性有一个清楚的认识。

（五）利用模拟对模型与经济理论的一致性进行检验

如果通过模拟得到的结果与经济理论不一致，那么要么是经济理论出现了问题，要么是模型的设计和求解出现了问题。在通常情况下，可能是我们的模型设计和求解有问题。如在模拟扩张性的经济政策对经济的影响时，如果模拟得到的结果是紧缩性的结果，那么我们必须重新对模型的设计和求解进行考虑，找出出现问题的原因，这样才能改进模型，为模型的进一步运用奠定基础。

（六）利用模拟给出模型误差的估计，为经济预测奠定基础

通过随机性模拟，我们可以详细了解模型误差的分布特征，确定其合理的波动区间，从而为经济预测奠定基础。

（七）利用模拟为政策分析提供建议

在实际中我们通常关心政策变化对经济的影响，如利率提高一个百分点或财政支出提高十个百分点对经济的影响，对于这些情景，我们可以设计相应的模拟试验，通过模拟给出政策变化后的定量计算结果。而且由于模拟给出了详细的动态过程，我们可以利用这些模拟结果考察政策变化对经济影响的力度、影响的峰值状态及影响的持续性，从而为经济政策的调整、出台的时机及淡出的时间提供支持。

例 1. 一个带有预期变量的线性模型的解析解及模拟

考虑以下模型：

$$\pi_t = \beta E_t \pi_{t+1} + \delta z_t, \quad \beta \geq 0$$
$$z_t = \mu z_{t-1} + \varepsilon_t, \quad 0 \leq \mu \leq 1$$

其中，z_t 是后顾性变量，π_t 是前瞻性变量。假设预期采用理性预期，按照前面介绍的方法，该模型可以写成

$$\begin{bmatrix} z_{t+1} \\ E_t \pi_{t+1} \end{bmatrix} = \begin{bmatrix} \mu & 0 \\ \delta / \beta & 1 / \beta \end{bmatrix} \begin{bmatrix} z_t \\ \pi_t \end{bmatrix} + \begin{bmatrix} \varepsilon_{t+1} \\ 0 \end{bmatrix}$$

可以看出，上式矩阵的两个特征值分别为 μ 和 $1/\beta$，由于给定的条件 $0 \leq \mu \leq 1$，因而当 $\beta > 1$ 时，方程的解虽然存在，但不唯一，此时模型有无穷多个稳定解，要使模型唯一解，即具有鞍点解，则需要 $0 \leq \beta \leq 1$。假设满足这个条件，那么可以按照前面介绍的方法求解。由于该模型比较简单，因而我们可以按照下面的方式求得解析解。

对上面的方程进行迭代可得到

$$\pi_t = \delta(z_t + \beta E_t z_{t+1} + \beta^2 E_t z_{t+2} + \cdots)$$

由于 $z_t = \sum_{i=0}^{\infty} \mu^i \varepsilon_{t-i}$，因此，

$$E_t z_{t+k} = \sum_{i=0}^{\infty} \mu^i E_t \varepsilon_{t+k-i}$$

我们考虑两种情况：

情况 1：假设经济中受到一个未预料到的暂时性冲击，即

$$E_t \varepsilon_{t+i} = 0, \ i \geqslant 1$$

此时，

$$E_t z_{t+k} = \sum_{i=k}^{\infty} \mu^i E_t \varepsilon_{t+k-i} = \sum_{i=0}^{\infty} \mu^{i+k} E_t \varepsilon_{t-i} = \mu^k \sum_{i=0}^{\infty} \mu^i E_t \varepsilon_{t-i} = \mu^k z_t$$

从而可得到最终解的表达式：

$$\pi_t = \frac{\delta}{1 - \beta\mu} z_t$$

如果冲击没有持续性，即 $\mu = 0$，则上面的解为

$$\pi_t = \delta \varepsilon_t$$

情况 2：假设经济中受到一个预料到的暂时性冲击，这个冲击虽然在第 $t+k$ 期发生，但假设我们在第 t 期可以预料到，即

$$E_t \varepsilon_{t+k+i} = 0, \ i \geqslant 1$$

若 $s \leqslant k$，则，$E_t z_{t+s} = z_{t+s}$

若 $s > k$，则，$E_t z_{t+s} = \mu^{s-k} z_{t+k}$

将上面的两式代入前面的方程可得到最终解的表达式，即

$$\pi_t = \frac{\delta}{1 - \beta\mu} [\beta^k \varepsilon_t + \beta^{k-1} \varepsilon_{t-1} + \cdots + \beta \varepsilon_{t-(k-1)} + \varepsilon_{t-k} + \mu \varepsilon_{t-(k+1)} + \mu^2 \varepsilon_{t-(k+2)} + \cdots]$$

如果冲击没有持续性，即 $\mu = 0$，则上面的解为

$$\pi_t = \delta [\beta^k \varepsilon_t + \beta^{k-1} \varepsilon_{t-1} + \cdots + \beta \varepsilon_{t-(k-1)} + \varepsilon_{t-k}]$$

上面模型解可通过图 3-2 来表示，可以看出，两种冲击对模型的影响表现出不同的动态特性。对于预料到的冲击，即使冲击还没有发生，但实际上已经对经济产生了影响，这就是预期效应的体现。因此，在考察带有预期变量的模型时，我们要特别关注冲击是以哪种形式出现的，这样可以考察预期效应对模型的影响。

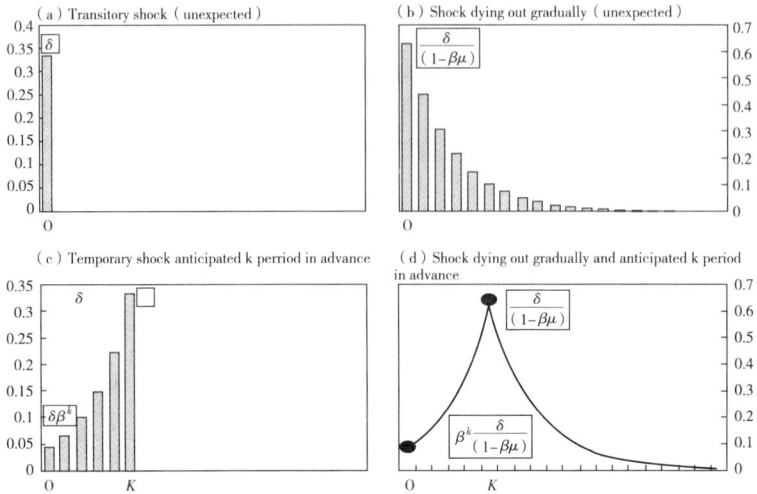

图 3-2　模型解的数值模拟（单位：个百分点）

例 2. 一个混合性模型的求解和模拟

上面我们通过一个简单的模型考察了两个冲击（预料到的冲击和不可预料到的冲击）对经济的影响，这里我们通过一个混合性模型进一步研究这两个冲击对经济的影响。

我们考虑下面的混合性模型：

$$\pi_t = \omega_f E_t \pi_{t+1} + \omega_b \pi_{t-1} + \gamma y_t + \varepsilon_{\pi,t}, \quad \varepsilon_{\pi,t} \sim N(0, \sigma_\pi^2)$$

$$y_t = \beta_f E_t y_{t+1} + \beta_b y_{t-1} - \beta_R (R_t - E_t \pi_{t+1}) + \varepsilon_{y,t}, \quad \varepsilon_{y,t} \sim N(0, \sigma_y^2)$$

$$R_t = (1-\rho)[\gamma_\pi \pi_{t-1} + \gamma_y y_{t-1}] + \rho R_{t-1} + \varepsilon_{R,t}, \quad \varepsilon_{R,t} \sim N(0, \sigma_R^2)$$

其中，π_t 表示通胀率，y_t 表示产出缺口，R_t 是名义利率，$\varepsilon_{\pi,t}$ 表示供给冲击，$\varepsilon_{y,t}$ 表示需求冲击，$\varepsilon_{R,t}$ 表示货币政策冲击。假设这些冲击是不相关的，它们均由上面的白噪声来描述。上面第一个方程是总供给方程，第二个方程是总需求方程，第三个方程是货币政策规则，可以看出，上面的模型是一个典型的混合性线性模型。由于模型中含有预期变量，因此我们现将其改写成上面的标准形式。

记

$$X_{1t} = [\pi_{t-1}, y_{t-1}, R_{t-1}, \varepsilon_{\pi,t}, \varepsilon_{y,t}, R_t]'$$

$$X_{2t} = [\pi_t, y_t]'$$

$$e_{t+1} = [0, 0, 0, \varepsilon_{\pi, t+1}, \varepsilon_{y, t+1}, \varepsilon_{R, t+1}]'$$

$$H_0 = \begin{bmatrix} 1 & 0 & 0 & 0 & 0 & 0 & 0 & 0 \\ 0 & 1 & 0 & 0 & 0 & 0 & 0 & 0 \\ 0 & 0 & 1 & 0 & 0 & 0 & 0 & 0 \\ 0 & 0 & 0 & 1 & 0 & 0 & 0 & 0 \\ 0 & 0 & 0 & 0 & 1 & 0 & 0 & 0 \\ 0 & 0 & 0 & 0 & 0 & 1 & 0 & 0 \\ 0 & 0 & 0 & 0 & 0 & 0 & \omega_f & 0 \\ 0 & 0 & 0 & 0 & 0 & 0 & \beta_R & \beta_f \end{bmatrix}$$

$$H_1 = \begin{bmatrix} 0 & 0 & 0 & 0 & 0 & 0 & 1 & 0 \\ 0 & 0 & 0 & 0 & 0 & 0 & 0 & 1 \\ 0 & 0 & 0 & 0 & 0 & 1 & 0 & 0 \\ 0 & 0 & 0 & 0 & 0 & 0 & 0 & 0 \\ 0 & 0 & 0 & 0 & 0 & 0 & 0 & 0 \\ (1-\rho)\gamma_\pi & (1-\rho)\gamma_y & \rho & 0 & 0 & 0 & 0 & 0 \\ -\omega_b & 0 & 0 & 0 & 0 & 0 & 1 & -\gamma \\ 0 & -\beta_b & 0 & 0 & 0 & -\beta_R & 0 & 1 \end{bmatrix}$$

则上面的混合性模型可以表示为上面的标准形式，即

$$H_0 \begin{bmatrix} X_{1t+1} \\ E_t X_{2t+1} \end{bmatrix} = H_1 \begin{bmatrix} X_{1t} \\ X_{2t} \end{bmatrix} + \begin{bmatrix} e_{t+1} \\ 0 \end{bmatrix}$$

在下面的模拟计算中，模型中的参数取值为

$\omega_f=0.6$，$\omega_b=0.4$，$\gamma=0.1$，$\beta_f=0.6$，$\beta_b=0.4$，$\beta_R=0.1$，$\rho=0.6$，$\gamma_\pi=1.5$，$\gamma_y=0.5$
假设经济中受到一个暂时性的货币政策冲击，这个冲击使名义利率 R_t 在初期上升一个百分点，我们分两种情况进行模拟，一种情况是这个冲击是未预料到的，另一种情况是这个冲击是预料到的。采用前面介绍的方法求解该模型，可得到如图 3-3 所示的结果。

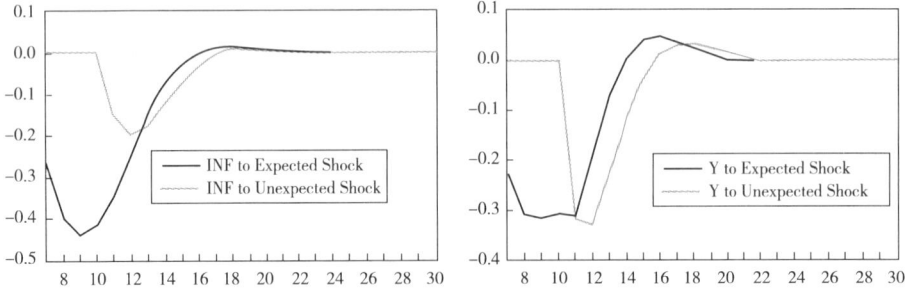

图 3-3　两种情况下的数值模拟（单位：个百分点）

从图 3-3 中可以清楚地看到，如果冲击是预料到的货币政策冲击，那么在这个冲击还没有发生之前，即在名义利率还没有提高之前，由于该冲击是预料到的，因而经济已经开始对此有所反应，通胀率和产出已经开始下降。产生这种预期效应的缘由在于模型中使用的理性预期假设。

第四章　DSGE 模型中参数的确定

及模型的比较和选择

DSGE 模型虽然具有坚定的理论基础，但如果其求解结果不能很好地反映实际经济数据的特征，那么该模型也不是一个有效的模型。由于模型的求解结果依赖于参数的选择，因此根据实际经济数据对模型中的参数进行正确的设定是 DSGE 模型中的一个重要环节。理论基础、模型设定及估计技术的差异可能产生不同的模型，那么这些模型到底是哪个比较好或者是否存在一个包含另一个的情况呢？这就是模型的比较和选择问题。我们建立模型的目标是模型能够尽量简洁，但模型能够保证理论与数据的尽量相容。因此，对于建立的不同模型进行比较并最终选择理论与数据相一致的模型是非常必要的，只有在可靠的模型下，我们才能进行可靠的经济模拟和预测。

第一节　线性和非线性滤波方法

并不是模型中所有的变量都是可观测的，实际中只能观察到模型中的一部分变量，因而我们期望通过这些可观测的变量，将模型中不可观测的变量表示出来，这样就为模型的估计及比较奠定了基础。

在实际应用时，通常将模型表示成状态空间模型（State-Space Models）的形式，状态空间模型通常包含两个方程，一个是观测方程（Measurement Equation），另一个是状态方程（State Equation）。根据可观测的变量来估计模型的状态变量称为滤波（Filter）。滤波分为线性滤波和非线性滤波，线性滤波的典型代表是卡尔曼滤波（Kalman 滤波），非线性滤波的典型代表是粒子滤波（Particle Filter），下面简介这两种滤波方法。

一、卡尔曼滤波

考虑下面线性形式的状态空间模型，

状态方程：

$$\beta_t = \mu + F\beta_{t-1} + v_t , \quad v_t \sim i.i.d.N(0,Q)$$

观测方程：

$$y_t = H\beta_t + AZ_t + e_t , \quad e_t \sim i.i.d.N(0,R)$$

$$E(e_t v_s^T) = 0$$

其中，y_t 是 t 期可观测的 $n \times 1$ 维内生向量，β_t 是不可观测的 $k \times 1$ 维状态变量，Z_t 是 $r \times 1$ 维确定性变量，F 是 $k \times k$ 维状态转移矩阵，H 是联系可观测变量 y_t 与不可观测变量 β_t 的 $n \times k$ 维矩阵，A 是 $n \times r$ 维矩阵，μ 是 $k \times 1$ 维常数，e_t 是观测误差，它符合 n 维正态独立同分布，协方差矩阵为 R，v_t 是状态误差，它符合 k 维正态独立同分布，协方差矩阵为 Q，e_t 和 v_t 是不相关的。

卡尔曼滤波包括以下两个步骤，

步骤 1：预测（Prediction）

$$\beta_{t|t-1} = E[\beta_t \mid I_{t-1}] = \mu + F\beta_{t-1|t-1}$$

$$P_{t|t-1} = E[(\beta_t - \beta_{t|t-1})(\beta_t - \beta_{t|t-1})'] = FP_{t-1|t-1}F' + Q$$

$$y_{t|t-1} = E[y_t \mid I_{t-1}] = H\beta_{t|t-1} + AZ_t$$

$$\eta_{t|t-1} = y_t - y_{t|t-1} = y_t - H\beta_{t|t-1} - AZ_t$$

$$f_{t|t-1} = E[\eta_{t|t-1}\eta_{t|t-1}'] = HP_{t|t-1}H' + R$$

步骤 2：利用新的信息对预测进行修正（Updating）

$$\beta_{t|t} = E[\beta_t \mid I_t] = \beta_{t|t-1} + K_t\eta_{t|t-1}$$

$$P_{t|t} = E[(\beta_t - \beta_{t|t})(\beta_t - \beta_{t|t})'] = P_{t|t-1} - K_t HP_{t|t-1}$$

$$K_t = P_{t|t-1}H' f_{t|t-1}^{-1}$$

这里，I_t 表示 t 期的信息集，$E[*|I_t]$ 表示条件期望，K_t 称为卡尔曼增益矩阵。

通过以上两个步骤，我们就可以得到状态变量的求解结果。为具体考察卡尔曼滤波方法在 DSGE 模型中的应用，仍考虑前面的模型，

$$E_t[f(y_{t+1}, y_t, y_{t-1}, u_t)] = 0$$

这里，y_t 是内生变量，u_t 是外生的随机冲击。假定经过对数线性化或者线性化处理后，上面模型可以写成如下线性形式，

$$E_t A(\theta)\hat{y}_{t+1} + B(\theta)\hat{y}_t + C(\theta)\hat{y}_{t-1} + D(\theta)u_t = 0$$

其中，E_t 是预期，$\hat{y}_t$ 是内生变量 y_t 经过对数线性化[$\hat{y}_t = \ln(y_t) - \ln(y^{ss})$]或者经过线性化（$\hat{y}_t = y_t - y^{ss}$）处理后的内生变量，$u_t$ 是外部冲击，θ 是模型中的参数，系数矩阵 $A(\theta)$、$B(\theta)$、$C(\theta)$ 和 $D(\theta)$ 依赖于参数 θ。利用前面介绍的方法，模型解的形式可表示为，

$$\hat{y}_t = g_y(\theta)\hat{y}_{t-1} + g_u(\theta)u_t$$

其中，矩阵 $g_y(\theta)$ 和 $g_u(\theta)$ 是关于参数 θ 的非线性函数。

假设实际中可观测的变量为 y_t^*，它满足如下的方程，

$$\ln(y_t^*) = M(\theta)\ln(y_t) + \eta_t$$

或者

$$y_t^* = M(\theta)y_t + \eta_t$$

其中，η_t 是观测误差。

记 $E(u_t u_t') = Q(\theta)$ 和 $E(\eta_t \eta_t') = V(\theta)$ 分别表示冲击 u_t 和 η_t 的协方差矩阵，假设 u_t 和 η_t 均是满足均值为零的正态分布。根据可观测变量 y_t^*，采用上面的卡尔曼滤波方法进行求解，可得到状态变量 y_t 如下的估计方程，

$$F_t(\theta) = M(\theta)P_t(\theta)M'(\theta) + V(\theta)$$

$$K_t(\theta) = g_y(\theta)P_t(\theta)g_y'(\theta)F_t^{-1}(\theta)$$

$$P_{t+1}(\theta) = g_y(\theta)P_t(\theta)[g_y(\theta) - K_t(\theta)M(\theta)]' + g_u(\theta)Q(\theta)g_u'(\theta)$$

$$v_t = \ln(y_t^*) - \ln(y^{*ss}) - M(\theta)\hat{y}_t \text{ 或 } v_t = y_t^* - y^{*ss} - M(\theta)\hat{y}_t$$

$$\hat{y}_{t+1} = g_y(\theta)\hat{y}_t + K_t(\theta)v_t$$

二、粒子滤波

卡尔曼滤波能够成功利用的基本条件是，模型是线性的且结构性冲击 u_t 和观测误差 η_t 是正态分布的，实际应用中这两个条件通常并不满足，为此下面讨论较一般的滤波问题，即在非线性情况下如何根据可观测变量来估计状态变量。

仍考虑前面的模型，

$$E_t[f(y_{t+1}, y_t, y_{t-1}, u_t)] = 0$$

这里，y_t 是内生变量，u_t 是外生的随机冲击。利用前面介绍的非线性解法，经过求解和一定的变换可得到下面的状态空间形式，

$$y_t = g(y_{t-1}, Y_{t-1}^*, u_t; \theta)$$

其中， $g(*)$ 是非线性函数，$Y_t^* = \{y_j^*, j = 1, \cdots, t\}$ 是实际中可观测的变量，θ 是模型中的参数，该方程也称状态方程。假设结构性冲击 u_t 是一般的独立同分布（$i.i.d.$）过程（不一定要求是正态分布），那么通过上面状态方程可以刻画状态转移概率分布函数，状态转移概率密度函数以下式表示，

$$f(y_t \mid y_{t-1}, Y_{t-1}^*)$$

另外，我们假设初始概率密度函数为 $f(y_0 \mid Y_0^*) = f(y_0)$。

可观测变量 y_t^* 依赖于状态变量 y_t 并满足如下的观测方程，

$$y_t^* = h(y_t, Y_{t-1}^*, \eta_t; \theta)$$

其中，$h(*)$ 是非线性函数，η_t 是观测误差。假设 η_t 也是一般的独立同分布（$i.i.d.$）过程，通过该观测方程可以刻画观测变量的概率分布函数，观测变量的概率密度函数以下式表示，

$$f(y_t^* \mid y_t, Y_{t-1}^*)$$

根据以上状态转移方程和观测方程以及与它们相应的概率分布函数，我们可以得

到下面的条件分布函数，

$$f(y_t \mid Y_{t-1}^*) = \int f(y_t \mid y_{t-1}, Y_{t-1}^*) f(y_{t-1} \mid Y_{t-1}^*) dy_{t-1} \text{，给定 } f(y_0 \mid Y_0^*) = f(y_0)$$

$$f(y_t^* \mid Y_{t-1}^*) = \int f(y_t^* \mid y_t, Y_{t-1}^*) f(y_t \mid Y_{t-1}^*) dy_t$$

根据这两个式子并依据 Bayes 定理可得到状态变量 y_t 的估计结果，

$$f(y_t \mid Y_t^*) = \frac{f(y_t^*, y_t \mid Y_{t-1}^*)}{f(y_t^* \mid Y_{t-1}^*)} = \frac{f(y_t^* \mid y_t, Y_{t-1}^*) f(y_t \mid Y_{t-1}^*)}{f(y_t^* \mid Y_{t-1}^*)}$$

$$= \frac{f(y_t^* \mid y_t, Y_{t-1}^*) f(y_t \mid Y_{t-1}^*)}{\int f(y_t^* \mid y_t, Y_{t-1}^*) f(y_t \mid Y_{t-1}^*) dy_t}$$

$$= \frac{f(y_t^* \mid y_t, Y_{t-1}^*) \int f(y_t \mid y_{t-1}, Y_{t-1}^*) f(y_{t-1} \mid Y_{t-1}^*) dy_{t-1}}{\iint f(y_t^* \mid y_t, Y_{t-1}^*) f(y_t \mid y_{t-1}, Y_{t-1}^*) f(y_{t-1} \mid Y_{t-1}^*) dy_{t-1} dy_t}$$

对于线性模型，我们上面通过卡尔曼滤波得到了状态估计的解析表达式，但对于以上非线性模型，虽然可以刻画条件概率分布函数 $f(y_t \mid y_{t-1}, Y_{t-1}^*)$ 和 $f(y_t^* \mid y_t, Y_{t-1}^*)$，但由于假设结构性冲击 u_t 和观测误差 η_t 均是一般的独立同分布（*i.i.d.*）过程以及状态方程和观测方程均是非线性方程，因此这些条件概率分布函数的形式很复杂，通常不是标准的概率分布函数，我们也很难得到状态估计的解析表达式，而且从上面状态估计的概率分布函数可以看出，对状态的估计依赖于所有历史观测值。针对这种情况，下面采用近年来发展起来的非线性滤波技术—粒子滤波（ Particle Filter）来估计状态变量。

粒子滤波的具体做法包括以下几个步骤：

第一步：在给定初始分布 $f(y_0 \mid Y_0^*) = f(y_0)$ 的情况下，依次按照条件分布 $f(y_{t-1} \mid Y_{t-1}^*)$ 进行抽样得到 N 个样本点 $\{y_{t-1}^{0,i}\}_{i=1}^N$（ 也称 N 个粒子），根据

$$f(y_t \mid Y_{t-1}^*) = \int f(y_t \mid y_{t-1}, Y_{t-1}^*) f(y_{t-1} \mid Y_{t-1}^*) dy_{t-1} \approx \frac{1}{N} \sum_{i=1}^N f(y_t \mid y_{t-1}^{0,i}, Y_{t-1}^*) \text{ 可得到分布函数}$$

$f(y_t \mid Y_{t-1}^*)$ 的估计。

第二步：对于每个粒子 $y_{t-1}^{0,i}$，按条件分布 $f(y_t \mid y_{t-1}^{0,i}, Y_{t-1}^*)$ 进行抽样得到 N 个新的粒子 $\{y_t^{1,i}\}_{i=1}^N$，由 $f(y_t^* \mid Y_{t-1}^*) = \int f(y_t^* \mid y_t, Y_{t-1}^*) f(y_t \mid Y_{t-1}^*) dy_t \approx \frac{1}{N} \sum_{i=1}^N f(y_t^* \mid y_t^{1,i}, Y_{t-1}^*)$ 可得到

$f(y_t^* \mid Y_{t-1}^*)$ 的估计。

第三步：构造权重 $w_t^{0,i} = \dfrac{f(y_t^* \mid y_t^{1,i}, Y_{t-1}^*)}{f(y_t^* \mid Y_{t-1}^*)}$，进行混合抽样（Bootstrapping）并以概率

$\{w_t^{0,i}\}_{i=1}^N$ 替换粒子 $\{y_t^{1,i}\}_{i=1}^N$，从而得到新的粒子 $\{y_t^{0,i}\}_{i=1}^N$，并由此可得到 $f(y_t \mid Y_t^*)$ 的估计。

第二节　模型的识别

考虑下面经过对数变换后的模型：

$$E_t[f(s_{t+1}, s_t, s_{t-1}, v_t; \mu)] = 0$$

其中，s_t 是变量，v_t 是随机冲击项，μ 是模型中的参数。模型解的形式可以表示成

$$s_t = g(s_{t-1}, v_t; \mu)$$

若考虑一阶近似形式，上面模型解可表示成

$$s_{t+1} = A(\mu)s_t + B_1(\mu)v_t$$

其中，矩阵 A（μ）和 B_1（μ）虽然是常数矩阵，但它们并不是简单的常数矩阵，它们依赖于模型中的参数 μ。

我们实际中可观测到的变量为

$$X_t = C(\mu)s_t + D(\mu)w_t$$

其中，

$$w_t = \begin{bmatrix} v_t \\ u_t \end{bmatrix}$$

$$D(\mu)w_t = \begin{bmatrix} D_1(\mu) & D_2(\mu) \end{bmatrix} \begin{bmatrix} v_t \\ u_t \end{bmatrix}$$

也就是说，可观测变量 X_t 不仅依赖原模型中的随机冲击 v_t，而且还依赖于观察误差 u_t，并且矩阵 C（μ）和 D（μ）也依赖于模型中的参数 μ。

记 $B(\mu)w_t = \begin{bmatrix} B_1(\mu) & 0 \end{bmatrix} \begin{bmatrix} v_t \\ u_t \end{bmatrix}$，则上面的状态方程可写成

$$s_{t+1} = A(\mu)s_t + B(\mu)w_t$$

假定矩阵 $D(\mu)$ 的拟矩阵存在，那么由观测矩阵可得到

$$w_t = D^{-1}(\mu)[X_t - C(\mu)s_t]$$

代入状态方程可得到

$$s_{t+1} = [A(\mu) - B(\mu)D^{-1}(\mu)C(\mu)]s_t + B(\mu)D^{-1}(\mu)X_t$$

由于我们通常考虑的是平稳形式的解，因此对状态方程进行迭代可得到

$$s_{t+1} = \sum_{j=0}^{\infty} [A(\mu) - B(\mu)D^{-1}(\mu)C(\mu)]^j X_{t-j}$$

再利用观测方程可得到

$$X_t = C(\mu)\sum_{j=0}^{\infty} [A(\mu) - B(\mu)D^{-1}(\mu)C(\mu)]^j X_{t-j-1} + D(\mu)w_t$$

从该式可以看出，可观测变量 X_t 满足的方程是一个向量自回归模型（Vector Autoregressive Models，VAR 模型），但该 VAR 模型与一般的 VAR 模型并不完全相同。为清楚地比较这二者的差异，假设我们直接对可观测变量建立一个 p 阶的 VAR 模型：

$$X_t = \Gamma_1 X_{t-1} + \cdots + \Gamma_p X_{t-p} + Pe_t$$

其中，e_t 是随机冲击，$\Sigma_e = PP'$，$Ee_t e_t' = I$。

可以看出，要使这两种 VAR 模型完全对应，则需要满足：

$$D(\mu)w_t = Pe_t$$

$$[A(\mu) - B(\mu)D^{-1}(\mu)C(\mu)]^j = \Gamma_j$$

因此，该 VAR 模型与一般的 VAR 模型存在以下不同的地方：

（1）该 VAR 模型是一种带有约束的 VAR 模型，它们的系数矩阵并不是简单的常数矩阵，其依赖于模型中的参数 μ。

（2）由于模型已经对随机冲击 w_t（包括原模型中的结构性冲击 v_t 及观察误差冲击 u_t）进行了显性的识别，因而在该 VAR 模型中我们并不再需要对该冲击进行识别，而在一般的 VAR 模型中，我们需要对冲击进行识别，即需要确定矩阵 P 的具体形式。

（3）该 VAR 模型是一个无穷阶的 VAR 模型，而一般的 VAR 模型的阶数是有限的，由于该 VAR 模型的解是稳定的，因而可以通过有限阶的 VAR 模型来近似。

在上面的讨论中，存在一个前提，即假定矩阵 $D(\mu)$ 的拟矩阵存在，如果不满足这个前提，那么需要进一步改进。在前面各章节介绍的 DSGE 建模过程中，结构性冲击 v_t 是明确的经济含义，其对应着建模过程中遇到的各种不确定性，我们的初衷并没有假设存在观测误差 u_t，这样模型呈现出下面的形式：

$$s_{t+1} = A(\mu)s_t + B_1(\mu)v_t$$

$$X_t = C(\mu)s_t + D_1(\mu)v_t$$

在这种情况下，如果可观测变量的个数大于结构性冲击 v_t 的个数，那么在利用可观测变量的实际数据估计这些冲击时，就存在随机奇异性（stochastic singularity）问题，因为此时模型的似然函数是奇异的。为此，在 DSGE 模型的估计中，若不考虑观测误差，通常需要可观测变量的个数不多于结构性冲击的个数。

第三节　参数的确定方法

DSGE 模型中的参数可以分为两类，一是反映模型稳态特性的有关参数，二是反映模型动态特性的有关参数。对于第一类参数，通常采用校准（calibration）的方法来设定；对于第二类参数，通常采用估计的方法来确定，常用的估计方法有极大似然估计方法、广义矩方法（Generalized Method of Moments，GMM）、模拟矩方法（Simulated Method of Moments，SMM）及 Bayes 估计方法。GMM 和 SMM 可以针对单方程进行，也可以针对整个联立方程进行。与极大似然估计方法相比较，Bayes 估计方法在充分考虑了参数的先验分布特征后，再根据 Bayes 原理对参数进行事后的估计和修正，从而使参数的估计更加有效，其日益成为 DSGE 模型估计的一种主要方法。

一、校准

校准并不是严格的统计估计方法，但在数据样本很少或不可获得的情况下，校准也不失为一个确定参数的方法。校准方法的基本思路就是根据经济中观察到的一些基本数量关系来确定模型中的有关参数。

下面以第二章介绍的封闭经济模型为例，我们采用校准方法来确定模型中的有关参数。

该模型的稳态通过下面的方程描述：

$$\pi^{ss} = 0$$

$$nr^{ss} = r^{ss}$$

$$r^{ss} = 1/\beta - 1$$

$$r^{k,ss} = 1/\beta - 1 + \delta = r^{ss} + \delta$$

$$q^{ss} = 1$$

$$i^{ss} = \delta k^{ss}$$

$$s^{ss} = 1$$

$$y^{ss} = \varphi + c^{ss} + i^{ss} + g^{ss}$$

$$mc^{ss} = 1/(1 + \lambda^{p,ss})$$

$$w^{ss} = \left[\frac{A^{ss} mc^{ss} \alpha^{\alpha} (1-\alpha)^{(1-\alpha)}}{(r^{k,ss})^{\alpha}} \right]^{\frac{1}{1-\alpha}}$$

$$r^{k,ss} k^{ss} = \alpha mc^{ss} y^{ss}$$

$$w^{ss} n^{ss} = (1-\alpha) mc^{ss} y^{ss}$$

$$z^{c,ss} (c^{ss})^{-\sigma_c} = \lambda^{ss}$$

$$\omega_n (n^{ss})^{\sigma_n} = \lambda^{ss} w^{ss}$$

$$\omega_m \left(m^{ss} \right)^{-\sigma_m} = \lambda^{ss} \frac{nr^{ss}}{1+nr^{ss}}$$

$$P^{ss} = M^{ss} / m^{ss}$$

$$b^{ss} + g^{ss} - \tau^{ss} = b^{ss} / (1 + nr^{ss})$$

$$B^{ss} = b^{ss} P^{ss}$$

由于在该模型中没有趋势项，因而在利用实际数据进行模型的校准时，我们首先对这些实际数据剔除趋势项，然后计算这些调整后数据的历史平均值，并以此作为我们下一步分析的基础。具体来讲，分以下几个方面来进行：

（1）由方程 $mc^{ss} = 1/(1+\lambda^{p,ss})$ 可以看出，参数 $\lambda^{p,ss}$ 反映了厂商在定价过程中价格相对于成本的加成率（mark-up），因而可根据实际中厂商定价的平均加成率来得到该参数的校准值。

（2）由方程 $r^{k,ss} k^{ss} = \alpha mc^{ss} y^{ss}$ 和 $w^{ss} n^{ss} = (1-\alpha) mc^{ss} y^{ss}$ 可以看出，参数 α 和 $(1-\alpha)$ 分别反映了资本收入和劳动收入占产出的比重，为此，可利用国民经济统计中有关收入法测算的 GDP 统计，计算资本收入和劳动收入占产出的平均比重，从而确定参数 α。

（3）由方程 $b^{ss} + g^{ss} - \tau^{ss} = b^{ss} / (1+nr^{ss})$ 和 $B^{ss} = b^{ss} P^{ss}$ 可得到

$$(P^{ss} \tau^{ss} - P^{ss} g^{ss}) / B^{ss} = nr^{ss} / (1+nr^{ss})$$

根据上式，可根据财政统计中的净税收占政府债券余额的平均比例来计算稳态时的名义利率 nr^{ss}。由于模型中稳态时的通胀率为零（$\pi^{ss}=0$），因而稳态时的名义利率等于实际利率（$nr^{ss} = r^{ss}$），从而可得到稳态时的实际利率，再根据方程 $r^{ss} = 1/\beta - 1$，可以得到贴现因子 β 的校准值。

（4）由方程 $i^{ss} = \delta k^{ss}$，$r^{k,ss} k^{ss} = \alpha mc^{ss} y^{ss}$ 及 $r^{k,ss} = 1/\beta - 1 + \delta = r^{ss} + \delta$ 可得到

$$\frac{i^{ss}}{y^{ss}} = \delta \frac{k^{ss}}{y^{ss}} = \delta \alpha \frac{mc^{ss}}{r^{k,ss}} = \frac{\delta \alpha}{(1/\beta - 1 + \delta)(1+\lambda^{p,ss})}$$

根据国民经济统计可计算投资与产出的比重的历史平均值，再根据前面已经得到的参数 α、$\lambda^{p,ss}$ 和 β 的校准值，由上式可得到折旧率 δ 的校准值。进一步由方程 $r^{k,ss} = 1/\beta - 1 + \delta = r^{ss} + \delta$ 可以得到稳态时的资本收益率 $r^{k,ss}$，另外，假设常数 A^{ss} 为 1，

那么根据 $w^{ss} = \left[\dfrac{A^{ss} mc^{ss} \alpha^{\alpha} (1-\alpha)^{(1-\alpha)}}{(r^{k,ss})^{\alpha}} \right]^{\frac{1}{1-\alpha}}$ 可以得到稳态时的实际工资 w^{ss}。

（5）由方程 $y^{ss} = \varphi + c^{ss} + i^{ss} + g^{ss}$ 可得到

$$\varphi = 1 - \frac{i^{ss}}{y^{ss}} - \frac{g^{ss}}{y^{ss}} - \frac{c^{ss}}{y^{ss}}$$

根据国民经济统计可计算投资、消费和政府支出与产出的比重的历史平均值，利用上式可得到参数 φ 的校准值。

（6）由方程 $\omega_n (n^{ss})^{\sigma_n} = \lambda^{ss} w^{ss}$ 可知，参数 σ_n 的倒数反映了劳动力供给关于工资的弹性，可根据微观经济数据中劳动力关于工资的平均弹性来得到参数 σ_n 的校准值。

（7）由方程 $z^{c,ss} (c^{ss})^{-\sigma_c} = \lambda^{ss}$ 和 $\omega_m (m^{ss})^{-\sigma_m} = \lambda^{ss} \dfrac{nr^{ss}}{1+nr^{ss}}$ 经过变换可得到

$$\omega_m \left(m^{ss} \right)^{-\sigma_m} = z^{c,ss} (y^{ss})^{-\sigma_c} \left(\frac{c^{ss}}{y^{ss}} \right)^{-\sigma_c} \frac{nr^{ss}}{1+nr^{ss}}$$

由此，参数 σ_m 的倒数反映了货币需求关于利率的长期弹性，可根据已有实证研究中货币需求关于利率的长期弹性来得到参数 σ_m 的校准值。类似地，可根据已有实证研究中货币需求关于收入的长期弹性来得到参数 σ_c 的校准值。

（8）利用方程 $z^{c,ss} (c^{ss})^{-\sigma_c} = \lambda^{ss}$、$\omega_n (n^{ss})^{\sigma_n} = \lambda^{ss} w^{ss}$ 及 $\dfrac{n^{ss}}{y^{ss}} = (1-\alpha) \dfrac{mc^{ss}}{w^{ss}}$ 可得到

$$(y^{ss})^{\sigma_c + \sigma_n} = (z^{c,ss} / \omega_n) w^{ss} \left(\frac{n^{ss}}{y^{ss}} \right)^{-\sigma_n} \left(\frac{c^{ss}}{y^{ss}} \right)^{-\sigma_c}$$

假设常数 $z^{c,ss}$ 为 1 不失一般性，同时根据产出的历史平均值并利用前面得到的参数 σ_n 和 σ_c 的校准值，可得到参数 ω_n 的校准值。类似地，根据方程 $\omega_m \left(m^{ss} \right)^{-\sigma_m} = z^{c,ss} (y^{ss})^{-\sigma_c} \left(\dfrac{c^{ss}}{y^{ss}} \right)^{-\sigma_c} \dfrac{nr^{ss}}{1+nr^{ss}}$，可得到参数 ω_m 的校准值。

　　总结以上分析，我们根据模型的稳态特性及可利用的一些实际数据统计，得到了模型中有关参数的校准值。但需要注意的是，这些参数大部分是反映模型稳态特性的有关参数，而对于反映模型动态特性的有关参数，校准方法虽然也经常使用，但相比

较其他估计方法而言，其并不占优势，下面几节将进一步介绍其他估计方法。

二、GMM

对带有预期变量模型的估计，广义矩方法（GMM）是一个常用的方法，这主要归因于 GMM 的限制条件较少。

从前面各章节的介绍可知，经过一定变换，DSGE 模型中的一阶条件通常可以表示为

$$f(X_t, X_{t+1}, \beta_0) = v_t$$

其中，X_t 是严格平稳的变量且具有遍历性（ergodic）；β_0 是被估计的参数；v_t 是随机误差，其满足下面的条件：

$$E[v_t | I_t] = 0$$

其中，E 表示条件期望，I_t 表示在第 t 期的信息集。对上面的方程进行处理，可得到下面的无条件矩方程：

$$E[f(X_t, X_{t+1}, \beta_0)] = E\{E_t[f(X_t, X_{t+1}, \beta_0)]\} = 0$$

为得到其他的矩方程，假设采用的预期是理性预期，因此，若 $Z_t \in I_t$，则 $E_t[Z_t v_t] = Z_t E_t[v_t]$。根据 $E_t v_t = 0$，那么可得到

$$E_t[Z_t f(X_t, X_{t+1}, \beta_0)] = 0$$

进而可得到下面的无条件矩方程：

$$E[Z_t f(X_t, X_{t+1}, \beta_0)] = E\{E_t[Z_t f(X_t, X_{t+1}, \beta_0)]\} = 0$$

假设可得到 q 个无条件矩方程：

$$E[Z_t f(X_t, X_{t+1}, \beta_0)] = 0$$

其中，Z_t 是包含在信息集 I_t 的变量。

定义函数：

$$g(X_T, \beta) = \frac{1}{T} \sum_{t=1}^{T} Z_t f(X_t, X_{t+1}, \beta)$$

若 $g(X_T, \beta) \overset{p}{\longrightarrow} E[Z_T f(X_T, X_{t+1}, \beta_0)]$，由于 X_t 是严格平稳的且具有遍历性，当样本 T 非常大时，则得到

$$\lim_{T\to\infty}\frac{1}{T}\sum_{t=1}^{T}Z_t f(X_t, X_{t+1}, \beta_0) = 0$$

设 $\hat{\beta}_T$ 是使 $J_T(\beta) = g(X_T, \beta)' S^{-1} g(X_T, \beta)$ 最小化的 β，这里，

$$S = \lim_{T\to\infty} T \cdot E[g(X_T, \beta_0) g(X_T, \beta_0)']$$

那么，$\hat{\beta}_T$ 满足下列方程：

$$\tilde{G}_T' S^{-1} g(X_T, \hat{\beta}_T) = 0$$

$$\tilde{G}_T' = \frac{\partial g(X_T, \beta)}{\partial \beta'}\bigg|_{\beta=\hat{\beta}_T}$$

在一定的条件下，$\hat{\beta}_T$ 趋近于高斯分布，即

$$\hat{\beta}_T \propto N(\beta_0, \tilde{V}_T / T)$$

$$\tilde{V}_T = (\tilde{G}_T S^{-1} \tilde{G}_T')^{-1}$$

但是在上式中，我们并不知道 S，因此，在实际中我们对其采用样本数据进行估计，即

$$\hat{S} = \frac{1}{T}\sum_{t=1}^{T} f(X_t, X_{t+1}, \hat{\beta}_T) f(X_t, X_{t+1}, \hat{\beta}_T)'$$

相应地，矩阵 $\tilde{V}_T$ 也要进行调整：

$$\tilde{V}_T = (\tilde{G}_T \hat{S}^{-1} \tilde{G}_T')^{-1}$$

上面两式的计算过程是一个反复迭代的过程。

另外，在上面的 GMM 估计中，我们假设误差 v_t 是白噪声，若进一步考虑较一般的情况，如假设误差 v_t 存在 s 阶自相关，那么上面对矩阵 S 的估计调整为

$$\hat{S} = \hat{\Gamma}_0 + \sum_{v=1}^{s}\left(1 - \frac{v}{1+s}\right)(\hat{\Gamma}_v + \hat{\Gamma}_v')$$

$$\hat{\Gamma}_v = \frac{1}{T}\sum_{t=v+1}^{T} f(X_t, X_{t+1}, \hat{\beta}_T) f(X_{t-v}, X_{t+1-v}, \hat{\beta}_T)'$$

当矩方程的个数 q 超过被估计的参数个数 r 时，此时方程可能是过度识别的，这时可以采用 Hansen 的 J 检验对过度识别的约束进行检验，统计量的渐进分布满足

$$[\sqrt{T}g(X_T,\hat{\beta}_T)]'\hat{S}_T^{-1}[\sqrt{T}g(X_T,\hat{\beta}_T)] \xrightarrow{L} \chi^2(q-r)$$

下面通过两个例子考察 GMM 的应用。

首先，以第一章介绍的简单 DSGE 模型为例，该模型的一阶条件为

$$c_t^{-\gamma} = E_t[\beta(1+r)c_{t+1}^{-\gamma}]$$

由于在第一章我们假设实际利率为常数，因而可以得到最终的解析解，现在假设实际利率不是常数，那么上面的方程调整为

$$c_t^{-\gamma} = E_t[\beta(1+r_{t+1})c_{t+1}^{-\gamma}]$$

对于该方程，我们知道参数 γ 的倒数反映了消费的跨期替代弹性，现在利用上面介绍的 GMM 对参数 γ 进行估计。具体来说，对上式进行变换可以得到

$$E_t\left[\beta(1+r_{t+1})\left(\frac{c_t}{c_{t+1}}\right)^{\gamma}-1\right]=0$$

根据前面的分析，我们可以写出以下的广义矩方程：

$$E_t\left[\beta(1+r_{t+1})\left(\frac{c_t}{c_{t+1}}\right)^{\gamma}-1\right]=0$$

$$E_t\left[\beta(1+r_{t+1})\left(\frac{c_t}{c_{t+1}}\right)^{\gamma}-1\right]r_t=0$$

$$E_t\left[\beta(1+r_{t+1})\left(\frac{c_t}{c_{t+1}}\right)^{\gamma}-1\right]\left(\frac{c_{t-1}}{c_t}\right)=0$$

由于我们给出了三个广义矩方程，估计的参数只有一个，因而可以采用 Hansen 的 J 检验对过度识别的约束进行检验，从而最终可以得到参数 r 的估计。

再考虑第三章介绍的带有趋势项的封闭经济模型，在采用对数线性化的处理方法后，模型中的定价方程可通过下面的方程来描述，

$$\widehat{pa_t} = (1-\xi_p\tilde{\beta})(\hat{\lambda}_t+\hat{y}_t)+\xi_p\tilde{\beta}[\widehat{pa_{t+1}}+(1/\lambda^{p,ss})(\hat{\pi}_{t+1}-\hat{\pi}_t)]$$

$$\widehat{pb_t} = (1-\xi_p\tilde{\beta})(\hat{\lambda}_t+\hat{y}_t+\widehat{mc_t}+\hat{\lambda}_t^p)+\xi_p\tilde{\beta}[\widehat{pb_{t+1}}+(1/\hat{\lambda}^{p,ss}+1)(\hat{\pi}_{t+1}-\hat{\pi}_t)]$$

$$E_t(\hat{p}_t^*+\widehat{pa_t}-\widehat{pb_t})=0$$

$$(1-\xi_p)\hat{p}_t^* + \xi_p(\hat{\pi}_{t-1} - \hat{\pi}_t) = 0$$

经过简单的变换可得到下面的方程：

$$\hat{\pi}_t - \hat{\pi}_{t-1} = [(1-\xi_p\tilde{\beta})(1-\xi_p)/\xi_p](\widehat{mc_t} + \hat{\lambda}_t^p) + \tilde{\beta}(E_t\hat{\pi}_{t+1} - \hat{\pi}_t)$$

这是典型的新凯恩斯 Phillips 曲线，对于该方程，若采用 GMM 进行估计，可写出以下的广义矩方程：

$$E_t\left[(\hat{\pi}_t - \hat{\pi}_{t-1}) - \frac{(1-\xi_p\tilde{\beta})(1-\xi_p)}{\xi_p}\widehat{mc_t} - \tilde{\beta}(\hat{\pi}_{t+1} - \hat{\pi}_t)\right] = 0$$

$$E_t\left[(\hat{\pi}_t - \hat{\pi}_{t-1}) - \frac{(1-\xi_p\tilde{\beta})(1-\xi_p)}{\xi_p}\widehat{mc_t} - \tilde{\beta}(\hat{\pi}_{t+1} - \hat{\pi}_t)\right]\widehat{mc_t} = 0$$

$$E_t\left[(\hat{\pi}_t - \hat{\pi}_{t-1}) - \frac{(1-\xi_p\tilde{\beta})(1-\xi_p)}{\xi_p}\widehat{mc_t} - \tilde{\beta}(\hat{\pi}_{t+1} - \hat{\pi}_t)\right](\hat{\pi}_t - \hat{\pi}_{t-1}) = 0$$

由于在该方程中，估计的参数有两个，而我们给出了三个广义矩方程，因而可以采用 Hansen 的 J 检验对过度识别的约束进行检验，从而最终可以得到参数的估计。另外，由于随机项 $\hat{\lambda}_t^p$ 具有一阶自相关，因此需要利用上面经过调整的算法进行 GMM 估计。

在上面的这两个例子中，我们采用 GMM 对模型中的一个方程进行了估计，实际上 GMM 也可以针对联立方程模型进行。另外，从上面的分析可以看出，GMM 不仅可以对线性模型进行估计，而且也可以对非线性模型进行估计。

三、SMM

在应用 GMM 估计带有预期变量模型时，一个难点是我们必须对广义矩方程以鲜明的解析式表示出来，这在实践中通常不容易做到。为此，根据 GMM 的原理，Mcfadden（1986）、Pakes-Pollard（1989）、Lee-Ingram（1991）、Duffie-Singleton（1993）及 Gourieroux-Monfort（1996）提出了模拟矩方法（SMM），从而推广了 GMM。

假设实证中关心的目标变量为 $b(X_t)$，如我们通常可以选择均值、方差、协方差、高阶矩等作为目标变量，根据样本数据我们可以得到目标变量的样本矩为

$$B(X_T) = \frac{1}{T}\sum_{t=1}^{T} b(X_t)$$

动态随机一般均衡模型及其应用

其中，T 是样本量。

假设考虑的模型为

$$f(X_t, X_{t+1}, v_t, \beta) = 0$$

其中，X_t 是严格平稳的变量且具有遍历性，β 是被估计的参数，v_t 是误差。在给定参数的情况下，我们可以针对模型进行随机模拟，并得到模型的矩为

$$B(X_N, \beta) = \frac{1}{N} \sum_{t=1}^{N} b(X_t, \beta)$$

其中，N 是模拟的次数；$b(X_t, \beta)$ 是根据模型计算的目标变量值，其依赖于参数 β。

我们的目标是

$$E[b(X_t)] = E[b(X_t, \beta)]$$

为此，采用类似于 GMM 的思路，我们可以构造下面的模拟矩函数：

$$
\begin{aligned}
g(X, \beta) &= B(X_T) - B(X_N, \beta) \\
&= \frac{1}{T} \sum_{t=1}^{T} b(X_t) - \frac{1}{N} \sum_{t=1}^{N} b(X_t, \beta)
\end{aligned}
$$

定义下面的函数：

$$f(X_t, \beta) = b(X_t) - b(X_t, \beta)$$

若误差 v_t 不存在自相关，

$$S = \frac{1}{T} \sum_{t=1}^{T} f(X_t, X_{t+1}, \beta) f(X_t, X_{t+1}, \beta)'$$

若误差 v_t 存在 s 阶自相关，

$$S = \Gamma_0 + \sum_{v=1}^{s} \left(1 - \frac{v}{1+s}\right) (\Gamma_v + \Gamma_v')$$

$$\Gamma_v = \frac{1}{T} \sum_{t=v+1}^{T} f(X_t, X_{t+1}, \beta) f(X_{t-v}, X_{t+1-v}, \beta)'$$

若在模拟中选取与样本数据不相关的模拟数据，那么 SMM 就是求解下面的优化问题来估计参数：

$$\min_{\beta} J(\beta) = [g(X,\beta)]'[S(1+T/N)]^{-1}[g(X,\beta)]$$

估计出的参数 $\hat{\beta}$ 满足下列方程：

$$\tilde{G}'\hat{S}^{-1}[g(X,\hat{\beta})] = 0$$

$$\tilde{G}' = \frac{\partial g(X,\beta)}{\partial \beta'}\bigg|_{\beta=\hat{\beta}}$$

在一定的条件下，$\hat{\beta}$ 趋近于高斯分布，即

$$\hat{\beta} \propto N(\beta, \tilde{V}/T)$$

$$\tilde{V} = (\tilde{G}\hat{S}^{-1}\tilde{G}')^{-1}$$

相应地，当方程的个数 q 超过被估计的参数个数 r 时，可以采用 Hansen 的 J 检验对过度识别的约束进行检验，统计量的渐进分布满足

$$[\sqrt{T}g(X,\hat{\beta})]'[(1+T/N)\hat{S}]^{-1}[\sqrt{T}g(X,\hat{\beta})] \xrightarrow{L} \chi^2(q-r)$$

如考虑第二章介绍的封闭经济模型，若采用 SMM 对模型中的参数进行估计，我们首先选取我们关心的目标变量，假设我们关心一阶矩和二阶矩，然后我们通过随机模拟得到模型计算出的一阶矩和二阶矩。在进行随机模拟时，我们通常选取足够大的模拟次数，而不仅仅局限于样本数量。同时，将模型计算出的一阶矩和二阶矩再与样本数据计算出的一阶矩和二阶矩进行比较，再通过上面介绍的算法最终可以得到 SMM 的估计结果。

可以看出，SMM 的关键在于通过大量的随机模拟试验将模型矩与样本矩进行比较，然后选择出模型矩与样本矩一致的参数估计值，SMM 是 GMM 的推广。

四、极大似然估计方法

假定模型取对数后的方程如下：

$$E_t[f(y_{t+1}, y_t, y_{t-1}, u_t; \theta)] = 0$$

其中，E_t 是预期，y_t 是内生变量，u_t 是外部冲击，θ 是参数。

在求解方程 $f(y^{ss}, y^{ss}, y^{ss}, 0; \theta) = 0$ 得到 y_t 的稳态值 y^{ss} 后，采用前面章节介绍的方法对 $\hat{y}_t = y_t - y^{ss}$ 的动态方程进行求解可得到解的形式如下：

$$\hat{y}_t = g_y(\theta)\hat{y}_{t-1} + g_u(\theta)u_t$$

这里，我们考虑一阶近似情形，矩阵 $g_y(\theta)$ 和 $g_u(\theta)$ 是关于参数 θ 的非线性函数矩阵。

假设实际中可观测的变量为 y_t^*，它满足如下的方程：

$$y_t^* = M(\theta)y_t + \eta_t$$

其中，η_t 是观察误差。

假设随机项的协方差矩阵为

$$E(u_t u_t') = Q(\theta)$$

$$E(\eta_t \eta_t') = V(\theta)$$

采用前面介绍的卡尔曼滤波方法，可得到如下的方程：

$$v_t = y_t^* - y^{*,ss} - M(\theta)\hat{y}_t$$

$$F_t = M(\theta)P_t M'(\theta) + V(\theta)$$

$$K_t = g_y(\theta)P_t g_y(\theta)_y' F_t^{-1}$$

$$P_{t+1}(\theta) = g_y(\theta)P_t(\theta)[g_y(\theta) - K_t(\theta)M(\theta)]' + g_u(\theta)Q(\theta)g_u'(\theta)$$

$$\hat{y}_{t+1} = g_y(\theta)\hat{y}_t + K_t v_t$$

从而可得到似然函数的对数如下：

$$\ln L(\theta \mid Y_T^*) = -\frac{Tk}{2}\ln(2\pi) - \frac{1}{2}\sum_{t=1}^{T}|F_t| - \frac{1}{2}v_t' F_t^{-1} v_t$$

其中，$L(\theta \mid Y_T^*)$ 是基于样本数据 $Y_T^* = \{y_t^*, t=1,\cdots,T\}$ 得到的似然函数，T 是样本容量，k 是观测变量 y_t^* 的维数。

极大似然估计方法就是选取 θ 使上面似然函数取得最大值，假设 $\hat{\theta}$ 使上面似然函数取得最大值。

为下面讨论的方便，记

$$f(\theta) = -\ln L(\theta \mid Y_t^*)$$

$$f_1(\theta) = \frac{\partial f(\theta)}{\partial \theta}$$

$$f_2(\theta) = \frac{\partial^2 f(\theta)}{\partial \theta^2}$$

那么，$\hat{\theta}$ 满足下面的一阶条件：

$$f_1(\hat{\theta}) = 0$$

对函数 $f(\theta)$ 在 $\hat{\theta}$ 附近进行二阶展开可得到

$$f(\theta) \doteq f(\hat{\theta}) + f_1(\hat{\theta})(\theta - \hat{\theta}) + 0.5(\theta - \hat{\theta})' f_2(\hat{\theta})(\theta - \hat{\theta})$$

为保证似然函数取得最大值，需要矩阵 $f_2(\hat{\theta})$ 是正定矩阵。

如果满足上面的条件，那么极大似然估计量 $\hat{\theta}$ 渐进趋向于正态分布：

$$\hat{\theta} \propto N\left\{\theta, \left[f_2(\hat{\theta})\right]^{-1}\right\}$$

在具体计算 $\hat{\theta}$ 时，通常可以设计以下的 Newton 迭代算法：

$$\theta^{i+1} = \theta^i - [f_2(\theta^i)]^{-1} f_1(\theta^i)$$

在上面的迭代过程中，我们需要保证 $f_2(\theta^i)$ 是正定矩阵，但这个条件通常很难满足，因此为保证算法的收敛性，经常使用拟 Newton 算法来计算改进上面的算法，即

$$\theta^{i+1} = \theta^i - (D^i)^{-1} f_1(\theta^i)$$

可以看出，该算法的核心是以矩阵 D^i 来代替了矩阵 $f_2(\theta^i)$ 的拟矩阵。对于矩阵 D^i 的计算，通常采用两种形式，一是 Broyden-Fletcher-Goldfarb-Shonno（BFGS）的迭代方式，另一个是 Davidson-Fletcher-Powell（DFP）的迭代方式。

BFGS 的迭代过程为

$$D^{i+1} = D^i + \frac{pp'}{p'q}\left(1 + \frac{q'D^iq}{p'q}\right) - \frac{D^iqp' + pq'D^i}{p'q}$$

DFP 的迭代过程为

$$D^{i+1} = D^i + \frac{pp'}{p'q} - \frac{D^iqq'D^i}{q'D^iq}$$

其中，$D^i = [f_2(\theta^i)]^{-1}$，$p = \theta^{i+1} - \theta^i$，$q = f_1(\theta^{i+1}) - f_1(\theta^i)$。

另外，为保证迭代过程不发生振荡性，通常可以选择适当的迭代步长 λ（$\lambda>0$），此时上面的迭代算法调整为

$$\theta^{i+1} = \theta^i - \lambda(D^i)^{-1}f_1(\theta^i)$$

对于最优迭代步长 λ 的选择，Harvey（1999）提出了一种算法，即在每次迭代中求解下面的优化问题：

$$\min_{\lambda} f[\theta^i + \lambda f_1(\theta^i)]$$

五、Bayes 估计方法

前面介绍的估计方法基本上是传统的计量经济估计方法，在应用这些方法时，我们的一个基本假设是模型中的参数是确定性变量，而 Bayes 估计方法与上述方法的出发点不同，其假设模型中的参数也是随机变量，这样在估计参数时，通常先给定参数的先验分布，然后再根据实际数据来修正这些先验分布，即计算参数的事后分布，最后基于事后分布来得到人们关心的统计量。

似然函数通常表示为，

$$L(\theta \mid Y_T^*) = \prod_{t=1}^{T} f(y_t^* \mid Y_{t-1}^*)$$

其中，$L(\theta \mid Y_T^*)$ 是样本的似然函数，T 是样本数量。前面通过滤波方法我们得到了状态变量的估计，根据可观测数据我们也就能够得到似然函数的估计。

如果模型是线性的，那么利用前面的卡尔曼滤波方法可得到似然函数的表达式如下，

$$\ln L(\theta \mid Y_T^*) = -\frac{Tn}{2}\ln(2\pi) - \frac{1}{2}\sum_{t=1}^{T}|F_t(\theta)| - \frac{1}{2}v_t'F_t^{-1}(\theta)v_t$$

其中，$L(\theta \mid Y_T^*)$ 是样本 $Y_T^* = \{y_t^*, t = 1, \cdots, T\}$ 的似然函数，T 是样本容量，n 是观测变量 y_t^* 的维数。

如果模型是非线性的，那么利用前面的粒子滤波方法可得到

$f(y_t^* | Y_{t-1}^*) = \int f(y_t^* | y_t, Y_{t-1}^*) f(y_t | Y_{t-1}^*) dy_t$ 及似然函数 $L(\theta | Y_T^*) = \prod\limits_{t=1}^{T} f(y_t^* | Y_{t-1}^*)$ 的估计，当

然该结果没有显性的解析表达式。

（一）Bayes 点估计及区间估计

仍然考虑上面极大似然估计方法中介绍的模型，我们得到了似然函数的对数如下：

$$\ln L(\theta | Y_T^*) = -\frac{Tk}{2} \ln(2\pi) - \frac{1}{2} \sum_{t=1}^{T} |F_t| - \frac{1}{2} v_t' F_t^{-1} v_t$$

其中，$L(\theta | Y_T^*)$ 是基于样本数据 $Y_T^* = \{y_t^*, t = 1, \cdots, T\}$ 得到的似然函数，T 是样本容量，k 是变量 y_t 的维数。

假设参数 θ 也是随机变量，其先验概率密度函数为 $p(\theta)$，那么根据 Bayes 定理，参数 θ 的事后概率密度函数 $p(\theta | Y_T^*)$ 为

$$p(\theta | Y_T^*) = \frac{L(\theta | Y_T^*) \cdot p(\theta)}{p(Y_T^*)}$$

或者，

$$\ln p(\theta | Y_T^*) = \ln L(\theta | Y_T^*) + \ln p(\theta) - \ln p(Y_T^*)$$

其中，$p(Y_T^*)$ 是边际概率密度（marginal density）函数，边际概率密度函数 $p(Y_T^*)$ 由下式确定：

$$p(Y_T^*) = \int [L(\theta | Y_T^*) \cdot p(\theta)] d\theta$$

由于边际概率密度函数 $p(Y_T^*)$ 不依赖于参数 θ，因而事后概率密度函数 $p(\theta | Y_T^*)$ 的核（kernel）为

$$p(\theta | Y_T^*) \propto L(\theta | Y_T^*) \cdot p(\theta)$$

在传统的计量经济模型中，对于参数的选择常常是根据下面的准则来进行的：假设参数 θ 的估计值为 $\hat{\theta}$，估计中选择的风险函数为 $C(\theta, \hat{\theta})$，那么对参数的点估计就是在参数的可行集 A 里选择参数 $\hat{\theta}$ 使风险函数 $C(\theta, \hat{\theta})$ 达到最小值，即

$$\hat{\theta} = \underset{\hat{\theta} \in A}{\arg \min} \, C(\hat{\theta}, \theta)$$

如风险函数若选择为二次型的形式 $C(\hat{\theta}, \theta) = (\hat{\theta} - \theta)^2$，则上面的点估计就是最小二乘估

计；若风险函数选择为似然函数的负数，则上面的点估计就是极大似然估计；若风险函数选择为广义矩函数，则上面的点估计就是广义矩估计。

但是，在 Bayes 估计中，由于参数也是随机变量，因而上面的选择准则是不适用的，此时 Bayes 的点估计选择准则应调整为下式：

$$\hat{\theta} = \arg\min_{\hat{\theta}} \int_A C(\hat{\theta}, \theta) p(\theta \mid Y_T^*) \mathrm{d}\theta$$

基于此，若风险函数选择为二次型的形式 $C(\hat{\theta}, \theta) = (\hat{\theta} - \theta)^2$，则上面的 Bayes 点估计为 $\hat{\theta} = E(\theta \mid Y_t^*) = \int_A \theta p(\theta \mid Y_T^*) \mathrm{d}\theta$，即为参数的事后均值；若风险函数选择为

$$C(\hat{\theta}, \theta) = \begin{cases} c, & \hat{\theta} = \theta \\ 0, & \hat{\theta} \neq \theta \end{cases}$$，则上面的 Bayes 点估计就是参数事后分布函数的众数（mode）。

在介绍 Bayes 的区间估计之前，先介绍 Bayes 置信区域概念，其定义为

$$1 - \alpha \equiv \Pr(\theta \in B \mid Y_T^*) = \int_B p(\theta \mid Y_T^*) \mathrm{d}\theta$$

其中，B 是 Bayes（$1-\alpha$）%概率水平下的置信区域（Bayesian credible region），其含义是参数的事后估计位于该区域的概率为（$1-\alpha$）%。从 Bayes 置信区域的定义可以看出，该区域通常并不是唯一的，为解决这个问题，通常采用最高事后概率密度置信区域（Highest Posterior Density Credible Region，HPD 置信区域）的概念，即若区域 B 满足下面的条件：

（1）$1 - \alpha \equiv \Pr(\theta \in B \mid Y_T^*) = \int_B p(\theta \mid Y_T^*) \mathrm{d}\theta$

（2）对于 $\forall \theta_1 \in B, \ \forall \theta_2 \notin B, \ p(\theta_1 \mid Y_T^*) \geqslant p(\theta_2 \mid Y_T^*)$

则称区域 B 是 Bayes（$1-\alpha$）%概率水平下的 HPD 置信区域。

（二）Monte Carlo 模拟及常用的抽样方法

如果得到了事后概率密度函数 $p(\theta \mid Y_T^*)$，那么我们可以根据这个概率密度函数计算感兴趣的统计量。

设 $g(\theta)$ 是关于参数 θ 的一个函数，其事后均值及方差的计算可表示为

$$E[g(\theta)] = \int g(\theta) p(\theta \mid Y_T^*) \mathrm{d}\theta$$

$$Var[g(\theta)] = \int \{g(\theta) - E[g(\theta)]\}^2 p(\theta) \mid Y_T^*) \mathrm{d}\theta$$

对于两个积分的数值计算，可以采用 Monte Carlo（MC）模拟的方法来计算。具体来说，先根据参数的事后分布 $p(\theta|Y_T^*)$ 进行随机抽样，假设抽样的次数为 N 次，参数的每次抽样值为 θ^k，然后根据概率论中的大数定理，上面两个积分的计算可表示为

$$E[g(\theta)] \approx \overline{g}_N = \frac{1}{N}\sum_{k=1}^{N}g(\theta^k)$$

$$Var[g(\theta)] \approx \sigma_N^2(\overline{g}) = \frac{1}{N}\sum_{k=1}^{N}\left[g(\theta^k) - \overline{g}_N\right]^2$$

值得注意的是，在上面的计算中需要一个前提，即我们必须确切知道参数的事后概率分布特征，但实际情况是事后概率密度函数 $p(\theta|Y_T^*)$ 通常并不是标准的分布，因此如何进行事后抽样就成为一个关键问题。下面介绍几种常用的抽样方法来计算上面的数值积分。

1. 重要性抽样（importance sampling）方法。重要性抽样的原理是，我们选择一个标准的分布函数，按照这个分布进行随机抽样，然后再采用适当的处理手段计算上面的两个数值积分。

具体来讲，假设我们选择一个标准的概率密度函数 $I(\theta)$，上面的数值积分可以改写为

$$E[g(\theta)] = \frac{\int g(\theta)\dfrac{p(\theta|Y_T^*)}{I(\theta)}I(\theta)\mathrm{d}\theta}{\int \dfrac{p(\theta|Y_T^*)}{I(\theta)}I(\theta)\mathrm{d}\theta}$$

定义权重函数，$w(\theta) = \dfrac{p(\theta|Y_T^*)}{I(\theta)}$，

则，

$$E[g(\theta)] = \frac{\int g(\theta)w(\theta)I(\theta)\mathrm{d}\theta}{\int w(\theta)I(\theta)\mathrm{d}\theta}$$

Geweke（1989）指出并证明，如果均值 $E[g(\theta)]$ 存在且是有限值，概率密度函数 $I(\theta)$ 的支持域（support）包含事后概率密度函数 $p(\theta|Y_T^*)$ 的支持域，那么上面的数值积分可以通过下式来近似计算：

$$\overline{g}_N = \frac{\sum_{k=1}^{N} g(\theta^k) w(\theta^k)}{\sum_{k=1}^{N} w(\theta^k)}$$

其中，抽样是按照概率密度函数 $I(\theta)$ 来进行的。可以看出，采用重要性抽样方法，上面的数值积分就相当于抽样值的加权平均值。

类似地，我们可以计算 $g(\theta)$ 的方差如下：

$$\sigma_N^2(\overline{g}) = \frac{\dfrac{1}{N}\sum_{k=1}^{N}[g(\theta^k) - \overline{g}_N]^2 w(\theta^k)^2}{\left[\dfrac{1}{N}\sum_{k=1}^{N} w(\theta^k)\right]^2}$$

由于函数 $w(\theta^k)$ 在上面计算式的分子和分母中同时出现，因而采用重要性抽样方法进行计算的一个好处是，我们只要利用概率密度函数 $p(\theta|Y_T^*)$ 的核即可，而不需要利用整个函数。

2. MCMC（Markov Chain Monte Carlo）方法。若一个随机过程 $\{x_i\}$ 满足下面的条件：

$$\Pr(x_{i+1} \mid x_i, x_{i-1}, \dots) = \Pr(x_{i+1} \mid x_i)$$

则称该随机过程具有 Markov 性质。可以看出，具有 Markov 性质的随机过程，其条件概率仅仅依赖于上一期的状态，而与上一期之前的历史状态无关。基于此原理，人们设计了 MCMC 的抽样方法，其思想就是设计一条或多条 Markov 链，在每条 Markov 链上采用递推的算法进行抽样。下面介绍 MCMC 的两种方法，一个是 Gibbs 抽样方法（Gibbs sampling），另一个是 MH 抽样方法（Metropolis- Hastings sampling）。

（1） Gibbs 抽样方法。前面介绍的抽样方法是针对整个参数空间进行的，如果参数所在的空间维数很大，那么抽样将非常复杂。Gibbs 抽样方法的思想是将参数划分为一系列的模块，然后依次针对每个模块进行抽样，最后得到整个参数的抽样。

具体来说，假设可以将参数划分为以下模块：

$$\theta = (\theta_{(1)} \mid \theta_{(2)} \cdots \mid \theta_{(B)})$$

先选定参数的一个初始值 θ^0，设抽样的次数为 N 次，如果已经得到第 $s-1$ 次抽样，$s=1$，2，$\cdots$，那么对于第 s 次抽样，我们在前面抽样的基础上，依次对每个模块进行抽样，算法表达式如下：

$$\theta_{(1)}^s = p(\theta_{(1)} \mid \theta_{(2)}^{s-1}, \cdots, \theta_{(B)}^{s-1}, Y_T^*)$$

$$\theta_{(2)}^s = p(\theta_{(2)} \mid \theta_{(1)}^s, \theta_{(3)}^{s-1}, \cdots, \theta_{(B)}^{s-1}, Y_T^*)$$

$$\theta_{(j)}^s = p(\theta_{(j)} \mid \theta_{(1)}^s, \theta_{(2)}^s, \cdots, \theta_{(j-1)}^s, \theta_{(j+1)}^{s-1}, \cdots, \theta_{(B)}^{s-1}, Y_T^*)$$

$$\theta_{(B)}^s = p(\theta_{(B)} \mid \theta_{(1)}^s, \theta_{(2)}^s, \cdots, \theta_{(B-1)}^s, Y_T^*)$$

可以看出，在针对每个模块进行抽样时，由于假设其他模块的参数是给定的，因而针对每个模块的抽样与针对整个参数空间的抽样相比较而言，规模要小得多。另外从前面的分析我们知道，事后概率密度函数 $p(\theta \mid Y_T^*)$ 通常不是标准的分布函数，但是在对参数进行一定的模块划分后，条件概率密度函数 $p(\theta_{(j)} \mid \theta_{(1)}^s, \theta_{(2)}^s, \cdots, \theta_{(j-1)}^s, \theta_{(j+1)}^{s-1}, \cdots, \theta_{(B)}^{s-1}, Y_T^*)$ 很有可能成为标准的分布函数，这样我们就可以方便地进行抽样。

（2）MH 抽样方法。MH 抽样方法的基本思路是，选择一个标准的概率分布函数，然后按照下面的步骤进行抽样。由于抽样是在前次的基础上进行的，因而选定的概率密度函数通常依赖于上一次的状态值，即 $q(\theta \mid \theta^{s-1})$。

步骤一：选定参数的初始值 θ^0，设抽样的次数为 N 次，如果已经得到第 $s-1$ 次抽样，$s=1,2,\cdots$，那么对于第 s 次抽样，先根据概率密度函数 $q(\theta \mid \theta^{s-1})$ 进行抽样得到 θ^*。

步骤二：计算接受概率（acceptance probability）$\alpha(\theta^{s-1}, \theta^*)$，

$$\alpha(\theta^{s-1}, \theta^*) = \min[\frac{w(\theta^* \mid \theta^{s-1})}{w(\theta^{s-1} \mid \theta^*)}, 1]$$

其中，

$$w(\theta^* \mid \theta^{s-1}) = \frac{p(\theta^* \mid Y_T^*)}{q(\theta^* \mid \theta^{s-1})}$$

$$w(\theta^{s-1} \mid \theta^*) = \frac{p(\theta^{s-1} \mid Y_T^*)}{q(\theta^{s-1} \mid \theta^*)}$$

步骤三：以下面的方式得到第 s 次抽样值，以概率 $\alpha(\theta^{s-1}, \theta^*)$ 选择 $\theta^s = \theta^*$，以概率 $1 - \alpha(\theta^{s-1}, \theta^*)$ 选择 $\theta^s = \theta^{s-1}$。

在进行 MH 抽样时，对于标准分布的概率密度函数 $q(\theta \mid \theta^{s-1})$，通常有两种选择方

法，一种方法是选择不依赖于前次状态的函数，即 $q(\theta|\theta^{s-1}) = q(\theta)$。此时的 MH 抽样方法称为独立链（independent chain）形式的 MH 抽样方法，此时，

$$w(\theta^*) = \frac{p(\theta^* | Y_T^*)}{q(\theta^*)}$$

$$w(\theta^{s-1}) = \frac{p(\theta^{s-1} | Y_T^*)}{q(\theta^{s-1})}$$

$$\alpha(\theta^{s-1}, \theta^*) = \min[\frac{w(\theta^*)}{w(\theta^{s-1})}, 1]$$

另一种方法是选择对称形式的函数，即 $\theta^* = \theta^{s-1} + z$，这里 z 是满足标准分布的随机变量。此时的 MH 抽样方法称为随机游动（random walk）形式的 MH 抽样方法。在这种情况下，由于 $q(\theta^* | \theta^{s-1}) = q(\theta^{s-1} | \theta^*)$，从而，

$$\alpha(\theta^{s-1}, \theta^*) = \min[\frac{p(\theta^* | Y_T^*)}{p(\theta^{s-1} | Y_T^*)}, 1]$$

在实际中，随机变量 z 的分布通常选择为正态分布，即 $z \propto N(0, c\Sigma)$，此时 $q(\theta^* | \theta^{s-1}) = N(\theta^{s-1}, c\Sigma)$。可以看出，其与独立链形式的 MH 抽样方法最大的不同之处是，每次抽样依赖于上一次的状态。

在进行 MH 抽样时，另一个值得注意的问题是接受概率 $\alpha(\theta^{s-1}, \theta^*)$ 的控制。虽然上面的算法只要求接受概率在 0 到 1 之间，但是如果接受概率太小，那么新的抽样将很难被选取，而如果接受概率太大，那么新的抽样将有可能与上一次抽样非常接近，这两种情况都不是可取的。对于接受概率，实际中没有统一的严格选择标准，一般将其控制在 0.2 至 0.5 之间，最经常使用的一个标准将平均的接受概率控制在 0.25 左右。假设考虑随机游动形式的 MH 抽样方法，通常我们在函数 $q(\theta^* | \theta^{s-1}) = N(\theta^{s-1}, c\Sigma)$ 中选择合适的参数 c，使平均的接受概率控制在 0.25 左右。

无论选择哪种形式的 MCMC 抽样方法，由于在抽样时，我们需要给定参数的初始值，因而为消除初始值的选取对抽样结果产生的影响，我们通常剔除抽样的前 N_0 个抽样值，较常用的一个标准是去掉抽样的前 50% 的抽样值。

若最终得到的抽样次数为 N，那么可得到函数 $g(\theta)$ 的样本均值为

$$\bar{g}_N = \frac{1}{N}\sum_{s=1}^{N} g(\theta^s)$$

但是对于该函数的方差估计，利用前面的公式 $\sigma_N^2(\bar{g}) = \frac{1}{N}\sum_{k=1}^{N}\left[g(\theta^k) - \bar{g}_N\right]^2$ 进行计算是不合适的，因为 MCMC 抽样得到的序列可能存在着自相关性，为此采用下面的调整计算式：

$$\sigma_N^2(\bar{g}) = \frac{\bar{\gamma}_0}{N}\left(1 + 2\sum_{s=1}^{N}\bar{\rho}_s \frac{N-s}{N}\right)$$

其中，$\bar{\gamma}_0$ 和 $\bar{\rho}_s$ 分别表示每次抽样得到的序列 $g(\theta^s)$ 的方差和第 s 阶自相关系数。

（3）MCMC 抽样的收敛性检验。MCMC 抽样方法的好处是其算法具有递推性，但要使该抽样方法能够得到成功的运用，其关键是要保证抽样的收敛性，因此对 MCMC 抽样的收敛性进行检验是非常必要的。对抽样收敛性的检验，可以分为两种检验方式，一种方式是对针对单条 Markov 链的检验，另一种方式是针对多条 Markov 链的检验。

假设抽样的总次数为 N 次，我们对抽样样本可以分为以下几个部分：

$$N = N_0 + N_1 + N_2 + N_3$$

$$s = 1, \cdots, N_0, N_0 + 1, \cdots, N_0 + N_1, \cdots, N_0 + N_1 + N_2, \cdots, N_0 + N_1 + N_2 + N_3$$

其中，前 N_0 个样本是我们为消除初值的影响而去掉的样本，其余的样本我们分为三个部分，这三个部分的样本数量分别为 N_1、N_2 和 N_3，通常这三个部分的数量选择为 $N_1 = 0.1(N-N_0)$，$N_2 = 0.5(N-N_0)$，$N_3 = 0.4(N-N_0)$。

Geweke（1992）设计了以下的统计量来检验抽样的收敛性：

$$CD = \frac{\bar{g}_{N_1} - \bar{g}_{N_3}}{\dfrac{\sigma_{N_1}(\bar{g})}{\sqrt{N_1}} + \dfrac{\sigma_{N_3}(\bar{g})}{\sqrt{N_3}}}$$

其中，上式中的均值和方差按照前面介绍的公式来计算。Geweke（1992）证明上述统计量满足标准的状态分布，即

$$CD \propto N(0,1)$$

Yu-Mykland（1994）设计了以下的统计量来检验抽样的收敛性：

$$CS_t = \frac{\overline{g}_t - \overline{g}_N}{\sigma_N(\overline{g})}$$

其中，$\overline{g}_N$ 和 $\sigma_N^2(\overline{g})$ 是基于原抽样样本得到的均值和方差，$\overline{g}_t$ 和 $\sigma_t^2(\overline{g})$ 是在原样本的基础上增加 t 个样本后得到的均值和方差。若抽样是收敛的，那么，

$$CS_t \to 0, \quad t \to \infty$$

在实际运用中，Bauwens-Lubrano（1998）建议上述统计量的临界值选为 5%。

以上两种方法均是针对单条 Markov 链进行抽样收敛性检验的方式，Gelman（1996）提出了以下针对多条 Markov 链进行抽样收敛性检验的方式。

假设选择 M 条 Markov 链，每条链抽样的次数为 N 次，第 k 条链上的第 s 次的参数抽样值为 θ^{sk}，函数 $g(\theta)$ 的值为 $g(\theta^{sk})$，计算以下变量：

$$\overline{g}_N^k = \frac{1}{N} \sum_{s=1}^{N} g(\theta^{sk})$$

$$\overline{g} = \frac{1}{M} \sum_{k=1}^{M} \overline{g}_N^k$$

$$W = \frac{1}{M} \sum_{k=1}^{M} \frac{1}{N-1} \sum_{s=1}^{N} [g(\theta^{sk}) - \overline{g}_N^k]^2$$

$$B = \frac{N}{M-1} \sum_{k=1}^{M} [\overline{g}_N^k - \overline{g}]^2$$

从而我们可以得到

$$Var[\overline{g}(\theta)] = \frac{N-1}{N} W + \frac{1}{N} B$$

根据以上变量，Gelman 设计了以下 PSRF 指标（Potential Scale Reduction Factor，PSRF）：

$$R = \sqrt{\frac{Var[\overline{g}(\theta)]}{W}}$$

以上介绍的 Gelman 方法是针对单个参数进行的，对于多个参数，上面的计算公

式调整为

$$\overline{g}_N^k = \frac{1}{N}\sum_{s=1}^{N}g(\theta^{sk})$$

$$\overline{g} = \frac{1}{M}\sum_{k=1}^{M}\overline{g}_N^k$$

$$W = \frac{1}{M(N-1)}\sum_{k=1}^{M}\sum_{s=1}^{N}[g(\theta^{sk})-\overline{g}_N^k][g(\theta^{sk})-\overline{g}_N^k]'$$

$$B = \frac{N}{M-1}\sum_{k=1}^{M}(\overline{g}_N^k-\overline{g})(\overline{g}_N^k-\overline{g})'$$

$$Cov[\overline{g}(\theta)] = \frac{N-1}{N}W+(1+\frac{1}{M})\frac{1}{N}B$$

$$R = \frac{N-1}{N}+\frac{M+1}{M}\lambda_1$$

其中，λ_1 是矩阵 $W^{-1}B/N$ 的最大特征值。

Gelman 通过随机模拟试验指出，如果 $r>1.2$，那么抽样存在着收敛性问题。

（三）边际概率密度的计算

虽然在随机抽样时我们有时并没用到边际概率密度函数，但在采用 Bayes 方法对模型进行估计及检验时，边际概率密度函数的计算也是非常重要的。从前面的分析可以看出，边际概率密度函数 $p(Y_T^*)$ 由下式确定：

$$p(Y_T^*) = \int[L(\theta\,|\,Y_T^*)\cdot p(\theta)]\mathrm{d}\theta$$

其中，$L(\theta\,|\,Y_T^*)$ 是基于样本数据 $Y_T^* = \{y_t^*, t=1,\cdots,T\}$ 得到的似然函数，T 是样本容量。

Gelfand-Dey（1994）证明了以下定理，对于任意的概率密度函数 $f(\theta)$，若事后概率密度函数 $p(\theta\,|\,Y_T^*)$ 的支持域（support）包含概率密度函数 $f(\theta)$ 的支持域，则下面的式子成立：

$$E_{\theta|Y_T^*}\left[\frac{f(\theta)}{p(\theta)L(\theta\,|\,Y_T^*)}\right] = \frac{1}{p(Y_T^*)}$$

根据该定理，如果定义以下函数：

$$g(\theta) = \frac{f(\theta)}{p(\theta)L(\theta \mid Y_T^*)}$$

那么，我们就可以按照前面介绍的 Monte Carlo 模拟方法计算函数 $g(\theta)$ 的均值及其方差，并进而能够计算边际概率密度函数 $p(Y_T^*)$。

另外一个计算边际概率密度函数 $p(Y_T^*)$ 的方法是 Laplace 近似方法，该方法的计算公式为

$$p(Y_T^*) = (2\pi)^{k/2} p(\theta^M \mid Y_T^*) \cdot p(\theta^M) \left| \Sigma_{\theta^M} \right|^{-1/2}$$

$$\Sigma_{\theta^M} = H(\theta^M)$$

$$H(\theta) = \frac{\partial^2 \ln p(\theta)}{\partial\theta\partial\theta'} + \frac{\partial^2 \ln L(\theta \mid Y_T^*)}{\partial\theta\partial\theta'}$$

其中，θ^M 是事后概率密度函数 $p(\theta \mid Y_T^*)$ 的众数（mode）。

第四节　模型的比较与选择

理论基础、模型设定及估计技术的差异可能产生不同的模型，那么这些模型到底是哪个比较好或者是否存在一个包含另一个的情况呢？这就是模型的比较和选择问题。我们建立模型的目标是模型能够尽量简洁，但模型能够保证理论与数据的尽量相容。因此，对于建立的不同模型进行比较并最终选择理论与数据相一致的模型是非常必要的，只有在可靠的模型下，我们才能进行可靠的经济模拟和预测。

一、传统的计量经济学模型比较与选择方法

传统的计量经济学对于嵌套模型的比较和选择已有比较成熟的方法，但对于非嵌套模型的比较和选择目前方法还不成熟。从前面各章节的介绍中可以看出，在 DSGE 模型的建模过程中，若依据的经济理论不同，则很有可能得到不同形式的非嵌套模型。在此情况下，传统的计量经济学方法可能在模型的比较和选择上并不显优势，下一目介绍的 Bayes 模型比较和选择方法可能比较占优。但对于嵌套模型的比较和选择，传统的计量经济学方法还是一种重要的方法。以下着重讨论传统的计量经济学方法在嵌

套模型的比较和选择方面的运用。

考虑模型 M，假设 $L(\theta \mid Y_T^*)$ 是基于样本数据 $Y_T^* = \{y_t^*, t = 1, \cdots, T\}$ 得到的模型似然函数，若对模型中的参数 θ 施加 k 个约束条件得到一个模型 M_r，即

$$G（\theta）=0$$

其中，约束函数 G 是 k 维向量函数。

如果要对模型 M 和 M_r 进行比较，那么我们就可以应用似然函数比例检验方法来进行。似然函数比例检验的步骤是：首先，对没有约束条件的模型 M 进行估计并得到模型的似然函数估计 $L(\theta \mid Y_T^*)$；其次，在上面的 k 个约束条件下对模型 M_r 进行估计并得到模型的似然函数估计 $L_r(\theta \mid Y_T^*)$；最后，对这两个似然函数的比例取对数，得到下面的统计量：

$$LR = -2[\ln L_r(\theta \mid Y_T^*) - \ln L(\theta \mid Y_T^*)]$$

如果这 k 个约束条件成立，那么两个似然函数的估计应该非常接近，从而统计量 LR 应该非常小，此时统计量 LR 的渐进分布是 $\chi^2（k）$ 分布。

在上面的检验中，我们需要计算似然函数，如果模型是采用 GMM 或者 SMM 进行估计的，此时可采用矩函数替换似然函数。如在采用 GMM 进行模型估计时，

$$LR = J_T(\hat{\theta}) - J_T(\hat{\theta}_r)$$

$$J_T(\hat{\theta}) = [g(X_T, \hat{\theta})]' \hat{S}^{-1}[g(X_T, \hat{\theta})]$$

$$J_T(\hat{\theta}_r) = [g(X_T, \hat{\theta}_r)]' \hat{S}^{-1}[g(X_T, \hat{\theta}_r)]$$

其中，$J_T(\hat{\theta})$ 和 $J_T(\hat{\theta}_r)$ 分别是在模型 M 和 M_r 下得到的矩函数值。Hansen 证明，统计量 LR 的渐进分布是 $\chi^2（k）$ 分布。

二、Bayes 模型选择和比较方法

Bayes 方法不仅可以针对嵌套模型进行选择和比较，也可以针对非嵌套模型进行选择和比较，因而其在 DSGE 模型的选择和比较方面更有优势。

假设模型 M_i 的先验概率为 $p(M_i)$，那么同样根据 Bayes 定理可得到模型 M_i 的事

后概率为

$$p(M_i \mid Y) = \frac{p(Y \mid M_i) \cdot p(M_i)}{\sum_i p(Y \mid M_i) \cdot p(M_i)}$$

其中，$p(Y \mid M_i) = \int [L(\theta \mid Y, M_i) \cdot p(\theta \mid M_i)] \mathrm{d}\theta$ 是模型 M_i 的边际概率密度函数。为比较模型 M_i 和模型 M_j，通常计算模型 M_i 相对于模型 M_j 的事后变异率（posterior odds），即

$$PO_{i,j} = \frac{p(M_i \mid Y)}{p(M_i \mid Y)} = \frac{p(Y \mid M_i) \cdot p(M_i)}{p(Y \mid M_j) \cdot p(M_j)}$$

其中，$PO_{i,j}$ 是 M_i 相对于模型 M_j 的事后变异率，$\dfrac{p(M_i)}{p(M_j)}$ 是 M_i 相对于模型 M_j 的先验变异率（prior odds），$B_{ij} = \dfrac{p(Y \mid M_i)}{p(Y \mid M_j)}$ 是 M_i 相对于模型 M_j 的 Bayes 因子（Bayes factor）。

由此可见，事后变异率是由先验变异率经过 Bayes 因子调整后得到的。假设我们对模型 M_i 和模型 M_j 没有先验的偏好，即二者的先验概率相等，那么 M_i 相对于模型 M_j 的事后变异率就等于 M_i 相对于模型 M_j 的 Bayes 因子 B_{ij}。Jeffreys（1961）给出了根据 Bayes 因子选择模型的一些判据，见表 4-1。

表 4-1 　　　　　　　　　　　　　**Bayes 模型选择的一些判据**

$B_{ij} < 1$	接受模型 M_j
$1 < B_{ij} < 3$	非常轻微地拒绝模型 M_j
$3 < B_{ij} < 10$	轻微地拒绝模型 M_j
$10 < B_{ij} < 100$	强烈地拒绝模型 M_j
$B_{ij} > 100$	完全拒绝模型 M_j，接受模型 M_i

除了根据以上判据比较模型外，实际中如果我们能够给出各个模型的先验概率，那么也可以根据上面的公式计算出各个模型的事后概率并以此来选择和比较模型。

假设我们考虑的模型有 N 个，模型 M_i 的先验概率为 $p(M_i)$，根据上面的结果可以计算出 M_i 相对于模型 M_j 的事后变异率，这样我们可得到以下的事后概率，

$$p(M_i \mid Y) = PO_{i,1} p(M_1 \mid Y), \quad i = 1, \cdots, N$$

将以上事后概率值代入下面的归一化条件，

$$p(M_1 \mid Y) + \cdots + p(M_i \mid Y) + \cdots + p(M_N \mid Y) = 1$$

经过处理可得到，

$$p(M_1 \mid Y) + \cdots + PO_{i,1} p(M_1 \mid Y) + \cdots + PO_{N,1} p(M_1 \mid Y) = 1$$

依据该式可以计算出模型 M_1 的事后概率值 $p(M_1 \mid Y)$，进而我们可以计算出模型 M_i 的事后概率值 $p(M_i \mid Y)$，根据这些事后概率值可以选择和比较模型。

第五章　DSGE 模型与最优
经济政策的选择

由于 DSGE 模型具有坚定的微观经济理论基础，微观分析与宏观分析也是完美地结合在一起的，因此这就为福利分析及最优经济政策的选择提供了基础。本章基于 DSGE 模型，介绍最优经济政策的选择与分析。

第一节　社会福利函数及对社会福利函数的
二阶近似

虽然各种宏观经济政策关注的重点不尽相同，但其最终的目标应该与提高社会的福利水平是一致的。福利分析的一个经典框架是，在一定的约束条件（如资源约束、技术约束及信息约束等条件）下，通过选择适当的经济政策使社会福利最大化。Friedman（1969）在此框架下曾经研究了最优货币量的确定，并提出了名义利率为零的著名 Friedman 规则。Rotemberg-Woodford（1997）和 Woodford（1999）进一步推广了该方法在货币政策分析方面的应用，特别是，在进行货币政策分析之前，他们首先关注的是社会福利函数的选择和分析，并与中央银行通常使用的货币政策目标函数进行了比较，从而为货币政策的目标函数提供了深刻的经济解释，因而使货币政策的分析、设计及评价建立在福利分析的基础之上。这种分析方法不仅已成为近年来货币政策分析和设计通常采用的一个主要方法，而且在财政政策及其他经济政策的分析与设计方面也是一个重要的方法。

为讨论的方便，我们首先在一个简单的 DSGE 模型（即新凯恩斯模型）框架下对社会福利函数进行分析，然后对其进一步推广。这里讨论的模型是

Rotemberg-Woodford（1997）使用的新凯恩斯模型，此模型是一个简单的封闭经济模型，模型中假设包含的典型经济主体 i 连续分布于区间[0，1]，每个典型经济主体同时充当消费者和厂商的角色。假设每个典型经济主体只生产一种产品，且不同典型经济主体生产的产品彼此不相同，因此每种产品的市场处于垄断竞争状态。

总产出水平为

$$Y_t = C_t = \left[\int_0^1 y_t(i)^{(\theta-1)/\theta} \mathrm{d}i \right]^{\theta/(\theta-1)}, \quad \theta > 1$$

其中，θ 是产品之间的替代弹性，$y_t(i)$ 表示第 i 种产品的产量。

总价格水平为

$$P_t = \left[\int_0^1 p_t(i)^{1-\theta} \mathrm{d}i \right]^{1/(1-\theta)}$$

其中，$p_t(i)$ 表示第 i 种产品的价格。由于每种产品的市场处于垄断竞争状态，因而厂商在定价时受到需求约束：

$$y_t(i) = [p_t(i)/P_t]^{-\theta} Y_t$$

作为消费者，典型经济主体 i 的效用贴现和为

$$E_t \sum_{t+k}^{\infty} \beta^{t+k} \left\{ U(C_{t+k}^i, z_{t+k}) - v[y_{t+k}(i), z_{t+k}] \right\}$$

其中，E 是数学期望；β 是贴现因子，$0 \leqslant \beta \leqslant 1$；$U(C_t^i, z_t) - v[y_t(i), z_t]$ 是当期效用函数，它包含两项，第一项是消费产生的效用，第二项是生产成本的一种简化表示，由于典型经济主体 i 同时充当消费者和厂商的角色，因而这部分产生负的效用；z_t 表示随机向量，它包括对经济主体偏好和生产的各种冲击。

典型经济主体 i 的消费为每种消费品 $c_t^i(j)$ 的加权平均，

$$C_t^i = \left[\int_0 c_t^i(j)^{(\theta-1)/\theta} \mathrm{d}j \right]^{\theta/(\theta-1)}$$

另外，在黏性价格的假设下，厂商采用 Calvo 定价策略，每期进行价格调整的厂商所占的比例为（$1-\omega$）。在以上假设下，经过推导可以得到下面经过对数线性化后的方程：

$$x_t = E_t x_{t+1} - \left(\frac{1}{\sigma}\right)(i_t - E_t \pi_{t+1}) + u_t$$

$$\pi_t = \beta E_t \pi_{t+1} + \kappa x_t + e_t$$

其中，x_t 是产出缺口，π_t 是通胀率，i_t 是名义利率，u_t 是需求冲击，e_t 是供给冲击，u_t 和 e_t 是随机向量 z_t 的函数，参数 $\sigma = -\dfrac{\overline{Y} U_{cc}(\overline{Y},0)}{U_c(\overline{Y},0)}$，$k = \dfrac{(1-\omega)(1-\beta\omega)(\sigma+\eta)}{\omega(1+\eta\theta)}$，

$\eta = -\dfrac{\overline{Y} v_{yy}(\overline{Y},0)}{v_y(\overline{Y},0)}$。在以下的表达式中，变量 $\hat{X}_t = \ln(X_t / \overline{X})$，$\overline{X}$ 是变量 X_t 的稳态值。

产出缺口是黏性价格假设下的产出 $\hat{Y}$ 与弹性价格假设下的产出 $\hat{Y}^f$ 之间的缺口，即

$$x_t = \hat{Y}_t - \hat{Y}_t^f$$

弹性价格假设下的产出 $\hat{Y}^f$ 由下式确定：

$$v_y(Y_t^f, z_t) = (1-\Phi)U_c(Y_t^f, z_t), \quad \Phi = 1/\theta$$

进行对数线性化可以得到

$$v_y(\overline{Y},0) + v_{yy}(\overline{Y},0)\overline{Y}\hat{Y}_t^f + v_{yz}(\overline{Y},0)z_t$$
$$= (1-\Phi)[U_c(\overline{Y},0) + U_{cc}(\overline{Y},0)\overline{Y}\hat{Y}_t^f + U_{cz}(\overline{Y},0)z_t]$$
$$\frac{v_{yy}(\overline{Y},0)\overline{Y}\hat{Y}_t^f + v_{yz}(\overline{Y},0)z_t}{v_y(\overline{Y},0)} = \frac{U_{cc}(\overline{Y},0)\overline{Y}\hat{Y}_t^f + U_{cz}(\overline{Y},0)z_t}{U_c(\overline{Y},0)}$$

定义变量：

$$\phi_t = -\frac{U_{cz}(\overline{Y},0)}{\overline{Y} U_{cc}(\overline{Y},0)}z_t, \quad q_t = -\frac{v_{yz}(\overline{Y},0)}{\overline{Y} v_{yy}(\overline{Y},0)}z_t$$

经过变换可得到

$$\eta \hat{Y}_t^f - \eta q_t = -\sigma \hat{Y}_t^f + \sigma \phi_t$$

即

$$\hat{Y}_t^f = \frac{\sigma \phi_t + \eta q_t}{\sigma + \eta}$$

由于典型经济主体 i 的消费为每种消费品 $c_t^i(j)$ 的加权平均，但其仅生产一种产品

i，因此利用均衡条件，社会福利函数可以表示为

$$社会福利函数 = E_t \sum_{i=0}^{\infty} \beta^i V_{t+i}, \quad V_t = U(Y_t, z_t) - \int_0^1 v[y_t(i), z_t] di$$

下面介绍 Woodford（1999）对上述表达式二阶近似的显性形式。利用 $\widetilde{X}_t = X_t - \overline{X}$

和 $\widetilde{X}_t = X_t - \overline{X} = \overline{X}\left(\dfrac{X_t}{\overline{X}} - 1\right) \approx \overline{X}\left(\hat{X}_t + \dfrac{1}{2}\hat{X}_t^2\right)$，$U_t(Y_t, z_t)$ 的二阶近似为

$$U(Y_t, z_t) \approx U(\overline{Y}, 0) + U_c \widetilde{Y}_t + U_z z_t + \frac{1}{2}U_{cc}\widetilde{Y}_t^2 + U_{cz}z_t\widetilde{Y}_t + \frac{1}{2}z_t' U_{zz} z_t$$

忽略三阶或三阶以上的高次项可得到

$$U(Y_t, z_t) \approx U(\overline{Y}, 0) + U_c\overline{Y}\left(\hat{Y}_t + \frac{1}{2}\hat{Y}_t^2\right) + U_z z_t + \frac{1}{2}U_{cc}\overline{Y}^2\hat{Y}_t^2 + U_{cz}z_t\overline{Y}\hat{Y}_t + \frac{1}{2}z_t' U_{zz} z_t$$

$$\cong \overline{Y}U_c\left[\hat{Y}_t + \frac{1}{2}\left(1 + \frac{U_{cc}}{U_c}\overline{Y}\right)\hat{Y}_t^2 + \frac{U_{cz}}{U_c}z_t\hat{Y}_t\right] + t.i.p$$

其中，$t.i.p$ 表示与政策分析无关的有关项，进一步简化为

$$U(Y_t, z_t) \cong \overline{Y}U_c[\hat{Y}_t + \frac{1}{2}(1-\sigma)\hat{Y}_t^2 + \sigma\phi_t\hat{Y}_t] + t.i.p$$

定义变量：

$$\hat{y}_t(i) = \ln[y_t(i)/\overline{Y}], \quad \widetilde{y}_t(i) = y_t(i) - \overline{Y}$$

同样 $v_t[y_t(i), z_t]$ 的二阶近似为

$$v(y_t(i), z_t) \approx v(\overline{Y}, 0) + v_y\widetilde{y}_t(i) + v_z z_t + \frac{1}{2}v_{yy}\widetilde{y}_t(i)^2 + v_{yz}z_t\widetilde{y}_t(i) + \frac{1}{2}z_t' v_{zz} z_t$$

$$\cong \overline{Y}v_y\left[\hat{y}_t(i) + \frac{1}{2}\left(1 + \frac{v_{yy}}{v_y}\overline{Y}\right)\hat{y}_t(i)^2 + \frac{v_{yz}}{v_y}z_t\hat{y}_t(i)\right] + t.i.p$$

$$= \overline{Y}v_y\left[\hat{y}_t(i) + \frac{1}{2}(1+\eta)\hat{y}_t(i)^2 - \eta q_t\hat{y}_t(i)\right] + t.i.p$$

利用 $v_y(\overline{Y}, 0)/U_c(\overline{Y}, 0) = 1 - \Phi$，$\Phi = 1/\theta$，上式可近似表示为

$$v[y_t(i), z_t] \approx \overline{Y}U_c[(1-\Phi)\hat{y}_t(i) + \frac{1}{2}(1+\eta)\hat{y}_t(i)^2 - \eta q_t\hat{y}_t(i)] + t.i.p$$

将 $\hat{Y}_t \approx E_t\hat{y}_t(i) + \frac{1}{2}(1-\theta^{-1})Var_t\hat{y}_t(i)$ 代入上式可得到

$$\int_0^1 v[yt(i), z_t]di \approx \overline{Y}U_c\left\{(1-\Phi)E_t\hat{y}(i) + \frac{1}{2}(1+\eta)\{[E_t\hat{y}_t(i)]^2 + Var_i\hat{y}_t(i)\} - \eta qtEi\hat{y}(i)\right\} + t.i.p$$

$$= \overline{Y}U_c\left[(1-\Phi-\eta q_t)\hat{Y} + \frac{1}{2}(1+\eta)\hat{Y}^2 + \frac{1}{2}(\theta^{-1}+\eta)Var_t\hat{y}(i)\right] + t.i.p$$

从而得到

$$V_t \approx \overline{Y}U_c\left[(\Phi+\sigma\phi_c+\eta q_t)\hat{Y}_t - \frac{1}{2}(\sigma+\eta)\hat{Y}_t^2 - \frac{1}{2}(\theta^{-1}+\eta)Var_t\hat{y}_t(i)\right] + t.i.p$$

进一步简化可得到

$$V_t \approx -\frac{1}{2}(\sigma+\eta)\overline{Y}U_c\left[(x_t-x^*)^2 + \left(\frac{\theta^{-1}+\eta}{\sigma+\eta}\right)Var_t\hat{y}_t(i)\right] + t.i.p$$

其中，$x^* = \dfrac{\Phi}{\sigma+\eta} = \dfrac{1}{(\sigma+\eta)\theta}$ 表示产出缺口的均衡值。

由于 $\ln y_t(i) = \ln Y_t - \theta[\ln p_t(i) - \ln P_t]$，从而 $Var_i\hat{y}_t(i) = \theta^2 Var_i[\ln p_t(i)]$，代入上式得到

$$V_t \approx -\frac{1}{2}\overline{Y}U_c\{(\sigma+\eta)(x_t-x^*)^2 + \theta^2(\theta^{-1}+\eta)Var_i[\ln p_t(i)]\} + t.i.p$$

定义 $\breve{P}_t = E_i[\ln p_t(i)]$，$\Delta_t = Var_i[\ln p_t(i)]$，利用 $Var_i(\breve{P}_{t-1}) = 0$，可得到

$$\begin{aligned}
\Delta_t &= Var_i[\ln p_t(i) - \breve{P}_{t-1}] \\
&= E_i\{[\ln p_t(i) - \breve{P}_{t-1}]^2\} - \{E_i[\ln p_t(i)] - \breve{P}_{t-1}\}^2 \\
&= \omega E_i\{[\ln p_{t-1}(i) - \breve{P}_{t-1}]^2\} + (1-\omega)(\ln p_t^* - \breve{P}_{t-1})^2 - (\breve{P}_t - \breve{P}_{t-1})^2
\end{aligned}$$

利用 $\breve{P}_t = (1-\omega)\ln p_t^* + \omega\breve{P}_{t-1}$，代入上式可得到

$$\Delta_t = \omega\Delta_{t-1} + \frac{\omega}{1-\omega}(\breve{P}_t - \breve{P}_{t-1})^2 \approx \omega\Delta_{t-1} + \frac{\omega}{1-\omega}\pi_t^2$$

并且

$$E_t\sum_{i=0}^{\infty}\beta^i\Delta_{t+i} = \left[\frac{\omega}{(1-\omega)(1-\omega\beta)}\right]E_t\sum_{i=0}^{\infty}\beta^i\pi_{t+i}^2 + t.i.p$$

将上式代入从而最终得到社会福利函数的二阶近似：

$$\text{社会福利函数} = E_t\sum_{i=0}^{\infty}\beta^i V_{t+i} \approx -\Omega E_t\sum_{i=0}^{\infty}\beta^i[\pi_{t+i}^2 + \lambda(x_{t+i}-x^*)^2]$$

其中，

$$\Omega = \frac{1}{2}\bar{Y}U_c\left[\frac{\omega}{(1-\omega)(1-\omega\beta)}\right](\theta^{-1}+\eta)\theta^2$$

$$\lambda = \left[\frac{(1-\omega)(1-\omega\beta)}{\omega}\right]\frac{(\sigma+\eta)}{(1+\eta\theta)\theta}$$

$$x^* = \frac{1}{\theta(\sigma+\eta)}$$

从该式可以得出以下结论：

（1）在新凯恩斯模型中，社会福利函数的二阶近似具有鲜明的经济意义，它可以表示为通胀率和产出缺口与其目标值之差的二次型。这表明，追求社会福利最大化的目标意味着追求经济的稳定，使经济达到期望的目标值，即达到经济的长期均衡状态。

（2）通胀率和产出缺口的目标值分别为零和 x^*，这些目标值取决于经济环境和经济结构，不是任意确定的。在此模型中，产出缺口的目标值 x^* 并不等于零，而是取决于参数（θ，σ，η），如果没有垄断竞争的存在（即 $\theta\to\infty$），那么 $x^*\to0$，因此这些目标值是经济摩擦（如扭曲性税收、垄断、价格黏性等因素）对经济扭曲性影响的反映。这从另一方面说明，经济政策的第一选择应是消除或减弱经济摩擦对经济的扭曲，使经济达到有效的均衡状态，这样才能从根本上提高社会福利水平。

（3）不同的冲击将影响经济政策的选择。如果经济冲击（总需求冲击）对产出和通胀率影响的方向是一致的，那么经济政策在稳定产出和通胀率这两方面不存在两难抉择（trade-off），经济政策稳定了一方，也就同时稳定了另一方。但如果经济冲击（如由劳动力成本的上升造成的总供给冲击）对产出和通胀率影响的方向是不一致的，那么经济政策在稳定产出和通胀率存在两难抉择问题，其不可能同时达到稳定两者的目的。

（4）社会福利函数中关于产出和通胀率的相对权重 λ 不是任意确定的，它取决于反映经济环境和经济结构的有关参数。当经济政策在稳定产出和通胀率这两方面存在两难抉择时，关于产出和通胀率的相对权重应采用社会福利函数中的相对权重。

以上社会福利函数的二阶近似是在 Rotemberg-Woodford（1997）的新凯恩斯模型框架下推导出来的，可以看出它依赖于采用的模型结构和模型中的有关假设条件。它是否具有普适性呢？学者们对此问题进行了进一步研究和拓展，特别是，他们对社会福利函数的二阶近似在不同的假设条件下所包含的项目及其相对权重进行了深入的探讨和研究，从而为在福利分析的基础之上研究货币政策奠定了坚实的基础。

Steinsson（2002）及 Amato-Laubach（2002）等考虑了定价方式对社会福利函数二阶近似的影响。在 Rotemberg-Woodford（1997）的新凯恩斯模型中，厂商采用了 Calvo 定价策略，而在 Steinsson（2002）及 Amato-Laubach（2002）的模型中，他们将厂商分为两类，第一类厂商采用 Calvo 的定价策略来对产品定价，第二类厂商在不完全信息等约束条件下，参照第一类厂商上一期的定价方式来对当期的产品进行定价。这两类厂商的不同定价方式，使当期通胀率同时取决于预期的通胀率和滞后期的通胀率。他们得到，社会福利函数的二阶近似不仅包括上式中的各项，还应包括通胀率的变化项 $(\Delta \pi_t)^2$。

Amato-Laubach（2002）考虑了消费者类型对社会福利函数二阶近似的影响。在其模型中，他们将消费者分为两类，第一类消费者按照优化模型的结果来进行消费决策，第二类消费者仅仅根据其一般性的经验（rule-of-thumb）来进行消费决策，第二类消费者的消费通常具有后顾性的特点，正是第二类消费者的存在，使得总需求曲线体现出混合性的特点。他们得到，社会福利函数的二阶近似还应包括产出的变化项 $(\Delta x_t)^2$。

Amato-Laubach（2001）考虑了内生性消费习惯的形成（internal habit formation in consumption）对社会福利函数二阶近似的影响，从而得到，社会福利函数的二阶近似还应包括产出的平均变化项 $(x_t + x_{t-1})^2$。

Erceg-Henderson-Levin（2000）在假设同时价格黏性和工资黏性的情况下得到，社会福利函数的二阶近似还应包括工资的变化项 $(\Delta w_t)^2$，这里 w_t 表示名义工资。

Aoki（2001）、Smets-Wouters（2002）、Benigno（2000）、Sutherland（2002）及 Benigno-Woodford（2003）等学者将单部门模型推广到多部门或者多地区的开放经济模型，并得到，在社会福利函数的二阶近似中，关于通胀率的相对权重应更大。

Dupor（2002）在其模型中考虑了资产价格变化，并得到，社会福利函数的二阶近似还应包括资产价格的变化项。

Giannoni-Woodford（2003）和 Woodford（2003）对新凯恩斯模型进行了进一步推广，他们得到的社会福利函数二阶近似形式更为一般，即

$$社会福利函数 = -E_t \sum_{i=0}^{\infty} \beta^i [\lambda_p (\pi_{t+i} - \gamma_p \pi_{t+i-1})^2 + \lambda_w (\pi_{t+i}^w - \gamma_w \pi_{t+i-1})^2$$
$$+ \lambda_x (x_{t+i} - \delta x_{t+i-1} - x^*)^2 + \lambda_i (i_{t+i} - i_{t+i-1})^2]$$

其中，π^w 是名义工资的增长率，i_t 是名义利率。

总的来看，通过分析社会福利函数，特别是在二阶近似的情况下，考察它的显性表达式，可以为进一步在福利分析的框架下研究和分析宏观经济政策奠定基础。通过以上分析可以看出，社会福利函数的二阶近似通常可以表示为一些经济变量的二次型。

第二节　目标函数、目标变量、操作工具

最优经济政策的选择通常可表示为下面的优化问题：

$$\min_{\{u\}} L = E_t \sum_{j=0}^{\infty} \beta^j L_{t+j}(y_{t+j}, y_{t+j}^*)$$

$$\textit{s.t.} \quad E_t [f(x_{t+1}, x_t, x_{t-1}, u_t, \varepsilon_t)] = 0$$

$$y_t = g(x_t, u_t)$$

其中，β 是贴现因子，$0 < \beta < 1$；L 是政策决策部门的损失函数；$L_t(y_t, y_t^*)$ 是当期损失函数；E_t 表示条件数学期望；x_t 是状态变量；u_t 是控制变量；ε_t 是符合独立同分布的随机误差向量；y_t 是目标变量（targeting variables）；y_t^* 是目标变量的目标值（其可能是随时间变化的变量）；第二个式子是经济模型；第三个式子是目标变量与状态变量和控制变量的关系式，目标变量是政策决策部门比较关注的变量，如产出或通胀率等，控制变量是决策部门可使用的政策操作工具，如利率、基础货币、税率等。例如，在实际中货币政策的损失函数通常选择为下列的形式：

$$L = E_t \sum_{j=0}^{\infty} \beta^j L_{t+j}, \quad L_t = \lambda(y_t - y^*)^2 + (\pi_t - \pi^*)^2 + \nu(i_t - i_{t-1})^2$$

其中，y 是产出缺口，π 是通胀率，i 是短期名义利率，y^* 和 π^* 分别是产出缺口和通胀率的目标值，λ 和 ν 分别是损失函数中产出和利率相对于通胀率的权重。在损失函数中之所以加入利率的变化，主要是为了防止利率的大幅波动对金融系统及整个经济造

成的不稳定影响。

在选择最优的经济政策之前，我们首先需要解决的一个问题是，损失函数与社会福利目标函数存在什么关系，它们的最终目标是否一致。

无论采用哪种经济政策，从福利分析的角度来看，经济政策应该以提高社会福利为其目标，从而政策决策部门的损失函数应选择社会福利目标函数。Woodford(1999)、Erceg-Henderson-Levin（2000）和 Svensson（2003）等学者指出，（$-L$）是社会福利目标函数的二阶近似，因而在二阶近似的范围内通过使损失函数最小化也就使社会福利目标函数达到了最大化。因此，上述的损失函数与社会福利目标函数的最终目标是一致的，而且这些结论也给损失函数赋予了微观理论上的进一步解释。

如果损失函数与社会福利目标函数的最终目标是一致的，那么这也为经济决策部门选择目标变量及目标值提供了借鉴意义。

其一，目标变量是状态变量和控制变量的函数，虽然经济决策部门选择目标变量具有一定的灵活性，但最终得到的损失函数与社会福利目标函数在形式上应保持一致，特别是包含的项目既不能不充分，也不能冗余。

其二，损失函数中目标变量的目标值原则上应采用社会福利目标函数中的目标值，但考虑到实际中工资或价格的黏性、垄断竞争、扭曲性税率、统计数据的误差、经济决策部门的政治压力及实际操作的约束（如名义利率不能为负值）等因素，损失函数中目标变量的目标值与社会福利目标函数的目标值可能不完全一致，但无论怎样，这些目标值不应该太偏离社会福利目标函数中的目标值，否则将对社会福利水平产生影响。

Tinbergen（1952）和 Theil（1958）在研究经济政策时得到一个著名的结论，如果存在 N 个政策目标，那么要实现这些目标至少需要 N 个独立的工具变量，否则，工具变量个数的不足将使政策目标不能全部实现，此时政策决策者只能对这些目标的实现程度进行权衡。这个结论很有启发意义，如在进行最优货币政策分析时，货币政策的目的是消除或减弱由货币变化导致的经济摩擦，从而使经济达到有效的均衡状态，这样才能从根本上提高社会福利水平。如果经济摩擦是由其他非货币因素造成的，那么货币政策并不能完全消除这些摩擦，它的作用不是万能的，货币政策有一定的局限性，要消除或减弱这些摩擦还需要通过实施其他的经济政策。这也说明，货币政策并不能完全实现社会福利函数要求的所有目标，货币政策对这些目标的实现程度要有一定的权衡。权衡就需要对不同的目标设定一定的权重，那么权重如何确定呢？如果损失函数与社会福利目标函数的最终目标是一致的，那么，损失函数中各个项目的权重应选择社会福利目标函数中这些项目的权重，这样才能使社会福利达到最优，而在实际中中央银行对这些权重的选择通常有一定的灵活性，这反映了中央银行的偏好不同。尽管如此，通过比较不同权重下的损失函数，从而选择使损失函数达到最小值的权重，也就实现了使社会福利达到最优的目标。

第三节　政策决策方式与最优政策的选择

一、时间不一致性

Kydland-Prescott（1977）的研究表明，经济政策的选择必须考虑时间一致性（time consistence）问题，即当期选择的最优政策在未来各期也是最优的。如果选择的最优政策是时间不一致的（time inconsistent），那么这将会影响政策的可信度和有效性。

我们通过一个简单的例子来看时间一致性问题对经济政策选择及经济的影响。考虑一个两期的确定性模型，模型的状态变量为 x，政策变量为 P，状态变量 x 在第 1 期和第 2 期由下面的方程确定：

$$x_1 = X_1(P_1, P_2)$$

$$x_2 = X_2(x_1, P_1, P_2)$$

可见，在第 1 期状态变量 x_1 不仅取决于当期的政策变量 P_1，而且还取决于第 2 期的政策变量 P_2，而在第 2 期，状态变量 x_2 取决于上期的状态变量 x_1 以及上期和当期的政策变量 P_1 和 P_2。

假设社会福利目标函数为

$$U = U(x_1, x_2, P_1, P_2)$$

首先，在第 1 期考虑政策选择问题，即在状态方程的约束下，通过选择政策变量 P_1 和 P_2 使社会福利目标函数达到最大值。假定得到的最优解为 $\left(x_1^*, x_2^*, P_1^*, P_2^*\right)$，这里我们着重考虑政策变量 P_2 满足的方程。将状态方程代入社会福利目标函数得到 $U\{X_1(P_1,P_2),X_2[X_1(P_1,P_2),P_1,P_2],P_1,P_2\}$，由此对政策变量 P_2 取微分可得到下面的一阶条件：

$$\frac{\partial U}{\partial x_1}\frac{\partial X_1}{\partial P_2}+\frac{\partial U}{\partial x_2}\frac{\partial x_2}{\partial x_1}\frac{\partial X_1}{\partial P_2}+\frac{\partial U}{\partial x_2}\frac{\partial X_2}{\partial P_2}+\frac{\partial U}{\partial P_2}=0$$

其次，在第 2 期考虑政策选择问题。如果政策决策者认为第 1 期得到的解 (x_1^*,P_1^*) 已经成为既定的事情，那么其对政策变量 P_2 的选择就是求解下列问题：

$$\max U(x_1,x_2,P_1,P_2)$$

$$\textit{s.t.}\quad x_2=X_2(x_1,P_1,P_2),\quad x_1=x_1^*,P_1=P_1^*$$

这个问题关于政策变量 P_2 的一阶条件为

$$\frac{\partial U}{\partial P_2}+\frac{\partial U}{\partial x_2}\frac{\partial X_2}{\partial P_2}=0$$

比较上面得到的两个一阶条件可以看出，这两个方程不完全相同。这说明，在第 1 期关于政策变量 P_2 的选择与在第 2 期关于政策变量 P_2 的选择并不相同，因而在第 1 期得到的最优解在第 2 期不是最优的，即最优政策是时间不一致的。要使在第 1 期得到的最优解仍然在第 2 期是最优的，需要满足下面的条件：

$$\left(\frac{\partial U}{\partial x_1}+\frac{\partial U}{\partial x_2}\frac{\partial x_2}{\partial x_1}\right)\frac{\partial X_1}{\partial P_2}=0$$

通常上式中括号中的项并不为零，因此满足上式需要 $\frac{\partial X_1}{\partial P_2}=0$，这表明第 1 期的状态方程仅仅依赖于政策变量 P_1，$x_1=X_1(P_1)$，也就是说，状态方程不是前瞻性方程。

从以上分析可以看出，如果状态方程表现出前瞻性的特征，那么经济政策的选择必须考虑时间一致性问题。时间不一致问题之所以出现，关键在于决策者在重新求解优化问题确定政策时，将过去确定的政策看成是既定的过去事实，不受其影响，即过去的政策决策对现在的政策决策不产生约束作用。如果存在着预承诺机制（precommitment mechanism），即决策者必须考虑过去确定的政策对其现在政策决策的约束作用，那么决策者选择的政策才是时间一致的，也是可信的和有效的。

从前几章可以看出，DSGE 模型中的状态方程通常表现为前瞻性的特点，经济状态不仅取决于当期的经济政策选择，而且还取决于未来的经济政策选择，因此，政策决策部门在确定最优经济政策时必须考虑时间一致性问题。如果经济政策没有预承诺机制的保证，那么在某期确定的最优经济政策在未来各期未必是最优的，也是不可信的。

二、几种决策方式下的最优政策选择

所谓最优的经济政策，就是在一定的约束条件下政策决策部门通过选择政策操作工具使政策目标达到最优，即在模型的约束下，通过选择政策工具使损失函数达到最小值。在求解该优化问题时，经济政策的决策方式对求解结果具有很大的影响。决策方式体现了政策决策部门为实现其目标进行政策工具选择和调整的原则。一种较为常用的决策方式是相机抉择（discretion），即政策决策部门根据经济状态相机而灵活地调整政策工具，这种方式的灵活性特点使之至今仍被政策决策部门所采用。另一种决策方式是政策规则，即政策决策部门始终按照某种规则来调整政策工具。相机抉择虽然灵活，但缺少承诺机制，如果缺少承诺机制，那么政策的有效性和可信性（credibility）就值得怀疑。政策规则虽然缺少灵活性，但却建立了承诺机制，从而可以提高政策的有效性和可信性。从博弈论的角度来看，在相机抉择的方式下寻找时间一致的最优解，实际上就是寻找 Nash 均衡解，而在政策规则作用下得到的均衡实际上是 Stackelberg 均衡，其中，政策决策部门是领导者，经济主体是跟随者。

为讨论方便，我们在对数线性化后的模型约束下求解下面的优化问题：

$$\min_{\{u_t\}}(L = E_t \sum_{j=0}^{\infty} \beta^j L_{t+j}), \quad L_t = [x_t', u_t'] \begin{bmatrix} Q & U \\ U' & R \end{bmatrix} \begin{bmatrix} x_t \\ u_t \end{bmatrix}, \quad x_t = \begin{bmatrix} x_{1t} \\ x_{2t} \end{bmatrix}$$

$$s.t. \quad \begin{bmatrix} x_{1t+1} \\ E_t x_{2t+1} \end{bmatrix} = A \begin{bmatrix} x_{1t} \\ x_{2t} \end{bmatrix} + Bu_t + \begin{bmatrix} \varepsilon_{t+1} \\ 0 \end{bmatrix}$$

其中，β 是贴现因子，$0 < \beta < 1$；L 是政策决策部门的损失函数；E_t 表示条件数学期望；u_t 是控制变量；x_t 是状态变量，它由前定变量（predetermined variables）x_{1t} 和前瞻性变量（forward-looking variables）x_{2t} 组成；ε_t 是符合独立同分布的随机误差向量，其协方差为 Ω。

动态随机一般均衡模型及其应用

（一）相机抉择

在相机抉择的方式下，对上述最优控制问题的求解是一个多期优化问题，即在每期 t，政策决策部门假定人们的预期给定，从而根据该期的经济状态求解上述优化问题，这意味着相机抉择在每期都利用了信息优势。由于时间不一致性问题的存在，因而我们期望在相机抉择的方式下寻找时间一致的最优解。Söderlind（1999）给出了该问题的详细算法。

在 t 期，政策决策部门假定人们的预期给定，从而在 t 期对上述优化问题的求解是一个标准的二次型最优问题。假设损失函数可表示为

$$J_t = x_{1t}' V_t x_{1t} + v_t$$

其中，V_t 和 v_t 分别是待定的矩阵和常数。采用动态规划方法，上述优化问题的 Bellman 方程为

$$x_{1t}' V_t x_{1t} + v_t = \min_{u_t} \left[(x_t' Q x_t + 2 x_t' U u_t + u_t' R u_t) + \beta E_t (x_{1t+1}' V_{t+1} x_{1t+1} + v_{t+1}) \right]$$

虽然政策决策部门假定人们的预期给定，但上面的 Bellman 方程包含 x_{2t}，而状态方程表明 x_{2t} 是内生变量，且依赖于预期变量，因而对 x_{2t+1} 的预期也是内生的。假设人们根据当前的经济状态采用下面的预期形式：

$$E_t x_{2t+1} = C_{t+1} E_t x_{1t+1}$$

其中，C_{t+1} 是待定的矩阵。对状态方程中的矩阵 A 和 B 进行分块，利用上式可得到

$$\begin{aligned} E_t x_{2t+1} &= A_{21} x_{1t} + A_{22} x_{2t} + B_2 u_t \\ &= C_{t+1} E_t x_{1t+1} \\ &= C_{t+1} (A_{11} x_{1t} + A_{12} x_{2t} + B_1 u_t) \end{aligned}$$

从而得到

$$x_{2t} = D_t x_{1t} + G_t u_t$$

其中，$D_t = \left(A_{22} - C_{t+1} A_{12} \right)^{-1} \left(C_{t+1} A_{11} - A_{21} \right)$，$G_t = \left(A_{22} - C_{t+1} A_{12} \right)^{-1} \left(C_{t+1} B_1 - B_2 \right)$。代入状态方程可得到

$$\begin{aligned} x_{1t+1} &= A_{11} x_{1t} + A_{12} x_{2t} + B_1 u_t \\ &= A_t^* x_{1t} + B_t^* u_t + \varepsilon_{t+1} \end{aligned}$$

其中，$A_t^* = A_{11} + A_{12}D_t$，$B_t^* = B_1 + A_{12}G_t$。

对矩阵 Q、U 和 R 进行分块，利用上述方程可得到

$$x_t'Qx_t + 2x_t'Uu_t + u_t'Ru_t = x_{1t}'Q_t^*x_{1t} + 2x_{1t}'U_t^*u_t + u_t'R_t^*u_t$$

其中，

$$Q_t^* = Q_{11} + Q_{12}D_t + D_t'Q_{21} + D_t'Q_{22}D_t$$

$$U_t^* = Q_{12}G_t + D_t'Q_{22}G_t + U_1 + D_t'U_2$$

$$R_t^* = R + G_t'Q_{22}G_t + G_t'U_2 + U_2'G_t$$

利用上式，Bellman 方程可写为

$$x_{1t}'V_tx_{1t} + v_t = \min_{u_t} \left\{ \begin{array}{l} (x_{1t}'Q_t^*x_{1t} + 2x_{1t}'U_t^*u_t + u_t'R_t^*u_t) \\ + \beta E_t[(A_t^*x_{1t} + B_t^*u_t + \varepsilon_{t+1})'V_{t+1}(A_t^*x_{1t} + B_t^*u_t + \varepsilon_{t+1}) + v_{t+1}] \end{array} \right\}$$

上式的一阶条件为

$$U_t^{*'}x_{1t} + R_t^*u_t + \beta B_t^{*'}V_{t+1}A_t^*x_{1t} + \beta B_t^{*'}V_{t+1}B_t^*u_t = 0$$

从而得到

$$u_t = -F_tx_{1t}$$

$$F_t = (R_t^* + \beta B_t^{*'}V_{t+1}B_t^*)^{-1}(U_t^{*'} + \beta B_t^{*'}V_{t+1}A_t^*)$$

进而可得到

$$x_{2t} = (D_t - G_tF_t)x_{1t} = C_tx_{1t}, \quad C_t = (D_t - G_tF_t)$$

$$V_t = Q_t^* - U_t^*F_t - F_t'U_t^{*'} + F_t'R_t^*F_t + \beta(A_t^* - B_t^*F_t)'V_{t+1}(A_t^* - B_t^*F_t)$$

$$v_t = \beta E_t(\varepsilon_{t+1}'V_{t+1}\varepsilon_{t+1} + v_{t+1})$$

可以将以上求解的环节总结如下：

（1）猜测矩阵 C_{t+1} 和 V_{t+1}。

（2）进行如下计算：

$$D_t = (A_{22} - C_{t+1}A_{12})^{-1}(C_{t+1}A_{11} - A_{21})$$

$$G_t = (A_{22} - C_{t+1}A_{12})^{-1}(C_{t+1}B_1 - B_2)$$

$$A_t^* = A_{11} + A_{12}D_t$$

$$B_t^* = B_1 + A_{12}G_t$$

$$Q_t^* = Q_{11} + Q_{12}D_t + D_t'Q_{21} + D_t'Q_{22}D_t$$

$$U_t^* = Q_{12}G_t + D_t'Q_{22}G_t + U_1 + D_t'U_2$$

$$R_t^* = R + G_t'Q_{22}G_t + G_t'U_2 + U_2'G_t$$

$$F_t = (R_t^* + \beta B_t^{*'}V_{t+1}B_t^*)^{-1}(U_t^{*'} + \beta B_t^{*'}V_{t+1}A_t^*)$$

$$C_t = (D_t - G_tF_t)$$

$$V_t = Q_t^* - U_t^*F_t - F_t'U_t^{*'} + F_t'R_t^*F_t + \beta(A_t^* - B_t^*F_t)'V_{t+1}(A_t^* - B_t^*F_t)$$

（3）迭代直到矩阵 C_{t+1}、F_t 和 V_{t+1} 收敛。

假设矩阵 C_{t+1}、F_t 和 V_{t+1} 最终收敛到 C、F 和 V，那么，相机抉择下的最优解可表示为

$$u_t = -Fx_{1t}$$

$$x_{2t} = Cx_{1t}$$

$$x_{1t+1} = Mx_{1t} + \varepsilon_{t+1}, \quad M = A_{11} + A_{12}C - B_1F$$

损失函数为

$$J_0 = x_{10}'Vx_{10} + \frac{\beta}{1-\beta}tr(V\Omega)$$

其中，tr 表示矩阵的迹，Ω 是误差变量 ε_t 的协方差矩阵，x_{10} 是初值条件。

（二）政策规则

政策决策的另一种方式是政策规则。政策规则虽然是对政策决策部门的一种约束，但这种约束使政策建立了一种承诺机制，从而可以避免政策决策部门的短视和机会主义倾向，并提高社会的福利水平。同时，政策规则的采用也可以提高政策的透明性、

可信性和有效性。政策规则大体上可分为两类，一类是完全承诺的最优政策规则（completely commitment policy rules），这种最优政策也称 Ramsey 最优政策，另一类是最优简单政策规则（simple policy rules）。

1. 完全承诺的最优政策规则。完全承诺的最优政策规则就是在某期对上述最优控制问题求解得到最优控制 u_t 后，它将成为政策决策部门在以后各期选择控制变量的原则。从此可看出，在整个决策过程中，政策决策部门承诺仅在初期进行了 1 次优化，而以后各期严格按照此最优解来进行决策。

具体来讲，假设约束方程对应的 Lagrange 乘子为

$$\rho_{t+1} = \begin{bmatrix} \rho_{1t+1} \\ \rho_{2t+1} \end{bmatrix}$$

其中，ρ_{1t+1} 和 ρ_{2t+1} 分别对应前定变量和前瞻性变量的方程，记 $\xi_{t+1} = \begin{bmatrix} \varepsilon_{t+1} \\ x_{2t+1} - E_t x_{2t+1} \end{bmatrix}$，那么在 t_0 期对上述优化问题的求解表示为下式：

$$\min_{\{u_t\}} E_{t_0} \sum_{j=0}^{\infty} \beta^j [L_{t_0+j} + 2\rho_{t_0+1+j}(Ax_{t_0+j} + Bu_{t_0+j} + \xi_{t_0+1+j} - x_{t_0+1+j})]$$

该问题的一阶条件为

$$\begin{bmatrix} I & 0 & 0 \\ 0 & 0 & \beta A' \\ 0 & 0 & -B' \end{bmatrix} \begin{bmatrix} x_{t+1} \\ u_{t+1} \\ E_t \rho_{t+1} \end{bmatrix} = \begin{bmatrix} A & B & 0 \\ -\beta Q & -\beta U & I \\ U' & R & 0 \end{bmatrix} \begin{bmatrix} x_t \\ u_t \\ \rho_t \end{bmatrix} + \begin{bmatrix} \xi_{t+1} \\ 0 \\ 0 \end{bmatrix}, \quad t > t_0$$

为求解上面的方程，我们需要给出初值条件，即给定前定变量在 t_0 期的初值。由于 Lagrange 乘子 ρ_{1t+1} 和 ρ_{2t+1} 分别对应前定变量和前瞻性变量的方程，因而 ρ_{2t+1} 是前定变量，ρ_{1t+1} 是前瞻性变量，由此初值由 x_{1t_0} 和 ρ_{2t_0} 给出。Lagrange 乘子 ρ_{2t+1} 的不可观测性使得政策决策部门通常将初值 ρ_{2t_0} 选定为零。当 ρ_{2t_0} 选定为零时，那么上述的最优解可能是时间不一致的，因为政策决策部门虽然承诺仅在初期进行 1 次优化求解，但初期选在哪一期将会影响求解结果。假设政策决策部门在 t_1（$t_1 > t_0$）期对上述问题求解时，若其将初值 ρ_{2t_1} 选定为零，那么此时得到的求解结果与在 t_0 期得到的是不一致的，实际上从上述方程可以看出 ρ_{2t_1} 通常不为零。

初值 ρ_{2t_0} 设置为零实际上意味着政策决策部门在 t_0 期利用信息优势，而没有受到

前瞻性变量对应的行为方程的约束。可是，完全承诺的最优政策规则与相机抉择的最大不同之处在于，它并不像相机抉择那样在每期都利用信息优势，而仅在初期利用了信息优势。

为保证最优解不受初期选择的影响，即保证完全承诺的最优政策规则是时间一致的，对初值 ρ_{2t_0} 的选取至关重要。Woodford（1999）和 Svensson（1999）对于上述问题的解决方法是，将 t_0 选为 $-\infty$，这样得到的解具有与时间无关的性质（timeless perspective）。Juillard-Pelgrin（2007）指出，这种做法在实际操作中通常很难实行，他们提出了一种算法来求解与时间无关的最优政策规则，但目前该算法还不太成熟，普适性还较差。

对于上面的一阶条件，采用第三章介绍的方法，最终求解结果为

$$\begin{bmatrix} x_{1t+1} \\ \rho_{2t+1} \end{bmatrix} = M \begin{bmatrix} x_{1t} \\ \rho_{2t} \end{bmatrix} + \begin{bmatrix} \varepsilon_{t+1} \\ 0 \end{bmatrix}$$

$$x_{2t} = -\begin{bmatrix} N_{21} & N_{22} \end{bmatrix} \begin{bmatrix} x_{1t} \\ \rho_{2t} \end{bmatrix}$$

$$u_t = -F \begin{bmatrix} I & 0 \\ -N_{21} & -N_{22} \end{bmatrix} \begin{bmatrix} x_{1t} \\ \rho_{2t} \end{bmatrix}$$

其中，

$$M = \begin{bmatrix} I & 0 \\ S_{21} & S_{22} \end{bmatrix} G \begin{bmatrix} I & 0 \\ -N_{21} & -N_{22} \end{bmatrix}$$

$$G = A - BF$$

$$F = -(R + B'SB)^{-1}(B'SA + U')$$

$$S = Q - UF - F'U' + F'RF + \beta(A - BF)'S(A - BF)$$

$$S = \begin{bmatrix} S_{11} & S_{12} \\ S_{21} & S_{22} \end{bmatrix}$$

$$N = \begin{bmatrix} N_{11} & N_{12} \\ N_{21} & N_{22} \end{bmatrix} = \begin{bmatrix} S_{11} - S_{12}S_{22}^{-1}S_{21} & S_{12}S_{22}^{-1} \\ -S_{22}^{-1}S_{21} & S_{22}^{-1} \end{bmatrix}$$

损失函数为

$$J_0 = x_{10}' N_{11} x_{10} + \rho_{20}' N_{22} \rho_{20} + \frac{\beta}{1-\beta} tr(V\Omega)$$

可以看出，完全承诺的最优政策规则 u_t 不仅依赖于前定变量 x_{1t}，而且还依赖于 Lagrange 乘子 ρ_{2t}。由于 ρ_{2t} 依赖于 x_{1t} 的历史值，因而完全承诺的最优政策规则 u_t 依赖于整个 x_{1t} 的历史值，即其是与历史有关的，这其实对政策的决策施加了一种约束，使政策决策部门不能忽略过去的承诺。

为保证最优解不受初期选择的影响，即保证完全承诺的政策规则是时间一致的，对初值 ρ_{2t_0} 的选取至关重要。Woodford（1999）和 Svensson（1999）对于上述问题的解决方法是，将 t_0 选为 $-\infty$，这样得到的解具有与时间无关的性质（Timeless Perspective）。Juillard-Pelgrin（2007）指出，这种做法在实际操作中通常很难实行，他们提出了一种算法来求解与时间无关的最优政策规则。实际上，如果我们能从上面已求解的方程 $\begin{bmatrix} x_{1t} \\ \rho_{2t} \end{bmatrix} = M \begin{bmatrix} x_{1t-1} \\ \rho_{2t-1} \end{bmatrix} + \begin{bmatrix} \varepsilon_t \\ 0 \end{bmatrix}$ 中消去 ρ_{2t} 而变成仅有 x_{1t} 的方程，那么就可以保证解具有与时间无关的性质。

为此，首先将上面的方程写成下面的形式，

$$\begin{bmatrix} x_{1t} \\ \rho_{2t} \end{bmatrix} = \begin{bmatrix} M_1, & M_2 \end{bmatrix} \begin{bmatrix} x_{1t-1} \\ \rho_{2t-1} \end{bmatrix} + \begin{bmatrix} I \\ 0 \end{bmatrix} \varepsilon_t$$
$$= M_1 x_{1t-1} + M_2 \rho_{2t-1} + P\varepsilon_t$$

其中，$M = \begin{bmatrix} M_1, & M_2 \end{bmatrix} = \begin{bmatrix} M_{11} & M_{12} \\ M_{21} & M_{22} \end{bmatrix}$，$P = \begin{bmatrix} I \\ 0 \end{bmatrix}$，$I$ 是相应的单位矩阵，显然，矩阵 M_1、M_2 和 P 都是行数大于列数的矩阵。

其次，对矩阵 M_2 进行 QR 分解，

$$M_2 E = QR = \begin{bmatrix} Q_{11} & Q_{12} \\ Q_{21} & Q_{22} \end{bmatrix} \begin{bmatrix} R_1 & R_2 \\ 0 & 0 \end{bmatrix}$$

其中，E 是置换矩阵，Q 是正交矩阵，R 是上三角矩阵，若矩阵 M_2 是列满秩矩阵，那么 R_2 矩阵是空矩阵。利用该分解结果可得到，

$$Q'\begin{bmatrix} x_{1t} \\ \rho_{2t} \end{bmatrix} = Q' M_1 x_{1t-1} + RE' \rho_{2t-1} + Q' P \varepsilon_t$$

取上面方程的下半部可得到,

$$Q_{12}' x_{1t} + Q_{22}' \rho_{2t} = [Q_{12}', Q_{22}'](M_1 x_{1t-1} + P\varepsilon_t)$$

由于矩阵 Q_{22}' 是可逆方阵,从而继续对 Q_{22}' 进行 QR 分解可得到,

$$Q_{22}' = \widetilde{Q}\widetilde{R}$$

利用上述结果可得到,

$$\rho_{2t} = \tilde{R}_1^{-1} \widetilde{Q}' \left[[Q_{12}', Q_{22}'](M_1 x_{1t-1} + P\varepsilon_t) - Q_{12}' x_{1t} \right]$$

$$\rho_{2t-1} = \tilde{R}_1^{-1} \widetilde{Q}' \left[[Q_{12}', Q_{22}'](M_1 x_{1t-2} + P\varepsilon_{t-1}) - Q_{12}' x_{1t-1} \right]$$

最终可消去 ρ_{2t} 得到仅有 x_{1t} 的方程,

$$x_{1t} = H_1 x_{1t-1} + H_2 x_{1t-2} + H_3 \varepsilon_t + H_3 \varepsilon_{t-1}$$

其中,

$$H_1 = M_{11} - M_{12} \widetilde{R}_1^{-1} \widetilde{Q}' [Q_{12}', Q_{22}'] Q_{12}'$$

$$H_2 = M_{12} \widetilde{R}_1^{-1} \widetilde{Q}' [Q_{12}', Q_{22}'] M_1$$

$$H_3 = I$$

$$H_4 = M_{12} \widetilde{R}_1^{-1} \widetilde{Q}' [Q_{12}', Q_{22}'] P$$

经过以上几个步骤,我们最后就可以保证完全承诺的政策规则解具有与时间无关的性质。

2. 最优简单政策规则。由于完全承诺的最优政策规则形式上非常复杂,特别是它还依赖于不可观测的变量 ρ_{2t},因而在应用方面具有一定难度。为此,人们尝试是否能用一些简单政策规则来逼近完全承诺的最优政策规则。其中最为常见的简单规则形式为 $u_t = -Fx_t = -F\begin{bmatrix} x_{1t} \\ x_{2t} \end{bmatrix}$,即规则仅仅依赖于当期可观测的变量,最优简单规则就是求解下列优化问题:

$$\min_{\{F\}}(L = E_t \sum_{j=0}^{\infty} \beta^j L_{t+j}), \quad L_t = [x_t',u_t']\begin{bmatrix} Q & U \\ U' & R \end{bmatrix}\begin{bmatrix} x_t \\ u_t \end{bmatrix}$$

$$\textbf{s.t.} \begin{bmatrix} x_{1t+1} \\ E_t x_{2t+1} \end{bmatrix} = (A-BF)\begin{bmatrix} x_{1t} \\ x_{2t} \end{bmatrix} + \begin{bmatrix} \varepsilon_{t+1} \\ 0 \end{bmatrix}$$

对于上述问题，首先猜测矩阵 F，并按照第三章介绍的方法对状态方程进行求解，求解的结果可表示为

$$u_t = -Fx_t$$

$$x_{2t} = Cx_{1t}$$

$$x_{1t+1} = Mx_{1t} + \varepsilon_{t+1}$$

其中，矩阵 C 和 M 依赖于 F。将上面的结果代入损失函数，选择使损失函数达到最小值的 F，从而最终得到最优的简单政策规则。

以上简单政策规则是直接针对状态变量 x_t 提出的，实际中我们通常还采用下面的简单政策规则：

$$u_t = -F_Y Y_t$$

其中，Y 是目标变量，它是状态变量和控制变量的线性组合，即

$$Y_t = [N_x, N_u]\begin{bmatrix} x_t \\ u_t \end{bmatrix}$$

此时当期损失函数可表示为

$$L_t = Y_t' K Y_t = [x_t',u_t']\begin{bmatrix} N_x' \\ N_u' \end{bmatrix} K [N_x, N_u]\begin{bmatrix} x_t \\ u_t \end{bmatrix}$$

$$= [x_t',u_t']\begin{bmatrix} Q & U \\ U' & R \end{bmatrix}\begin{bmatrix} x_t \\ u_t \end{bmatrix}$$

其中，K 是权重矩阵，$Q = N_x' K N_x$，$U = N_x' K N_u$，$R = N_u' K N_u$，进行变换可得到

$$u_t = -F_Y Y_t$$
$$= -F_Y(N_x x_t + N_u u_t)$$
$$= -Fx_t$$

其中，$F = (I + F_Y N_u)^{-1} F_Y N_x$。按照上面的求解方法，我们可求解出最优简单规则。

　　一般来说，简单规则并不能使政策目标函数达到最优值，但如果这种简单规则能使目标函数值充分接近在完全承诺的最优政策规则作用下的目标函数值，那么它也是可取的。

　　3. 不完全承诺的政策规则。从上面分析可以看出，相机抉择和完全承诺的政策规则是政策决策的两种极端情况，相机抉择表明决策者每期都对自己的决策进行选择，而完全承诺的政策规则表明决策者仅在初期对自己的决策进行选择，因此相机抉择实际上每期都对原来的政策选择进行了调整，这显然对预期的稳定会产生不利的影响，同时也对政策的可信性和有效性会产生影响。在相机抉择和完全承诺的政策规则两种极端情况之间，还存在另一种政策规则，即不完全承诺或者准完全承诺的政策规则（Loose Commitment 或 Quasi-commitment Policy Rules），这种规则最初由 Roberds（1987）提出，近年来在 Schaumburg-Tambalotti（2007）、Dennis（2007）和 Debortoli-Nunes（2010）的拓展下得到了较为广泛的应用。不完全承诺的政策规则假设在每期的政策决策中，决策者一方面可能会改变原来的决策，另一方面也可能会保持原来的决策，并且假设决策是否改变是一个随机过程。显然不完全承诺的规则既有相机抉择的特点（即改变原来的决策），又有完全承诺的政策规则的特点（即保持原来的决策），这种决策方式类似于垄断竞争条件下厂商采取的 Calvo 定价行为，从而更能体现实际情况。

　　为讨论方便，我们将前面的优化问题改写为下面的形式，

$$\min_{\{y_t\}} E_0 \sum_{t=0}^{\infty} \beta^t y_t' W y_t$$

s.t.　$A_{-1} y_{t-1} + A_0 y_t + A_1 E_t y_{t+1} + B v_t = 0$

其中，E 表示数学期望，β 是贴现因子，$0 < \beta < 1$，y_t 是状态变量，W 是损失函数中的权重矩阵，假设它是正定矩阵，v_t 是符合均值为零的独立同分布随机误差向量，其协方差为 $E v_t v_t' = \Sigma_v$，A_{-1}、A_0、A_1 和 B 是约束方程中相应的矩阵。

　　现在假设每期继续保持原有的最优政策的概率为 γ，这样进行重新优化的概率为（$1-\gamma$），由此在不完全承诺的条件下优化问题变成，

$$y_{-1}^{'} P y_{-1} + d = \min_{\{y_t\}} E_{-1} \sum_{t=0}^{\infty} (\beta\gamma)^t [y_t^{'} W y_t + \beta(1-\gamma)(y_t^{'} P y_t + d)]$$

$$\textit{s.t.} \quad A_{-1} y_{t-1} + A_0 y_t + \gamma A_1 E_t y_{t+1} + (1-\gamma) A_1 E_t y_{t+1}^r + B v_t = 0$$

这里，损失函数最终解的形式假设为 $(y_{-1}^{'} P y_{-1} + d)$，$P$ 和 d 分别是待定的矩阵和常数。由于存在再优化问题，从而对于约束方程中预期项 $E_t y_{t+1}$ 的处理包括两方面，一是预期政策继续保持原有的最优政策（$\gamma E_t y_{t+1}$），二是预期政策进行重新优化 $[(1-\gamma) E_t y_{t+1}^r]$。

类似于相机抉择的处理方法，这里假设对于再优化的预期依赖于状态变量，$E_t y_{t+1}^r = \widetilde{H} y_t$。假设上面约束方程对应的由于 Lagrange 乘子为 λ_t，上面优化问题可改写成，

$$\min_{\{y_t\}} E_{-1} \sum_{t=0}^{\infty} (\beta\gamma)^t \left\{ \begin{array}{l} y_t^{'}[W + \beta(1-\gamma)P] y_t + \lambda_{t-1}^{'} \beta^{-1} A_1 y_t \\ + \lambda_t^{'} [A_{-1} y_{t-1} + (A_0 + (1-\gamma) A_1 \widetilde{H}) y_t + B v_t] \end{array} \right\}$$

$\textit{s.t.} \quad \lambda_{-1} = 0, \quad y_{-1}, \widetilde{H}$ 给定

该优化问题的一阶条件为，

$$2 W y_t + 2\beta(1-\gamma) P y_t + [A_0 + (1-\gamma) A_1 \widetilde{H}]^{'} \lambda_t + \beta\gamma A_{-1}^{'} E_t \lambda_{t+1} + I_\gamma \beta^{-1} A_1^{'} \lambda_{t-1} = 0$$

$$A_{-1} y_{t-1} + [A_0 + (1-\gamma) A_1 \widetilde{H}] y_t + \gamma A_1 E_t y_{t+1} + B v_t = 0$$

$$2 P y_t = A_{-1}^{'} E_t \lambda_{t+1}^r$$

其中，$I_\gamma = \begin{cases} 0, & \gamma = 0 \\ 1, & \gamma \neq 0 \end{cases}$，$E_t \lambda_{t+1}^r$ 是在预期政策进行重新优化的条件下得到的预期 Lagrange 乘子，其与 $E_t \lambda_{t+1}$ 不同的是，$E_t \lambda_{t+1}$ 是在预期政策继续保持原有政策的条件下得到的预期 Lagrange 乘子。

假设以上问题的解可表示为，

$$\begin{bmatrix} y_t \\ \lambda_t \end{bmatrix} = \begin{bmatrix} H_{yy} & H_{y\lambda} \\ H_{\lambda y} & H_{\lambda\lambda} \end{bmatrix} \begin{bmatrix} y_{t-1} \\ \lambda_{t-1} \end{bmatrix} + \begin{bmatrix} G_y \\ G_\lambda \end{bmatrix} v_t$$

如果在 t 期进行再优化，那么意味着再优化时利用了条件 $\lambda_{t-1} = 0$，因此，可得到下面的方程，

$$E_t y_{t+1}^r = H_{yy} y_t = \widetilde{H} y_t \quad \text{或} \quad H_{yy} = \widetilde{H}$$

$$E_t y_{t+1} = H_{yy} y_t + H_{y\lambda} \lambda_t$$

$$E_t \lambda_{t+1} = H_{\lambda y} y_t + H_{\lambda\lambda} \lambda_t$$

$$E_t \lambda_{t+1}^r = H_{\lambda y} y_t$$

将上面方程代入一阶条件并进行整理可得到，

$$\Gamma_0 \begin{bmatrix} y_t \\ \lambda_t \end{bmatrix} + \Gamma_1 \begin{bmatrix} y_{t-1} \\ \lambda_{t-1} \end{bmatrix} + \Gamma_v v_t = 0$$

其中，

$$\Gamma_0 = \begin{bmatrix} A_0 + A_1 \widetilde{H} & \gamma A_1 H_{y\lambda} \\ 2W + \beta A_{-1}^{'} H_{\lambda y} & A_0^{'} + (1-\gamma)\widetilde{H}^{'} A_1^{'} + \beta\gamma A_{-1}^{'} H_{\lambda\lambda} \end{bmatrix}$$

$$\Gamma_1 = \begin{bmatrix} A_{-1} & 0 \\ 0 & \beta^{-1} I_\gamma A_1^{'} \end{bmatrix}$$

$$\Gamma_v = \begin{bmatrix} B \\ 0 \end{bmatrix}$$

经过求解可得到解的形式如下，

$$\begin{bmatrix} y_t \\ \lambda_t \end{bmatrix} = -\Gamma_0^{-1}\Gamma_1 \begin{bmatrix} y_{t-1} \\ \lambda_{t-1} \end{bmatrix} - \Gamma_0^{-1}\Gamma_v v_t$$

由于开始我们并不知道矩阵 $\widetilde{H}$，因此将上面解的形式与原有假设解的形式比较，可得到下面的条件，

$$\begin{bmatrix} \widetilde{H} & H_{y\lambda} \\ H_{\lambda y} & H_{\lambda\lambda} \end{bmatrix} = -\Gamma_0^{-1}\Gamma_1$$

这样经过反复迭代，最终可得到以上优化问题的解。将求解结果代入上面的动态规划迭代方程，我们可得到待定矩阵 P 和待定常数 d 的表达式，并得到损失函数的表达式。具体来讲，将损失函数写成下面的形式，

$$\begin{bmatrix} y_{t-1} \\ \lambda_{t-1} \\ v_t \end{bmatrix}' N \begin{bmatrix} y_{t-1} \\ \lambda_{t-1} \\ v_t \end{bmatrix} + \tilde{d} = y_t' W y_t + \beta\gamma\, E_t \left(\begin{bmatrix} y_t \\ \lambda_t \\ v_{t+1} \end{bmatrix}' N \begin{bmatrix} y_t \\ \lambda_t \\ v_{t+1} \end{bmatrix} + \tilde{d} \right)$$

$$+ \beta(1-\gamma) E_t \left(\begin{bmatrix} y_t \\ 0 \\ v_{t+1} \end{bmatrix}' N \begin{bmatrix} y_t \\ 0 \\ v_{t+1} \end{bmatrix} + \tilde{d} \right)$$

这里，根据上面的求解结果和动态规划的迭代方程可写出矩阵 N 和常数 $\tilde{d}$ 。记，

$$H = \begin{bmatrix} \tilde{H} & H_{y\lambda} \\ H_{\lambda y} & H_{\lambda\lambda} \end{bmatrix}, \quad G = \begin{bmatrix} G_y \\ G_\lambda \end{bmatrix}, \quad \tilde{P} = 0.5 \begin{bmatrix} 0 & A_{-1}' \\ \beta^{-1} A_1 & 0 \end{bmatrix} H,$$

$$\tilde{V} = \left(\begin{bmatrix} W & 0 \\ A_0 + (1-\gamma)A_1 H_{yy} & 0 \end{bmatrix} + \beta(1-\gamma) \begin{bmatrix} A_{-1}' H_{\lambda y} & 0 \\ 0 & 0 \end{bmatrix} + \beta\gamma\, \tilde{P} \right),$$

并考虑到

$$E_t \left(\begin{bmatrix} y_t \\ \lambda_t \\ v_{t+1} \end{bmatrix}' N \begin{bmatrix} y_t \\ \lambda_t \\ v_{t+1} \end{bmatrix} + \tilde{d} \right) = \left(\begin{bmatrix} y_t \\ \lambda_t \end{bmatrix}' \tilde{P} \begin{bmatrix} y_t \\ \lambda_t \end{bmatrix} + d \right)$$

代入前面的方程可得到，

$$\begin{bmatrix} y_{t-1} \\ \lambda_{t-1} \\ v_t \end{bmatrix}' N \begin{bmatrix} y_{t-1} \\ \lambda_{t-1} \\ v_t \end{bmatrix} + \tilde{d} = \left(H \begin{bmatrix} y_{t-1} \\ \lambda_{t-1} \end{bmatrix} + G v_t \right)' \tilde{V} \left(H \begin{bmatrix} y_{t-1} \\ \lambda_{t-1} \end{bmatrix} + G v_t \right)$$

$$+ \left(H \begin{bmatrix} y_{t-1} \\ \lambda_{t-1} \end{bmatrix} + G v_t \right)' \left(\begin{bmatrix} 0 & \beta^{-1} A_1' \\ A_{-1} & 0 \end{bmatrix} \begin{bmatrix} y_{t-1} \\ \lambda_{t-1} \end{bmatrix} + \begin{bmatrix} 0 \\ B \end{bmatrix} v_t \right) + \beta d$$

通过比较方程的两边可得到待定矩阵 P 和待定常数 d 的表达式，并得到损失函数的表达式。

三、决策方式对经济的影响——静态偏差与动态偏差

不同的决策策略将对最优政策的选择产生影响。相机抉择的灵活性特点使之至今仍被政策决策部门所采用，但相机抉择存在以下问题：首先，如果没有承诺机制，那么选择的最优政策是时间不一致的，即当期最优的政策未必在未来各期是最优的。其

次，当政策决策部门追求的目标与社会福利目标存在差异时，如政策决策部门制定的失业率目标低于自然失业率或其制定的产出目标高于潜在产出，相机抉择将会产生通胀偏差（inflation bias），但产出水平并不会提高。这不仅对社会福利产生负作用，而且对政策的可信性和有效性产生负面影响。最后，Svensson（1997）和 Woodford（1999）的研究表明，当经济主体的行为日益表现出前瞻性特点时，在缺少承诺机制情况下，即使政策决策部门的目标与社会福利的目标一致，相机抉择仍然会产生稳定性偏差（stabilization bias），这种稳定性偏差将影响经济的动态特性，从而导致社会福利的降低。

我们通过一个具体的例子来探讨货币政策的决策方式产生的两种偏差对经济和福利的影响，由于该模型的简单结构，我们可以通过解析解来考察这两种偏差。采用第一节介绍的新凯恩斯模型：

$$x_t = E_t x_{t+1} - \left(\frac{1}{\sigma}\right)(i_t - E_t \pi_{t+1}) + u_t$$

$$\pi_t = \beta E_t \pi_{t+1} + \kappa x_t + e_t$$

$$e_t = \rho_e e_{t-1} + \hat{e}_t$$

$$u_t = \rho_u u_{t-1} + \hat{u}_t$$

其中，第一个方程是总需求方程，第二个方程是总供给方程，x_t 是产出缺口，π_t 是通胀率，i_t 是名义利率，u_t 是需求冲击，e_t 是供给冲击。这里假设需求冲击和供给冲击的动态方程均是一阶自回归过程。

假设中央银行的损失函数采用下面的形式：

$$L = E_t \sum_{j=0}^{\infty} \beta^j L_{t+j}, \quad L_t = \frac{1}{2}[\pi_t^2 + \lambda(x_t - x^*)^2]$$

其中，x^* 是中央银行确定的产出缺口的目标值。从第一节的分析可知，社会福利函数中产出缺口的目标值 x^* 取决于经济环境和经济结构，不是任意确定的，其取决于参数（θ，σ，η），如果没有垄断竞争的存在（即 $\theta \to \infty$），那么 $x^* \to 0$。为讨论方便，这里假设不存在垄断竞争，从而社会福利函数中产出缺口的目标值 x^* 为零。在这种情况下，中央银行对产出缺口目标值的理想选择是零，但是这里假设中央银行迫于政治压力、实际操作的约束等因素，使其确定的产出缺口目标值与社会福利目标函数的目标值不一致，即 $x^* \neq 0$。

下面分析和比较两种货币政策决策方式对货币政策选择和经济的影响。由于本模型的结构比较简单，因而下面我们首先在总供给方程的约束下，求解出产出缺口和通胀率，然后再通过总需求方程求解出名义利率。

首先考虑相机抉择情况下的求解。按照前面介绍的求解方法，在相机抉择的方式下，求解是一个多期优化问题，在每期中央银行假定人们的预期给定，从而根据该期的经济状态求解下面的优化问题：

$$\min_{\{\pi_t, x_t\}} \frac{1}{2}[\pi_t^2 + \lambda(x_t - x^*)^2 + F_t]$$

$$\textbf{\textit{s.t.}} \qquad \pi_t = \kappa x_t + f_t$$

其中，$F_t = E_t \sum_{k=1}^{\infty} \beta^k [\pi_{t+k}^2 + \lambda(x_{t+k} - x^*)^2]$，$f_t = \beta E_t \pi_{t+1} + e_t$。该问题的一阶条件是

$$\lambda(x_t - x^*) + \kappa \pi_t = 0$$

求解出 $x_t = -\frac{\kappa}{\lambda}\pi_t + x^*$，并代入总供给方程可得到

$$\pi_t = \beta E_t \pi_{t+1} - \frac{\kappa^2}{\lambda}\pi_t + \kappa x^* + e_t$$

或

$$\pi_t = \frac{\beta \lambda}{\lambda + \kappa^2} E_t \pi_{t+1} + \frac{\lambda \kappa}{\lambda + \kappa^2} x^* + \frac{\lambda}{\lambda + \kappa^2} e_t$$

采用第三章的求解方法可以得到通胀率的求解结果，即

$$\pi_t = \frac{\lambda}{\lambda(1 - \beta \rho_e) + \kappa^2} e_t + \frac{\lambda \kappa}{\lambda(1 - \beta) + \kappa^2} x^*$$

进而可得到产出缺口的求解结果，即

$$x_t = -\frac{\kappa}{\lambda(1 - \beta \rho_e) + \kappa^2} e_t + \frac{\lambda(1 - \beta)}{\lambda(1 - \beta) + \kappa^2} x^*$$

将通胀率和产出缺口的求解结果代入总需求方程，可以得到名义利率的求解结果：

$$i_t = \sigma(E_t x_{t+1} - x_t) + E_t \pi_{t+1} + \sigma u_t$$

$$= -\sigma \frac{\kappa}{\lambda}(E_t x_{t+1} - x_t) + E_t \pi_{t+1} + \sigma u_t$$

$$= [1 + \frac{\kappa\sigma(1-\rho_e)}{\lambda\rho_e}]E_t \pi_{t+1} - \frac{\kappa\sigma(1-\rho_e)}{\lambda\rho_e} \frac{\lambda\kappa}{\lambda(1-\beta)+\kappa^2} x^* + \sigma u_t$$

$$= \frac{\lambda\kappa}{\lambda(1-\beta)+\kappa^2} x^* + \frac{\lambda\rho_e + \kappa\sigma(1-\rho_e)}{\kappa^2 + \lambda(1-\beta\rho_e)} e_t + \sigma u_t$$

相机抉择的求解结果具有以下方面的含义：

（1）由于总需求冲击 u_t 对产出和通胀率影响的方向是一致的，因而面对总需求冲击，中央银行可以通过调整利率消除该冲击对经济的影响。

（2）面对总供给冲击 e_t，中央银行通过调整利率稳定通胀率时，产出会受到损失，中央银行通常存在着两难抉择。只有在 $\lambda=0$ 的特殊情况下，中央银行通过调整利率才可以完全消除由总供给冲击导致的两难抉择，$\lambda=0$ 意味着中央银行完全以稳定通胀率为目标，而不考虑产出的稳定。

（3）由上面的方程可以得出通胀率和产出缺口的无条件期望值分别为

$$E(\pi_t) = \frac{\lambda\kappa}{\lambda(1-\beta)+\kappa^2} x^*$$

$$E(x_t) = \frac{\lambda(1-\beta)}{\lambda(1-\beta)+\kappa^2} x^*$$

若 $\beta \to 1$，则 $E(\pi_t) \to \frac{\lambda}{\kappa} x^*$，$E(x_t) \to 0$。因此，当中央银行追求的目标与社会福利目标存在差异时，如中央银行制定的产出目标高于潜在产出，相机抉择只会产生通胀偏差 $E(\pi_t) \to \frac{\lambda}{\kappa} x^*$，而产出水平并不会提高。通胀偏差是静态偏差，它不仅对社会福利的整体水平产生负作用，而且对货币政策的可信性和有效性产生负面影响。

其次，来看完全承诺的最优货币政策规则的求解及其对经济的影响。按照前面介绍的求解方法，在整个决策过程中，中央银行承诺仅在初期进行 1 次优化，假设初期选为 t_0 期，从而中央银行求解下面的优化问题：

$$\min_{\{\pi_t, x_t\}} L_{t_0} = E_{t_0} \sum_{t=0}^{\infty} \beta^{t-t_0} \{\frac{1}{2}[\pi_t^2 + \lambda(x_t - x^*)^2] + \varphi_t(\beta E_t \pi_{t+1} + \kappa x_t + e_t - \pi_t)\}$$

其中，φ_t 为总供给方程对应的 Lagrange 乘子。该问题的一阶条件是

$$\pi_t - \varphi_t + \varphi_{t-1} = 0$$

$$\lambda(x_t - x^*) + \kappa\varphi_t = 0$$

将上面两个方程代入总供给方程可得到

$$E_t\varphi_{t+1} - \frac{1}{\alpha\beta}\varphi_t + \frac{1}{\beta}\varphi_{t-1} = -\frac{1}{\beta}e_t - \frac{\kappa}{\beta}x^*$$

其中，$\alpha = \dfrac{\lambda}{\kappa^2 + \lambda(1+\beta)}$。

记 $\varphi^* = \dfrac{\lambda}{\kappa}x^*$，$\mu$ 是下面特征方程的最小根：

$$\mu^2 - \frac{1}{\alpha\beta}\mu + \frac{1}{\beta} = 0$$

从而得到

$$\mu = (1 - \sqrt{1 - 4\alpha^2\beta})/(2\alpha\beta)$$

其中，$0 < \mu < 1 < \dfrac{1}{\beta} < \dfrac{1}{\beta\mu}$。假设 $\varphi_{t_0} = 0$，采用第三章的求解方法可以得到

$$\varphi_t - \varphi^* = \frac{\mu}{1 - \beta\rho_e\mu}e_t + \mu(\varphi_{t-1} - \varphi^*)$$

$$= \frac{\mu}{1 - \beta\rho_e\mu}\sum_{j=0}^{t-t_0}\mu^j e_{t-j} - \mu^{t-t_0}\varphi^*$$

利用上面的方程可得到通胀率和产出缺口的求解结果：

$$\pi_t = \frac{\mu}{1 - \beta\rho_e\mu}e_t - (1-\mu)(\varphi_{t-1} - \varphi^*)$$

$$= \frac{\mu}{1 - \beta\rho_e\mu}\left[e_t - (1-\mu)\sum_{j=1}^{t-t_0}\mu^{j-1}e_{t-j}\right] + (1-\mu)\mu^{t-t_0-1}\varphi^*$$

$$x_t = -\frac{\kappa}{\lambda}\frac{\mu}{1 - \beta\rho_e\mu}e_t - \frac{\kappa}{\lambda}\mu(\varphi_{t-1} - \varphi^*)$$

$$= -\frac{\kappa}{\lambda}\frac{\mu}{1 - \beta\rho_e\mu}\left(\sum_{j=0}^{t-t_0}\mu^j e_{t-j}\right) + \frac{\kappa}{\lambda}\mu^{t-t_0}\varphi^*$$

上述求解结果是在初期选为 t_0 期得到的，可以看出，通胀率和产出缺口是依赖于历史的，并且通胀率和产出缺口的无条件期望值分别为

$$E(\pi_t) = (1-\mu)\mu^{t-t_0-1}\varphi*$$

$$E(x_t) = \frac{\kappa}{\lambda}\mu^{t-t_0}\varphi*$$

虽然仍存在着通胀偏差，但初期选得越遥远，这种通胀偏差越小。当 $t_0 \to -\infty$，$E(\pi_t) \to 0$，$E(x_t) \to 0$，即通胀偏差将消失。可是，上面的解利用了假设 $\varphi_{t_0} = 0$，这将影响货币政策的时间一致性，为保证完全承诺的最优货币政策规则是时间一致的，即得到的解具有与时间无关的性质，我们按照 $\varphi_{t_0} - \varphi* = \dfrac{\mu}{1-\beta\rho_e\mu}\sum_{j=0}^{\infty}\mu^j e_{t_0-j}$ 来选择 φ_{t_0}，从而可以得到与时间无关的解：

$$\pi_t = \frac{\mu}{1-\beta\rho_e\mu}\left[e_t - (1-\mu)\sum_{j=1}^{\infty}\mu^{j-1}e_{t-j}\right]$$

$$x_t = -\frac{\kappa}{\lambda}\frac{\mu}{1-\beta\rho_e\mu}\left(\sum_{j=0}^{\infty}\mu^j e_{t-j}\right)$$

将通胀率和产出缺口的求解结果代入总需求方程，可以得到名义利率的求解结果：

$$
\begin{aligned}
i_t &= \sigma(E_t x_{t+1} - x_t) + E_t\pi_{t+1} + \sigma u_t \\
&= -\sigma\frac{\kappa}{\lambda}E_t\pi_{t+1} + E_t\pi_{t+1} + \sigma u_t \\
&= (1 - \frac{\kappa\sigma}{\lambda})E_t\pi_{t+1} + \sigma u_t \\
&= \frac{\mu(\lambda - \kappa\sigma)}{\lambda(1-\beta\rho_e\mu)}\left[\rho_e e_t - (1-\mu)\sum_{j=0}^{\infty}\mu^{j-1}e_{t-j}\right] + \sigma u_t
\end{aligned}
$$

可以看出，$E(\pi_t) \to 0$，$E(x_t) \to 0$，因此，即使当中央银行追求的目标与社会福利目标存在差异时，如果中央银行采用时间一致的完全承诺的最优货币政策规则，那么仍然可以消除通胀偏差。

相机抉择不仅会产生通胀偏差，而且会产生稳定性偏差。为着重讨论稳定性偏差，我们下面假设中央银行确定的产出缺口目标值与社会福利目标函数的目标值是一致的，即 $x* = 0$。在这种情况下，相机抉择决策方式下的求解结果为

$$\pi_t = \frac{\lambda}{\lambda(1-\beta\rho_e)+\kappa^2} e_t$$

$$x_t = -\frac{\kappa}{\lambda(1-\beta\rho_e)+\kappa^2} e_t$$

通胀率和产出缺口的方差分别为

$$Var(\pi_t) = \left[\frac{\lambda}{\lambda(1-\beta\rho_e)+\kappa^2}\right]^2 Var(e_t)$$

$$Var(x_t) = \left[\frac{\lambda}{\lambda(1-\beta\rho_e)+\kappa^2}\right]^2 Var(e_t)$$

相应地，在完全承诺的最优货币政策规则下，产出缺口和通胀率的求解结果为

$$x_t = \mu x_{t-1} - \frac{\kappa\mu}{\lambda(1-\beta\rho_e\mu)} e_t$$

$$\pi_t = \frac{\lambda}{\kappa}(1-\mu)x_{t-1} + \frac{\mu}{1-\beta\rho_e\mu} e_t$$

通胀率和产出缺口的方差分别为

$$Var(x_t) = \frac{(\kappa\mu)^2}{(1-\mu^2)[\lambda(1-\beta\rho_e\mu)]^2} Var(e_t)$$

$$Var(\pi_t) = [\frac{\lambda}{\kappa}(1-\mu)]^2 Var(x_{t-1}) + \frac{\mu^2}{(1-\beta\rho_e\mu)^2} Var(e_t)$$

$$= \frac{2\mu^2}{(1+\mu)(1-\beta\rho_e\mu)^2} Var(e_t)$$

可以证明，

$$\lim_{\beta\to 1} E_0(1-\beta)\sum_{t=0}^{\infty}\beta^t L_t = E(L_t) = \frac{1}{2}E(\pi_t^2 + \lambda x_t^2) = Var(\pi_t) + \lambda Var(x_t)$$

因而，我们可以绘制通胀率和产出缺口方差的相关曲线来研究稳定性偏差，该曲线通常称为 Taylor 曲线或有效性前沿曲线（efficiency frontier curve）。假设参数取以下数值，$\beta = 0.99$，$\sigma = 1$，$\rho_e = 0.5$，$\kappa = 0.17$，总供给冲击的方差 $Var(e_t) = 0.16$，对于不同的

参数 λ（即中央银行选择不同的产出缺口的相对权重），图 5-1 绘制出在相机抉择和完全承诺的最优货币政策规则两种决策方式下的 Taylor 曲线。

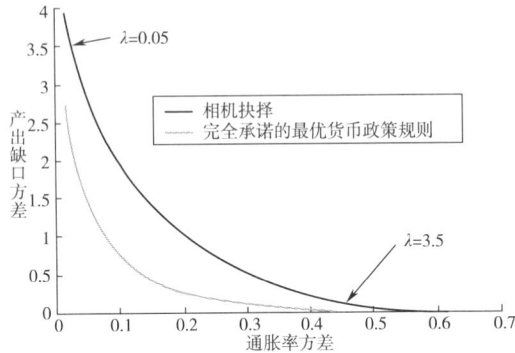

图 5-1　两种方式下的 Taylor 曲线

图 5-1 表明，随着中央银行关于产出相对权重的增加，产出的波动性将减小，而通胀率的波动性将增加，即，$\lambda\uparrow$，$Var(\pi_t)\uparrow$，$Var(x_t)\downarrow$。两种决策方式比较，即使中央银行确定的产出缺口目标值与社会福利目标函数的目标值是一致的，相机抉择仍然会产生稳定性偏差，这是一种动态偏差，这种稳定性偏差体现为经济的动态特性在相机抉择的方式下受到了影响，从而导致社会福利的降低。

通过该例的分析可以看出，货币政策的相机抉择将会产生通胀偏差和稳定性偏差两种偏差，通胀偏差是静态偏差，而稳定性偏差是动态偏差。当经济的动态特性和前瞻性特性日益显著时，减少稳定性偏差从而改进社会福利更为重要。为此，中央银行采用时间一致的货币政策规则是必要的，这不仅可以减少通胀偏差和稳定性偏差并提高社会福利，而且可以限制中央银行的机会主义行为，提高货币政策的可信性。此外，采用货币政策规则实际上在某种程度上对人们的预期起到了一种稳定作用，从而对维持中央银行的声誉起到了积极作用。

第四节　政策规则的稳健性

政策规则研究和应用中引人关注的一个重要方面是关于政策规则的稳健性（robustness）研究。稳健的政策规则就是要求政策规则具有一定的抗干扰能力，使其面对各种不确定性依然能够起到稳定经济的积极作用。如何在不确定环境下设计和应用稳健的政策规则已是近年来政策决策部门面临的一个重要挑战。

研究政策规则的稳健性之所以重要，主要源于以下几个方面的考虑：

（1）经济中的不确定性对政策的决策会产生一定的干扰影响，这客观上要求政策规则具有一定的抗干扰能力，使其能够面对各种冲击依然能够起到稳定经济的作用。

（2）人们期望得到最优的政策规则，但基于模型得到的最优政策规则通常依赖于模型的具体形式。现有的模型大致可以分为三类，即后顾性模型、前瞻性模型和混合性模型，并且对于每一类型的模型，模型的设定也存在着差异。由于采用模型的不同，人们得到的最优政策规则不尽相同。这提出一个问题，基于某个或某些模型得到的最优政策规则未必在其他模型下是最优的，甚至可能是不稳定的或者较差的。该问题的存在实际上会对政策的决策产生影响。当然，政策的决策不仅仅依赖于模型，还依赖于决策者的判断等因素，但选择的模型不同以及得到的不同最优政策规则，客观上使政策的决策者处于较为尴尬的境地，这就要求决策者必须考虑政策规则的稳健性。稳健的政策规则虽然针对某个模型不是最优的，但从某类模型或者全部模型来考虑，其可能是次优的甚至可能接近最优。因此，寻找稳健的货币政策规则对政策的决策来说更具有应用价值。

（3）不同模型都是对实际的数据生成过程（Data Generating Process，DGP）的某种近似描述，再完美的模型也有局限性，由此得到的最优政策规则当然也有局限性。通过对稳健的政策规则进行研究，在一定程度上可以避免模型风险对政策规则的设计和应用所带来的负面影响，使基于某个模型得到的政策规则能够适用于某类模型，从而使数据生成过程得到更好的描述。

（4）Lucas（1976）指出，如果经济模型是非结构性模型，那么当经济环境、政策体制、预期形成机制等发生变化时，有可能导致行为方程的不稳定，这将对政策分析和评价造成很大影响。人们期望建立结构性模型，而在实证研究中建立的模型并不完全是结构性模型，在此情况下，设计和应用政策规则时必须考虑行为方程可能出现的不稳定性对政策规则产生的影响，即要求政策规则具有稳健性。

（5）即使模型是很完美的，但模型估计或校准总是存在误差的，特别是模型参数的确定不可能是完全精确的，这要求基于模型得到的最优政策规则必须具有稳健性。

（6）政策规则能够解决政策决策的相机抉择所导致的时间不一致性问题，但它也是对政策的一种约束。既然是约束，那么它必须考虑约束的普适性，普适性不满足，政策规则也就不能起到稳定经济的作用，这种普适性实际上要求政策规则具有稳健性。

（7）在设计和应用政策规则时，简单的政策规则是人们通常重点考虑的一个方面，而为了更好地应用简单的政策规则，必须对其稳健性进行考察。

设计和应用稳健的政策规则对政策的决策和操作具有重要的指导意义，特别是对政策调整的力度问题给出较为清晰和合理的答案。长期以来，人们一直认为，政策的稳健性意味着政策的调整应更加谨慎（cautious），从而避免政策的较大变化对经济产生的不稳定影响。Brainard（1967）曾经利用 Bayes 方法，研究了不确定环境下的货币政策选择问题，并指出，考虑到不确定性的存在，货币政策的调整应更加谨慎。也就是说，若假设不考虑稳健性，中央银行的最优货币政策是将利率调整到一定的幅度，那么，稳健的货币政策则要求利率的调整幅度低于这个幅度。在以往的实践中，中央银行的货币政策决策和操作实际上一直隐含着上述含义。但是，上述结论受到了后来的挑战。Craine （1979）的研究表明，正是由于不确定性的存在，使得经济模型不能够完全反映经济的状态，因而稳健的货币政策不应是更加谨慎，而应是更加主动（aggressive）。也就是说，若假设不考虑稳健性，中央银行的最优货币政策是将利率调整到一定的幅度，那么，稳健的货币政策则要求利率的调整幅度高于这个幅度。因此，关于稳健的政策到底是应更加谨慎还是更加主动的问题，至今依然是理论和实际中争论的一个焦点。对于政策规则的稳健性研究，实际上也需要对上述问题给出明确的答案。

关于政策规则的稳健性研究已经在货币政策领域取得了一系列进展，Hansen-Sargent（2001，2002，2004）、Giannoni（2002）、Söderström（2002）和 Giordani-Söderlind （2004）等学者通过数值求解得出，稳健的货币政策规则预示着货币政策的调整应更加主动，Leitemo-Söderström（2004）通过解析解进一步得出相同的结论。但是，Onatski-Stock（2002）、Onatski-Williams（2003）和 Leitemo- Söderström（2005）等的研究表明，稳健的货币政策规则是否预示着货币政策的调整是主动还是谨慎，取决于不确定性的类型和对不确定性的描述方式。总之，通过对货币政策规则的稳健性进行研究，可以对货币政策的决策和操作提供更加丰富的指导性建议，使货币政策能够在复杂的不确定环境下依然起到稳定经济的重要作用。

在研究政策规则的稳健性时，首先需要对不确定性的特征进行了解。不确定性大致可以分为三类：一是模型设定的不确定性，主要反映人们由于依据的经济理论不同及个人的建模偏好不同，设定的经济模型不尽相同；二是模型参数的不确定性，主要反映参数估计或者校准的数值存在着差异；三是数据的不确定性，主要反映数据的生成过程、数据的统计及不可观测数据的估计等方面的误差。

其次，还需要对不确定性采用适当的描述方式。一种方式是结构性的描述方式，如假设参数服从一定的概率分布或者位于一定的区间范围内。另一种方式是非结构性的描述方式，如对不确定性并不进行具体的划分或者设定具体的形式，而仅仅对不确定性的规模范围进行限定。

由于对于不确定性的处理方式不同，关于政策规则稳健性的研究方法也不尽相同。一种方法是 Bayes 方法，采用这种方法的一个关键之处是假设不确定性服从选择的先验分布，这种方法实际上隐含着对不确定性的特征具有一定的了解，Srour（2003）和 Levin-Williams（2003）等学者采用该方法研究货币政策规则的稳健性。另一种方法是鲁棒控制（robust control）[①]的方法，该方法处理的不确定性更一般，其仅仅对不确定性的规模进行限定。Giannoni（2002）和 Onatski-Stock（2002）等采用该方法在结构性不确定性的情况下，研究了货币政策规则的稳健性；而 Hansen-Sargent（2001，2002，2004）、Söderström（2002）、Giordani-Söderlind（2004）、Walsh（2004）及 Leitemo-Söderström（2004，2005）等采用该方法在非结构性不确定性的情况下，研究了货币政策规则的稳健性，其中，Walsh（2004）指出，在某些情况下，关于不确定性采用结构性还是非结构性的描述方式对最终得到的稳健货币政策规则并没有影响。Onatski-Williams（2003）比较了 Bayes 方法和鲁棒控制方法在研究货币政策规则稳健性的优缺点，并指出，由于对不确定性采用结构性或者非结构性的描述方式不同，Hansen-Sargent（2001，2002，2004）等倡导的鲁棒控制方法在这两种情况下得到的稳健货币政策规则存在着差异。

在下面关于政策规则的稳健性研究中，我们不考虑第三类不确定性（即数据的不

[①] Robust control 在自动控制领域里翻译为鲁棒控制，它是近二十年来控制领域里研究和应用比较成熟的一个方向，目前一些大型的应用软件（如 Matlab）都有关于该模块比较成熟的算法和软件包。

确定性），并且采用 Hansen-Sargent（2001，2002，2004）等倡导的鲁棒控制方法。

为讨论方便，采用下面的模型形式：

$$\begin{bmatrix} x_{1t+1} \\ E_t x_{2t+1} \end{bmatrix} = A \begin{bmatrix} x_{1t} \\ x_{2t} \end{bmatrix} + Bu_t + C\varepsilon_{t+1}, C = \begin{bmatrix} C_1 \\ 0 \end{bmatrix}$$

$$L = E_0 \sum_{t=0}^{\infty} \beta^t L_t, \qquad L_t = Y_t'WY_t, \quad Y_t = D \begin{bmatrix} x_t \\ u_t \end{bmatrix}, \quad x_t = \begin{bmatrix} x_{1t} \\ x_{2t} \end{bmatrix}$$

其中，x_t 是状态变量，它由前定变量 x_{1t} 和前瞻性变量 x_{2t} 组成；u_t 是控制变量；$C\varepsilon_t$ 是误差变量，ε_t 是协方差为单位矩阵的白噪声；Y_t 是目标变量；L 是损失函数。

政策决策部门的目标是在状态方程的约束下，通过选择政策工具使损失函数达到最小值。政策规则包括完全承诺的规则及简单规则等。由于完全承诺的最优政策规则形式上非常复杂，因而在应用方面具有一定的难度。一般来说，简单规则并不能使政策目标函数达到最优值，但如果这种简单规则能使目标函数值充分接近在完全承诺的最优政策规则作用下的目标函数值，那么它也是可取的。最为常见的简单规则形式为 $u_t = -F \begin{bmatrix} x_{1t} \\ x_{2t} \end{bmatrix}$，即规则仅仅依赖于当期可观测的变量。最优简单规则就是求解下列优化问题：

$$\min_F (L = E_0 \sum_{t=0}^{\infty} \beta^t L_t)$$

$$\textbf{s.t.} \quad \begin{bmatrix} x_{1t+1} \\ E_t x_{2t+1} \end{bmatrix} = (A - BF) \begin{bmatrix} x_{1t} \\ E_t x_{2t} \end{bmatrix} + C\varepsilon_{t+1}$$

上面得到的最优简单政策规则是针对上面的模型而言的，也就是说，如果经济完全可以通过上面的模型来刻画，那么通过求解优化问题得到的简单政策规则是最优的。但是，任何模型都是对实际经济的一种近似描述，经济的特征不可能仅用一个模型得到完全的揭示，每个模型都有局限性，因此以上得到的最优简单政策规则是否在其他模型中仍然适用或者仍然保持最优需要进一步研究。鉴于此，我们不仅要研究简单政策规则的最优性，还要研究其稳健性。

研究政策规则稳健性的一个思路是考察某个规则在不同模型的表现，如 McCallum（1998）、Taylor（1999）、Levin-Wieland-Williams（1999）、Côté 等（2002）及

Levin-Williams（2003）等学者对简单政策规则在不同模型的表现进行了研究，但他们考虑的模型是有限的，他们仅仅考察了简单政策规则在其枚举的一些模型里的表现。Hansen-Sargent（2001，2002，2004）及 Onatski-Stock（2002）的研究思路则不同，他们在一类模型中考察政策规则的选择。针对以上模型，Hansen-Sargent（2001，2002，2004）等将其进一步推广为下式：

$$\begin{bmatrix} x_{1t+1} \\ E_t x_{2t+1} \end{bmatrix} = A \begin{bmatrix} x_{1t} \\ x_{2t} \end{bmatrix} + Bu_t + C(v_{t+1} + \varepsilon_{t+1}), C = \begin{bmatrix} C_1 \\ 0 \end{bmatrix}$$

这里，采用变量 v_{t+1} 描述不确定性，它可能代表模型设定存在的不确定性，可能代表模型参数估计的不确定性，也可能代表对误差 ε_{t+1} 特征描述存在的不确定性，等等。虽然 v_{t+1} 并不能代表所有的不确定性，但可以看出该模型毕竟代表了一类模型，而原模型是这类模型中的一个。因此变量 v_{t+1} 并不能看成是与误差变量 ε_{t+1} 类似的变量，

因为它还依赖于状态变量 $x_t = \begin{bmatrix} x_{1t} \\ x_{2t} \end{bmatrix}$，但我们可以以将其看成与控制变量 u_t 类似的变量。

尽管以上考虑了不确定性 v_{t+1} 的存在，但对不确定性的特征并没有给出任何具体的描述。为此，通常对不确定性的扰动规模进行限制，即考察满足下面约束的不确定性：

$$E_0 \sum_{t=0}^{\infty} \beta^t v_{t+1}^{'} v_{t+1} \leqslant \eta_0$$

对于任何满足上面约束的不确定性 v_{t+1}，如果政策规则仍能起到稳定经济的作用，那么该规则也就具有稳健性。我们期望扰动规模越大越好，这样政策规则抗干扰的能力也就越强，但扰动规模不能无限大，否则它将主导经济，再好的政策规则也无能为力。

将简单政策规则代入上面的方程可得到

$$\begin{bmatrix} x_{1t+1} \\ E_t x_{2t+1} \end{bmatrix} = (A - BF) \begin{bmatrix} x_{1t} \\ E_t x_{2t} \end{bmatrix} + C(v_{t+1} + \varepsilon_{t+1})$$

要使最优简单政策规则仍然能够适用于存在不确定性的情况，那么首先需要使上面的方程稳定。由于该方程代表了一类模型，因而为考察最优简单政策规则在这类模

型的适用性，我们可以考察两个模型，一个模型对应于最坏的情形，即在不确定性对经济的扰动规模最大时的情形，另一个模型是对该类模型的一个近似模型。从鲁棒控制的角度来看，如果一个控制能够在出现最坏情况下使系统得到稳定，那么在不出现最坏情况下它依然能使系统得到稳定。因此，我们考察最优简单政策规则的稳健性，实际上就是检验该规则是否能在最坏情况下依然起到稳定经济的作用。对于最坏的情形，该问题可以通过求解下面的优化问题：

$$\max_{\{v_t\}}(L = E_0\sum_{t=0}^{\infty}\beta^t L_t)$$

$$s.t. \quad E_0\sum_{t=0}^{\infty}\beta^t v_{t+1}^{'}v_{t+1} \leqslant \eta_0$$

$$\begin{bmatrix} x_{1t+1} \\ E_t x_{2t+1} \end{bmatrix} = (A - BF)\begin{bmatrix} x_{1t} \\ E_t x_{2t} \end{bmatrix} + C(v_{t+1} + \varepsilon_{t+1})$$

这种情形就是 Kasa（2001）和 Hansen-Sargent（2002）所指出的不确定性对预测的干扰问题。该问题等价于求解下面的优化问题：

$$\max_{\{v_t\}}[E_0\sum_{t=0}^{\infty}\delta^t(L_t - \theta v_{t+1}^{'}v_{t+1})]$$

$$s.t. \quad \begin{bmatrix} x_{1t+1} \\ E_t x_{2t+1} \end{bmatrix} = (A - BF)\begin{bmatrix} x_{1t} \\ E_t x_{2t} \end{bmatrix} + C(v_{t+1} + \varepsilon_{t+1})$$

其中，θ 是约束条件对应的 Lagrange 乘子。

对于上面的优化问题，利用前几节介绍的方法，最终的结果可表示为

$$v_{t+1} = -F_v\begin{bmatrix} x_{1t} \\ x_{2t} \end{bmatrix}$$

$$x_{1t+1} = M_w x_{1t} + C_1\varepsilon_{t+1}$$

$$x_{2t} = N_w x_{1t}$$

以上方程是在最坏的情形得到的结果，但通常我们并不知道最坏情形是否会发生，因而我们比较感兴趣的是寻找一个近似模型，使之能够和以上方程的动态特征相似。

依据该方程，Hansen-Sargent（2002）和 Giordani-Söderlind（2004）假设 $F_v = 0$，从而得到这个近似模型，其最终的结果可表示为

$$x_{1t+1} = M_a x_{1t} + C_1 \varepsilon_{t+1}$$

$$\begin{bmatrix} x_{2t} \\ v_{t+1} \end{bmatrix} = N_a x_{1t}$$

从上面分析可以看出，不确定性的存在将改变经济的动态方程，因此，在考察最优简单政策规则的稳健性时，虽然该规则是通过求解原来的优化问题得到的，但该规则在最坏情形、近似情形及不存在不确定性的情况下，计算结果未必是相同的，通过比较它们的差异，可以对政策的决策和操作提供更加丰富的指导性建议，使政策能够在复杂的不确定环境下依然起到稳定经济的重要作用。

最后需要解决的一个问题是，在求解上面的优化问题时如何选择 θ。实际上，θ 和扰动规模 η_0 是相互对应的，扰动规模 η_0 越大（越小），θ 越小（越大）。当 $\theta \to \infty$ 时，$\eta_0 \to 0$，这意味着模型不存在不确定性，最优简单政策规则没有稳健性。当 θ 下降到某个数值时，扰动规模达到最大值，模型是最坏情形下的模型，若再降低 θ 数值，模型将由扰动左右，此时模型不再是稳定的。Hansen-Sargent（2002）提出了一种选择 θ 的方法。它基于以下思想，假设我们并不知道数据的生成过程到底是由最坏模型还是由近似模型刻画的，我们通过随机模拟可以计算模型选择的错误概率，即误差检测概率（error detection probabilities）$P(\theta)$：

$$P(\theta) = [Probability(L_a > L_w | w) + Probability(L_w > L_a | a)] / 2$$

其中，L_w 和 L_a 分别为在最坏模型和近似模型下的似然函数，$Probability(L_a > L_w | w)$ 表示当数据的生成过程由最坏模型刻画时，似然函数 $L_a > L_w$ 的概率，$Probability(L_w > L_a | a)$ 表示当数据的生成过程由近似模型刻画时，似然函数 $L_w > L_a$ 的概率。如果 $\theta \to \infty$，那么 $P(\theta)$ 趋于 50%，即模型选择出错的概率为 50%。Hansen-Sargent（2001，2002）建议选择的误差检测概率 $P(\theta)$ 在 10% ~ 20% 之间。

总的来讲，可以将上面问题的计算步骤概括如下：首先，选取一系列的 θ，对于每个 θ，求解优化问题并得到最坏模型和近似模型的解。其次，通过随机模拟计算误差检测概率 $P(\theta)$，选择 θ 使 $P(\theta)$ 在 10% ~ 20%。最后，对于选择出的 θ，求解优

化问题并得到最终的最坏模型和近似模型。

以上讨论了最优简单政策规则的稳健性，那么一个问题是，在不确定性存在的情况下，该规则未必是最优的。实际上，上面规则仍是通过求解原来优化问题得到的，如果要进一步同时考察简单政策规则的稳健性和最优性，那么规则中的参数选择将有所改变。Giordani-Söderlind（2004）研究了简单政策规则的稳健性并给出了详细的算法，这里我们进一步推广，不仅考察规则的稳健性，同时还考察规则的最优性，即试图寻找稳健的最优简单政策规则。这个问题可以通过下面的优化问题来描述：

$$\min_{F} \max_{\{v_t\}} [E_0 \sum_{t=0}^{\infty} \delta^t (L_t - \theta v_{t+1}^{'} v_{t+1})]$$

$$\textbf{s.t.} \quad \begin{bmatrix} x_{1t+1} \\ E_t x_{2t+1} \end{bmatrix} = (A - BF) \begin{bmatrix} x_{1t} \\ E_t x_{2t} \end{bmatrix} + C(v_{t+1} + \varepsilon_{t+1})$$

通过求解上述优化问题可得到稳健的最优简单政策规则。

需要注意的是，在考察政策规则的稳健性和最优性时，存在着两难抉择。如果仅仅考察政策规则的稳健性，那么我们期望扰动规模越大越好，这样政策规则抗干扰的能力也就愈强。若在此基础上进一步考察最优性，显然扰动规模不可能超过原先的规模，也就是说，稳健的最优简单政策规则所涉及的不确定性范围要小于仅仅考虑简单政策规则稳健性时所涉及的不确定性范围。

第六章　DSGE 模型在我国的应用

本章基于我国的实际数据，利用前几章介绍的方法，着重讨论三个 DSGE 模型在我国的开发与应用，其中第一个模型我们采用极大似然估计方法进行估计，后两个模型我们采用 Bayes 估计方法进行估计。

第一节　一个封闭经济的 DSGE 模型

本节采用的模型为 Ireland（2001）提出的模型，该模型对 Ireland（1997）及 McCallum-Nelson（1999）提出的模型进行了进一步改进，特别是对效用函数中通常假设消费与实际货币余额是可分离（separable）的较强条件进行了放宽，从而可以详细地探讨 LM 曲线的变化对经济的影响。

模型中包含的经济主体有居民、厂商、政府及货币当局。厂商分为两类，一类是生产最终产品的厂商，另一类是生产不同中间产品的厂商。最终产品市场处于完全竞争状态，中间产品市场处于垄断竞争状态。假设中间产品的种类连续分布于区间[0，1]，并且居民和厂商都是同质的，因而我们可以通过刻画典型居民和厂商的行为决策来描述总体经济行为方程。

对于典型居民来说，其行为决策由下面的优化问题来描述：

$$\max E_0 \sum_{t=0}^{\infty} \beta^t a_t \{u[c_t, (M_t/P_t)/e_t] - \eta h_t\}$$

$$s.t. \quad \frac{M_{t-1} + T_t + B_{t-1} + W_t h_t + D_t}{P_t} = c_t + \frac{B_t/r_t + M_t}{P_t}$$

其中，E_0 是数学期望；β 是贴现因子，$0 < \beta \leq 1$；$u[c_t, (M_t/P_t)/e_t] - \eta h_t$ 是当期效用函数；c_t 是居民对最终产品的消费；M_t 是居民持有的名义货币期末余额；P_t 是最终产品的价格；h_t 是居民提供的劳动力，它是居民向生产中间产品的厂商提供的劳动力 $h_t(i)$ 的

动态随机一般均衡模型及其应用

加总，即 $h_t = \int_0^1 h_t(i)di$；T_t 是居民得到的净转移支付；B_t 是居民持有的名义债券期末余额；（r_t-1）是债券的名义利率；W_t 是名义工资率；D_t 是居民得到的垄断利润，它是居民从生产中间产品的厂商得到的垄断利润 $D_t(i)$ 的加总，即 $D_t = \int_0^1 D_t(i)di$；a_t 表示总需求冲击，e_t 表示货币需求冲击，它们分别由下面的方程描述：

$$\ln(a_t) = \rho_a \ln(a_{t-1}) + \varepsilon_{at}, |\rho_a| < 1, \quad \varepsilon_{at} \sim N(0, \sigma_a^2)$$

$$\ln(e_t) = (1 - \rho_e)\ln(e) + \rho_e \ln(e_{t-1}) + \varepsilon_{et}, \quad |\rho_e| < 1, \quad \varepsilon_{et} \sim N(0, \sigma_e^2)$$

假设 λ_t 是上面居民预算约束的 Lagrange 乘子，且令 $m_t = M_t/P_t$，$\pi_t = P_t/P_{t-1}$，$w_t = W_t/P_t$，即 m_t 是实际货币余额，（π_t-1）是通胀率，w_t 是实际工资率，那么上述优化问题的一阶条件为

$$a_t u_1(c_t, m_t/e_t) = \lambda_t$$

$$\eta a_t = \lambda_t w_t$$

$$\lambda_t = \beta r_t E_t(\lambda_{t+1}/\pi_{t+1})$$

$$(a_t/e_t)u_2(c_t, m_t/e_t) = \lambda_t - \beta E_t(\lambda_{t+1}/\pi_{t+1})$$

对于生产最终产品的典型厂商来说，其行为决策由下面的优化问题来描述：

$$\max\left[P_t y_t - \int_0^1 P_t(i)y_t(i)di\right]$$
$$s.t. \quad \left[\int_0^1 y_t(i)^{(\theta-1)/\theta}di\right]^{\theta/(\theta-1)} = y_t \qquad \theta > 1$$

其中，y_t 是最终产品，$y_t(i)$ 是生产最终产品所使用的中间产品，P_t 是最终产品的价格，$P_t(i)$ 是中间产品的价格，θ 是中间产品的相互替代弹性。通过求解上述优化问题可得到对中间产品的需求方程如下：

$$y_t(i) = [P_t(i)/P_t]^{-\theta} y_t$$

由于假设最终产品市场处于完全竞争状态，因而当经济处于均衡状态时，生产最终产品的典型厂商的利润为零，这要求最终产品的价格满足下列等式：

$$P_t = \left[\int_0^1 P_t(i)^{1-\theta} \mathrm{d}i \right]^{1/(1-\theta)}$$

对于生产不同中间产品的厂商来说，假设其采用不变规模收益（constant-returns-of-scale）的生产函数：

$$y_t(i) = z_t h_t(i)$$

其中，z_t 表示生产率冲击，其由下面的方程描述：

$$\ln(z_t) = (1 - \rho_z)\ln z + \rho_z \ln z_{t-1} + \varepsilon_{zt}, \quad |\rho_z| < 1, \quad \varepsilon_{zt} \sim N(0, \sigma_z^2)$$

由于中间产品市场处于垄断竞争状态，因而生产中间产品的厂商在需求 $y_t(i) = [P_t(i)/P_t]^{-\theta} y_t$ 的约束下，通过调整中间产品的价格 $P(i)$ 使当期及未来各期实际利润的贴现值最大化，即求解下述优化问题：

$$\max E \sum_{t=0}^{\infty} \beta^t \lambda^t [D_t(i)/P_t]$$

$$s.t. \quad \frac{D_t(i)}{P_t} = \left[\frac{P_t(i)}{P_t}\right]^{1-\theta} y_t - \left[\frac{P_t(i)}{P_t}\right]^{-\theta} \left(\frac{w_t y_t}{z_t}\right) - \frac{\phi}{2} \left[\frac{P_t(i)}{P_{t-1}(i)\pi}\right]^2 y_t$$

其中，λ_t 是前面得到的典型居民的边际效用，$\dfrac{\phi}{2}\left[\dfrac{P_t(i)}{P_{t-1}(i)\pi}\right]^2 y_t$ 反映了生产中间产品的厂商在调整其价格 $P(i)$ 时所承受 s 的成本，$(\pi-1)$ 是经济处于稳态时的通胀率。上述优化问题的一阶条件方程为

$$0 = (1-\theta)\lambda_t \left[\frac{P_t(i)}{P_t}\right]^{-\theta} \left(\frac{y_t}{P_t}\right) + \theta\lambda_t \left[\frac{P_t(i)}{P_t}\right]^{-\theta-1} \left(\frac{w_t y_t}{z_t P_t}\right)$$

$$-\varphi\lambda_t \left[\frac{P_t(i)}{P_{t-1}(i)\pi} - 1\right]\left[\frac{y_t}{\pi P_{t-1}(i)}\right] + \beta\varphi E_t \left\{\lambda_{t+1}\left[\frac{P_{t+1}(i)}{P_t(i)\pi} - 1\right]\left[\frac{y_{t+1}P_{t+1}(i)}{\pi P_t(i)^2}\right]\right\}$$

假设货币供应量的增长率为 $\mu_t -1$，即 $\mu_t = M_t/M_{t-1}$，货币当局根据产出（y_t）、通胀率（$\pi_t -1$）及货币供应量的增长率（$\mu_t -1$）的变化来调整名义利率（$r_t -1$）。需要指出的是，在实际中，当货币需求受到冲击而增加时，货币当局通常会采取适应性（accommodative）的操作，因而在货币政策规则中增加了对这部分变化的考虑。货币当局采用下面的货币政策规则：

$$\ln(r_t / r) = \rho_r \ln(r_{t-1} / r) + \rho_y \ln(y_{t-1} / y) + \rho_\pi \ln(\pi_{t-1} / \pi) + \rho_\mu \ln(\mu_{t-1} / \mu) + \varepsilon_{rt}$$
$$|\rho_r| < 1, \quad \varepsilon_{rt} \sim N(0, \sigma_r^2)$$

其中，y、（$\pi-1$）、（$\mu-1$）及（$r-1$）分别是经济处于稳态时的产出、通胀率、货币供应量增长率及名义利率，ε_{rt} 是货币政策冲击。

由以上经济的对称性特点，可知经济处于均衡状态时满足的条件为

$$y_t\,(i) = y_t$$
$$h_t\,(i) = h_t$$
$$P_t\,(i) = P_t$$
$$d_t\,(i) = D_t\,(i)\,/P_t = D_t / P_t = d_t$$
$$M_t = M_{t-1} + T_t$$
$$B_t = B_{t-1} = 0$$

根据以上行为方程，可得到总体经济的行为方程：

$$y_t = c_t + \frac{\phi}{2}\left(\frac{\pi_t}{\pi} - 1\right)^2 y_t$$

$$a_t u_1(c_t, m_t / e_t) = \beta r_t E_t [a_{t+1} u_1(c_{t+1}, m_{t+1} / e_{t+1}) / \pi_{t+1}]$$

$$r_t u_2(c_t, m_t / e_t) = (r_t - 1)e_t u_1(c_t, m_t / e_t)$$

$$\theta - 1 = \theta\left[\frac{\eta}{z_t u_1(c_t, m_t / e_t)}\right] - \phi\left(\frac{\pi_t}{\pi} - 1\right)\left(\frac{\pi_t}{\pi}\right)$$
$$+ \beta\phi E_t\left\{\left[\frac{a_{t+1} u_1(c_{t+1}, m_{t+1} / e_{t+1})}{a_t u_1(c_t, m_t / e_t)}\right]\left(\frac{\pi_{t+1}}{\pi} - 1\right)\left(\frac{y_{t+1}\pi_{t+1}}{y_t\pi}\right)\right\}$$

$$\ln(r_t / r) = \rho_r \ln(r_{t-1} / r) + \rho_y \ln(y_{t-1} / y) + \rho_\pi \ln(\pi_{t-1} / \pi) + \rho_\mu \ln(\mu_{t-1} / \mu) + \varepsilon_{rt}$$

$$m_{t-1}\mu_t = m_t\pi_t$$

$$\ln(a_t) = \rho_a \ln(a_{t-1}) + \varepsilon_{at}$$

$$\ln(e_t) = (1 - \rho_e)\ln(e) + \rho_e \ln(e_{t-1}) + \varepsilon_{et}$$

$$\ln(z_t) = (1 - \rho_z)\ln(z) + \rho_z \ln(z_{t-1}) + \varepsilon_{zt}$$

首先刻画模型的稳态，稳态由下面的方程描述：

$$c = y$$

$$r = \pi / \beta$$

$$ru_2(c, m/e) = (r-1)eu_1(c, m/e)$$

$$u_1(c, m/e) = \left(\frac{\theta}{\theta-1}\right)\left(\frac{\eta}{z}\right)$$

$$\pi = \mu$$

$$a = 1$$

$$e = e$$

$$z = z$$

可以看出，若效用函数中消费与实际货币余额是不可分离的，则货币将呈现出非中性的特点；若效用函数中消费与实际货币余额是可分离的，则产出、消费及就业等实际变量的稳态值与名义货币的变化无关，即货币呈现中性和超中性的特点。

在得到经济的稳态后，将方程取对数并在稳态值进行线性化处理，记

$$\hat{y}_t = \ln(y_t / y)，\quad \hat{\pi}_t = \ln(\pi_t / \pi)，\quad \hat{m}_t = \ln(m_t / m)，$$

$$\hat{r}_t = \ln(r_t / r)，\quad \hat{c}_t = \ln(c_t / c)，\quad \hat{a}_t = \ln(a_t / a)，$$

$$\hat{e}_t = \ln(e_t / e)，\quad \hat{z}_t = \ln(z_t / z)$$

从而得到动态方程：

$$\hat{y}_t = E_t\hat{y}_{t+1} - \omega_1(\hat{r}_t - E_t\hat{\pi}_{t+1}) + \omega_2(\hat{m}_t - E_t\hat{m}_{t+1}) + \omega_1(1-\rho_a)\hat{a}_t - \omega_2(1-\rho_e)\hat{e}_t$$

$$\hat{m}_t = \gamma_1\hat{y}_t - \gamma_2\hat{r}_t + \gamma_3\hat{e}_t$$

$$\hat{\pi}_t = \left(\frac{\pi}{r}\right)E_t\hat{\pi}_{t+1} + \psi\left[(\frac{1}{\omega_1})\hat{y}_t - (\frac{\omega_2}{\omega_1})\hat{m}_t + (\frac{\omega_2}{\omega_1})\hat{e}_t - \hat{z}_t\right]$$

$$\hat{r}_t = \rho_r\hat{r}_{t-1} + \rho_y\hat{y}_{t-1} + \rho_\pi\hat{\pi}_{t-1} + \rho_\mu\hat{\mu}_{t-1} + \varepsilon_{rt}$$

$$\hat{m}_{t-1} + \hat{\mu}_t = \hat{m}_t + \hat{\pi}_t$$

$$\hat{c}_t = \hat{y}_t$$

$$\hat{a}_t = \rho_a\hat{a}_{t-1} + \varepsilon_{at}$$

$$\hat{e}_t = \rho_e\hat{e}_{t-1} + \varepsilon_{et}$$

$$\hat{z}_t = \rho_z \hat{z}_{t-1} + \varepsilon_{zt}$$

其中，

$$\omega_1 = -u_1(y, m/e)/[yu_{11}(y, m/e)]$$

$$\omega_2 = -(m/e)u_{12}(y, m/e)/[yu_{11}(y, m/e)]$$

$$\psi = (\theta - 1)/\phi$$

$$\gamma_1 = [yr\omega_2/(m\omega_1) + (r-1)/\omega_1]\gamma_2$$

$$\gamma_3 = 1 - (r-1)\gamma_2$$

$$\gamma_2 = \{r/[(r-1)(m/e)]\}\{u_2(y, m/e)/[(r-1)eu_{12}(y, m/e) - ru_{22}(y, m/e)]\}$$

基于以上模型，刘斌（2003）利用中国 1987 年第一季度至 2002 年第四季度的实际数据（通过 HP 滤波方法去掉趋势项），采用极大似然方法对模型的参数进行了估计，参数估计结果如表 6-1 所示。

表 6-1　　　　　　　　　　　　　　模型的估计结果

参数	估计值	估计误差	参数	估计值	估计误差
ω_1	0.0088	0.0071	m	8.77	1.32
ω_2	0.11	0.032	π	0.00012	0.000052
γ_1	8.40	1.56	r	0.0037	0.0011
γ_2	0.93	0.35	ρ_a	0.30	0.11
γ_3	0.99	0.26	ρ_e	0.071	0.010
ψ	0.008	0.0037	ρ_z	0.75	0.12
ρ_r	0.89	0.28	σ_a	0.99	0.52
ρ_π	0.11	0.45	σ_e	0.32	0.09
ρ_y	-0.0029	0.0031	σ_z	0.030	0.009
ρ_μ	0.0076	0.0034	σ_r	0.0017	0.00082
y	8.36	1.25			

从估计结果可以得到以下结论：

（1）产出关于实际利率的弹性 ω_1（=0.0088）非常低，而且统计检验不显著，这充分说明在我国金融市场不发达、利率未充分市场化的条件下，利率变化对产出的直接影响是有限的，利率不是货币政策传导的主要渠道。而在 *IS* 曲线中产出关于实际货

币余额的弹性 ω_2（=0.11）较大，这不仅验证了效用函数中消费与实际货币余额是不可分的（non-separable）假设是成立的，而且说明了实际货币余额变化对产出产生的影响在我国是非常显著的。从我国的实际情况来看，实际货币余额变化对产出产生影响主要体现为以下几个方面：一是由于金融资产的种类比较有限，居民持有的金融资产主要以储蓄存款的形式体现，因而实际货币余额的变化主要反映了金融资产的变化，从而对消费并进而对产出产生影响。二是长期以来的计划经济体制使投资过分依赖银行的贷款，因而贷款的变化将对投资产生影响，从而对产出产生影响。而从银行概览来看，贷款和货币供应量分别反映了银行概览的资产方和负债方，因而贷款的变化将导致货币供应量的变化，从而实际货币余额的变化将对产出产生影响。三是虽然在我国利率变化对实体经济的直接影响是不显著的，但利率的变化对货币需求产生影响，从而通过上面的两方面对产出产生影响。总之，在我国利率对产出的直接影响是不显著的，而实际货币余额对产出的影响是显著的，利率对产出的间接影响是通过实际货币余额对产出的影响来表现的，这反映了货币政策的传导主要是通过信贷及财富途径来实现的。

（2）货币需求关于产出的弹性 γ_1（=8.40）似乎偏高，这里需要说明的是，我们这里采用的数据是去掉趋势项的数据，而通常的做法是采用包含趋势项的数据，因而估计结果不尽相同。但从对我国货币需求的实证结果来看，人们普遍得到货币需求关于产出的弹性大于 1 的结论，这一点与我们的结论是一致的，这反映了我国的持币行为还不具有规模经济、货币化进程还没有结束、金融资产种类有限等现象。

（3）实际通胀率不仅取决于预期通胀率，而且取决于实体经济的变化，如产出缺口、实际货币余额及生产率等的变化将对实际通胀率产生影响，而参数 ψ（=0.008）是反映影响程度的一个重要参数。由于参数与价格的调整成本呈反向关系，$\psi = (\theta - 1)/\phi$，因而价格的调整成本对厂商的定价行为具有显著影响，从而对实际通胀率产生影响。

（4）货币政策规则的估计结果表明，我国的利率调整具有很大的惯性（inertia），ρ_r=0.89，这与我国严格的利率管理体制是息息相关的。另外，利率关于产出缺口的弹性为负值（ρ_y=-0.0029），且统计上检验是不显著的，这说明我国的利率调整并没有充分考虑产出的稳定，而是被动地适应产出的高增长。Taylor（1993）在研究利率规则时指出，对于通胀率的变化，名义利率应采取非对称的调整，即若通胀率上升一个百分点，名义利率的上升幅度应大于一个百分点，这样才能使实际利率上升，从而对经济产生稳定作用。从上面的估计结果来看，我国利率关于通胀率的长期弹性为 $\rho_\pi/(1-\rho_r)=1$，似乎处于稳定与不稳定的边界，但利率关于货币供应量增长率的长期弹性为 $\rho_\mu/(1-\rho_r)=0.069$，从前面的理论结果可知，稳态时的通胀率等于货币供应量的增长率 $\mu=\pi$，因而利率关于二者的长期弹性之和为 1.069，从而说明该货币政策规则对经济具有稳定作用，但稳定的程度不够，因为其仍在稳定与不稳定的边缘徘徊。因此，我国今后在利率调整时应对通胀率的变化作出更强烈的反应。虽然目前我国的货币政策决策不是按照上面的简单规则进行的，但通过上述规则的研究，特别是对货币政策规则进行显性的描述，可以使我们充分了解货币政策的系统性变化和非系统性变化对经济的影响，从而为进一步分析货币政策的有效性、透明性及可信性等问题提供基础。

（5）Woodford 和 Rotemberg 指出，在垄断竞争条件下，稳态时的产出水平与实际利率呈反向关系。从表中的估计结果可计算出稳态时的我国实际利率为 1.4%（年率），与世界其他国家相比偏低，因而我国近二十年来较高的产出增长率与长期偏低的实际利率水平是密切相关的。

（6）冲击的持续性将对经济产生不同的影响，持续性越长，其对经济的影响也越久。总需求冲击 a_t、货币需求冲击 e_t 及生产率冲击 z_t 的持续性是通过参数 ρ_a、ρ_e 及 ρ_z 来反映的，从估计结果来看，货币需求冲击的持续性（$\rho_e=0.071$）最短，其基本接近于白噪声冲击，生产率冲击的持续性（$\rho_z=0.75$）最长，总需求冲击的持续性（$\rho_a=0.30$）介于两者之间。

从前面的分析可以看出，模型中受到的随机冲击有总需求冲击、货币需求冲击、生产率冲击及利率冲击，它们通过随机向量 $\varepsilon_t=[\varepsilon_{at},\varepsilon_{et},\varepsilon_{zt},\varepsilon_{rt}]'$ 来刻画，因此在下面的随机模拟中，假设它们在稳态时受到 1% 的暂时冲击，从而计算它们对经济产生的影响。

图 6-1 显示了总需求冲击对经济的影响。从图中可以看出，随着总需求的增加，短期内产出、通胀率、名义货币增长率、实际货币增长率将增加，为了稳定经济，货币当局将逐步提高名义利率，随着名义利率的逐步上升，产出、通胀率、名义货币增长率、实际货币增长率在后来逐步趋向于稳态水平。总的来看，总需求冲击在短期内使产出最高增长 0.1%，使通胀率最高增长 0.4%，其对经济的影响时间不超过 8 个季度。

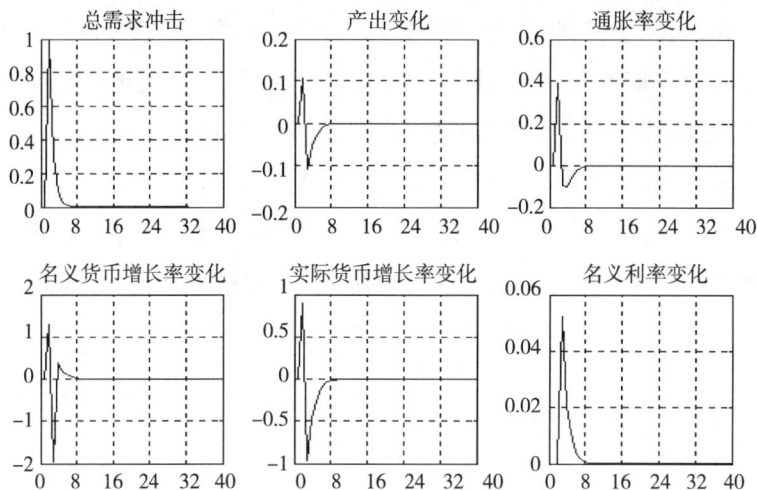

图 6-1　总需求冲击对经济的影响

　　图 6-2 显示了货币需求冲击对经济的影响。从图中可以看出，货币需求冲击对产出和通胀率的影响非常微弱，几乎可以忽略不计，而其对名义货币增长率和实际货币增长率产生显著的影响，这说明随着货币需求的增加，货币当局通常为稳定货币市场将会采取适应性（accommdative）的操作而增加货币供应量。货币需求冲击对经济的影响时间不超过 6 个季度。

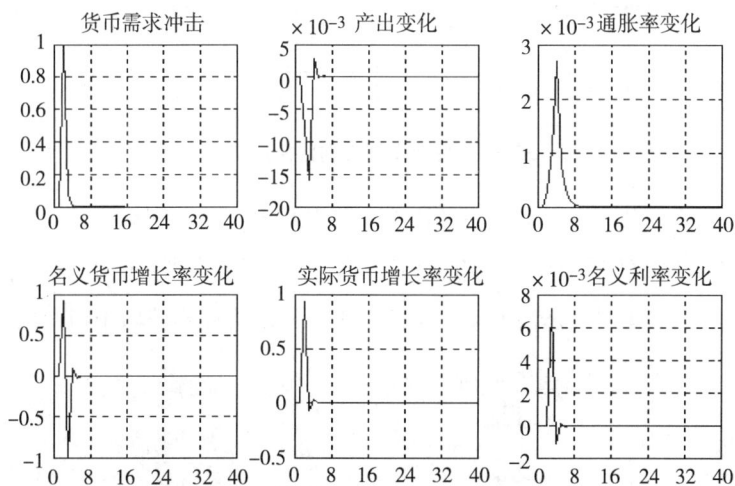

图 6-2　货币需求冲击对经济的影响

217

图 6-3 显示了生产率冲击对经济的影响。生产率的增加不仅可以提高总供给（潜在产出），而且在前瞻性模型中，由于预期产出对当期产出产生影响，因而这种预期效应也将使总需求增加，从而使产出水平在短期内增加。同时，生产率的提高将使边际生产成本降低，从而使通胀率下降。图中表明，生产率冲击在短期内使产出最高增长 0.22%，使通胀率最低下降 0.43%。比较图 6-3 和图 6-1 可以看出，总需求冲击使产出和通胀率产生同方向的变化，而生产率冲击使产出和通胀率产生反方向的变化。另外，可以看出，生产率冲击对经济的影响时间较长，约为 16 个季度。

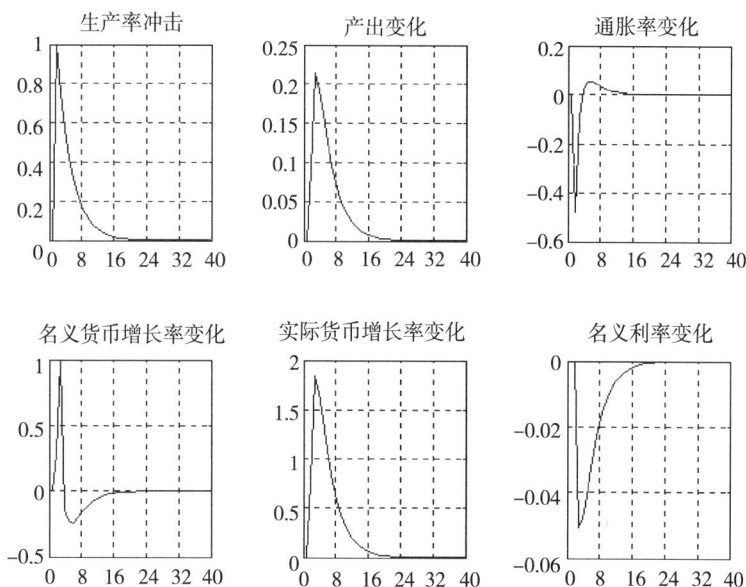

图 6-3　生产率冲击对经济的影响

图 6-4 显示了利率冲击对经济的影响。可以看出，随着利率的暂时提高，短期内产出、通胀率、名义货币增长率、实际货币增长率将下降，短期内产出最低下降 0.27%，通胀率最低下降 0.47%。随着利率冲击的结束，经济将逐步趋向于稳态水平。利率冲击对经济的影响时间不超过 6 个季度。

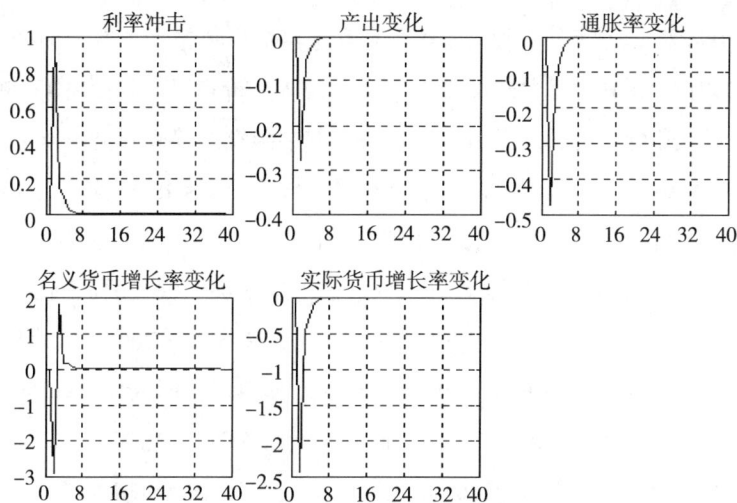

图 6-4　利率冲击对经济的影响

第二节　一个开放经济的 DSGE 模型在货币政策分析中的应用

一、DSGE 模型在中央银行开发和应用方面的基本概况

当前各国中央银行在经济建模方面不再仅仅停留在模型给出的数量结果上，而是更加关注这些数量结果所隐含的幕后故事及其理论上的依据和解释，这其实对经济建模提出了更高的要求。DSGE 模型是近年来中央银行在宏观经济分析及货币政策分析方面关注的一个重要研究方向，也是中央银行在经济建模方面的一个新视角。虽然传统的计量经济模型目前仍是中央银行的一个主要分析和预测工具，但 DSGE 模型的显性建模框架、理论一致性、微观和宏观的完美结合、长短期分析的有机整合等独特性日益受到中央银行的青睐。同时，计算机速度的迅速提高及 Bayes 估计方法的不断改进使 DSGE 模型的更新程度和进度大大提高，用它作为工具研究的经济问题也更加广泛和深入。DSGE 模型的发展使许多中央银行正在逐渐改变自己的建模策略，它已经成为或正在成为中央银行（如英格兰银行和加拿大中央银行）定量分析的一个基准模型（benchmark model），在不久的将来它甚至有取代传统计量经济模型的可能性。

从目前开发和应用情况来看，发达国家和地区的中央银行走在了前列，一些中央银行相继开发了 DSGE 模型并较成功地应用于经济分析和货币政策决策，有的甚至在经济预测方面也进行了尝试；而新兴市场和发展中国家的某些中央银行（如智利和印度尼西亚的中央银行）不甘落后，也已经开发了自己的 DSGE 模型。至今这些中央银行开发的较为成熟的 DSGE 模型有：欧洲中央银行的 SW 模型（2003）和 NAWM 模型（2006）、国际货币基金组织的全球 GEM 模型（2004）、芬兰银行的 AINO 模型（2004）、日本银行的 JEM 模型（2004）、美联储的国内 MAQS 模型（2005）和多国家 SIGMA 模型（2005）、英格兰银行的 BEQM 模型（2005）、瑞典银行的 SR-DSGE 模型（2005）、挪威银行的 NEMO 模型（2005）、新西兰储备银行的 RBNZ-DSGE 模型（2005）、比利时国民银行的 NONAME 模型（2005）、捷克国民银行的 FPAS-QPM 模型（2005）、智利中央银行的 MAS 模型（2005）、加拿大银行的 ToTEM 模型（2006）、阿根廷中央银行的 ARGEM 模型（2006）、巴西中央银行的 OE-GEM 模型（2006）及印度尼西亚银行的 GEMBI 模型（2006）等。

虽然 DSGE 模型在经济分析及货币政策分析和决策方面发挥了积极的作用，但由于理论建模、模型设计和计算的复杂性，目前各中央银行开发的 DSGE 模型存在一个共同的缺陷，即模型对金融机构和金融市场的设计相对简单，模型中没有对金融机构（如中央银行、商业银行及其他金融机构）进行进一步的细分，没有对不同金融机构的行为决策进行较详细的描述，没有对金融部门的相互联系和相互制约进行很好的刻画，模型仅着重刻画了利率在货币政策传导中的突出作用。为此，我们开发 DSGE 模型试图在克服该缺陷上有所突破，使货币政策传导的其他途径（特别是信贷途径）能够在模型中被充分体现出来，从而为货币政策分析和决策提供更好的参考依据和定量支持。

我们开发的 DSGE 模型（刘斌，2007）基于 Christiano-Motto-Rostagno(2002，2007) 的建模框架（简称 CMR 模型），但有一些扩展和独到之处。

首先，模型将 CMR 模型的封闭经济情形推广到开放经济的情形，并考虑了国外净资产规模的变化与国内经济的相互影响。

其次，根据我国的银行业特点，对 CMR 模型中的金融部门进行了简化和修改，特别是，基于我国钉住货币供应量中介目标的特点，对货币政策规则的设定进行了推广。

最后，模型中的参数采用了校准（calibration）和 Bayes 估计相结合的方法来确定，模型中通过 Bayes 估计的参数规模及计算量是非常可观的。

该模型的主要特征可总结为以下几个方面：

第一，模型是以动态优化为基础的新兴新古典综合模型(new neoclassical synthesis model)，模型在长期呈现出新古典经济学的特点，在短期呈现出新凯恩斯经济学的特点，充分结合了二者的主要特点。

第二，模型中的刚性（rigidity）包括实际刚性（real rigidity）和名义刚性（nominal rigidity）。实际刚性主要体现在三个方面：一是消费受到消费习惯形成因素(habit formation)的影响；二是投资受到调整成本的影响；三是在资本的缓慢变化过程中，资本利用率是变化的。

名义刚性主要体现在中间产品和工资的定价方面。由于中间产品的生产处于垄断竞争的状态，因而生产中间产品的厂商在需求的约束下对产品具有一定的定价权。模型中的中间产品分为国内产品和出口产品，厂商在对产品定价时采用 Calvo 的定价策略。另外，由于劳动力市场也处于垄断竞争的状态，从而居民在劳动力需求的约束下，对工资率有一定的定价权。

第三，由于金融市场的不完美性，厂商在通过商业银行进行外部融资时，商业银行对厂商的贷款利率选定需要考虑厂商的财务结构，即外部融资风险溢价（external finance premium）依赖于厂商的财务结构。采用这种方式，模型不仅可以反映货币政策的利率传导途径，而且可以反映货币政策的信贷传导途径，从而金融加速器（financial-accelerator）效应可以充分体现出来。

第四，模型对金融机构进一步细分为中央银行和商业银行，对它们各自的行为决策及其相互之间的联系和制约进行较详细的描述和刻画，模型中涉及多种期限的利率，这样可以充分体现金融机构和金融市场在模型的作用。

第五，基于我国钉住货币供应量中介目标的特点，模型中的货币政策规则采用了推广的 Taylor 规则形式。

第六，模型采用 Calvo 定价策略来刻画汇率变化对国内价格影响的传递(pass-through)效应。

第七，在开放经济环境下，国外净资产规模不可能无限扩大，模型考虑了国外净资产与 GDP 的相对比值对国外净资产收益率的影响，从而可以考察国外净资产规模的变化与国内经济的相互影响。

第八，模型中决定经济稳态的大部分参数是通过校准的方法得到的，而决定经济动态特性的全部参数及决定经济稳态的少部分参数是通过 Bayes 估计技术得到的。尤其是在 Bayes 估计中，采用了目前较先进的 MCMC（Markov Chain Monte Carlo）方法来计算参数的事后分布及其他相关统计量，并且通过 Bayes 估计的参数规模及计算量是非常可观的。

二、我国 DSGE 模型的结构

（一）模型中的经济主体

模型中包含的经济主体有居民、厂商、金融机构、政府及对外部门。其中，厂商分为生产最终产品的厂商、生产中间产品的厂商、生产资本品的厂商及企业家四类；金融机构分为商业银行及中央银行两类；对外部门包括出口商和进口商。

居民在预算约束条件下，对消费、劳动力供给及资产的选择进行决策。可供居民选择的资产包括现金、活期存款、定期存款、政府债券及国外资产。由于劳动力市场处于垄断竞争的状态，从而居民在劳动力需求的约束下，对工资率有一定的定价权。

生产最终产品的厂商将中间产品进行加工成最终产品，并提供给其他经济主体，模型假设最终产品的市场处于完全竞争状态。从需求的角度，最终产品可分为国内产品的需求和进口产品的需求；从供给的角度，最终产品可分为国内产品的供给和出口产品的供给。

生产中间产品的厂商利用劳动力和资本进行生产，并将中间产品出售给生产最终产品的厂商。在垄断竞争的环境下，生产中间产品的厂商面临需求约束，因此对中间产品有一定的定价权，同时在剔除劳动力成本及资本成本后，将超额利润转移支付给居民。

生产资本品的厂商利用现存资本存量及追加的投资进行加工得到资本品，并出售给生产中间产品的厂商。在追加投资时，其受到调整成本的影响。

企业家是模型中一个特殊的厂商，其充当以下角色：其一，在中间产品的生产过程中确定最优的资本利用率，但需要付出成本；其二，对生产过程中所需资本的融资进行管理，确定合理的融资结构。厂商生产需要的资本金一部分来源于厂商的自有资金（即内部融资），另一部分来源于商业银行的贷款（即外部融资），其中在进行外部融资时，厂商的财务结构是决定外部融资风险溢价的一个重要因素。

商业银行通过吸收存款（包括活期存款和定期存款）和拆借资金等方式获得资金，并向厂商提供贷款。同时在经营过程中，商业银行由于受到法定存款准备金率的约束及流动性需求的约束，从而在中央银行的账户上保留法定准备金和合理的超额准备金，其中，超额准备金的使用效率情况是决定商业银行创造存款和进行放款的一个重要因素。

中央银行采用货币政策规则来实现其期望的目标，考虑到我国钉住货币供应量中介目标的特点，货币政策规则采用了推广的 Taylor 规则形式。

政府部门的收入来源于税收和发债，支出主要用于政府的日常支出、债务的本息支付及对居民的转移支付。

对外部门的出口商（进口商）同样可以分为最终产品的出口商（进口商）和中间产品的出口商（进口商），最终产品的市场处于完全竞争状态，而中间产品的市场处于垄断竞争状态。中间产品的出口商（进口商）面临需求约束，对中间产品的出口（进口）有一定的定价权。特别是，模型中假设中间产品的进口商采用 Calvo 定价策略来刻画汇率变化对国内价格影响的传递效应。

在开放经济环境下，国外净资产规模不可能无限扩大，模型考虑了国外净资产与GDP 的相对比值对国外净资产收益率的影响，从而可以考察国外净资产规模的变化与国内经济的相互影响。

（二）行为方程

1. 最终产品的分解及中间产品的需求。从需求的角度，最终产品可分为国内产品的需求和进口产品的需求，考虑到国内产品和进口产品的替代弹性，总需求可以看成是进口商品和国内商品的复合商品，即

$$A_t = \left[v_A^{\frac{1}{\mu_A}} QD_t^{1-\frac{1}{\mu_A}} + (1-v_A)^{\frac{1}{\mu_A}} QM_t^{1-\frac{1}{\mu_A}} \right]^{\frac{\mu_A}{\mu_A-1}}$$

其中，A_t 是总需求，QD_t 是国内需求，QM_t 是进口需求，μ_A 是进口产品和国内产品的替代弹性，v_A 反映国内需求占总需求的比重情况。由于模型假设最终产品的市场处于完全竞争状态，因此，总需求的价格水平、进口需求及国内需求可通过下式确定：

$$P_t = \left[v_A PD_t^{1-\mu_A} + (1-v_A)PM_t^{1-\mu_A} \right]^{\frac{1}{1-\mu_A}}$$

$$QD_t = v_A \left(\frac{PD_t}{P_t} \right)^{-\mu_A} A_t$$

$$QM_t = (1-v_A) \left(\frac{PM_t}{P_t} \right)^{-\mu_A} A_t$$

其中，P_t 是总需求的价格水平，PD_t 是国内价格水平，PM_t 是进口价格水平。可以看出，国内需求与进口需求的分配比例取决于它们的相对价格。上面是对总需求进行分解，实际上还可以对总需求的各个组成部分进行分解。按照上面的方法，对总需求中的消费、投资及政府支出进行分解可得到下面的方程：

$$CD_t = v_A \left(\frac{PD_t}{P_t} \right)^{-\mu_A} C_t$$

$$CM_t = (1-v_A) \left(\frac{PM_t}{P_t} \right)^{-\mu_A} C_t$$

$$ID_t = v_A \left(\frac{PD_t}{P_t} \right)^{-\mu_A} I_t$$

$$IM_t = (1-v_A) \left(\frac{PM_t}{P_t} \right)^{-\mu_A} I_t$$

$$GD_t = v_A \left(\frac{PD_t}{P_t} \right)^{-\mu_A} G_t$$

$$GM_t = (1-v_A) \left(\frac{PM_t}{P_t} \right)^{-\mu_A} G_t$$

其中，C_t 是消费，I_t 是投资，G_t 是政府支出，CD_t 是国内消费，CM_t 是进口产品的消费，ID_t 是投资品的国内需求，IM_t 是进口的投资品，GD_t 是政府消费的国内产品，GM_t 是政府消费的进口产品。

　　我国的出口相当于国外部门的进口，按照上面的处理方法，我国的出口需求方程由国外部门的进口需求方程确定，具体可表示为

$$QX_t = (1 - v_A^F) \left(\frac{PX_t}{P_t^F} \right)^{-\mu_A^F} A_t^F$$

其中，A_t^F 是国外部门的总需求，QX_t 是出口需求，P_t^F 是国外部门的总价格水平，PX_t 是按外币标价的出口价格水平，μ_A^F 是国外部门的进口产品和国内产品的替代弹性，v_A^F 反映国外部门的国内需求占其总需求的比重情况。

　　从供给的角度，最终产品可分为国内产品的供给和出口产品的供给，同样按上面的方法，可得到下面的方程：

$$Y_t = \left[v_Y^{\frac{1}{\mu_Y}} YD_t^{1 + \frac{1}{\mu_Y}} + (1 - v_Y)^{\frac{1}{\mu_Y}} YF_t^{1 + \frac{1}{\mu_Y}} \right]^{\frac{\mu_Y}{\mu_Y + 1}}$$

$$PY_t = \left[v_Y PD_t^{1 + \mu_Y} + (1 - v_Y)(EX_t \cdot PX_t)^{1 + \mu_Y} \right]^{\frac{1}{1 + \mu_Y}}$$

$$YD_t = v_Y \left(\frac{PD_t}{PY_t} \right)^{\mu_Y} Y_t$$

$$YF_t = (1 - v_Y) \left(\frac{EX_t PX_t}{PY_t} \right)^{\mu_Y} Y_t$$

其中，Y_t 是总产出，YD_t 是国内产品的总供给，YF_t 是出口产品的总供给，PY_t 是总产出的价格水平（GDP 平减指数），PD_t 是国内价格水平，PX_t 是按外币标价的出口价格水平，EX_t 是名义汇率，μ_Y 是出口产品和国内产品的替代弹性，v_Y 反映国内产品的总供给占总产出的比重情况。

　　为了后面计算的方便，这里将所有的实际变量去掉趋势项，将所有的价格水平以总需求的价格水平 P_t 为基准（numeraire）换算成相对价格。实际变量的趋势项通过经济增长的总趋势 ZP_t 来刻画（国外部门经济增长的总趋势以 ZP_t^F 来刻画），这样可定义下面的变量：

$$a_t = \frac{A_t}{ZP_t}, \qquad qd_t = \frac{QD_t}{ZP_t}, \qquad qm_t = \frac{QM_t}{ZP_t}, \qquad c_t = \frac{C_t}{ZP_t},$$

$$i_t = \frac{I_t}{ZP_t}, \qquad g_t = \frac{G_t}{ZP_t}, \qquad cd_t = \frac{CD_t}{ZP_t}, \qquad cm_t = \frac{CM_t}{ZP_t},$$

$$id_t = \frac{ID_t}{ZP_t}, \qquad im_t = \frac{IM_t}{ZP_t}, \qquad gd_t = \frac{GD_t}{ZP_t}, \qquad gm_t = \frac{GM_t}{ZP_t},$$

$$y_t = \frac{Y_t}{ZP_t}, \qquad yd_t = \frac{YD_t}{ZP_t}, \qquad yf_t = \frac{YF_t}{ZP_t}, \qquad qx_t = \frac{QX_t}{ZP_t^F},$$

$$a_t^F = \frac{A_t^F}{ZP_t^F}, \qquad pd_t = \frac{PD_t}{P_t}, \qquad pm_t = \frac{PM_t}{P_t}, \qquad px_t = \frac{PX_t}{P_t^F},$$

$$re_t = \frac{EX_t \cdot P_t^F}{P_t}$$

其中，变量的解释意义与上面的解释意义相同，只不过是变成了相对量，re_t 是实际汇率。经过这样处理后，上面的方程可改写为下面的形式：

$$a_t = \left[v_A^{\frac{1}{\mu_A}} qd_t^{1-\frac{1}{\mu_A}} + (1-v_A)^{\frac{1}{\mu_A}} qm_t^{1-\frac{1}{\mu_A}} \right]^{\frac{\mu_A}{\mu_A-1}}$$

$$1 = \left[v_A pd_t^{1-\mu_A} + (1-v_A) pm_t^{1-\mu_A} \right]^{\frac{1}{1-\mu_A}}$$

$$qd_t = v_A (pd_t)^{-\mu_A} a_t$$

$$qm_t = (1-v_A)(pm_t)^{-\mu_A} a_t$$

$$cd_t = v_A (pd_t)^{-\mu_A} c_t$$

$$cm_t = (1-v_A)(pm_t)^{-\mu_A} c_t$$

$$id_t = v_A (pd_t)^{-\mu_A} i_t$$

$$im_t = (1-v_A)(pm_t)^{-\mu_A} i_t$$

$$gd_t = v_A (pd_t)^{-\mu_A} g_t$$

$$gm_t = (1-v_A)(pm_t)^{-\mu_A} g_t$$

$$qm_t = cm_t + im_t + gm_t$$

$$qx_t = (1 - v_A^F)(px_t)^{-\mu_A^F} a_t^F$$

$$yd_t = v_Y \left(\frac{pd_t}{py_t} \right)^{\mu_Y} y_t$$

$$yf_t = (1 - v_Y) \left(\frac{re_t px_t}{py_t} \right)^{\mu_Y} y_t$$

$$py_t = \left[v_Y pd_t^{1+\mu_Y} + (1 - v_Y)(re_t \cdot px_t)^{1+\mu_Y} \right]^{\frac{1}{1+\mu_Y}}$$

最终产品是通过中间产品价格得到的，假设中间产品的种类连续分布于区间[0，1]，生产最终产品采用下面的技术：

$$QD_t = \left[\int_0^1 QD_t(s)^{\frac{1}{1+v_t^D}} ds \right]^{1+v_t^D} \quad \text{或} \quad qd_t = \left[\int_0^1 qd_t(s)^{\frac{1}{1+v_t^D}} ds \right]^{1+v_t^D}$$

$$QM_t = \left[\int_0^1 QM_t(s)^{\frac{1}{1+v_t^M}} ds \right]^{1+v_t^M} \quad \text{或} \quad qm_t = \left[\int_0^1 qm_t(s)^{\frac{1}{1+v_t^M}} ds \right]^{1+v_t^M}$$

$$QX_t = \left[\int_0^1 QX_t(s)^{\frac{1}{1+v_t^X}} ds \right]^{1+v_t^X} \quad \text{或} \quad qx_t = \left[\int_0^1 qx_t(s)^{\frac{1}{1+v_t^X}} ds \right]^{1+v_t^X}$$

其中，QD_t 是国内产品的总需求，QM_t 是进口产品的总需求，QX_t 是出口产品的总需求，$QD_t(s)$ 是第 s 类中间产品的国内需求，$QM_t(s)$ 是第 s 类中间产品的进口需求，QX_t（s）是第 s 类中间产品的出口需求，$\frac{1+v_t^D}{v_t^D}$、$\frac{1+v_t^X}{v_t^X}$ 及 $\frac{1+v_t^M}{v_t^M}$ 分别是国内中间产品、出口中间产品及进口中间产品的替代弹性。

由于最终产品的市场处于完全竞争状态，价格水平满足下面的方程：

$$PD_t = \left[\int_0^1 PD_t(s)^{\frac{1}{v_t^D}} ds \right]^{-v_t^D} \quad \text{或} \quad pd_t = \left[\int_0^1 pd_t(s)^{\frac{1}{v_t^D}} ds \right]^{-v_t^D}$$

$$PM_t = \left[\int_0^1 PM_t(s)^{-\frac{1}{v_t^M}} \mathrm{d}s \right]^{-v_t^M} \quad \text{或} \quad pm_t = \left[\int_0^1 pm_t(s)^{-\frac{1}{v_t^M}} \mathrm{d}s \right]^{-v_t^M}$$

$$PX_t = \left[\int_0^1 PX_t(s)^{-\frac{1}{v_t^X}} \mathrm{d}s \right]^{-v_t^X} \quad \text{或} \quad px_t = \left[\int_0^1 px_t(s)^{-\frac{1}{v_t^X}} \mathrm{d}s \right]^{-v_t^X}$$

其中，PD_t 是国内价格水平，PX_t 是出口价格水平，PM_t 是进口价格水平，$PD_t(s)$ 是国内生产的第 s 类中间产品的价格水平，$PX_t(s)$ 是出口的第 s 类中间产品的价格水平，$PM_t(s)$ 是进口的第 s 类中间产品的价格水平。

中间产品的需求由下面的方程确定：

$$QD_t(s) = \left[\frac{PD_t(s)}{PD_t} \right]^{-\frac{1+v_t^D}{v_t^D}} QD_t \quad \text{或} \quad qd_t(s) = \left[\frac{pd_t(s)}{pd_t} \right]^{-\frac{1+v_t^D}{v_t^D}} qd_t$$

$$QM_t(s) = \left[\frac{PM_t(s)}{PM_t} \right]^{-\frac{1+v_t^M}{v_t^M}} QM_t \quad \text{或} \quad qm_t(s) = \left[\frac{pm_t(s)}{pm_t} \right]^{-\frac{1+v_t^M}{v_t^M}} qm_t$$

$$QX_t(s) = \left[\frac{PX_t(s)}{PX_t} \right]^{-\frac{1+v_t^X}{v_t^X}} QX_t \quad \text{或} \quad qx_t(s) = \left[\frac{px_t(s)}{px_t} \right]^{-\frac{1+v_t^X}{v_t^X}} qx_t$$

2. 中间产品的生产。生产第 s 类中间产品采用下面的 CES 生产函数：

$$YD_t(s) = ZT_t \left\{ (1-\alpha)^{\frac{1}{\xi}} [ZP_t ld_t(s)]^{1-\frac{1}{\xi}} + \alpha^{\frac{1}{\xi}} [u_t KD_{t-1}(s)]^{1-\frac{1}{\xi}} \right\}^{\frac{\xi}{\xi-1}} - k_1 ZP_t$$

$$YF_t(s) = ZTF_t \left\{ (1-\alpha)^{\frac{1}{\xi}} [ZP_t lf_t(s)]^{1-\frac{1}{\xi}} + \alpha^{\frac{1}{\xi}} [u_t KF_{t-1}(s)]^{1-\frac{1}{\xi}} \right\}^{\frac{\xi}{\xi-1}} - k_2 ZP_t$$

其中，$YD_t(s)$ 是第 s 类中间产品的国内供给，$YF_t(s)$ 是第 s 类中间产品的出口供给，ZP_t 是产出增长的总趋势，$ld_t(s)$ 是生产第 s 类国内中间产品使用的劳动力，$lf_t(s)$ 是生产第 s 类出口中间产品使用的劳动力，$KD_{t-1}(s)$ 是生产第 s 类国内中间产品使用的资本，$KF_{t-1}(s)$ 是生产第 s 类出口中间产品使用的资本，u_t 是资本利用率，ξ 是劳动力与资本的替代弹性，α 反映资本收入占总产出的比重情况，ZT_t 和 ZTF_t 分别是生产国内产品和出口产品的生产率，在生产函数中增加常数项 k_1 和 k_2 主要是处理垄断利润的方便。

生产中厂商付出的成本包括劳动力成本和资本的使用成本，假设厂商在生产中租用资本需要的流动资金一部分来源于商业银行的短期贷款，因而厂商需要考虑这部分短期贷款所付的利息成本。采用上面的生产技术，厂商通过成本最小化可得到生产单位产品的名义边际成本：

$$MC_t = \frac{1}{ZT_t}\left\{(1-\alpha)\left(W_t\right)^{1-\xi} + \alpha\left[r_{t-1}^k ZP_t(1+\psi R_{t-1})P_t\right]^{1-\xi}\right\}^{\frac{1}{1-\xi}}$$

$$MCF_t = \frac{1}{ZTF_t}\left\{(1-\alpha)\left(W_t\right)^{1-\xi} + \alpha\left[r_{t-1}^k ZP_t(1+\psi R_{t-1})P_t\right]^{1-\xi}\right\}^{\frac{1}{1-\xi}}$$

其中，MC_t 和 MCF_t 分别是生产单位国内产品和出口产品的名义边际成本，W_t 是名义工资，r_{t-1}^k 是资本的实际收益率，P_t 是总价格水平，R_{t-1} 是厂商短期贷款与活期存款利率的利差，ψ 反映短期贷款占生产流动资金的比例。

定义变量：

$$yd_t(s) = \frac{YD_t(s)}{ZP_t}, \quad yf_t(s) = \frac{YF_t(s)}{ZP_t}, \quad kd_{t-1}(s) = \frac{KD_{t-1}(s)}{ZP_t}, \quad kf_{t-1}(s) = \frac{KF_{t-1}(s)}{ZP_t}$$

$$mc_t = \frac{MC_t}{ZP_t \cdot P_t}, \quad mcf_t = \frac{MCF_t}{ZP_t \cdot P_t}, \quad w_t = \frac{W_t}{ZP_t \cdot P_t}$$

从而得到生产单位产品的实际边际成本及生产要素的需求方程：

$$mc_t = \frac{1}{ZT_t}\left\{(1-\alpha)w_t^{1-\xi} + \alpha\left[r_{t-1}^k(1+\psi R_{t-1})\right]^{1-\xi}\right\}^{\frac{1}{1-\xi}}$$

$$mcf_t = \frac{1}{ZTF_t}\left\{(1-\alpha)w_t^{1-\xi} + \alpha\left[r_{t-1}^k(1+\psi R_{t-1})\right]^{1-\xi}\right\}^{\frac{1}{1-\xi}}$$

$$ld_t(s) = (1-\alpha)\left(\frac{w_t}{mc_t \cdot ZT_t}\right)^{-\xi}\frac{yd_t(s)+k_1}{ZT_t}$$

$$u_t kd_{t-1}(s) = \alpha \left[\frac{r_{t-1}^k (1+\psi R_{t-1})}{mc_t \cdot ZT_t} \right]^{-\xi} \frac{yd_t(s) + k_1}{ZT_t}$$

$$lf_t(s) = (1-\alpha) \left(\frac{w_t}{mc_t \cdot ZTF_t} \right)^{-\xi} \frac{yf_t(s) + k_2}{ZTF_t}$$

$$u_t kf_{t-1}(s) = \alpha \left[\frac{r_{t-1}^k (1+\psi R_{t-1})}{mc_t \cdot ZTF_t} \right]^{-\xi} \frac{yf_t(s) + k_2}{ZTF_t}$$

其中，mc_t 是生产单位国内产品的实际边际成本，mcf_t 是生产单位出口产品的实际边际成本，w_t 是实际工资，r_{t-1}^k 是资本的实际收益率，u_t 是资本利用率，$yd_t(s)$ 是第 s 类中间产品的国内供给，$yf_t(s)$ 是第 s 类中间产品的出口供给，$ld_t(s)$ 是生产第 s 类国内中间产品使用的劳动力，$lf_t(s)$ 是生产第 s 类出口中间产品使用的劳动力，$kd_{t-1}(s)$ 是生产第 s 类国内中间产品使用的资本，$kf_{t-1}(s)$ 是生产第 s 类出口中间产品使用的资本。

生产第 s 类中间产品的资本和劳动力的总需求为

$$K_t(s) = KD_t(s) + KF_t(s) \quad \text{或} \quad k_t(s) = kd_t(s) + kf_t(s)$$

$$l_t(s) = ld_t(s) + lf_t(s)$$

定义变量：

$$KD_t = \int_0^1 KD_t(s)\mathrm{d}s \quad \text{或} \quad kd_t = \int_0^1 kd_t(s)\mathrm{d}s$$

$$KF_t = \int_0^1 KF_t(s)\mathrm{d}s \quad \text{或} \quad kf_t = \int_0^1 kf_t(s)\mathrm{d}s$$

$$K_t = \int_0^1 K_t(s)\mathrm{d}s \quad \text{或} \quad k_t = \int_0^1 k_t(s)\mathrm{d}s$$

$$ld_t = \int_0^1 ld_t(s)\mathrm{d}s, \quad lf_t = \int_0^1 lf_t(s)\mathrm{d}s$$

$$l_t = \int_0^1 l_t(s)\mathrm{d}s,$$

$$yd_t = \int_0^1 yd_t(s)\mathrm{d}s, \quad yf_t = \int_0^1 yf_t(s)\mathrm{d}s$$

并考虑到经济的对称性特点，可知经济处于均衡状态时满足条件：$yd_t(s) = yd_t$，$yf_t(s) = yf_t$，$ld_t(s) = ld_t$，$lf_t(s) = lf_t$，$kd_{t-1}(s) = kd_{t-1}$，$kf_{t-1}(s) = kf_{t-1}$。从而可得到

劳动力和资本需求的总量行为方程：

$$ld_t = (1-\alpha)\left(\frac{w_t}{mc_t \cdot ZT_t}\right)^{-\xi} \frac{yd_t + k_1}{ZT_t}$$

$$u_t \cdot kd_{t-1} = \alpha\left[\frac{r_{t-1}^k(1+\psi R_{t-1})}{mc_t \cdot ZT_t}\right]^{-\xi} \frac{yd_t + k_1}{ZT_t}$$

$$lf_t = (1-\alpha)\left(\frac{w_t}{mc_t \cdot ZTF_t}\right)^{-\xi} \frac{yf_t + k_2}{ZTF_t}$$

$$u_t \cdot kf_{t-1} = \alpha\left[\frac{r_{t-1}^k(1+\psi R_{t-1})}{mc_t \cdot ZTF_t}\right]^{-\xi} \frac{yf_t + k_2}{ZTF_t}$$

$$K_t = KD_t + KF_t \quad \text{或} \quad k_t = kd_t + kf_t$$

$$l_t = ld_t + lf_t$$

3. 资本品的生产及投资决策。生产资本品的厂商利用现存资本存量及追加的投资进行加工得到资本品，并出售给生产中间产品的厂商。在追加投资时，其受到调整成本的影响。

资本存量的变化由下面的方程确定：

$$K_t = (1-\delta)K_{t-1} + \left[1 - S\left(\frac{I_t}{I_{t-1}}\right)\right]ZI_t I_t$$

其中，K_t 是资本存量，I_t 是投资，ZI_t 是投资冲击，$S\left(\frac{I_t}{I_{t-1}}\right)$ 是投资的调整成本函数；δ 是资本的折旧率。定义 $i_t = I_t / ZP_t$，$k_{t-1} = K_{t-1}/ZP_t$，$g_t^Z = ZP_t/ZP_{t-1}$，则上面的方程可改写为

$$k_t \cdot g_{t+1}^Z = (1-\delta)k_{t-1} + \left[1 - S\left(\frac{g_t^Z \cdot i_t}{i_{t-1}}\right)\right]ZI_t i_t$$

其中，$g_t^Z = ZP_t / ZP_{t-1}$ 描述了经济的趋势增长率。假设投资的调整成本函数采用下面的形式：

$$S(x) = \exp[a(x - x^*)] + \exp[-a(x - x^*)] - 2$$

这种函数具有下面的性质：

$$S(x^*) = S'(x^*) = 0, \quad S''(x^*) = 4a^2$$

生产资本品的厂商通过求解下面的优化问题来确定最优的投资选择：

$$\max_{\{i_t\}} E_t \left\{ \sum_{j=0}^{\infty} \beta^j \lambda_{t+j} \left\{ q_{t+j} \left[g_{t+1}^Z k_{t+j} - (1 - \delta) k_{t+j-1} \right] - i_{t+j} \right\} \right\}$$

其中，E_t 表示预期，q_t 是资本品的相对价格，β 是贴现率，λ_t 是财富的边际效用（后面将讨论）。由于厂商代表居民进行生产，因而其使用的贴现率应是居民使用的贴现率，上面优化问题的一阶条件是

$$E_t \left[\lambda_t q_t ZI_t \left(1 - S - \frac{g_t^Z \cdot i_t}{i_{t-1}} S' \right) - \lambda_t + \frac{\beta \lambda_{t+1} \cdot q_{t+1} \cdot ZI_{t+1}}{g_{t+1}^Z} \left(\frac{g_{t+1}^Z \cdot i_{t+1}}{i_t} \right)^2 S' \right] = 0$$

4. 资本利用率的确定。企业家在模型中起到的一个作用是，在中间产品的生产过程中确定最优的资本利用率。在确定最优的资本利用率时，企业家需要求解下面的优化问题：

$$\max_{\{u_{t+1}\}} E_t \left[u_{t+1} r_t^k - a(u_{t+1}) \right] k_t(s)$$

其中，E_t 表示预期；r_t^k 是资本的实际收益率；u_t 是资本利用率；$a(u)$ 是提高资本利用率所付出的成本，它是资本利用率的函数，这里采用下面的函数形式：

$$a(u) = \frac{r_{ss}^k}{\sigma^a} \left\{ \exp[\sigma_a(u - 1)] - 1 \right\}, \quad a(1) = 0, \quad a'(1) = r_{ss}^k, \quad \sigma^a = a'' / a'$$

其中，r_{ss}^k 是稳态时的资本实际收益率。

上面优化问题的一阶条件是

$$E_t \left[r_t^k - a'(u_{t+1}) \right] = 0$$

在确定资本利用率后，资本的名义收益率 R_t^{nk} 可通过下式确定：

$$R_t^{nk} = \frac{u_{t+1} r_t^k - a(u_{t+1}) + (1 - \delta) q_{t+1}}{q_t} \pi_{t+1} - 1, \qquad \pi_{t+1} = P_{t+1} / P_t$$

由此可见，资本的名义收益率取决于资本的利用率、资本品相对价格的变化、通胀率、

资本的折旧率及提高资本利用率所付出的成本。

5. 厂商的融资结构及外部融资风险溢价的确定。企业家在模型中除了在中间产品的生产过程中确定最优的资本利用率之外，还对生产过程中所需资本的融资进行管理，确定合理的融资结构。

在一定的条件下，厂商的投资决策与其融资结构是无关的，此即著名的 M-M 定理（Modigliani-Miller，1958）。正是基于 M-M 定理，传统的经济模型通常可以将厂商的投资决策与融资决策分离处理，因而很少涉及融资结构对实体经济的影响。而 Bernanke-Gertler-Gilchrist（1999）对此问题进行了深入的探讨，特别是其采用 Townsend（1979）的分析方法，将不完全信息下的债务契约安排引入动态宏观经济模型中，从而详细地分析了借款者的财务状况对其融资成本以及对投资和经济的影响。由于逆向选择（adverse selection）和道德风险（moral hazard）问题的存在，银行对不同的借款者，将会视其资信状况、抵押担保情况等进行选择并制定出不同的贷款利率水平，也就是说，借款者的内部融资和外部融资成本存在着差异，即存在着外部融资的风险溢价（external finance premium）。而且，这种外部融资的风险溢价在经济的不同阶段表现出不同的特征，从而将对投资及经济产生影响。

假定生产中所需要的资本为 K_t，资本是同质的（homogeneous），资本的价格为 Q_t，资本的毛收益率为 $\omega(1+R_t^{nk})$，它包括两方面因素，一是反映总体资本的毛收益率情况，以 $(1+R_t^{nk})$ 表示，二是反映不同厂商的资本收益率情况，以 ω 表示，这两方面因素分别反映了资本收益率的总体风险和个体风险状况。假设 ω 是符合独立同分布（$i.i.d$）的随机变量，其累计概率分布函数和概率密度函数分别为 $F(\omega)$ 和 $f(\omega)$，均值为 $E(\omega)=1$。在 $t+1$ 期期初，企业家购买资本所需要的资金为 $Q_{t+1}K_t$，自己所拥有的净财富为 N_t（这里净财富定义为厂商的流动资产加上不动资产的抵押价值减去所有负债），从而该厂商需要从商业银行的借款为

$$B_t = Q_{t+1}K_t - N_t$$

由于信息的不对称，商业银行对资本收益的真实状态并不完全了解，因而识别状态是有成本的（Costly State Verification，CSV）。若假设金融机构需要支付的监管成本（monitoring cost）与资本收益成正比，即 $\mu\omega(1+R_t^{nk})Q_{t+1}K_t$，则商业银行和企业家签订的债务契约安排如下：企业家借款 B_t 的非违约利率为 Z_t，它依赖于随机变量 ω 的临

界值 $\overline{\omega}$ ，即

$$\overline{\omega}(1+R_t^{nk})Q_{t+1}K_t = Z_t B_t$$

当 $\omega \geq \overline{\omega}$ 时，企业家支付给金融机构约定的利息 $Z_t B_t$ ，并取得收入 $\omega(1+R_t^{nk})Q_{t+1}K_t - Z_t B_t$ ；当 $\omega < \overline{\omega}$ 时，企业家不能支付约定的利息，其收入为零，此时商业银行保留处置厂商财产的权利，其净收入为 $(1-\mu)\omega(1+R_t^{nk})Q_{t+1}K_t$ 。

在以上债务契约条件下，商业银行的预期收入将取决于非违约利率 Z_t 和临界值 $\overline{\omega}$ ，即为 $[1-F(\overline{\omega})]Z_t B_t + (1-\mu)\int_0^{\overline{\omega}}\omega(1+R_t^{nk})Q_{t+1}K_t dF(\omega)$ ，这里 $F(\overline{\omega})$ 描述了违约概率。假设商业银行对风险的态度是中性的，其能够完全分散化贷款风险，那么在无套利的条件下，上述收入应等于贷款的机会成本，即满足下面的约束：

$$[1-F(\overline{\omega})]Z_t B_t + (1-\mu)\int_0^{\overline{\omega}}\omega(1+R_t^{nk})Q_{t+1}K_t dF(\omega) = (1+R_t^e)B_t$$

或者

$$\left\{[1-F(\overline{\omega})]\overline{\omega} + (1-\mu)\int_0^{\overline{\omega}}\omega dF(\omega)\right\}(1+R_t^{nk})Q_{t+1}K_t = (1+R_t^e)(Q_{t+1}K_t - N_t)$$

其中， R_t^e 是无风险利率。

商业银行和企业家的最优债务契约安排可通过求解下面的优化问题：

$$\max_{K,\overline{\omega}}\left\{\int_{\overline{\omega}}^{\infty}\omega(1+R_t^{nk})Q_{t+1}K_t dF(\omega) - [1-F(\overline{\omega})]\overline{\omega}(1+R_t^{nk})Q_{t+1}K_t\right\}$$

s.t. $\left\{[1-F(\overline{\omega})]\overline{\omega} + (1-\mu)\int_0^{\overline{\omega}}\omega dF(\omega)\right\}(1+R_t^{nk})Q_{t+1}K_t = (1+R_t^e)(Q_{t+1}K_t - N_t)$

从该优化问题的一阶条件可得到下式：

$$E_t(1+R_t^{nk}) = \Phi\left(\frac{n_t}{q_{t+1}k_t}\right)\cdot(1+R_t^e)$$

其中， $n_t = N_t/(P_{t+1}\cdot ZP_{t+1})$ ， $q_t = Q_t/P_t$ ， $n_t \leq q_{t+1}k_t$ ， $\Phi（1）= 1$ ， $\Phi'（*）< 0$ 。

从该公式可以看出，如果购买资本所需要的资金完全从内部融资，即 $N_t = Q_{t+1}K_t$ ，那么风险利率 R_t^{nk} 等于无风险利率 R_t^e ；如果厂商不完全从内部融资，即 $N_t < Q_{t+1}K_t$ ，那么随着外部融资比例的增加，风险利率 R_t^{nk} 与无风险利率 R_t^e 的差异将增大，亦即外部融资的风险溢价将增加，从而融资结构将对融资成本及投资产生影响。另外，从商业银行的角度来看，商业银行在满足借款者的贷款需求时，贷款利率依赖于借款者的财务状况，借款者的财务状况越好，贷款利率越优惠，故上式又称资金的供给曲线。

前面得到了资本的名义收益率为

$$R_t^{nk} = \frac{u_{t+1}r_t^k - a(u_{t+1}) + (1-\delta)q_{t+1}}{q_t}\pi_{t+1} - 1$$

这其实是事后的名义收益率，其本质上是资金的需求曲线，这两条曲线共同作用确定了投资，因此，厂商的投资决策与其融资结构是相关的。

进一步假设每期厂商的生存概率为 γ，净财富 N_t 的变化规律由下式描述：

$$N_t = \gamma\left[(1+R_{t-1}^{nk})Q_tK_{t-1} - (1+R_{t-1}^e)\Phi\left(\frac{N_{t-1}}{Q_tK_{t-1}}\right)(Q_tK_{t-1} - N_{t-1})\right]$$

或

$$n_t \cdot g_{t+1}^Z \cdot \pi_{t+1} = \gamma\left\{\begin{array}{l}\left[(1+R_t^{nk}) - (1+R_t^e)\cdot\Phi\left(\dfrac{n_{t-1}}{q_tk_{t-1}}\right)\right]k_{t-1}q_t \\[3mm] +(1+R_t^e)\cdot\Phi\left(\dfrac{n_{t-1}}{q_tk_{t-1}}\right)n_{t-1}\end{array}\right\}$$

6. 商业银行的行为决策。为保持整个模型理论的一致性和模型求解的易处理性，模型对实际中商业银行的行为进行了高度抽象和简化，但这种处理并不妨碍模型的结论。模型假设商业银行的资金来源于活期存款（包括居民的活期存款和厂商的活期存款）、居民的定期存款及商业银行通过其他渠道拆借的资金。商业银行的资金运用包括三个方面：一是商业银行对厂商的短期贷款，二是商业银行对厂商的长期贷款，三是商业银行受到法定存款准备金率的约束及流动性需求的约束，在中央银行的账户上保留法定准备金和合理的超额准备金。商业银行的资产负债结构可通过下面的恒等式表示：

$$RR_t + ER_t + S_t^w + B_t = D_t + T_t + F_t$$

$$D_t = D_t^h + D_t^f$$

其中，RR_t 是法定准备金；ER_t 是超额准备金；S_t^w 是商业银行对厂商的短期贷款；B_t 是商业银行对厂商的长期贷款；D_t 是活期存款，它包括居民的活期存款 D_t^h 和厂商的活期存款 D_t^f；T_t 是居民的定期存款；F_t 是商业银行的拆借资金。

前面已经讨论了厂商的贷款需求体现为两方面，一个是厂商生产中的流动资金一部分来源于商业银行的短期贷款，即 $S_t^w = \psi P_{t+1} \cdot r_t^k \cdot K_t$，另一个是厂商在进行投资时的外部融资来源于商业银行的长期贷款，即 $B_t = q_{t+1} \cdot P_{t+1} \cdot K_t - N_t$。如果对定期存款没有法定存款准备金率的约束，那么商业银行在持有中性的风险态度下，可以通过定期存款对长期贷款进行融资，已达到长期资产与长期负债的期限上的完全匹配，即 $B_t = T_t$。在我国目前的情况下，由于对定期存款仍然有法定存款准备金率的约束，因此要满足 $B_t = T_t$ 这个条件，那么商业银行还需从别的渠道拆借资金，这通过商业银行的负责项目 F_t 表现出来。另外，考虑到现实的会计处理方式，特别是短期，每当厂商从商业银行得到一笔短期贷款时，马上会从商业银行的负债方通过厂商的活期存款得到反映，因而模型假设 $D_t^f = S_t^w$ 是基本上合理的。考虑到上面的这些情况，可以得到下面的方程：

$$RR_t = \tau_{t+1}(D_t^h + D_t^f + T_t)$$

$$ER_t = F_t + (1-\tau_{t+1})D_t^h - \tau_{t+1}S_t^w - \tau_{t+1}B_t$$

其中，τ_{t+1} 是法定存款准备金率，在目前我国的情况下，活期存款和定期存款的法定存款准备金率是一样的。

商业银行除了要考虑长期资产与长期负债在期限上的匹配问题，还要考虑流动性管理及利润最大化问题。假设商业银行在创造活期存款时需要考虑超额准备金的使用效率问题，即采用下面的行为方程：

$$\frac{D_t}{P_{t+1} \cdot ZP_{t+1}} = h\left(\frac{ER_t}{P_{t+1} \cdot ZP_{t+1}}\right)$$

$$h\left(\frac{ER_t}{P_{t+1} \cdot ZP_{t+1}}\right) = x_t^b \left(\frac{ER_t}{P_{t+1} \cdot ZP_{t+1}}\right)^{1-\eta}$$

其中，x_t^b 反映商业银行使用超额准备金的技术水平，$(1-\eta)$ 是活期存款关于超额准备金的弹性。商业银行的利润最大化问题通过下面的优化问题体现：

$$\max_{\{S_t^w, D_t^h, F_t\}} \left[R_t \cdot S_t^w - R_t^a \cdot D_t^h - R_t^b \cdot F_t + R_t^m(RR_t + ER_t) \right]$$

$$s.t. \quad \frac{D_t}{P_{t+1} \cdot ZP_{t+1}} = h\left(\frac{ER_t}{P_{t+1} \cdot ZP_{t+1}}\right)$$

其中，R_t 是厂商短期贷款利率与活期存款利率的利差，R_t^a 是活期存款的利率，R_t^b 是同业拆借利率，R_t^m 是准备金利率。定义，$er_t = ER_t / (P_{t+1} \cdot ZP_{t+1})$，并假设准备金利率可以忽略不计，从而可得到上面优化问题的一阶条件：

$$R_t^a = \frac{(1 - \tau_{t+1}) h'(er_t) - 1}{\tau_{t+1} h'(er_t) + 1} R_t$$

$$R_t^b = \frac{h'(er_t)}{\tau_{t+1} h'(er_t) + 1} R_t$$

基础货币及其他货币总量通过下面的等式定义：

$$MB_t = M_t + RR_t + ER_t$$

$$M1_t = M_t + D_t$$

$$M2_t = M1_t + T_t$$

$$\mu_t = M2_t / M2_{t-1}$$

其中，M_t 是流通中的现金，$M1_t$ 是狭义货币，$M2_t$ 是广义货币，μ_t 是广义货币的增长率。

另外，定义变量：

$$m_t^0 = M_t / (P_{t+1} \cdot ZP_{t+1}), \qquad m_t = M_t / MB_t, \qquad d_t^h = D_t^h / (P_{t+1} \cdot ZP_{t+1})$$

$$d_t^f = D_t^f / (P_{t+1} \cdot ZP_{t+1}), \qquad d_t = D_t / (P_{t+1} \cdot ZP_{t+1}), \qquad t_t = T_t / (P_{t+1} \cdot ZP_{t+1})$$

$$mb_t = MB_t / (P_{t+1} \cdot ZP_{t+1}), \quad m1_t = M1_t / (P_{t+1} \cdot ZP_{t+1}), \qquad m2_t = M2_t / (P_{t+1} \cdot ZP_{t+1})$$

从而货币市场需要满足的均衡条件为

$$(1 - m_t) mb_t + \psi r_t^k k_t - \tau_{t+1} (q_{t+1} k_t - n_t)$$
$$= x_t^b \left[(1 - \tau_{t+1})(1 - m_t) mb_t - \psi \tau_{t+1} r_t^k k_t - \tau_{t+1} (1 - \tau_{t+1})(q_{t+1} k_t - n_t) \right]^{1-\eta}$$

7. 中间产品的定价。由于中间产品的市场处于垄断竞争的状态，因此，生产中间产品的厂商在需求的约束下，对中间产品具有一定的定价权，模型假设中间产品的定价策略采用 Calvo（1983）定价策略。Calvo 假设在每期并不是所有的厂商都调整自己的价格水平，进行价格调整的厂商只占一定的比例。

（1）国内生产的中间产品的定价。假设在每期生产国内中间产品的厂商调整价格所占的比例为（1-d^D），对于没有调整价格的厂商，他的价格钉住上期价格增长率及稳态时的价格增长率，钉住的权重分别为（1-γ^D）和γ^D，因此，厂商的定价行为可通过下面的利润最大化问题来描述：

$$\max_{\{PD_t^*(s)\}} E_t \sum_{j=0}^{\infty} \left\{ \left(d^D \beta\right)^j \lambda_{t+j} \left[pd_{t+j}^a(s) - mc_{t+j} \right] \cdot yd_{t+j}(s) \right\}$$

$$s.t. \quad yd_{t+j}(s) = \left[\frac{pd_{t+j}^a(s)}{pd_{t+j}} \right]^{-\frac{1+v_{t+j}^D}{v_{t+j}^D}} yd_{t+j}$$

$$pd_t = PD_t / P_t$$

$$pd_t^*(s) = PD_t^*(s) / P_t$$

$$pd_{t+j}^a(s) = pd_t^*(s) \frac{\left(\pi_{ss}^D\right)^{j(1-\gamma^D)} \cdot \left(\pi_t^D \cdots \pi_{t+j-1}^D\right)^{\gamma^D}}{\pi_{t+1} \cdots \pi_{t+j}}$$

$$\pi_{t+1}^D = PD_{t+1} / PD_t$$

$$\pi_{t+1} = P_{t+1} / P_t$$

其中，yd_t是国内生产的最终产品，$yd_t(s)$是国内生产的第s类中间产品，mc_t是生产单位国内产品的实际边际成本，P_t是总价格水平，PD_t是国内最终产品的价格水平，pd_t是国内最终产品的相对价格，$pd_t(s)$是第s类国内中间产品的相对价格，π_{ss}^D是稳态时的国内产品价格的增长率，λ_t是财富的边际效用。由于厂商代表居民进行生产，因而其使用的贴现率应是居民使用的贴现率。

上面优化问题的一阶条件是

$$E_t \sum_{j=0}^{\infty} \left\{ \left(d^D \beta\right)^j \lambda_{t+j} \left[pd_{t+j}^a(s) - (1+v_{t+j}^D) \cdot mc_{t+j} \right] \cdot \frac{yd_{t+j}(s)}{v_{t+j}^D \cdot pd_{t+j}^a(s)} \right\} = 0$$

定义以下两个变量：

$$da_t = \sum_{j=0}^{\infty} \frac{(d^D \beta)^j \lambda_{t+j} yd_{t+j}}{v_{t+j}^D} \left[\frac{\left(\pi_{ss}^D\right)^{j(1-\gamma^D)} \cdot \left(\pi_t^D \cdots \pi_{t+j-1}^D\right)^{\gamma^D}}{\pi_{t+1}^D \cdots \pi_{t+j}^D} \right]^{-\frac{1+v_{t+j}^D}{v_{t+j}^D}}$$

$$db_t = \sum_{j=0}^{\infty} \frac{(d^D\beta)^j \lambda_{t+j} yd_{t+j} mc_{t+j}(1+v_{t+j}^D)}{v_{t+j}^D pd_{t+j}} \left(\frac{\left(\pi_{ss}^D\right)^{j(1-\gamma^D)} \cdot \left(\pi_t^D \cdots \pi_{t+j-1}^D\right)^{\gamma^D}}{\left(\pi_{t+1}^D \cdots \pi_{t+j}^D\right)} \right)^{\frac{1+v_{t+j}^D}{v_{t+j}^D}-1}$$

并考虑经济均衡的对称性特点，$pd_t^*(s)=pd_t^*$，则上面的一阶条件可写成

$$da_t = (d^D\beta)da_{t+1} \left[\frac{\left(\pi_{ss}^D\right)^{(1-\gamma^D)} \cdot \left(\pi_t^D\right)^{\gamma^D}}{\pi_{t+1}^D} \right]^{\frac{1+v_{t+1}^D}{v_{t+1}^D}} + \frac{\lambda_t yd_t}{v_t^D}$$

$$db_t = (d^D\beta)db_{t+1} \left(\frac{\left(\pi_{ss}^D\right)^{(1-\gamma^D)} \cdot \left(\pi_t^D\right)^{\gamma^D}}{\left(\pi_{t+1}^D\right)} \right)^{\frac{1+v_{t+1}^D}{v_{t+1}^D}-1} + \frac{\lambda_t yd_t mc_t(1+v_t^D)}{v_t^D pd_t}$$

$$E_t\left(\frac{pd_t^*}{pd_t}da_t - db_t \right) = 0$$

在得到最优的中间产品定价后，国内生产的最终产品价格为

$$pd_t = \left\{ (1-d^D)\left(pd_t^*\right)^{-\frac{1}{v_t^D}} + d^D\left[(\pi_{ss}^D)^{1-\gamma^D} \cdot (\pi_{t-1}^D)^{\gamma^D} \cdot pd_{t-1}/\pi_t \right]^{-\frac{1}{v_t^D}} \right\}^{-v_t^D}$$

或者

$$\pi_t^D = \left\{ (1-d^D)\left(\frac{pd_t^*}{pd_t}\pi_t^D \right)^{-\frac{1}{v_t^D}} + d^D\left[(\pi_{ss}^D)^{1-\gamma^D} \cdot (\pi_{t-1}^D)^{\gamma^D} \right]^{-\frac{1}{v_t^D}} \right\}^{-v_t^D}$$

（2）出口的中间产品的定价。假设在每期生产出口中间产品的厂商调整价格所占的比例为（$1-d^X$），对于没有调整价格的厂商，他的价格钉住上期价格增长率及稳态时的价格增长率，钉住的权重分别为（$1-\gamma^X$）和 γ^X，那么采用类似上面的做法，出口厂商的定价行为可通过下面的利润最大化问题来描述：

$$\max_{\{PX_t^*(s)\}} E_t \sum_{j=0}^{\infty} \left\{ \left(d^X\beta\right)^j \lambda_{t+j}\left[px_{t+j}^a(s) \cdot re_{t+j} - mcf_{t+j} \right] \cdot yf_{t+j}(s) \right\}$$

$$\textbf{\textit{s.t.}} \quad yf_{t+j}(s) = \left[\frac{px_{t+j}^a(s)}{px_{t+j}} \right]^{\frac{1+v_{t+j}^X}{v_{t+j}^X}} yf_{t+j}$$

$$px_t = PX_t / P_t^F$$

$$px_t^*(s) = PX_t^*(s) / P_t^F$$

$$px_{t+j}^a(s) = px_t^*(s) \frac{\left(\pi_{ss}^X\right)^{j(1-\gamma^X)} \cdot \left(\pi_t^X \cdots \pi_{t+j-1}^X\right)^{\gamma^X}}{\left(\pi_{t+1}^F \cdots \pi_{t+j}^F\right)}$$

$$\pi_{t+1}^X = PX_{t+1} / PX_t$$

$$\pi_{t+1}^F = P_{t+1}^F / P_t^F$$

$$re_t = EX_t P_t^F / P_t$$

其中，yf_t 是出口的最终产品，$yf_t(s)$ 是出口的第 s 类中间产品，mcf_t 是生产单位出口产品的实际边际成本，P_t 是总价格水平，PX_t 是出口的最终产品的价格水平，P_t^F 是国外部门的总价格水平，EX_t 是名义汇率，re_t 是实际汇率，px_t 是出口的最终产品的相对价格，$px_t(s)$ 是出口的第 s 类中间产品的相对价格，π_{ss}^X 是稳态时的出口产品价格的增长率，λ_t 是财富的边际效用。

上面优化问题的一阶条件是

$$E_t \sum_{j=0}^{\infty} \left\{ \left(d^X \beta\right)^j \lambda_{t+j} \left[re_{t+j} \cdot px_{t+j}^a(s) - (1+v_{t+j}^X) \cdot mcf_{t+j}\right] \cdot \frac{yf_{t+j}(s)}{v_{t+j}^X \cdot px_{t+j}^a(s)} \right\} = 0$$

定义以下两个变量：

$$fa_t = \sum_{j=0}^{\infty} \frac{(d^X \beta)^j \lambda_{t+j} re_{t+j} yf_{t+j}}{v_{t+j}^X} \left[\frac{\left(\pi_{ss}^X\right)^{j(1-\gamma^X)} \left(\pi_t^X \cdots \pi_{t+j-1}^X\right)^{\gamma^X}}{\pi_{t+1}^X \cdots \pi_{t+j}^X} \right]^{\frac{1+v_{t+j}^X}{v_{t+j}^X}}$$

$$fb_t = \sum_{j=0}^{\infty} \frac{(d^X \beta)^j \lambda_{t+j} mcf_{t+j} yf_{t+j} (1+v_{t+j}^X)}{px_{t+j} v_{t+j}^X} \left(\frac{\left(\pi_{ss}^X\right)^{j(1-\gamma^X)} \left(\pi_t^X \cdots \pi_{t+j-1}^X\right)^{\gamma^X}}{\left(\pi_{t+1}^X \cdots \pi_{t+j}^X\right)} \right)^{\frac{1+v_{t+j}^X}{v_{t+j}^X}-1}$$

并考虑经济均衡的对称性特点，$px_t^*(s) = px_t^*$，则上面的一阶条件可写成

$$fa_t = (d^X \beta) fa_{t+1} \left[\frac{\left(\pi_{ss}^X\right)^{(1-\gamma^X)} \cdot \left(\pi_t^X\right)^{\gamma^X}}{\pi_{t+1}^X} \right]^{-\frac{1+v_{t+1}^X}{v_{t+1}^X}} + \frac{\lambda_t re_t yf_t}{v_t^X}$$

$$fb_t = (d^X\beta)fb_{t+1}\left(\frac{\left(\pi_{ss}^X\right)^{(1-\gamma^X)}\cdot\left(\pi_t^X\right)^{\gamma^X}}{\left(\pi_{t+1}^X\right)}\right)^{-\frac{1+v_{t+1}^X}{v_{t+1}^X}-1}+\frac{\lambda_t yf_t mcf_t(1+v_t^X)}{px_t v_t^X}$$

$$E_t\left(\frac{px_t^*}{px_t}fa_t - fb_t\right)=0$$

在得到最优的中间产品定价后，出口的最终产品价格为

$$px_t=\left\{(1-d^X)\left(px_t^*\right)^{\frac{1}{v_t^X}}+d^X\left[(\pi_{ss}^X)^{1-\gamma^X}\cdot(\pi_{t-1}^X)^{\gamma^X}\cdot px_{t-1}/\pi_t^F\right]^{-\frac{1}{v_t^X}}\right\}^{-v_t^X}$$

或者

$$\pi_t^X=\left\{(1-d^X)\left(\frac{px_t^*}{px_t}\pi_t^X\right)^{-\frac{1}{v_t^X}}+d^X\left[(\pi_{ss}^X)^{1-\gamma^X}\cdot(\pi_{t-1}^X)^{\gamma^X}\right]^{\frac{1}{v_t^X}}\right\}^{-v_t^X}$$

（3）进口的中间产品的定价。假设在每期对进口中间产品的价格进行调整的厂商所占的比例为（$1-d^M$），对于没有调整价格的厂商，他的价格钉住上期价格增长率及稳态时的价格增长率，钉住的权重分别为（$1-\gamma^M$）和 γ^M，那么采用类似上面的做法，进口厂商的定价行为可通过下面的利润最大化问题来描述：

$$\max_{\{PM_t^*(s)\}}E_t\sum_{j=0}^{\infty}\left\{\left(d^M\beta\right)^j\lambda_{t+j}\left[pm_{t+j}^a(s)-re_{t+j}\right]\cdot qm_{t+j}(s)\right\}$$

$$\textbf{\textit{s.t.}}\quad qm_{t+j}(s)=\left[\frac{pm_{t+j}^a(s)}{pm_{t+j}}\right]^{-\frac{1+v_{t+j}^M}{v_{t+j}^M}}qm_{t+j}$$

$$pm_t=PM_t/P_t$$

$$pm_t^*(s)=PM_t^*(s)/P_t$$

$$pm_{t+j}^a(s)=pm_t^*(s)\frac{\left(\pi_{ss}^M\right)^{j(1-\gamma^M)}\cdot\left(\pi_t^M\cdots\pi_{t+j-1}^M\right)^{\gamma^M}}{\pi_{t+1}\cdots\pi_{t+j}}$$

$$\pi_{t+1}^M=PM_{t+1}/PM_t$$

$$\pi_{t+1}=P_{t+1}/P_t$$

$$re_t = EX_t P_t^F / P_t$$

其中，qm_t 是进口的最终产品，$qm_t(s)$ 是进口的第 s 类中间产品，P_t 是总价格水平，PM_t 是进口的最终产品的价格水平，$PM_t(s)$ 是进口的第 s 类中间产品的价格水平，P_t^F 是国外部门的总价格水平，EX_t 是名义汇率，re_t 是实际汇率，pm_t 是进口的最终产品的相对价格，$pm_t(s)$ 是进口的第 s 类中间产品的相对价格，π_{ss}^M 是稳态时的进口产品价格的增长率，λ_t 是财富的边际效用。

上面优化问题的一阶条件是

$$E_t \sum_{j=0}^{\infty} \left\{ \left(d^M \beta\right)^j \lambda_{t+j} \left[pm_{t+j}^a(s) - (1+v_{t+j}^M) \cdot re_{t+j} \right] \frac{qm_{t+j}(s)}{v_{t+j}^M \cdot pm_{t+j}^a(s)} \right\} = 0$$

定义以下两个变量：

$$qa_t = \sum_{j=0}^{\infty} \frac{(d^M \beta)^j \lambda_{t+j} qm_{t+j}}{v_{t+j}^M} \left[\frac{\left(\pi_{ss}^M\right)^{j(1-\gamma^M)} \left(\pi_t^M \cdots \pi_{t+j-1}^M\right)^{\gamma^M}}{\pi_{t+1}^M \cdots \pi_{t+j}^M} \right]^{-\frac{1+v_{t+j}^M}{v_{t+j}^M}}$$

$$qb_t = \sum_{j=0}^{\infty} \frac{(d^M \beta)^j \lambda_{t+j} qm_{t+j} re_{t+j}(1+v_{t+j}^M)}{pm_{t+j} v_{t+j}^M} \left(\frac{\left(\pi_{ss}^M\right)^{j(1-\gamma^M)} \left(\pi_t^M \cdots \pi_{t+j-1}^M\right)^{\gamma^M}}{\left(\pi_{t+1}^M \cdots \pi_{t+j}^M\right)} \right)^{-\frac{1+v_{t+j}^M}{v_{t+j}^M}-1}$$

并考虑经济均衡的对称性特点，$pm_t^*(s) = pm_t^*$，则上面的一阶条件可写成

$$qa_t = (d^M \beta) qa_{t+1} \left[\frac{\left(\pi_{ss}^M\right)^{1-\gamma^M} \left(\pi_t^M\right)^{\gamma^M}}{\pi_{t+1}^M} \right]^{-\frac{1+v_{t+1}^M}{v_{t+1}^M}} + \frac{\lambda_t qm_t}{v_t^M}$$

$$qb_t = (d^M \beta) qb_{t+1} \left(\frac{\left(\pi_{ss}^M\right)^{(1-\gamma^M)} \left(\pi_t^M\right)^{\gamma^M}}{\left(\pi_{t+1}^M\right)} \right)^{-\frac{1+v_{t+1}^M}{v_{t+1}^M}-1} + \frac{\lambda_t qm_t re_t(1+v_t^M)}{pm_t v_t^M}$$

$$E_t \left(\frac{pm_t^*}{pm_t} qa_t - qb_t \right) = 0$$

在得到最优的中间产品定价后，进口的最终产品价格为

$$pm_t = \left\{ (1-d^M)\left(pm_t^*\right)^{-\frac{1}{v_t^M}} + d^M \left[(\pi_{ss}^M)^{1-\gamma^M} \cdot (\pi_{t-1}^M)^{\gamma^M} \cdot pm_{t-1} / \pi_t \right]^{-\frac{1}{v_t^M}} \right\}^{-v_t^M}$$

或者

$$\pi_t^M = \left\{ (1-d^M)\left(\frac{pm_t^*}{pm_t}\pi_t^M\right)^{\frac{1}{v_t^M}} + d^M \left[(\pi_{ss}^M)^{1-\gamma^M} \cdot (\pi_{t-1}^M)^{\gamma^M} \right]^{-\frac{1}{v_t^M}} \right\}^{-v_t^M}$$

从上面的分析可以看出，进口价格采用 Calvo 定价策略实际上刻画了汇率变化对国内价格影响的传递效应。

8. 居民的行为决策。居民在预算约束条件下，对消费、劳动力供给及资产的选择进行决策。可供居民选择的资产包括现金、活期存款、定期存款、政府债券及国外资产。由于劳动力市场处于垄断竞争的状态，从而居民在劳动力需求的约束下，对工资率有一定的定价权。假设居民连续分布于区间[0，1]，对于第 h 个居民，其优化问题可表述为

$$\max E_t \sum_{j=0}^{\infty} \left\{ \beta^j ZC_{t+j} \left\{ U[c_{t+j}(h)] - ZL_{t+j} \cdot z[l_{t+j}(h)] + vel_{t+j} \cdot f[m_{t+j}^0(h), d_{t+j}(h)] \right\} \right\}$$

s.t.

$$(1+\tau_t^c)c_t(h) + g_{t+1}^Z \pi_{t+1}[m_t^0(h)+d_t^h(h)+t_t(h)+b_t^g(h)] + g_{t+1}^Z \pi_{t+1}^F b_t^f(h)re_t$$
$$= m_{t-1}^0(h) + d_{t-1}^h(h)\left[1+(1-\tau_t^D)\cdot R_{t-1}^a\right] + t_{t-1}(h)\left[1+(1-\tau_t^T)\cdot R_{t-1}^e\right]$$
$$+ b_{t-1}^g(h)(1+R_{t-1}^g) + re_t b_{t-1}^f(h)(1+R_{t-1}^f) + (1-\tau_t^l)w_t(h)l_t(h)$$
$$+ \Pi_t^k(h) + \Pi_t^b(h) + \Pi_t^f(h) + trans_t(h)$$

其中，$c_t(h)$ 是居民的实际消费，$m_t^0(h)$ 是居民持有的流通中现金的实际余额，$d_t^h(h)$ 是居民持有的活期存款的实际余额，$t_t(h)$ 是居民持有的定期存款的实际余额，$b_t^g(h)$ 是居民持有的国内政府债券的实际余额，$b_t^f(h)$ 是居民持有的国外政府债券的实际余额，以上实际变量都是除以趋势项 ZP_t 后得到的变量，趋势项 ZP_t 反映了经济增长的总趋势，$(g_t^Z-1)=(ZP_t/ZP_{t-1}-1)$ 是经济的增长率，P_t 是总价格水平，$(\pi_{t+1}-1)=(P_{t+1}/P_t-1)$ 是国内通胀率，P_t^F 是国外部门的总价格水平，$(\pi_{t+1}^F-1)=(P_{t+1}^F/P_t^F-1)$ 是国外通胀率，EX_t 是名义汇率，re_t 是实际汇率，R_t^a 是活期存款的利率，R_t^e 是定期存款的利率，R_t^g 是国内债券的收益率，R_t^f 是国外债券的收益率，w_t 是实际工资，$l_t(h)$ 是居民提供的劳动力，τ_t^c 是消费税税率，τ_t^l 是所得税税率，τ_t^D 和 τ_t^T 分别是对活期存款和定期存款征收利息税的税率，$\Pi_t^k(h)$ 是生产资本品的厂商对居民的转移支付，$\Pi_t^b(h)$ 是商业银行对居

民的转移支付，$\Pi_t^f(h)$ 是生产中间产品的厂商对居民的转移支付，$trans_t(h)$ 是政府对居民的实际转移支付，ZC_t 是总需求冲击，ZL_t 是劳动力供给冲击，vel_t 是货币需求冲击，函数 $U(*)$、$z(*)$ 和 $f(*,*)$ 分别反映了消费、劳动力消耗及持有货币所产生的效用，β 是贴现因子。

考虑到消费受到消费习惯形成因素(habit formation)的影响，函数 $U(*)$ 采用下面的形式：

$$U[c_t(h)] = \frac{\left[c_t(h) - bc_{t-1}/g_t^z\right]^{1-\sigma}}{(1-\sigma)\left(1-b/g_t^z\right)^{-\sigma}}$$

其中，c_t 是总消费水平，σ 是跨期替代弹性的倒数，参数 b 反映了习惯形成因素对消费的影响。

函数 $z(*)$ 设定为下面的函数形式：

$$z[l_t(h)] = \frac{1}{1+\sigma^l}[l_t(h)]^{1+\sigma^l}$$

考虑到现金和存款对效用的不同影响，函数 $f(*,*)$ 采用下面的形式：

$$f[m_t^0(h), d_t(h)] = \frac{\left\{\left[m_t^0(h)\right]^{\theta}\left[d_t(h)\right]^{1-\theta}\right\}^{1-\sigma^q}}{1-\sigma^q}$$

假设预算约束对应的 Lagrange 乘子为 $\beta^t\lambda_t$，λ_t 是财富的边际效用，那么在考虑均衡的对称性后，从上面的优化问题可到如下的一阶条件：

（1）关于消费的一阶条件：

$$U_{c_t} - \lambda_t(1+\tau_t^c) = 0$$

其中，U_{c_t} 是消费的边际效用。

（2）关于国内债券的一阶条件：

$$\lambda_t = E_t[\beta \cdot (1+R_t^g) \cdot \lambda_{t+1}/\left(\pi_{t+1}g_{t+1}^Z\right)]$$

（3）关于定期存款的一阶条件：

$$E_t\{(1+R_t^g) - [1+(1-\tau_{t+1}^T)R_t^e]\} = 0$$

（4）关于活期存款和现金的一阶条件：

$$E_t \left\{ ZC_{t+1} \cdot vel_{t+1} \cdot \left[\left(m_t \right)^\theta \left(1 - m_t - x_t \right)^{1-\theta} \right]^{1-\sigma_q} \left(\frac{\theta}{m_t} - \frac{1-\theta}{1-m_t-x_t} \right) \left(mb_t \right)^{-\sigma_q} \right\}$$

$$= E_t [\lambda_{t+1} (1 - \tau_{t+1}^D) R_t^a]$$

$$\lambda_t = E_t \left\{ \begin{array}{l} [\beta / (g_{t+1}^Z \cdot \pi_{t+1})] \cdot \\ \left\{ \frac{(1-\theta) \cdot vel_{t+1}}{1-m_t-x_t} \left[\left(m_t \right)^\theta \left(1-m_t-x_t \right)^{1-\theta} \right]^{1-\sigma_q} \left(mb_t \right)^{-\sigma_q} - \lambda_{t+1} \cdot \left[1 + (1-\tau_{t+1}^D) R_t^a \right] \right\} \end{array} \right\}$$

其中，$m_t = M_t / MB_t$，$x_t = \tau_t (q_{t+1} k_t - n_t) / mb_t$，$mb_t = MB_t / (P_{t+1} \cdot ZP_{t+1})$。

从这两个方程可得到下面的方程：

$$R_t^e = \frac{R_t^a}{1 - \dfrac{1-\theta}{\theta} \cdot \dfrac{m_t}{1-m_t-x_t}}$$

该方程实际上反映了利率的期限结构关系。

（5）关于国外证券的一阶条件：

$$E_t [(1 + R_t^f) \cdot re_{t+1} \cdot \pi_{t+1}] = E_t [(1 + R_t^g) \cdot re_t \cdot \pi_{t+1}^F]$$

在开放经济环境下，国外净资产规模不可能无限扩大，因此模型考虑了国外净资产与 GDP 的相对比值对国外净资产收益率的影响，即

$$1 + R_t^f = \Omega_t \cdot (1 + R_t^{ff})$$

$$\Omega_t = v_t \cdot \exp\left[-\lambda^a \left(b_{t-1}^f / b_{ss}^f - 1 \right) \right]$$

$$b_{t-1}^f = \frac{B_{t-1}^f \cdot EX_t}{PY_t \cdot Y_t}$$

其中，R_t^f 是国内居民持有的国外债券的收益率，R_t^{ff} 是国外债券的收益率，b_t^f 是国外净资产与 GDP 的比例。从这里可以看出，该条件实际上保证了国外净资产的持有量应在适当的范围内。

（6）工资的定价。由于劳动力市场处于垄断竞争的状态，从而居民在劳动力需求的约束下，对工资有一定的定价权。模型名义工资的定价采用 Calvo（1983）定价策略，假设在每期调整名义工资的居民所占的比例为（$1-d^W$），对于没有调整名义工资的

居民，他的名义工资钉住上期通胀率及稳态时的通胀率[钉住的权重分别为（$1-\gamma^W$）和 γ^W]，并同时考虑生产率的变化，因此，居民关于工资的定价行为可通过下面的优化问题来描述：

$$\max_{\{W_t^*(h)\}} E_t \sum_{j=0}^{\infty} \left\{ \left(d^W \beta\right)^j \left\{ \lambda_{t+j}(1-\tau_{t+j}^l) w_{t+j}^a(h) \cdot l_{t+j}(h) - ZC_{t+j} \cdot ZL_{t+j} \cdot z[l_{t+j}(h)] \right\} \right\}$$

$$s.t. \qquad l_{t+j}(h) = \left[\frac{w_{t+j}^a(h)}{w_{t+j}} \right]^{-\frac{1+v_{t+j}^W}{v_{t+j}^W}} ls_{t+j}$$

$$w_t = \frac{W_t}{ZP_t \cdot P_t}$$

$$W_t = \left(\int_0^1 W_t(h)^{-\frac{1}{v_t^W}} dh \right)^{-v_t^W}$$

$$w_t^*(h) = \frac{W_t^*(h)}{ZP_t \cdot P_t}$$

$$w_{t+j}^a(h) = w_t^*(h) \frac{\left(\pi_{ss}^W\right)^{j(1-\gamma^W)} \left(\pi_t^W \cdots \pi_{t+j-1}^W\right)^{\gamma^W}}{\left(\pi_{t+1} \cdots \pi_{t+j}\right) \left(g_{t+1}^Z \cdots g_{t+j}^Z\right)}$$

$$\pi_{t+1}^W = W_{t+1} / W_t$$

$$\pi_{t+1} = P_{t+1} / P_t$$

$$g_t^Z = ZP_t / ZP_{t-1}$$

$$z[l_t(h)] = \frac{1}{1+\sigma^l}[l_t(h)]^{1+\sigma^l}$$

其中，ls_t 是对居民劳动力的总需求，$l_t(h)$ 是第 h 个居民提供的劳动力。

上面优化问题的一阶条件是

$$E_t \sum_{j=0}^{\infty} \left\{ \begin{array}{l} \left(d^W \beta\right)^j \left\{ \lambda_{t+j} \cdot w_{t+j}^a(h) \cdot (1-\tau_{t+j}^l) - ZC_{t+j} \cdot ZL_{t+j} \cdot z'[l_{t+j}(h)] \cdot (1+v_{t+j}^W) \right\} \\ \cdot \dfrac{l_{t+j}(h)}{v_{t+j}^W \cdot w_{t+j}^a(h)} \end{array} \right\} = 0$$

或者

$$E_t \sum_{j=0}^{\infty} \left\{ \begin{array}{l} \left(d^W \beta\right)^j \left\{ \lambda_{t+j} \cdot w_{t+j}^a(h) \cdot (1-\tau_{t+j}^l) - ZC_{t+j} \cdot ZL_{t+j}[l_{t+j}(h)]^{\sigma^l}(1+v_{t+j}^W) \right\} \\ \cdot \dfrac{l_{t+j}(h)}{v_{t+j}^W \cdot w_{t+j}^a(h)} \end{array} \right\} = 0$$

定义以下两个变量:

$$wa_t = \sum_{j=0}^{\infty} \frac{(d^W \beta)^j \lambda_{t+j}(1-\tau_{t+j}^l)ls_{t+j}}{v_{t+j}^W} \left[\frac{\left(\pi_{ss}^W\right)^{j(1-\gamma^W)}\left(\pi_t^W \cdots \pi_{t+j-1}^W\right)^{\gamma^W}}{\pi_{t+1}^W \cdots \pi_{t+j}^W} \right]^{\frac{1+v_{t+j}^W}{v_{t+j}^W}}$$

$$wb_t = \sum_{j=0}^{\infty} \frac{(d^W \beta)^j ZC_{t+j}ZL_{t+j}ls^{1+\sigma^l}(1+v_{t+j}^W)}{w_{t+j}v_{t+j}^W} \left(\frac{\left(\pi_{ss}^W\right)^{j(1-\gamma^W)}\left(\pi_t^W \cdots \pi_{t+j-1}^W\right)^{\gamma^W}}{\left(\pi_{t+1}^W \cdots \pi_{t+j}^W\right)} \right)^{-(1+\sigma^l)\left(\frac{1+v_{t+j}^W}{v_{t+j}^W}\right)-1}$$

并考虑经济均衡的对称性特点, $w_t^*(h) = w_t^*$, 则上面的一阶条件可写成

$$wa_t = (d^W \beta)wa_{t+1} \left[\frac{\left(\pi_{ss}^W\right)^{(1-\gamma^W)}\left(\pi_t^W\right)^{\gamma^W}}{\pi_{t+1}^W} \right]^{\frac{1+v_{t+1}^W}{v_{t+1}^W}} + \frac{\lambda_t(1-\tau_t^l)ls_t}{v_t^W}$$

$$wb_t = (d^W \beta)wb_{t+1} \left(\frac{\left(\pi_{ss}^W\right)^{(1-\gamma^W)}\left(\pi_t^W\right)^{\gamma^W}}{\left(\pi_{t+1}^W\right)} \right)^{-(1+\sigma^l)\left(\frac{1+v_{t+1}^W}{v_{t+1}^W}\right)-1} + \frac{ZC_t ZL_t ls_t^{1+\sigma^l}(1+v_t^W)}{w_t v_t^W}$$

$$E_t \left[\left(\frac{w_t^*}{w_t} \right)^{1+\sigma^l\left(\frac{1+v_t^W}{v_t^W}\right)} wa_t - wb_t \right] = 0$$

实际工资为

$$w_t = \left\{ (1-d^W)\left(w_t^*\right)^{\frac{1}{v_t^W}} + d^W \left[(\pi_{ss}^W)^{1-\gamma^W} \cdot (\pi_{t-1}^W)^{\gamma^W} \cdot w_{t-1}/(g_t^Z \pi_t) \right]^{\frac{1}{v_t^W}} \right\}^{-v_t^W}$$

或者

$$\pi_t^W = \left\{ (1-d^W)\left(\frac{w_t^*}{w_t}\pi_t^W \right)^{\frac{1}{v_t^W}} + d^W \left[(\pi_{ss}^W)^{1-\gamma^W} \cdot (\pi_{t-1}^W)^{\gamma^W} \right]^{\frac{1}{v_t^W}} \right\}^{-v_t^W}$$

9. 政府和中央银行的行为决策。从广义政府（包括政府和中央银行）的角度来看，政府通过收税、发行债券及发行货币来保持下面的预算平衡：

$$(\tau_t^c c_t + \tau_t^l w_t ls_t) ZP_t P_t + \tau_t^D R_{t-1}^a D_{t-1} + \tau_t^T R_{t-1}^e T_{t-1} + B_t^g + M_t$$
$$= G_t + B_{t-1}^g (1 + R_{t-1}^g) + M_{t-1} + trans_t ZP_t P_t$$

或

$$(\tau_t^c c_t + \tau_t^l w_t ls_t) + \tau_t^D R_{t-1}^a d_{t-1} + \tau_t^T R_{t-1}^e t_{t-1} + (b_t^g + m_t^0)(g_{t+1}^Z \pi_{t+1})$$
$$= g_t + b_{t-1}^g (1 + R_{t-1}^g) + m_t^0 + trans_t$$

其中，τ_t^c 是消费税税率，τ_t^l 是所得税税率，τ_t^D 和 τ_t^T 分别是对活期存款和定期存款征收利息税的税率，c_t 是实际消费，w_t 是实际工资率，ls_t 是劳动力的总供给，B_t^g 是政府债券余额，D_t 是活期存款余额，T_t 是定期存款余额，M_t 是流通中现金余额，G_t 是政府支出的名义值，$trans_t$ 是政府对居民的实际转移支付，P_t 是总价格水平，ZP_t 是经济增长的趋势，$\pi_{t+1} = P_{t+1}/P_t$，$g_t = G_t/(P_t \cdot ZP_t)$，$d_t = D_t/(P_{t+1} \cdot ZP_{t+1})$，$t_t = T_t/(P_{t+1} \cdot ZP_{t+1})$，$b_t^g = B_t^g/(P_{t+1} \cdot ZP_{t+1})$，$m_t^0 = M_t/(P_{t+1} \cdot ZP_{t+1})$。

上式左边对应广义政府的收入来源，其包括政府的消费税收入、所得税收入、政府对活期存款的利息税收入、政府对定期存款的利息税收入、政府发行的债券及中央银行发行的流通中现金；上式右边对应广义政府的支付运用，其包括当期的政府支出、政府对上期债务的还本付息、政府对居民的转移支付及中央银行回收的流通中现金。

政府支出假设由下面的方程确定：

$$g_t = g_{ss}^{1-\rho^g} g_{t-1}^{\rho^g} e^{\varepsilon_t^g}$$

其中，g_{ss} 是稳态时的政府支出。

中央银行采用货币政策规则来实现其期望的目标，假设同业拆借利率是中央银行的操作工具（当然也可以选择其他的操作工具），并考虑到我国钉住货币供应量中介目标的特点，货币政策规则采用下面推广的 Taylor 规则形式：

$$(1 + R_t^b) = (1 + R_{ss}^b)^{1-\phi_m} \left[(1 + R_{t-1}^b)^{\phi_m} \left(\frac{\pi_t}{\pi_{ss}}\right)^{(1-\phi_m)\phi_\pi} \left(\frac{y_t}{y_{ss}}\right)^{(1-\phi_m)\phi_y} \left(\frac{\mu_{t-1}}{\mu_{ss}}\right)^{(1-\phi_m)\phi_\mu} \right] e^{\varepsilon_t^{xm}}$$

其中，R_t^b 是同业拆借利率，$(\pi_t - 1)$ 是通胀率，y_t 是总产出，μ_t 是广义货币增长率，$(\pi_{ss} - 1)$ 是稳态时的通胀率，y_{ss} 是稳态时的产出，μ_{ss} 是稳态时的广义货币增长率，ε_t^{xm} 是货币冲击。可以看出，中央银行在调整利率时，不仅要考虑通胀率和产出的变化，而且还要考虑广义货币增长率的变化，同时为避免利率的大幅波动对经济的影响，中央银行考虑了利率的平滑（smoothing）作用，这样利率的调整具有一定的惯性。

在本模型中，我们着重考虑货币政策的变化对经济的影响，因而假设财政部门通过税收调节或发行债务来保证上面的预算等式平衡。

（三）出清条件及其他方程

在从支出法的角度考察市场出清条件时需要考虑三方面的因素：一是中间产品市场的垄断竞争状态会产生垄断利润；二是资本利用率的提高会带来额外的使用成本；三是外部融资风险溢价的存在隐含着监管成本。

国内产品的市场出清条件为

$$yd_t = \int_0^1 v_A \left[\frac{pd_t(s)}{pd_t} \right]^{-\frac{1+v_t^D}{v_t^D}} (c_t + i_t + g_t) \mathrm{d}s + a(u_t)kd_{t-1} + losd_t$$

$$losd_t = \frac{(R_{t-1}^{nk} - R_{t-1}^e)}{1 + R_{t-1}^e}(q_t kd_{t-1} - nd_{t-1})$$

其中，yd_t 是国内产品的总供给，c_t 是消费，i_t 是投资，g_t 是政府支出，pd_t 是国内最终产品的相对价格，$pd_t(s)$ 是第 s 类国内中间产品的相对价格，$a(u_t)kd_{t-1}$ 是提高资本利用率所付出的成本，$losd_t$ 是外部融资的监管成本。

定义变量：

$$sd_t = \int_0^1 \left(\frac{pd_t(s)}{pd_t} \right)^{-\frac{1+v_t^D}{v_t^D}} \mathrm{d}s$$

其中，变量 sd_t 反映了垄断竞争对国内产品资源配置效率的影响。利用前面的结果可将 sd_t 写成下面的递推形式：

$$sd_t = \left\{ (1-d^D)\left(\frac{pd_t^*}{pd_t} \right)^{-\frac{1+v_t^D}{v_t^D}} + d^D \left[\frac{(\pi_{ss}^D)^{1-\gamma^D}(\pi_{t-1}^D)^{\gamma^D}}{\pi_t^D} \right]^{-\frac{1+v_t^D}{v_t^D}} sd_{t-1} \right\}$$

从而国内产品的市场出清条件可改写为

$$yd_t = v_A sd_t(c_t + i_t + g_t) + a(u_t)kd_{t-1} + losd_t$$

出口产品的市场出清条件为

$$yf_t = \int_0^1 \left[\frac{px_t(s)}{px_t} \right]^{-\frac{1+v_t^X}{v_t^X}} re_t qx_t \mathrm{d}s + a(u_t)kf_{t-1} + losf_t$$

$$losf_t = \frac{(R_{t-1}^{nk} - R_{t-1}^e)}{1 + R_{t-1}^e}(q_t kf_{t-1} - nf_{t-1})$$

其中，yf_t 是出口产品的总供给，qx_t 是出口产品的总需求，re_t 是实际汇率，px_t 是出口最终产品的相对价格，$px_t(s)$ 是第 s 类出口中间产品的相对价格，$a(u_t)kf_{t-1}$ 是提高资本利用率所付出的成本，$losf_t$ 是外部融资的监管成本。

类似地，定义变量：

$$sf_t = \int_0^1 \left[\frac{px_t(s)}{px_t} \right]^{-\frac{1+v_t^X}{v_t^X}} \mathrm{d}s$$

其中，变量 sf_t 反映了垄断竞争对出口产品资源配置效率的影响。利用前面的结果可将 sf_t 写成下面的递推形式：

$$sf_t = \left\{ (1-d^X)\left(\frac{px_t^*}{px_t} \right)^{-\frac{1+v_t^X}{v_t^X}} + d^X \left[\frac{(\pi_{ss}^X)^{1-\gamma^X}(\pi_{t-1}^X)^{\gamma^X}}{\pi_t^X} \right]^{-\frac{1+v_t^X}{v_t^X}} sf_{t-1} \right\}$$

从而出口产品的市场出清条件可改写为

$$yf_t = sf_t qx_t + a(u_t)kf_{t-1} + losf_t$$

劳动力市场的均衡条件为

$$l_t = \int_0^1 l_t(s)\mathrm{d}s = \int_0^1 l_t(h)\mathrm{d}h = \int_0^1 \left[\frac{w_t(h)}{w_t} \right]^{-\frac{1+v_t^W}{v_t^W}} ls_t \mathrm{d}h$$

其中，l_t 是劳动力的均衡值，$l_t(s)$ 是生产第 s 类中间产品的劳动力需求，ls_t 是对居民劳动力的总需求，$l_t(h)$ 是第 h 个居民提供的劳动力。

采用同样的处理方法可得到，上面的方程可改写为

$$l_t = sw_t ls_t$$

$$sw_t = \int_0 \left[\frac{w_t(h)}{w_t} \right]^{-\frac{1+v_t^W}{v_t^W}} dh$$

$$sw_t = \left\{ (1-d^W) \left(\frac{w_t^*}{w_t} \right)^{-\frac{1+v_t^W}{v_t^W}} + d^W \left[\frac{(\pi_{ss}^W)^{1-\gamma^W} (\pi_{t-1}^W)^{\gamma^W}}{\pi_t^W} \right]^{-\frac{1+v_t^W}{v_t^W}} sw_{t-1} \right\}$$

其中，变量 sw_t 反映了垄断竞争对劳动力资源配置效率的影响。

另外，国外净资产的变化由下面的方程确定：

$$B_t^f = (1+R_{t-1}^f) \cdot B_{t-1}^f + PX_t \cdot QX_t - PM_t \cdot QM_t / EX_t$$

其中，B_t^f 是国外名义净资产，R_t^f 是国内居民持有的国外债券的收益率，QX_t 是名义出口，PX_t 是按外币标价的出口价格水平，QM_t 是名义进口，PM_t 是进口价格水平，EX_t 是名义汇率。

定义国外净资产与 GDP 的比例为 $b_{t-1}^f = \dfrac{B_{t-1}^f \cdot EX_t}{PY_t \cdot Y_t}$，那么上式可改写为

$$b_t^f \cdot [(g_{t+1}^Z \cdot \pi_{t+1}^F \cdot py_{t+1} \cdot y_{t+1} \cdot re_t)/(py_t \cdot y_t \cdot re_{t+1})]$$
$$= (1+R_{t-1}^f) \cdot b_{t-1}^f + re_t \cdot px_t \cdot qx_t /(py_t \cdot y_t) - pm_t \cdot qm_t /(py_t \cdot y_t)$$

其中，b_t^f 是国外净资产与 GDP 的比例，y_t 是总产出，qx_t 是出口，qm_t 是进口，py_t 是总产出的相对价格，pd_t 是国内产品的相对价格，px_t 是出口产品的相对价格，pm_t 是进口产品的相对价格，re_t 是实际汇率，R_t^f 是国内居民持有的国外债券的收益率，g_t^Z 是产出的趋势增长率，$\pi_{t+1}^F = P_{t+1}^F / P_t^F$。

三、模型中货币政策的传导机制

在利用任何经济模型进行货币政策分析时，首先需要了解货币政策的传导机制在模型中是如何体现的，这样才能真正了解货币政策的变化对经济影响的动态详细过程，并从定性和定量、静态和动态、短期和长期等方面把握经济运行的内在规律，从而为货币政策的出台时机及调控力度提供更有力的支持。同时，通过刻画和梳理货币政策

的传导机制，也可以对模型的设计结构及模拟计算结果进行检验，了解模型的不足之处，进而为改进和完善模型提供服务。

上面详细介绍了模型的基本结构，从中可以清楚地描述货币政策的传导机制。假设中央银行将基准利率作为货币政策工具，那么货币政策的传导机制可通过图 6-5 来反映。

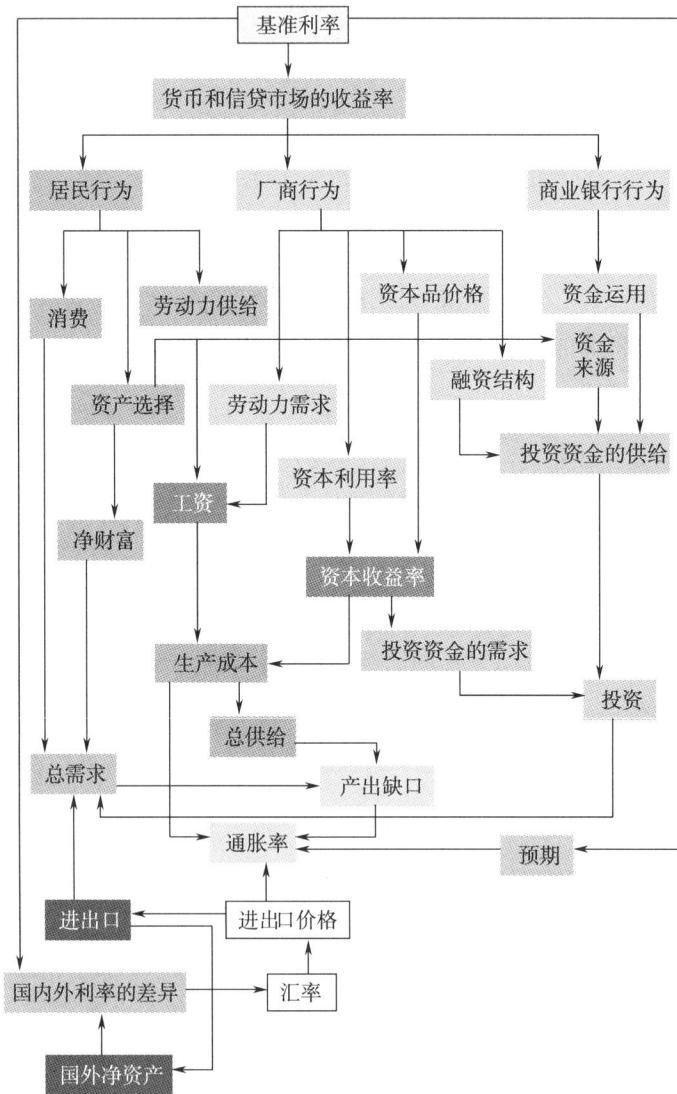

图 6-5　货币政策的传导机制

从图 6-5 可以看出，在中央银行调整基准利率后，货币和信贷市场的收益率将发生变化，这种变化将导致居民、厂商及商业银行的行为决策发生变化。

对居民来说，居民将在新的环境下对消费、劳动力供给及资产的选择进行决策和调整。消费的变化将导致总需求的变化，劳动力供给的变化将对工资产生影响，资产组合的调整一方面将导致居民的净财富发生变化，从而对总需求产生影响，另一方面将对商业银行的资金来源产生影响。

对厂商来说，货币和信贷市场收益率的变化将对其行为决策产生四个方面的影响：

其一，厂商的生产要素（劳动力和资本）需求将发生变化，劳动力需求的变化将对工资产生影响，资本需求的变化将对投资产生影响。

其二，资本的调整需要付出调整成本，在资本相对缓慢变化的过程中，厂商首先调整的是资本利用率，而资本利用率的变化将对资本收益率产生影响。

其三，资产价格（即模型中的资本品价格）将发生变化，这也将对资本收益率产生影响。

其四，面对货币和信贷市场的变化，厂商的财务结构将发生变化，这对其融资结构将产生影响。

对商业银行来说，资金来源的变化将使其调整资金的运用，考虑到厂商融资结构的变化，商业银行将对投资资金的供给及贷款定价进行调整，这将对最终的投资形成产生影响，并进而对总需求产生影响。

工资和资本收益率的变化将对生产成本产生影响，而生产成本的变化一方面影响产品的定价，从而直接对通胀率产生影响，另一方面影响总供给。总需求和总供给的变化将对产出缺口产生影响，进而间接对通胀率产生影响。

另外，基准利率的变化将导致国内外利率的差异，这将对汇率产生影响，从而使进出口价格发生变化。进出口价格的变化不仅直接对通胀率产生影响，而且对进出口产生影响，从而通过影响总需求对产出缺口产生影响，从而间接对通胀率产生影响。同时，进出口的变化将对国外净资产的积累产生影响，而在开放经济的环境下，国外净资产的积累不可能无限增大，因为未来的国外净资产收益率将受到其影响，从而在两者的相互影响下使国外净资产达到合理的规模。

此外，当中央银行调整基准利率时，将会影响人们的通胀率预期，这也将对通胀率产生影响。

四、DSGE 模型的求解及参数的校准和估计

DSGE 模型的非线性特点使得对模型的求解及对参数的校准和估计非常困难，为此，采用下面的步骤来进行。首先，确定模型的稳态，并校准确定稳态的大部分参数。其次，在稳态附近对模型进行对数线性化，从而得到模型的动态方程。最后，通过对模型进行求解，并根据可观察到的数据，通过 Bayes 估计技术来估计确定模型动态的全部参数及少数确定稳态的参数。

（一）模型的稳态及确定稳态的有关参数的校准

对于前面的模型，模型的稳态可通过下面的方程详细描述：

趋势增长率：g_{ss}^Z 为待估计的常数

国内产品的相对价格：$pd_{ss} = (1+v_{ss}^D)mc_{ss} = 1$

进口产品的相对价格：$pm_{ss} = (1+v_{ss}^M)re_{ss} = 1$

总产出的相对价格：$py_{ss} = 1$

出口产品的相对价格：$re_{ss}px_{ss} = (1+v_{ss}^X)mcf_{ss}$

实际汇率：$re_{ss} = 1/px_{ss}$

国内生产的实际边际成本：$mc_{ss} = \dfrac{1}{ZT_{ss}}\left\{(1-\alpha)w_{ss}^{1-\xi} + \alpha\left[r_{ss}^k(1+\psi R_{ss})\right]^{1-\xi}\right\}^{\frac{1}{1-\xi}}$

出口生产的实际边际成本：$mcf_{ss} = \dfrac{1}{ZTF_{ss}}\left\{(1-\alpha)w_{ss}^{1-\xi} + \alpha\left[r_{ss}^k(1+\psi R_{ss})\right]^{1-\xi}\right\}^{\frac{1}{1-\xi}}$

国债利率：$1+R_{ss}^g = \dfrac{g_{ss}^Z \pi_{ss}}{\beta}$

定期存款利率：$R_{ss}^e = \dfrac{R_{ss}^g}{1-\tau_{ss}^T}$

活期存款利率：$R_{ss}^a = R_{ss}^e \cdot \left(1 - \dfrac{1-\theta}{\theta} \cdot \dfrac{m_{ss}}{1-m_{ss}-x_{ss}}\right)$

短期贷款与活期存款的利差：$R_{ss}^{a} = \dfrac{(1-\tau_{ss})h'(er_{ss})-1}{\tau_{ss}h'(er_{ss})+1}R_{ss}$

同业拆借利率：$R_{ss}^{b} = \dfrac{h'(er_{ss})}{\tau_{ss}h'(er_{ss})+1}R_{ss}$

国内外利率的关系：$(1+R_{ss}^{f})\cdot\pi_{ss} = (1+R_{ss}^{g})\cdot\pi_{ss}^{F}$

国外利率：$1+R_{ss}^{f} = v_{ss}\cdot(1+R_{ss}^{ff})$

资本的名义收益率：$1+R_{ss}^{nk} = (1+R_{ss}^{e})\Phi(nk_{ss})$

资本的实际收益率：$r_{ss}^{k} = (1+R_{ss}^{nk})/\pi_{ss}+\delta-1$

资本利用率：$u_{ss}=1$

国内生产的劳动力需求：$ld_{ss} = (1-\alpha)\left(\dfrac{w_{ss}}{mc_{ss}\cdot ZT_{ss}}\right)^{-\xi}\dfrac{yd_{ss}+k_{1}}{ZT_{ss}}$

出口生产的劳动力需求：$lf_{ss} = (1-\alpha)\left(\dfrac{w_{ss}}{mcf_{ss}\cdot ZTF_{ss}}\right)^{-\xi}\dfrac{yf_{ss}+k_{2}}{ZTF_{ss}}$

劳动力总需求：$l_{ss} = ld_{ss}+lf_{ss}$

边际效用：$\lambda_{ss}(1+\tau_{ss}^{c}) = c_{ss}^{-\sigma}$

劳动力总供给：$\lambda_{ss}(1-\tau_{ss}^{l})w_{ss} = ZC_{ss}ZL_{ss}ls_{ss}^{\sigma^{l}}(1+v_{ss}^{W})$

劳动力市场的均衡条件：$l_{ss} = ls_{ss}$

国内生产的资本需求：$kd_{ss} = \alpha\left[\dfrac{r_{ss}^{k}(1+\psi R_{ss})}{mc_{ss}\cdot ZT_{ss}}\right]^{-\xi}\dfrac{yd_{ss}+k_{1}}{ZT_{ss}}$

出口生产的资本需求：$kf_{ss} = \alpha\left[\dfrac{r_{ss}^{k}(1+\psi R_{ss})}{mcf_{ss}\cdot ZTF_{ss}}\right]^{-\xi}\dfrac{yf_{ss}+k_{2}}{ZTF_{ss}}$

资本总需求：$k_{ss} = kd_{ss}+kf_{ss}$

资本品的相对价格：$q_{ss}=1$

投资：$i_{ss} = \dfrac{g_{ss}^{Z} + \delta - 1}{g_{ss}^{Z}} k_{ss}$

国内消费：$cd_{ss} = v_A (pd_{ss})^{-\mu_A} c_{ss}$

进口产品的消费：$cm_{ss} = (1 - v_A)(pm_{ss})^{-\mu_A} c_{ss}$

投资品的国内需求：$id_{ss} = v_A (pd_{ss})^{-\mu_A} i_{ss}$

投资品的进口：$im_{ss} = (1 - v_A)(pm_{ss})^{-\mu_A} i_{ss}$

政府的国内消费：$gd_{ss} = v_A (pd_{ss})^{-\mu_A} g_{ss}$

政府的进口消费：$gm_{ss} = (1 - v_A)(pm_{ss})^{-\mu_A} g_{ss}$

进口总需求：$qm_{ss} = cm_{ss} + im_{ss} + gm_{ss}$

出口总需求：$qx_{ss} = (1 - v_A^F)(px_{ss})^{-\mu_A^F} a^F$

国内产品市场的均衡：$yd_{ss} = cd_{ss} + id_{ss} + gd_{ss} + losd_{ss}$

出口产品市场的均衡：$yf_{ss} = qx_{ss} + losf_{ss}$

国内总产出：$y_{ss} = v_Y yd_{ss} + (1 - v_Y) yf_{ss}$

监管成本：$losd_{ss} = \dfrac{(R_{ss}^{nk} - R_{ss}^{e})}{1 + R_{ss}^{e}} (1 - nk_{ss}) q_{ss} kd_{ss}$

$$losf_{ss} = \dfrac{(R_{ss}^{nk} - R_{ss}^{e})}{1 + R_{ss}^{e}} (1 - nk_{ss}) q_{ss} kf_{ss}$$

自有资金的比例：$nk_{ss} = n_{ss} / (q_{ss} k_{ss})$

自有资金满足的方程：$\pi_{ss} g_{ss}^{Z} = \gamma (1 + R_{ss}^{e}) \Phi(nk_{ss})$

超额准备金：$x_{ss}^{b} \cdot (er_{ss})^{-\eta} \cdot (1 - \eta) = h'(er_{ss})$

货币供给：

$$(1 - m_{ss})mb_{ss} + \psi r_{ss}^{k} k_{ss} - \tau_{ss}(q_{ss} k_{ss} - n_{ss})$$
$$= x_{ss}^{b} \left[(1 - \tau_{ss})(1 - m_{ss})mb_{ss} - \psi \tau_{ss} r_{ss}^{k} k_{ss} - \tau_{ss}(1 - \tau_{ss})(q_{ss} k_{ss} - n_{ss}) \right]^{-\eta}$$

货币需求：

$$\left\{ vel_{ss} \cdot \left[(m_{ss})^{\theta} (1 - m_{ss} - x_{ss})^{1-\theta} \right]^{1-\sigma_q} \left(\dfrac{\theta}{m_{ss}} - \dfrac{1-\theta}{1 - m_{ss} - x_{ss}} \right) (mb_{ss})^{-\sigma_q} \right\}$$
$$= \lambda_{ss}(1 - \tau_{ss}^{D}) R_{ss}^{a}$$

广义货币供应量：$m2_{ss} = mb_{ss} + \psi r_{ss}^{k} k_{ss} + (1 - \tau_{ss})(q_{ss} k_{ss} - n_{ss})$

广义货币供应量的增长率：$\mu_{ss} = g_{ss}^Z \pi_{ss}$

国外净资产的变化：

$$b_{ss}^f g_{ss}^Z \pi_{ss}^F = (1 + R_{ss}^f) b_{ss}^f + re_{ss} px_{ss} qx_{ss} /(py_{ss} y_{ss}) - pm_{ss} qm_{ss} /(py_{ss} y_{ss})$$

政府支出与产出的比例：$\dfrac{g_{ss}}{y_{ss}} = c_g$

投资与产出的比例：$\dfrac{i_{ss}}{y_{ss}} = c_i$

钉住前期通胀率的权重：$\gamma^D = \gamma^X = \gamma^M = \gamma^W = 1$

定价的加成率：$v_{ss}^D = v_{ss}^X = v_{ss}^M = v_{ss}^W = 0.1$

垄断竞争的各因素：$sd_{ss} = sf_{ss} = sw_{ss} = 1$

冲击的稳态值：$ZI_{ss} = ZC_{ss} = 1$

在确定稳态时，需要对确定稳态的有关参数进行校准。校准的方法主要体现为几个方面：（1）由于模型将所有的价格水平以总需求的价格水平 P_t 为基准（numeraire）换算成相对价格，因此在校准参数时，保持所有的相对价格水平在稳态时取值为 1。另外，假设稳态时的资本利用率为 100%。（2）在采用 Calvo 定价策略时，假定钉住前期通胀率的权重为 100%，同时假定稳态时的加成率（mark-up）为 10%。（3）总需求中国内需求所占的比重、总产出中国内产品所占的比重、资本的折旧率及资本收入占总收入的比重根据我国的投入产出表来确定。（4）总需求中国内产品与进口产品的替代弹性、总产出中国内产品与出口产品的替代弹性及生产函数中劳动力与资本的替代弹性根据 CGE 模型的开发经验来确定。（5）稳态时的国内外通胀率根据我国和美国的历史平均通胀率来确定。（6）根据我国的企业经营情况，设定短期贷款占生产流动资金的比重为 90%。（7）稳态时的国外利率水平根据美国长期国债利率的历史平均值来确定，稳态时的短期贷款与活期存款的利差折年率设定为 1%，稳态时的外部融资风险溢价率折年率设定为 1%。（8）稳态时的税率根据《中国财政统计年鉴》及投入产出表进行测算和调整。（9）稳态时的法定存款准备金率根据我国的历史平均值确定。（10）稳态时的厂商内部融资所占的比例设定为 20%。（11）稳态时现金占基础货币的比率及稳态时商业银行拆入资金与基础货币的比例根据我国银行概览的历史平均值来确定。（12）稳态时政府支出占总产出的比例及稳态时投资占总产出的比例根据《中国统计年鉴》的历史平均值来确定。（13）国外净资产与产出的比例设定为 0.3。（14）投资冲击和总需求冲击的稳态值设定为 1。

确定稳态的有关参数的具体校准值参见表 6-2。虽然给定了这些参数的校准值，仍然不能完全确定模型的稳态，因为还需要确定稳态时的趋势增长率 g_{ss}^Z 这个参数值，我们将在后面采用 Bayes 估计技术对这个参数进行估计。

表 6-2   确定模型稳态的有关参数的校准值

参数	解释意义	取值
μ_A	国内产品与进口产品的替代弹性	3.5
μ_Y	国内产品与出口产品的替代弹性	3.5
ν_A	国内需求占总需求的比重	0.74
ν_Y	国内产出占总产出的比重	0.75
β	贴现率	0.985
δ	折旧率	0.035
α	资本收入占总收入的比重	0.4
ξ	劳动力与资本的替代弹性	1.2
ψ	短期贷款占生产流动资金的比重	0.9
π_{ss}	稳态时的国内 CPI 增长率	$1.04^{\frac{1}{4}}$
π_{ss}^F	稳态时的国外 CPI 增长率	$1.03^{\frac{1}{4}}$
τ_{ss}^D	稳态时对活期存款征收的利息税率	0.1
τ_{ss}^T	稳态时对定期存款征收的利息税率	0.1
τ_{ss}^c	稳态时对消费品征收的税率	0.1
τ_{ss}^I	稳态时对所得征收的税率	0.1
τ_{ss}	稳态时的法定存款准备金率	0.09
R_{ss}^{ff}	稳态时的国外利率水平	0.04

参数	解释意义	取值
R_{ss}	稳态时的短期贷款与活期存款的利差	0.0025
Φ	稳态时的外部融资风险溢价率	$1.01^{\frac{1}{4}}$
nk_{ss}	稳态时厂商内部融资所占的比例	0.2
θ	反映效应函数中现金与活期存款的比例	0.82
m_{ss}	稳态时现金占基础货币的比率	0.3
x_{ss}	稳态时拆入资金与基础货币的比例	0.6
c_g	稳态时政府支出占总产出的比例	0.13
c_i	稳态时投资占总产出的比例	0.38
b_{ss}^f	国外净资产与产出的比例	0.3

（二）模型的动态方程

得到模型的稳态后，在稳态附近对模型进行对数线性化，从而可得到模型的动态方程。在下面的表达式中，变量 $\hat{y}_t = \ln(y_t) - \ln(y_{ss})$ 表示在稳态值 y_{ss} 附近对 y_t 进行对数线性化。模型的动态方程包括两部分，一部分是外生变量的动态方程，另一部分是行为方程和其他恒等式。

外生变量的变化均由一阶自回归 AR（1）来刻画，具体的动态方程如下：

趋势增长率：$\qquad\qquad\qquad\quad \hat{g}_t^Z = \rho^Z \hat{g}_{t-1}^Z + \varepsilon_t^Z$

国内部门生产率的变化：$\qquad \widehat{ZT}_t = \rho^{ZT} \widehat{ZT}_{t-1} + \varepsilon_t^{ZT}$

出口部门生产率的变化：$\qquad \widehat{ZTF}_t = \rho^{ZTF} \widehat{ZTF}_{t-1} + \varepsilon_t^{ZTF}$

劳动力供给冲击：$\qquad\qquad \widehat{ZL}_t = \rho^{ZL} \widehat{ZL}_{t-1} + \varepsilon_t^{ZL}$

投资冲击：$\qquad\qquad\qquad \widehat{ZI}_t = \rho^{ZI} \widehat{ZI}_{t-1} + \varepsilon_t^{ZI}$

总需求冲击：$\qquad\qquad\quad \widehat{ZC}_t = \rho^{ZC} \widehat{ZC}_{t-1} + \varepsilon_t^{ZC}$

货币需求冲击：$\qquad\qquad \widehat{vel}_t = \rho^{vel} \widehat{vel}_{t-1} + \varepsilon_t^{vel}$

超额准备金利用技术冲击：$\quad \hat{x}_t^b = \rho^{xb} \hat{x}_{t-1}^{xb} + \varepsilon_t^{xb}$

政府支出冲击： $\hat{g}_t = \rho^g \hat{g}_{t-1} + \varepsilon_t^g$

汇率风险溢价率冲击： $\hat{v}_t = \rho^v \hat{v}_{t-1} + \varepsilon_t^v$

国外总需求冲击： $\hat{a}_t^F = \rho^{af} \hat{a}_{t-1}^F + \varepsilon_t^{af}$

国外利率冲击： $\hat{R}_t^{ff} = \rho^{rf} \hat{R}_{t-1}^{ff} + \varepsilon_t^{rf}$

国外通胀率冲击： $\hat{\pi}_t^F = \rho^{\pi f} \hat{\pi}_{t-1}^F + \varepsilon_t^{\pi f}$

国内产品定价加成率冲击： $\hat{v}_t^D = \rho^D \hat{v}_{t-1}^D + \varepsilon_t^D$

出口定价加成率冲击： $\hat{v}_t^X = \rho^X \hat{v}_{t-1}^X + \varepsilon_t^X$

进口定价加成率冲击： $\hat{v}_t^M = \rho^M \hat{v}_{t-1}^M + \varepsilon_t^M$

工资定价加成率冲击： $\hat{v}_t^W = \rho^W \hat{v}_{t-1}^W + \varepsilon_t^W$

法定存款准备金率变化： $\hat{\tau}_t = \rho^\tau \hat{\tau}_{t-1} + \varepsilon_t^\tau$

活期存款利息税率的变化： $\hat{\tau}_t^D = \rho^{\tau D} \hat{\tau}_{t-1}^D + \varepsilon_t^{\tau D}$

定期存款利息税率的变化： $\hat{\tau}_t^T = \rho^{\tau T} \hat{\tau}_{t-1}^T + \varepsilon_t^{\tau T}$

消费税税率变化： $\hat{\tau}_t^C = \rho^{\tau C} \hat{\tau}_{t-1}^C + \varepsilon_t^{\tau C}$

所得税税率变化： $\hat{\tau}_t^I = \rho^{\tau I} \hat{\tau}_{t-1}^I + \varepsilon_t^{\tau I}$

模型中的行为方程和其他恒等式由下面的动态方程来刻画：

国内生产的实际边际成本： $\widehat{mc}_t = (1-\alpha)\hat{w}_t + \alpha\left(\hat{r}_{t-1}^k + \dfrac{\psi R_{ss}}{1+\psi R_{ss}}\hat{R}_{t-1}\right) - \widehat{ZT}_t$

出口生产的实际边际成本： $\widehat{mcf}_t = (1-\alpha)\hat{w}_t + \alpha\left(\hat{r}_{t-1}^k + \dfrac{\psi R_{ss}}{1+\psi R_{ss}}\hat{R}_{t-1}\right) - \widehat{ZTF}_t$

国内生产的劳动力需求： $\widehat{ld}_t = -\xi(\hat{w}_t - \widehat{mc}_t - \widehat{ZT}_t) + \dfrac{yd_{ss}}{yd_{ss}+k_1}\widehat{yd}_t - \widehat{ZT}_t$

出口生产的劳动力需求： $\widehat{lf}_t = -\xi(\hat{w}_t - \widehat{mcf}_t - \widehat{ZTF}_t) + \dfrac{yf_{ss}}{yf_{ss}+k_2}\widehat{yf}_t - \widehat{ZTF}_t$

劳动力总需求： $\hat{l}_t = \dfrac{ld_{ss}}{l_{ss}}\widehat{ld}_t + \dfrac{lf_{ss}}{l_{ss}}\widehat{lf}_t$

国内生产的资本需求：

$$\hat{u}_t + \widehat{kd}_{t-1} = -\xi\left(\hat{r}_{t-1}^k + \frac{\psi R_{ss}}{1+\psi R_{ss}}\hat{R}_{t-1} - \widehat{mc}_t - \widehat{ZT}_t\right) + \frac{yd_{ss}}{yd_{ss}+k_1}\widehat{yd}_t - \widehat{ZT}_t$$

出口生产的资本需求：

$$\hat{u}_t + \widehat{kf}_{t-1} = -\xi\left(\hat{r}_{t-1}^k + \frac{\psi R_{ss}}{1+\psi R_{ss}}\hat{R}_{t-1} - \widehat{mc}f_t - \widehat{ZTF}_t\right) + \frac{yf_{ss}}{yf_{ss}+k_2}\widehat{yf}_t - \widehat{ZTF}_t$$

资本总需求：
$$\hat{k}_t = \frac{kd_{ss}}{k_{ss}}\widehat{kd}_t + \frac{kf_{ss}}{k_{ss}}\widehat{kf}_t$$

资本利用率：
$$\hat{r}_{t-1}^k = \sigma^a \hat{u}_t$$

资本总供给：
$$\hat{k}_t = \frac{(1-\delta)}{g_{ss}^Z}\hat{k}_{t-1} + \frac{(g_{ss}^Z+\delta-1)}{g_{ss}^Z}\hat{i}_t - \hat{g}_{t+1}^Z$$

投资：
$$\hat{i}_t = \frac{1}{1+\beta}E_t\left[\hat{i}_{t-1} + \beta\hat{i}_{t+1} - \hat{g}_t^Z + \beta\hat{g}_{t+1}^Z + \beta\widehat{ZI}_{t+1} - \widehat{ZI}_t + \frac{1}{(g_{ss}^Z)^2 S''}\hat{q}_t\right]$$

资本品的相对价格：
$$\hat{q}_t = E_t\left[\frac{r_{ss}^k\hat{r}_t^k + (1-\delta)q_{ss}\hat{q}_{t+1}}{r_{ss}^k + (1-\delta)q_{ss}} + \hat{\pi}_{t+1} - \frac{R_{ss}^{nk}}{1+R_{ss}^{nk}}\hat{R}_t^{nk}\right]$$

外部融资的风险溢价：
$$E_t\left[\frac{R_{ss}^{nk}}{1+R_{ss}^{nk}}\hat{R}_t^{nk} - \frac{R_{ss}^e}{1+R_{ss}^e}\hat{R}_t^e + \phi(\hat{n}_t - \hat{q}_{t+1} - \hat{k}_t)\right] = 0$$

自有资金的变化：

$$\hat{n}_t = \frac{\gamma}{\pi_{ss}g_{ss}^Z}\left\{\begin{array}{l}\dfrac{R_{ss}^{nk}}{nk_{ss}}\hat{R}_{t-1}^{nk} + \left(1-\dfrac{1}{nk_{ss}}\right)\Phi R_{ss}^e\hat{R}_{t-1}^e - (1+R_{ss}^{nk})\left(\dfrac{1}{nk_{ss}}-1\right)\varphi(\hat{k}_{t-1}+\hat{q}_t)\\[2mm]+(1+R_{ss}^{nk})\left[1+\left(\dfrac{1}{nk_{ss}}-1\right)\varphi\right]\hat{n}_{t-1}\end{array}\right\}$$
$$-\hat{\pi}_{t+1} - \hat{g}_{t+1}^Z$$

定期存款利率：
$$\hat{R}_t^e = \hat{R}_t^g + \frac{\tau_{ss}^T}{1-\tau_{ss}^T}\hat{\tau}_{t+1}^T$$

边际效用：
$$E_t\left(\frac{R_{ss}^g}{1+R_{ss}^g}\hat{R}_t^g + \hat{\lambda}_{t+1} - \hat{\lambda}_t - \hat{g}_{t+1}^Z - \hat{\pi}_{t+1}\right) = 0$$

消费：
$$\hat{\lambda}_t + \frac{\tau_{ss}^c}{1+\tau_{ss}^c}\hat{\tau}_t^c = \widehat{ZC}_t - \frac{\sigma}{g_{ss}^Z - b}(g_{ss}^Z \hat{c}_t - b\hat{c}_{t-1})$$

货币需求：
$$E_t\left(\hat{\lambda}_{t+1} - \frac{\tau_{ss}^D}{1-\tau_{ss}^D}\hat{\tau}_{t+1}^D + \hat{R}_t^a\right) = E_t\left\{\begin{array}{l}\left[(1-\sigma^q)\left(\theta - \dfrac{(1-\theta)m_{ss}}{1-m_{ss}-x_{ss}}\right) - \dfrac{\frac{\theta}{m_{ss}} + \frac{(1-\theta)m_{ss}}{(1-m_{ss}-x_{ss})^2}}{\frac{\theta}{m_{ss}} - \frac{1-\theta}{1-m_{ss}-x_{ss}}}\right]\hat{m}_t \\[4mm] + \left[\left(\dfrac{(1-\sigma^q)(1-\theta)x_{ss}}{1-m_{ss}-x_{ss}}\right) + \dfrac{\frac{(1-\theta)x_{ss}}{(1-m_{ss}-x_{ss})^2}}{\frac{\theta}{m_{ss}} - \frac{1-\theta}{1-m_{ss}-x_{ss}}}\right]\hat{x}_t \\[4mm] + \widehat{vel}_{t+1} - \sigma^q\widehat{mb}_t\end{array}\right\}$$

拆借资金的比率：
$$\hat{x}_t = \hat{\tau}_{t+1} - \widehat{mb}_t + (\hat{q}_{t+1} + \hat{k}_t - nk_{ss}\hat{n}_t)/(1-nk_{ss})$$

货币供给：
$$[(1-m_{ss})mb_{ss} + \psi r_{ss}^k k_{ss} - \tau_{ss}(q_{ss}k_{ss} - n_{ss})][\hat{x}_t^b + (1-\eta)\widehat{er}_t]$$
$$= (1-m_{ss})mb_{ss}\left(\widehat{mb}_t - \frac{m_{ss}}{1-m_{ss}}\hat{m}_t\right) + \psi r_{ss}^k k_{ss}(\hat{r}_t^k + \hat{k}_t)$$
$$- \tau_{ss}(q_{ss}k_{ss} - n_{ss})\left[\hat{\tau}_{t+1} + (\hat{q}_{t+1} + \hat{k}_t - nk_{ss}\hat{n}_t)/(1-nk_{ss})\right]$$

超额准备金：
$$[(1-\tau_{ss})(1-m_{ss})mb_{ss} + \psi\tau_{ss}r_{ss}^k k_{ss} - \tau_{ss}(1-\tau_{ss})(q_{ss}k_{ss} - n_{ss})]\widehat{er}_t$$
$$= (1-\tau_{ss})(1-m_{ss})mb_{ss}\left(\widehat{mb}_t - \frac{m_{ss}}{1-m_{ss}}\hat{m}_t - \frac{\tau_{ss}}{1-\tau_{ss}}\hat{\tau}_{t+1}\right) - \psi\tau_{ss}r_{ss}^k k_{ss}(\hat{r}_t^k + \hat{k}_t + \hat{\tau}_{t+1})$$
$$- \tau_{ss}(1-\tau_{ss})(q_{ss}k_{ss} - n_{ss})\left[\frac{1}{1-\tau_{ss}}\hat{\tau}_{t+1} + (\hat{q}_{t+1} + \hat{k}_t - nk_{ss}\hat{n}_t)/(1-nk_{ss})\right]$$

活期存款利率：
$$E_t\left\{\hat{R}_t^e - \hat{R}_t^a - \frac{(1-\theta)m_{ss}}{(1-m_{ss}-x_{ss})[\theta(1-x_{ss}) - m_{ss}]}[(1-x_{ss})\hat{m}_t + x_{ss}\hat{x}_t]\right\} = 0$$

短期贷款与活期存款的利差：

$$E_t\left\{\begin{array}{l}\hat{R}_t^a-\hat{R}_t-\left[\dfrac{(1-\tau_{ss})h'(er_{ss})}{(1-\tau_{ss})h'(er_{ss})-1}-\dfrac{\tau_{ss}h'(er_{ss})}{\tau_{ss}h'(er_{ss})+1}\right](\hat{x}_t^b-\eta\widehat{er}_t)\\[4mm]+\left[\dfrac{\tau_{ss}h'(er_{ss})}{(1-\tau_{ss})h'(er_{ss})-1}+\dfrac{\tau_{ss}h'(er_{ss})}{\tau_{ss}h'(er_{ss})+1}\right]\hat{\tau}_{t+1}\end{array}\right\}=0$$

利率与超额准备金的关系：

$$E_t\left\{\hat{R}_t^b-\hat{R}_t-\left[\dfrac{1}{\tau_{ss}h'(er_{ss})+1}\right][\hat{x}_t^b-\eta\widehat{er}_t-\tau_{ss}h'(er_{ss})\hat{\tau}_t]\right\}=0$$

实际汇率：

$$E_t\left[\dfrac{R_{ss}^g}{1+R_{ss}^g}\hat{R}_t^g-\dfrac{R_{ss}^f}{1+R_{ss}^f}\hat{R}_t^f-(\hat{\pi}_{t+1}-\hat{\pi}_{t+1}^F)-(\widehat{re}_{t+1}-\widehat{re}_t)\right]=0$$

国外利率与国外净资产的关系：

$$E_t\left[\dfrac{R_{ss}^f}{1+R_{ss}^f}\hat{R}_t^f-\dfrac{R_{ss}^{ff}}{1+R_{ss}^{ff}}\hat{R}_t^{ff}-(\hat{v}_t-\lambda^a\hat{b}_{t-1}^f)\right]=0$$

国内与进口相对价格的关系： $v_A\widehat{pd}_t+(1-v_A)\widehat{pm}_t=0$

总产出的相对价格： $\widehat{py}_t=v_Y\widehat{pd}_t+(1-v_Y)(\widehat{px}_t+\widehat{re}_t)$

国内产品的相对价格：

$$\widehat{da}_t=d^D\beta\left[\widehat{da}_{t+1}-\dfrac{1+v_{ss}^D}{v_{ss}^D}\left(\gamma^D\hat{\pi}_t^D-\hat{\pi}_{t+1}^D\right)\right]+(1-d^D\beta)(\hat{\lambda}_t+\widehat{yd}_t-\hat{v}_t^D)$$

$$\widehat{db}_t=d^D\beta\left[\widehat{db}_{t+1}-\dfrac{(1+2v_{ss}^D)}{v_{ss}^D}\left(\gamma^D\hat{\pi}_t^D-\hat{\pi}_{t+1}^D\right)\right]$$

$$+(1-d^D\beta)\left(\hat{\lambda}_t+\widehat{yd}_t+\widehat{mc}_t-\dfrac{1}{1+v_{ss}^D}\hat{v}_t^D\right)$$

$$E_t(\widehat{pd}_t^*-\widehat{pd}_t+\widehat{da}_t-\widehat{db}_t)=0$$

$$\hat{\pi}_t^D=(1-d^D)(\widehat{pd}_t^*-\widehat{pd}_t+\hat{\pi}_t^D)+d^D\gamma^D\hat{\pi}_{t-1}^D$$

$$\widehat{pd}_t=\widehat{pd}_{t-1}+\hat{\pi}_t^D-\hat{\pi}_t$$

出口产品的相对价格：

$$\widehat{fa}_t = d^X \beta \left[\widehat{fa}_{t+1} - \frac{1+v_{ss}^X}{v_{ss}^X}\left(\gamma^X \hat{\pi}_t^X - \hat{\pi}_{t+1}^X \right) \right] + (1-d^X\beta)(\hat{\lambda}_t + \widehat{yf}_t + \widehat{re}_t - \hat{v}_t^X)$$

$$\widehat{fb}_t = d^X \beta \left[\widehat{fb}_{t+1} - \frac{(1+2v_{ss}^X)}{v_{ss}^X}\left(\gamma^X \hat{\pi}_t^X - \hat{\pi}_{t+1}^X \right) \right]$$

$$+ (1-d^X\beta)\left(\hat{\lambda}_t + \widehat{yf}_t + \widehat{mcf}_t - \frac{1}{1+v_{ss}^X}\hat{v}_t^X \right)$$

$$E_t(\widehat{px}_t^* - \widehat{px}_t + \widehat{fa}_t - \widehat{fb}_t) = 0$$

$$\hat{\pi}_t^X = (1-d^X)(\widehat{px}_t^* - \widehat{px}_t + \hat{\pi}_t^X) + d^X \gamma^X \hat{\pi}_{t-1}^X$$

$$\widehat{px}_t = \widehat{px}_{t-1} + \hat{\pi}_t^X - \hat{\pi}_t^F$$

进口产品的相对价格：

$$\widehat{qa}_t = d^M \beta \left[\widehat{qa}_{t+1} - \frac{1+v_{ss}^M}{v_{ss}^M}\left(\gamma^M \hat{\pi}_t^M - \hat{\pi}_{t+1}^M \right) \right] + (1-d^M\beta)(\hat{\lambda}_t + \widehat{qm}_t - \hat{v}_t^M)$$

$$\widehat{qb}_t = d^M \beta \left[\widehat{qb}_{t+1} - \frac{(1+2v_{ss}^M)}{v_{ss}^M}\left(\gamma^M \hat{\pi}_t^M - \hat{\pi}_{t+1}^M \right) \right]$$

$$+ (1-d^M\beta)\left(\hat{\lambda}_t + \widehat{qm}_t + \widehat{re}_t - \frac{1}{1+v_{ss}^M}\hat{v}_t^M \right)$$

$$E_t(\widehat{pm}_t^* - \widehat{pm}_t + \widehat{qa}_t - \widehat{qb}_t) = 0$$

$$\hat{\pi}_t^M = (1-d^M)(\widehat{pm}_t^* - \widehat{pm}_t + \hat{\pi}_t^M) + d^M \gamma^M \hat{\pi}_{t-1}^M$$

$$\widehat{pm}_t = \widehat{pm}_{t-1} + \hat{\pi}_t^M - \hat{\pi}_t$$

实际工资：

$$\widehat{wa}_t = d^W \beta \left[\widehat{wa}_{t+1} - \frac{1+v_{ss}^W}{v_{ss}^W}\left(\gamma^W \hat{\pi}_t^W - \hat{\pi}_{t+1}^W \right) \right] + (1-d^W\beta)\left(\hat{\lambda}_t + \widehat{ls}_t - \frac{\tau_{ss}^l}{1-\tau_{ss}^l}\hat{\tau}_t^l - \hat{v}_t^W \right)$$

$$\widehat{wb}_t = d^W \beta \left\{ \widehat{db}_{t+1} - \left[\frac{(1+\sigma^l)(1+v_{ss}^W)}{v_{ss}^W} + 1 \right]\left(\gamma^W \hat{\pi}_t^W - \hat{\pi}_{t+1}^W \right) \right\}$$

$$+ (1-d^W\beta)\left[\widehat{ZC}_t + \widehat{ZL}_t + (1+\sigma^l)\widehat{ls}_t - \frac{1}{1+v_{ss}^D}\hat{v}_t^W \right]$$

$$E_t\left\{\left[1+\sigma^l\left(\frac{1+v_t^W}{v_t^W}\right)\right](w_t^*-w_t)+wa_t-wb_t\right\}=0$$

$$\hat{\pi}_t^W=(1-d^W)(\hat{w}_t^*-\hat{w}_t+\hat{\pi}_t^W)+d^W\gamma^W\hat{\pi}_{t-1}^W$$

$$\hat{w}_t=\hat{w}_{t-1}+\hat{\pi}_t^W-\hat{\pi}_t-\hat{g}_t^Z$$

劳动力市场的均衡条件：

$$\hat{l}_t=\hat{ls}_t+\widehat{sw}_t$$

$$\widehat{sw}_t=d^W\widehat{sw}_{t-1}$$

国内消费： $\widehat{cd}_t=-\mu_A\widehat{pd}_t+\hat{c}_t$

投资品的国内需求： $\widehat{id}_t=-\mu_A\widehat{pd}_t+\hat{i}_t$

政府的国内消费： $\widehat{gd}_t=-\mu_A\widehat{pd}_t+\hat{g}_t$

进口产品的消费： $\widehat{cm}_t=-\mu_A\widehat{pm}_t+\hat{c}_t$

投资品的进口： $\widehat{im}_t=-\mu_A\widehat{pm}_t+\hat{i}_t$

政府的进口消费： $\widehat{gm}_t=-\mu_A\widehat{pm}_t+\hat{g}_t$

进口产品的总需求： $\widehat{qm}_t=\dfrac{cm_{ss}\widehat{cm}_t+im_{ss}\widehat{im}_t+gm_{ss}\widehat{gm}_t}{qm_{ss}}$

监管成本：

$$\widehat{los}_t=\frac{R_{ss}^{nk}\hat{R}_{t-1}^{nk}-R_{ss}^e\hat{R}_{t-1}^e}{R_{ss}^{nk}-R_{ss}^e}-\frac{R_{ss}^e\hat{R}_{t-1}^e}{1+R_{ss}^e}+\frac{\hat{q}_t+\hat{k}_{t-1}-nk_{ss}\hat{n}_{t-1}}{1-nk_{ss}}$$

$$\widehat{losd}_t=\frac{kd_{ss}}{k_{ss}}\widehat{los}_t$$

$$\widehat{losf}_t=\frac{kf_{ss}}{k_{ss}}\widehat{los}_t$$

国内产品市场的均衡条件：

$$\widehat{yd}_t=\frac{v_A[(c_{ss}+i_{ss}+g_{ss})\widehat{sd}_t+c_{ss}\hat{c}_t+i_{ss}\hat{i}_t+g_{ss}\hat{g}_t]+kd_{ss}r_{ss}^k\hat{u}_t+\widehat{losd}_t}{yd_{ss}}$$

$$\widehat{sd}_t = d^D \widehat{sd}_{t-1}$$

出口总需求：
$$\widehat{qx}_t = -\mu_A^F \widehat{px}_t + \hat{a}_t^F$$

出口产品市场的均衡条件：
$$\widehat{yf}_t = \frac{qx_{ss}(\widehat{sf}_t + \widehat{qx}_t) + kf_{ss}r_{ss}^k\hat{u}_t + \widehat{los}f_t}{yf_{ss}}$$

$$\widehat{sf}_t = d^X \widehat{sf}_{t-1}$$

总产出：
$$\hat{y}_t = \frac{yd_{ss}\widehat{yd}_t + yf_{ss}\widehat{yf}_t}{y_{ss}}$$

国外净资产的变化：
$$\hat{b}_t^f = -\hat{g}_{t+1}^Z - \hat{\pi}_{t+1}^F - (\widehat{py}_{t+1} - \widehat{py}_t) - (\hat{y}_{t+1} - \hat{y}_t) + (\widehat{re}_{t+1} - \widehat{re}_t)$$
$$+ \frac{(1+R_{ss}^f)}{g_{ss}^Z\pi_{ss}^F}\left(\hat{b}_{t-1}^f + \frac{R_{ss}^f}{1+R_{ss}^f}\hat{R}_t^f\right) + \frac{re_{ss}px_{ss}qx_{ss}}{py_{ss}y_{ss}g_{ss}^Z\pi_{ss}^F}\left(\widehat{re}_t + \widehat{px}_t + \widehat{qx}_t - \widehat{py}_t - \hat{y}_t\right)$$
$$- \frac{pm_{ss}qm_{ss}}{py_{ss}y_{ss}g_{ss}^Z\pi_{ss}^F}\left(\widehat{pm}_t + \widehat{qm}_t - \widehat{py}_t - \hat{y}_t\right)$$

广义货币供应量的增长率：
$$\hat{\mu}_t = \hat{g}_{t+1}^Z + \hat{\pi}_{t+1} + \left(\widehat{m2}_t - \widehat{m2}_{t-1}\right)$$

广义货币供应量：
$$\widehat{m2}_t = \frac{mb_{ss}}{m2_{ss}}\widehat{mb}_t + \frac{\psi r_{ss}^k k_{ss}}{m2_{ss}}(\hat{r}_t^k + \hat{k}_t)$$
$$+ \frac{(1-\tau_{ss})(q_{ss}k_{ss}-n_{ss})}{m2_{ss}}\left(\frac{-\tau_{ss}\hat{\tau}_{t+1}}{1-\tau_{ss}} + \frac{\hat{q}_{t+1}+\hat{k}_t-nk_{ss}\hat{n}_t}{1-nk_{ss}}\right)$$

货币政策规则：
$$\hat{R}_t^b = \varphi_m\hat{R}_{t-1}^b + (1-\varphi_m)\left(\varphi_\pi\hat{\pi}_t + \varphi_y\hat{y}_t + \varphi_\mu\hat{\mu}_{t-1}\right) + \varepsilon_t^{xm}$$

（三）模型中其他参数的 Bayes 估计结果

为简化起见，在估计上面的模型时，忽略对税率和法定存款准备金率的动态方程的估计，即在模型中假定 $\rho^\tau = \rho^{\tau D} = \rho^{\tau T} = \rho^{\tau C} = \rho^{\tau t} = 0$，并忽略冲击 ε^τ、$\varepsilon^{\tau D}$、$\varepsilon^{\tau T}$、$\varepsilon^{\tau C}$ 及 $\varepsilon^{\tau t}$。同时，为避免估计中的随机奇异性（stochastic singularity）问题，模型中选择

的可观测变量数目不超过外部冲击的数目。

模型中的外部冲击主要包括 18 项，分别是经济趋势增长率冲击 ε^Z、国内部门的生产率冲击 ε^{ZT}、出口部门的生产率冲击 ε^{ZTF}、劳动力供给冲击 ε^{ZL}、投资冲击 ε^{ZI}、总需求冲击 ε^{ZC}、货币需求冲击 ε^{vel}、超额准备金利用技术冲击 ε^{xb}、政府支出冲击 ε^g、汇率风险溢价冲击 ε^v、国外需求冲击 ε^{af}、国外利率冲击 ε^{rf}、国外通胀率冲击 $\varepsilon^{\pi f}$、国内商品定价加成率冲击 ε^D、出口商品定价加成率冲击 ε^X、进口商品定价加成率冲击 ε^M、工资定价加成率冲击 ε^W 及货币冲击 ε^{xm}。这些冲击均是符合独立同分布（i.i.d）的随机变量，其均值为零，方差分别是 σ^Z、σ^{ZT}、σ^{ZTF}、σ^{ZL}、σ^{ZI}、σ^{ZC}、σ^{vel}、σ^{xb}、σ^g、σ^v、σ^{af}、σ^{rf}、$\sigma^{\pi f}$、σ^D、σ^X、σ^M、σ^W 及 σ^{xm}。

模型中选择的可观测变量分别是我国的 GDP、消费、投资、政府支出、出口、进口、就业人数、CPI 指数、出口价格指数、进口价格指数、人均工资、广义货币、同业拆借利率、1 年期存款利率、国债利率以及国外的 GDP、国外的 CPI 指数和国外的长期利率，其中，就业人数由工资总额除以人均工资得到，国外的数据采用美国的数据作为替代。进出口价格指数数据来源于我国的海关统计月报，其他数据来源于 CEIC 数据库。数据为季度数据，样本区间为 1993 年第一季度至 2007 年第四季度。模型中待估计的参数及其先验分布见表 6-3 和表 6-4，其中，表 6-3 给出了有关行为参数的先验分布，表 6-4 给出了外部冲击方差的先验分布。Bayes 估计结果见表 6-3 和表 6-4，它们分别给出了参数的事后估计均值及事后估计区间。从估计结果可以得出下面的几点结论：

第一，根据稳态时趋势增长率的事后估计均值，可以计算出潜在产出的增长率均值为 9.65%，事后估计区间为[8.63%，10.04%]。刘斌和张怀清（2001）曾经用四种方法估计了我国潜在产出的增长率，均值为 8.62%，估计区间为[8.32%，9.16%]，不过他们使用的数据截止时间为 2001 年第二季度，而这里使用的数据截止时间为 2007 年第四季度。由此可以看出，近 5 年来我国的潜在产出增长率实际上已经向上偏移，保守一点的估计，这种向上偏移的幅度为 1 个百分点，这意味着我国的产能在近 5 年有了进一步的提高，而这种产能的提高实际上提升了我国对由总需求上升导致的通胀率上升的忍受程度。

第二，根据货币政策规则的事后估计可以看出，我国的货币政策调整具有很强的惯性，这与我国目前的利率管理体制是相符合的。另外，货币政策规则关于通胀率和产出缺口的弹性分别为 1.31 和 0.78，与标准 Taylor 规则中的弹性值 1.5 和 0.5 相比，我国的货币政策决策和操作比较偏向于产出的稳定，这与我国的货币政策体制及多重最终目标的关注程度是一致的。此外，货币政策规则关于广义货币供应量增长率的弹性值为 0.64，充分说明了我国以货币供应量为中介目标的货币政策体制对货币政策决策和操作的影响，这种钉住中介目标的体制本质上隐含着对通胀率和产出稳定的关注。

第三，进一步通过 Bayes 因子检验发现，外部融资风险溢价关于自有资金比例的弹性显著地不为零，从而货币政策的信贷传导途径在我国的确存在。这说明商业银行在对贷款定价时确实需要考虑厂商的财务状况，即使在管制利率的体制下，商业银行贷款定价的浮动范围受到限制，但财务状况较差的厂商在同样的贷款利率水平下很难得到贷款的支持。从后面的模拟将看出，这种信贷途径的存在对经济的影响具有加速效应。

第四，工资关于劳动力的供给弹性估计值为 1/6.16=0.16，这个值比较低，说明我国的劳动力供给受到工资的影响很小，这与我国目前的劳动力充裕情况和就业的管理体制是一致的。

第五，消费习惯持续性的估计值为 0.65，说明我国的消费具有较强的惯性，这与现实情况是相符合的。

第六，比较各种产品定价和工资定价每期调整的概率可以发现，工资调整的概率大于产品价格调整的概率，与发达国家的估计相反，这说明在我国劳动力供给比较充分的情况下，劳动者有时为了得到就业机会不得不自行降低工资标准。另外，产品定价和工资定价每期调整概率的差异反映了产品价格和工资的动态变化具有不同的特性。

第七，从各个持续性参数的估计值来看，国内商品定价加成率变化的持续性最小（估计值为 0.036），说明国内商品定价加成率冲击的变化规律接近于白噪声。另外，总需求冲击、货币需求冲击、出口商品定价加成率冲击、国外通胀率冲击及工资定价加成率冲击的持续性也比较小，估计值均低于 0.4，说明它们自身的动态变化非常迅速。

第八，从各个冲击的方差估计值来看，估计值较大的是出口和进口产品定价加成率冲击的方差，这与现实中我国关于这二者统计数据的不稳定性是相符合的。

表 6-3 行为参数的先验分布及事后估计结果

参数	先验分布	事后均值	事后区间
ρ^Z	B (0.5, 0.2)	0.59	[0.54, 0.64]
ρ^{ZT}	B (0.5, 0.2)	0.89	[0.87, 0.91]
ρ^{ZTF}	B (0.5, 0.2)	0.95	[0.91, 0.97]
ρ^{ZL}	B (0.5, 0.2)	0.89	[0.82, 0.95]
ρ^{ZI}	B (0.5, 0.2)	0.96	[0.95, 0.97]
ρ^{ZC}	B (0.5, 0.2)	0.17	[0.079, 0.25]
P^{vel}	B (0.5, 0.2)	0.26	[0.17, 0.36]
ρ^{xb}	B (0.5, 0.2)	0.94	[0.89, 0.97]
ρ^g	B (0.5, 0.2)	0.98	[0.97, 0.99]
ρ^v	B (0.5, 0.2)	0.64	[0.57, 0.72]
ρ^{af}	B (0.5, 0.2)	0.97	[0.95, 0.99]
ρ^{rf}	B (0.5, 0.2)	0.99	[0.98, 0.99]
$\rho^{\pi f}$	B (0.5, 0.2)	0.35	[0.16, 0.58]
ρ^D	B (0.5, 0.2)	0.036	[0.0054, 0.067]
ρ^X	B (0.5, 0.2)	0.34	[0.17, 0.50]
ρ^M	B (0.5, 0.2)	0.54	[0.46, 0.62]
ρ^W	B (0.5, 0.2)	0.37	[0.093, 0.63]
σ	Γ (2, 0.25)	2.10	[1.94, 2.33]
σ^I	Γ (1, 0.5)	6.16	[5.37, 6.89]
σ^q	B (0.5, 0.15)	0.55	[0.34, 0.77]
σ^a	Γ (0.1, 0.025)	0.032	[0.021, 0.041]
b	B (0.5, 0.15)	0.65	[0.62, 0.68]
η	B (0.5, 0.15)	0.39	[0.28, 0.51]
φ	Γ (0.015, 0.0025)	0.0088	[0.0073, 0.011]
γ	Γ (0.95, 0.005)	0.95	[0.94, 0.96]
d^D	B (0.75, 0.1)	0.85	[0.84, 0.86]
d^X	B (0.75, 0.1)	0.86	[0.85, 0.87]
d^M	B (0.75, 0.1)	0.83	[0.82, 0.85]

参数	先验分布	事后均值	事后区间
d^W	B（0.75，0.1）	0.60	[0.56，0.65]
S''	Γ（1，1）	2.09	[1.67，2.54]
λ^a	Γ（0.0015，0.0005）	0.0014	[0.0010，0.0017]
g_{ss}^Z	N（1.025，0.00075）	1.0231	[1.0205，1.0238]
φ_m	B（0.5，0.2）	0.98	[0.97，0.99]
φ_π	Γ（2，1）	1.31	[0.73，1.99]
φ_y	Γ（2，1）	0.78	[0.11，1.48]
φ_μ	Γ（1，0.5）	0.64	[0.28，1.04]

注：B（μ，σ）、Γ（μ，σ）和 N（μ，σ）分别表示均值为 μ、方差为 σ 的 β 分布、Γ 分布和正态分布。

表 6-4   外部冲击方差的先验分布及事后估计结果

参数	先验分布	事后均值	事后区间
σ^Z	Γ^{-1}（0.01，∞）	0.070	[0.058，0.080]
σ^{ZT}	Γ^{-1}（0.01，∞）	0.078	[0.069，0.085]
σ^{ZIF}	Γ^{-1}（0.1，∞）	0.12	[0.11，0.14]
σ^{ZL}	Γ^{-1}（1，∞）	0.35	[0.28，0.42]
σ^{ZI}	Γ^{-1}（0.5，∞）	0.35	[0.31，0.40]
σ^{ZC}	Γ^{-1}（0.5，∞）	0.99	[0.81，1.17]
σ^{vel}	Γ^{-1}（2，∞）	1.13	[0.51，1.69]
σ^{xb}	Γ^{-1}（0.5，∞）	0.15	[0.12，0.18]
σ^g	Γ^{-1}（0.1，∞）	0.10	[0.086，0.12]
σ^v	Γ^{-1}（0.1，∞）	0.022	[0.017，0.027]
σ^{af}	Γ^{-1}（0.01，∞）	0.081	[0.070，0.093]
σ^{rf}	Γ^{-1}（0.01，∞）	0.019	[0.017，0.021]
$\sigma^{\pi f}$	Γ^{-1}（0.001，∞）	0.0033	[0.0029，0.0038]
σ^D	Γ^{-1}（2，∞）	0.77	[0.60，0.93]
σ^X	Γ^{-1}（2，∞）	1.36	[0.96，1.81]
σ^M	Γ^{-1}（2，∞）	1.25	[0.97，1.54]
σ^W	Γ^{-1}（2，∞）	0.37	[0.29，0.45]
σ^{xm}	Γ^{-1}（0.1，∞）	0.12	[0.10，0.13]

注：Γ^{-1}（μ，σ）表示均值为 μ，方差为 σ 的逆 Γ 分布。

五、模型的应用

在得到模型的估计结果后，利用模型可以进行一些典型的情景分析和政策模拟。在进行模拟分析时，首先让模型处于稳态水平，然后对模型施加一些外部冲击，再通过随机模拟计算最终可得到经济对外部冲击的动态冲击响应曲线。

（一）增加政府支出对经济的影响

在初始均衡状态下，假设政府支出提高 1 个百分点，模拟结果如图 6-6 所示。

政府支出的增加，不仅直接导致了总需求的上升，而且通过消费和投资两个间接渠道进一步导致了总需求的上升。从消费方面来看，总需求的上升使厂商对劳动力的需求开始增加，这导致了就业机会的增加，并对工资产生了向上的压力。就业和工资的增加使居民收入增加，从而导致了消费的增加，这进一步导致了总需求的增加。从投资方面来看，总需求的上升使厂商对资本的需求开始增加，由于资本的调整存在着成本，因而在短期内厂商最先调整的是资本利用率。随着资本利用率的提高，资本收益率及资本品的相对价格开始上升，从而投资开始上升，并进一步对总需求产生了向上的影响。总需求的增加一方面表现为国内需求的增加，另一方面表现为进口需求的增加。

随着资本的实际收益率和实际工资的上升，生产的实际边际成本开始上升，这无疑对通胀率产生向上的压力。在以总需求价格水平为基准的情况下，各种相对价格水平的变化表现出不同的特性。对进口品价格来说，由于通胀率的上升对实际汇率产生了贬值的压力，因而使进口品的相对价格上升。对出口品价格来说，虽然实际汇率的贬值对出口价格产生了向下的压力，但由于生产边际成本的上升，从而使出口的相对价格呈现出上升的趋势。对国内产品价格来说，其总体价格水平呈现上升的趋势，但相对总需求价格水平来说，其增长的速度较慢，因而国内产品的相对价格呈现下降的趋势。对总产出价格（即 GDP 平减指数）来说，其增速快于总需求价格水平的增速。这些相对价格的变化也通过国内需求、进口、出口及总产出等变量的变化表现出来，从图 6-6 可以看出，国内需求、进口及总产出均呈现上升的趋势，而出口呈现下降的趋势。

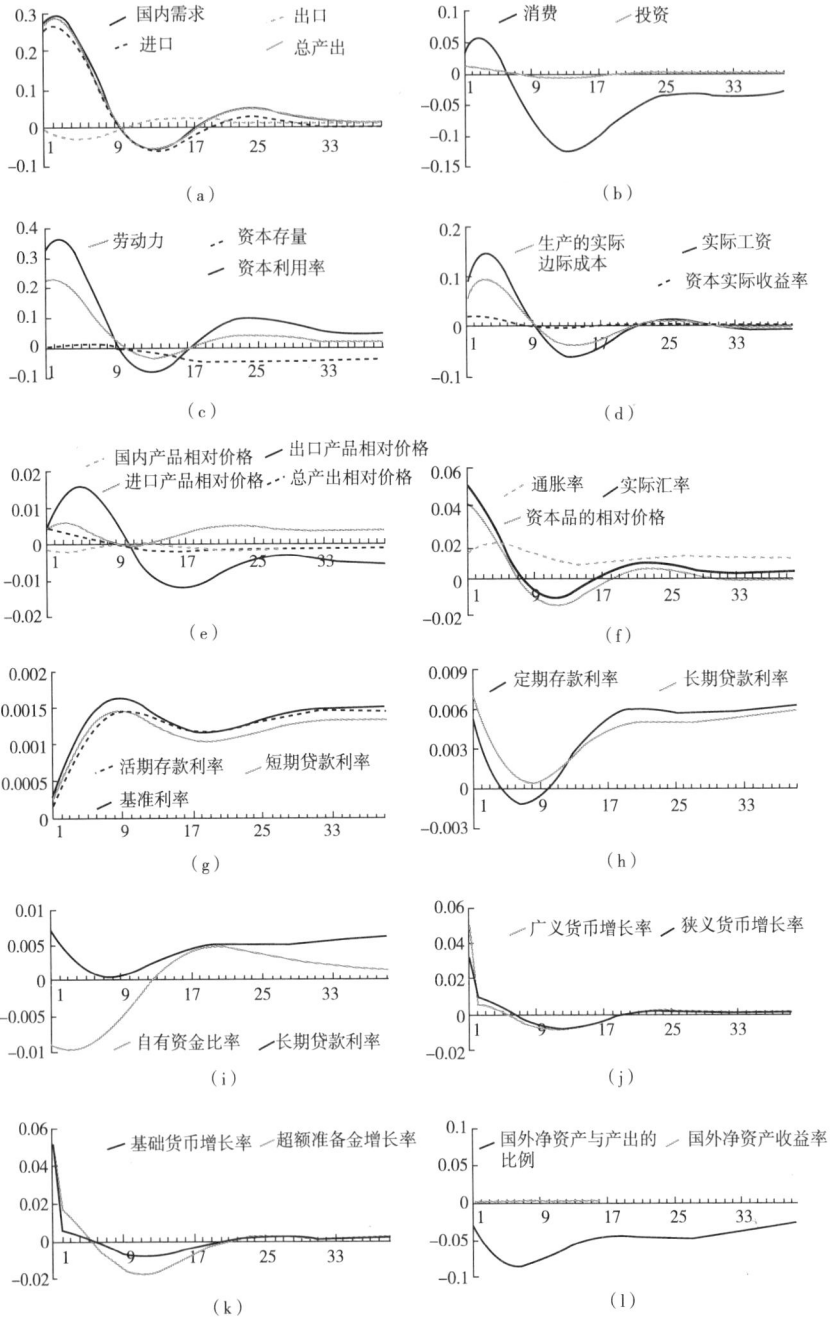

图 6-6　增加政府支出对经济的影响

随着总需求的上升及通胀率的上升，中央银行将提高基准利率。从图 6-6 可以看出，随着基准利率的提高，活期存款利率、短期贷款利率、定期存款利率及长期贷款利率将上升。由于利率的上升对私人消费及投资有一定的挤出效应，因此从图 6-6 可以看出，私人消费及投资的增幅不甚明显。

总需求的上升也使存款和贷款需求开始上升，从图 6-6 可以看出，广义货币供应量、狭义货币供应量、基础货币及超额准备金的增长率出现了不同程度的上升。另外可以看出，由于投资需求的增加，厂商融资结构中贷款的比例开始增加，而自有资金的比例开始下降，这使得外部融资风险溢价提高，从而使厂商面临更高的贷款利率。

由于总需求的增加及出口的减少，国际收支出现逆差，从而国外净资产呈现下降的趋势。图 6-6 显示了国外净资产与产出的比例与国外净资产收益率的关系，可以看出，随着国外净资产与产出的比例的下降，国外净资产收益率出现略微上升的趋势，但上升的幅度不大。

总的来说，政府支出的增加会带动总需求及总产出的上升，但利率上升的压力对私人消费和投资有挤出效应。

（二）生产率提高对经济的影响

在该模拟中，假设生产率提高 1 个百分点，模拟结果见图 6-7。

生产率的提高首先对生产的实际边际成本产生了冲击，使其在短期内下降，此时厂商的最佳选择是利用实际边际成本下降的优势扩大生产规模，但由于名义工资的确定是厂商和居民共同博弈的结果，短期内名义工资调整很慢，因此，厂商并不希望在原先的名义工资水平下雇用更多的劳动力，从而厂商在保持原先的垄断利润水平下可以减少劳动力的雇用，这样可以迫使居民对名义工资进行向下调整。另外，生产率的提高使厂商在短期保持原先的垄断利润水平下并不需要投入原先的资本，从而资本的需求也可能下降，在资本需求调整的情况下，厂商可以降低资本的利用率，这实际上也对资本的实际收益率及资本品的相对价格产生了短期的向下压力。从图 6-7 可以看出，生产的实际边际成本、实际工资、资本的实际收益率、劳动力需求、资本需求、资本利用率及资本品的相对价格在短期内均产生了下降的趋势。

短期内实际边际成本的下降对价格水平产生了向下的压力，同时，国内通胀率的下降也对实际汇率产生了升值的压力。从图 6-7 可以看出，通胀率在短期内呈现下降的趋势，实际汇率在短期内呈现升值的趋势。相应地从图 6-7 可以看出，进口产品及总产出的相对价格在短期内呈现下降的趋势，由于边际成本的下降效应大于实际汇率的升值效应，出口产品的相对价格在短期内也呈现下降的趋势，而国内产品的相对价格呈现略微上升的趋势。

短期内劳动力和资本需求的下降导致了消费和投资的下降，从而国内需求也产生了下降的趋势，虽然实际汇率的升值对进口有正向影响，但由于总需求的下降，进口在短期内也呈现下降的趋势。在国外价格水平不变而国内价格水平短期内出现下降的情况下，生产将部分地向出口部门转移，从而出口短期内将增加，但由于国内生产的下降，最终总产出仍在短期内呈现下降的趋势。

短期内总需求的下降也使存款和贷款需求开始下降，从图 6-7 可以看出，广义货币供应量、狭义货币供应量、基础货币及超额准备金的增长率在短期内均出现了不同程度的下降趋势。另外，从图 6-7 可以看出，由于投资需求的下降，厂商融资结构中贷款的比例开始下降，而自有资金的比例开始上升，这使得外部融资风险溢价降低，从而使厂商面临较低的贷款利率。

由于总需求和价格的下降，中央银行为了维持经济的稳定，必将降低基准利率。从图 6-7 可以看出，随着基准利率的降低，活期存款利率、短期贷款利率、定期存款利率及长期贷款利率也将降低。

由于短期内总需求的下降及出口的上升，国际收支出现顺差，从而国外净资产短期内呈现上升的趋势。图 6-7 显示了国外净资产与产出的比例与国外净资产收益率的关系，可以看出，随着国外净资产与产出比例的上升，国外净资产收益率出现略微下降的趋势。

总结图 6-7 的模拟结果，生产率的提高使总需求与潜在产出的缺口在短期内呈现出负的状态，并对价格产生了下降压力。但这种状况不可维持，因为生产率的提高实际上意味着潜在产出水平的提高，从而厂商不可能长时期地为维持原先的垄断利润而压缩其对生产要素的需求，其将对生产规模进行调整，从而达到最优的生产状态。但这种调整需要一定的时间，从图 6-7 的模拟可以看出，调整时间需要 5~6 个季度。

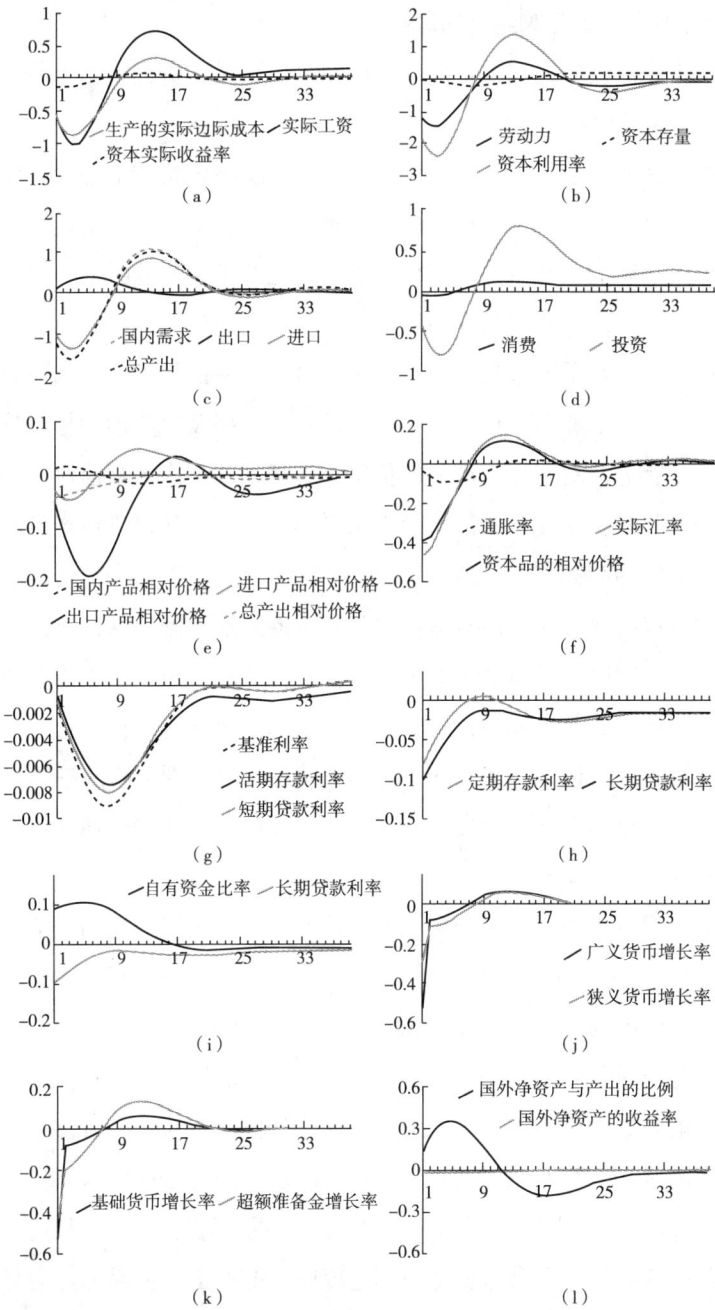

图 6-7　生产率提高对经济的影响

（三）劳动力成本上升对经济的影响

在该模拟中，假设居民在工资协议的谈判中将名义工资提高 1 个百分点，它对经济的影响见图 6-8 的模拟结果。

由于价格刚性的存在，名义工资的上升导致了实际工资的上升，并导致了实际边际成本的上升，这样使得厂商对产品的价格重新定价，从而导致了最终价格水平的上升，而国内价格水平的上升对实际汇率产生了贬值的压力。从图 6-8 可以看出，实际工资、边际实际成本及通胀率均在短期出现了上升的趋势，同时，由于国内产品、出口产品及总产出价格水平的增长率快于总需求价格水平的增长率，因而相对于总需求价格水平，国内产品的相对价格、出口产品的相对价格及总产出的相对价格均在短期内呈现了上升的趋势。对于进口产品的价格，虽然实际汇率的贬值对其绝对水平产生向上的压力，但其增长率慢于总需求价格水平的增长率，从而进口产品的相对价格在短期内呈现了下降的趋势。

边际实际成本的上升使厂商对劳动力和资本的需求下降，这样导致了消费、投资及总需求的下降，同时由于总需求的下降，生产将萎缩，总产出也将下降。虽然名义工资的上升会使居民的收入和财富增加，但由于总需求的萎缩使得就业下降，因而居民的收入和财富总体来说仍是下降的，因而消费最终也呈现下降的趋势。从图 6-8 可以看出，劳动力、资本存量、消费、投资、进口、出口及总产出均在短期出现了下降趋势，但它们的下降幅度不尽相同。

当在短期出现通胀率上升而产出下降的情况时，中央银行在调整货币政策工具时面临着两难抉择（trade-off），即若要保持价格的稳定，中央银行就须提高利率，但提高利率可能造成产出的进一步下降，而若要保持产出的稳定，中央银行就须降低利率，但降低利率可能造成通胀率的进一步上升。在这种情况下，中央银行必须对二者的后果进行权衡考虑。如果中央银行采用钉住通胀率体制（inflation targeting），那么它将提高利率，但同时它必须考虑提高利率造成的产出损失是否在可以承受的范围之内。若产出损失的幅度太大，则该操作显然是不可接受的。另外，中央银行在调整利率时，也必须考虑利率的波动是否会对金融市场造成巨大的冲击，从而可能会对经济的稳定产生不利的影响。为此，中央银行在调整利率时通常具有一定的惯性。从前面估计的货币政策规则来看，货币政策规则关于通胀率的弹性大于关于产出缺口的弹性，并且规则具有很强的惯性，因此，中央银行提高利率具有一定的渐进性，这样可以避免产出在短期内的巨大损失。从图 6-8 可以看出，随着基准利率的提高，活期存款利率、短期贷款利率、定期存款利率及长期贷款利率将上升，但它们上升的幅度不是很大。

　　总结上面的模拟结果，不同的冲击将影响货币政策的选择。在经济受到总需求冲击时，由于产出和通胀率的变化方向是一致的，因而货币政策在稳定产出和通胀率这两方面不存在两难抉择，货币政策稳定了一方，也就同时稳定了另一方。但在经济受到总供给冲击时，情况就不同了。如由劳动力成本的上升造成的总供给冲击，其在导致通胀率上升的同时，却导致产出的下降，因而总供给冲击对产出和通胀率的作用方向是不一致的。在这种情况下，货币政策在稳定产出和通胀率上存在两难抉择问题，其不可能同时达到稳定两者的目的。这时，最优方案是从冲击所产生的根源来减弱或消除冲击，如消除工资刚性所带来的劳动力成本的上升。次优方案是通过比较总供给冲击对产出和通胀率的影响程度，中央银行根据其稳定目标的权重加以权衡而采取相应的政策。

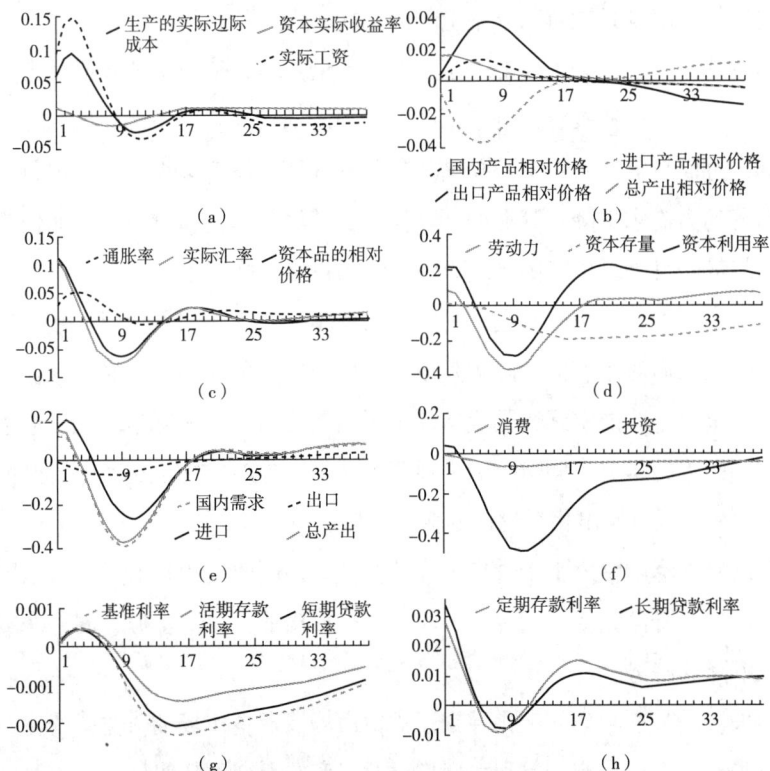

图 6-8　劳动力成本上升对经济的影响

（四）提高利率对经济的影响

在该模拟中，假设中央银行将基准利率提高 1 个百分点，它对经济的影响见图 6-9 的模拟结果。

由于模型中假设中央银行的基准利率是同业拆借利率，因此中央银行将通过货币市场的干预间接实现提高基准利率 1 个百分点的目的。从图 6-9 可以看出，由于中央银行收缩流动性，商业银行的超额准备金增长率在短期内出现了下降的趋势，相应地，基础货币的增长率也出现了下降的趋势。随着基础货币的下降，存款和贷款供给开始下降，从而货币供应量也将开始下降。从图 6-9 可以看出，广义货币供应量和狭义货币供应量在短期内均出现了不同程度的下降趋势。

货币供给的减少将对货币市场的利率产生上扬的压力，同时根据利率的期限结构，这也进一步对资本市场的收益率产生了向上的影响。从图 6-9 可以看出，随着基准利率的提高，活期存款利率、短期贷款利率、定期存款利率及长期贷款利率将上升，并且，定期存款利率及长期贷款利率上升的幅度较大。

长期贷款利率的上升不仅提高了厂商的融资成本，而且对资本品的资产价格产生了向下的压力，从而使投资出现了下降的趋势。随着投资的下降，国内需求和进口需求将下降，进而总需求将下降。总需求的下降导致了生产萎缩，总产出将下降，并且使资本和劳动力需求下降。就业的下降使居民的收入和财富减少，从而使消费也呈现出下降的趋势。另外，生产的萎缩也使出口的供给下降。

融资成本的上升、资本利用率的降低及资本品资产价格的下降导致了资本实际收益率的下降，从而对生产的实际边际成本产生了向下的压力；同时，就业的下降使得工资下降，也对生产的实际边际成本产生了向下的压力。实际边际成本的下降对价格水平产生了向下的压力，同时，国内通胀率的下降也对实际汇率产生了升值的压力。相应地从图 6-9 可以看出相对价格的变化趋势。

由于出口下降的幅度小于进口下降的幅度，国际收支出现顺差，从而国外净资产在短期内呈现上升的趋势，随着国外净资产与产出的比例的上升，国外净资产收益率出现略微下降的趋势。

总的来说，基准利率的变化导致了货币市场及资本市场的收益率变化，从而对总需求及通胀率产生了影响，但利率变化对通胀率的影响不甚明显。

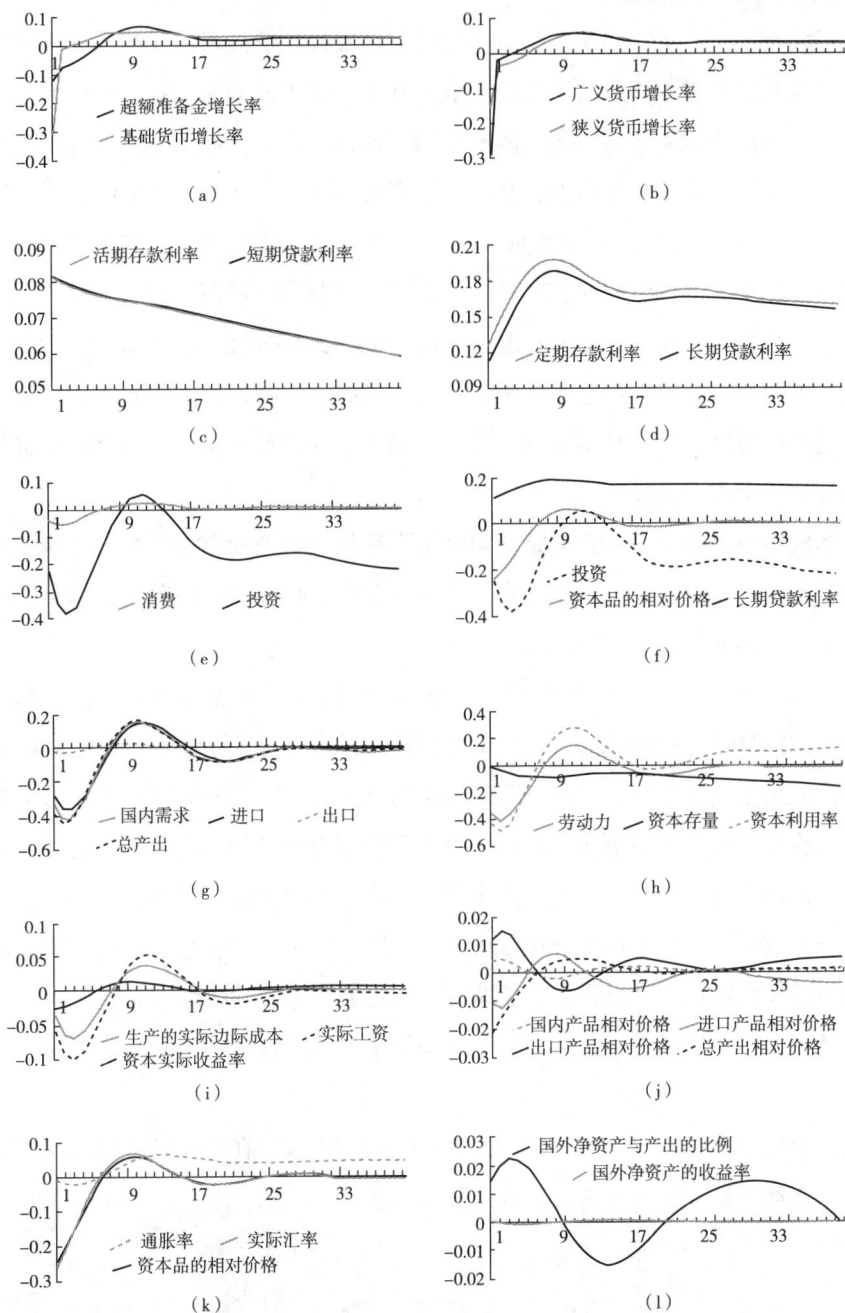

图 6-9　提高利率对经济的影响

（五）金融加速器效应

由于模型中引入了不完全信息下的债务契约安排，从而可以详细地分析借款者的财务状况对其融资成本以及对经济的影响，并了解货币政策的信贷传导机制。由于外部融资的风险溢价依赖于借款者的融资结构，这样，在经济波动的不同阶段，融资结构的变化将对融资成本产生影响，从而对投资及经济产生影响。当经济处于繁荣（衰退）时，厂商的财务状况将得到好转（恶化），厂商在投资时从银行得到的信贷支持将更加容易（困难），从而增加投资将更加顺利（不顺利），进而总需求增长（下降）的幅度和速度将加大，此即著名的金融加速器（financial-accelerator）效应。由此可见，金融加速器效应存在的根源在于金融市场存在的摩擦，特别是，厂商的一部分外部融资需要通过银行来进行，且融资的定价又依赖于厂商的财务状况，因此信贷也是货币政策传导的一个重要途径。

在本模拟中，假设经济在初始均衡情况下受到一个正的总需求冲击，该冲击使总需求在开始上升 1 个百分点，那么在关闭和开放信贷渠道两种情况下，总需求冲击对经济的影响见图 6-10 的模拟结果。

从图 6-10 可以看出，在开放信贷渠道的情况下，正向的总需求冲击使厂商的财务状况在短期内好转得更快，从而厂商在短期内得到的信贷支持更多，图 6-10 显示出广义货币供应量增长率在短期内具有明显加快的迹象。同时，图 6-10 也显示出资本品的相对价格在短期内上升得更快。这样使投资在短期内上升的幅度和速度更大，从而导致消费、进口、总需求、出口及总产出在短期内增加得更快，最终使通胀率也显示出快速上升的迹象。在出现这种加速效应的情况下，中央银行为稳定经济在短期内调整基准利率的幅度将更大，这样导致长期利率在短期内上升的幅度更大。

总的来看，信贷渠道的存在使投资波动得更剧烈，投资的剧烈波动带动了整个经济的波动。

从这个模拟可以看出，信贷渠道的存在使得中央银行在调控经济时难度将加大，特别是，当经济受到负向冲击时，难度更大。

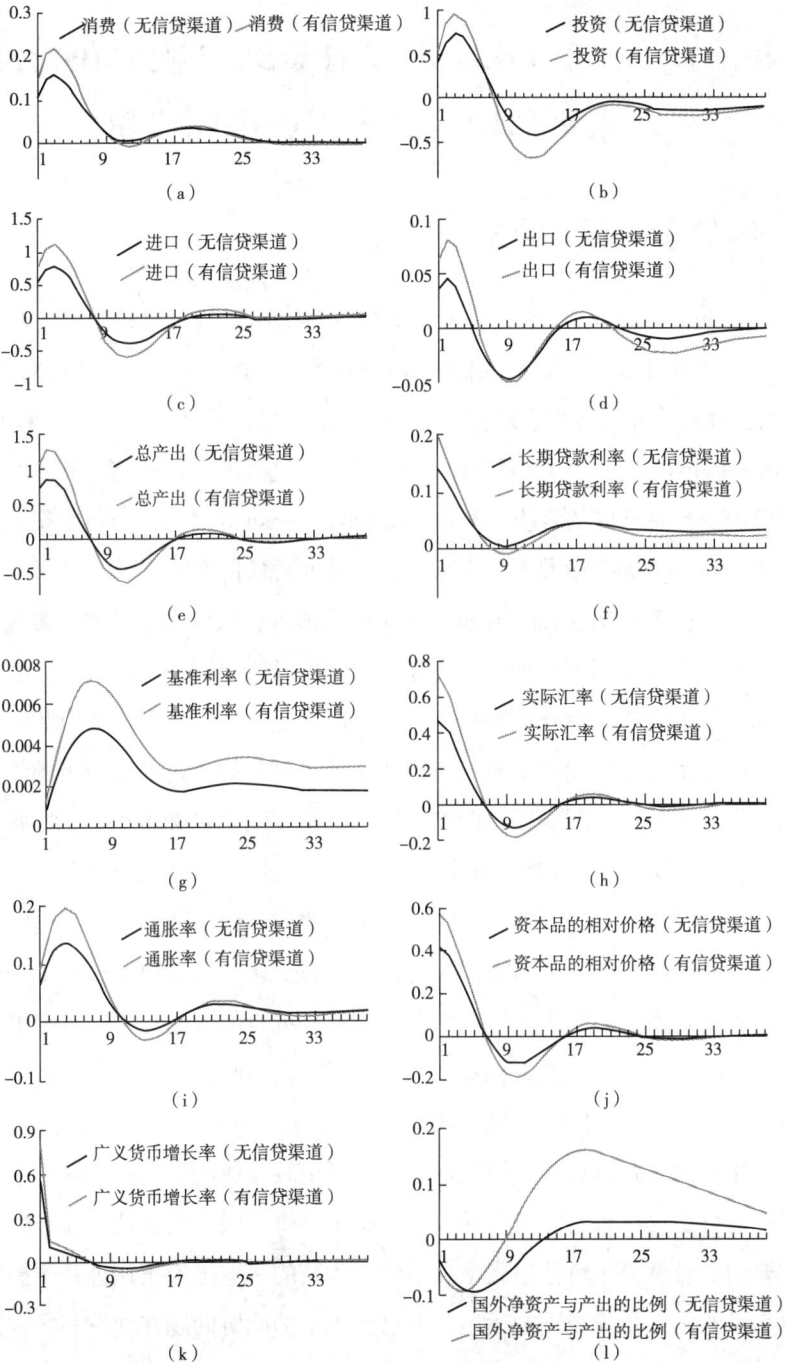

图 6-10　金融加速器效应

第三节　一个 OLG 形式的 DSGE 模型在物价水平的财政决定理论中的应用

一、物价水平研究的基本概况

Taylor（1993，1999）在研究货币政策规则时指出，货币政策规则中名义利率关于通胀率的弹性是反映货币政策在稳定物价方面的一个关键因素，其在对美国 1979 年之前及之后两个时期进行分段估计后发现，名义利率关于通胀率的弹性在 Volcker-Greenspan 时代大于 1，而在此之前小于 1，这反映了美联储的利率调整在两个时期对物价稳定具有不同的效应，即在 Volcker-Greenspan 时期，当通胀率上升 1 个百分点时，名义利率的提高将大于 1 个百分点，从而使实际利率上升，并进而对物价起到了稳定的效果；而在 Volcker-Greenspan 时期之前，当通胀率上升时，名义利率提高的幅度不足导致了实际利率的下降，实际上对物价没有起到稳定的效果。继此之后，许多学者和实际工作者在对其他国家的实证研究中也发现，只有当货币政策规则中名义利率关于通胀率的弹性大于 1 时，货币政策才对物价的稳定起到积极的作用。这些研究向我们提出了一个重要问题，即如果货币政策规则中名义利率关于通胀率的弹性小于 1，那么稳定物价的任务是由谁来承担的，此时的货币政策又起到什么样的作用。

这些问题的实质就是物价的确定问题。物价的确定包括两方面，一是物价增长率（即通胀率）的确定，这主要用来把握物价趋势的变化；二是物价水平（price level）的确定，这主要用来把握物价的运行平台或基准。现有的理论和实证研究绝大部分主要关注于通胀率的确定，特别是在实行钉住通胀率货币政策体制的国家，中央银行通过调控货币政策工具达到稳定通胀率的目的在制度设计和技术运用方面已经较为成熟，近十几年来的实践也表明，钉住通胀率的货币政策体制在控制通胀率方面取得了较大的成功。可是仅仅确定通胀率并不足以确定物价，因为物价处在什么样的平台也是非常重要的。虽然采用钉住通胀率货币政策体制的一些国家正在进一步探索和研究钉住物价水平的货币政策规则的运用，但物价水平的确定问题在理论和实践还没有找到满意的解决方案。

目前关于物价水平的确定问题主要存在两种代表性的观点：一种观点认为物价水平的确定是货币政策的任务，货币的变化最终将体现在物价水平的变化上；另一种观点认为物价水平的确定不仅仅是货币政策的任务，财政政策也对物价水平的确定起到非常重要的作用，此即物价水平的财政决定理论（Fiscal Theory of Price Level，FTPL）。究竟哪种观点在物价水平的确定中起到最重要的作用，现在还没有确定的答案。而从实践中可以看出，稳定物价需要货币政策与财政政策的协调配合，如果没有财政政策的配合和支持，那么仅仅依靠货币政策不能达到完全稳定物价的目的。实践中最为典型的一个范例是，欧洲中央银行在要求其成员国保持货币政策一致性以保持欧元区物价稳定的同时，还要求这些成员国在财政方面满足《马斯特里赫特条约》的有关规定，特别是财政赤字及政府债务余额与国内生产总值的比例不能超过条约中设定的警戒线。这种机制的设计本质上反映了财政政策在欧元区物价的稳定中起着关键性的作用。那么，财政政策在物价稳定中起什么样的作用，它与货币政策是如何协调的，货币政策与财政政策在稳定物价方面的相互制约及其配合表现在哪些方面，等等，这些都是需要深入研究和讨论的问题。只有对这些问题进行细致的了解，我们才能深入分析物价的变化规律，并找到货币政策和财政政策的最佳配合方案。

虽然物价水平的财政决定理论在理论上较为成熟，但在实证检验方面目前还处于起步阶段，实证检验中存在着很多困难。从对物价水平的财政决定理论的实证研究结果来看，目前国际上对美国的实证检验结果较多，而对其他国家的实证检验结果较少，国内目前还没有这方面的探讨和研究。下面将基于我国的实际数据，在具有交迭世代特征的 DSGE 模型框架下，采用 Bayes 技术对我国物价水平的决定机制进行深入的实证研究，找出我国物价变化的决定规律，从而为稳定物价提出政策上的决策依据。另外，目前国际上采用 Bayes 方法对交迭世代形式的 DSGE 模型进行估计还非常少见，因此，我们采用 Bayes 方法对交迭世代形式的 DSGE 模型进行估计是一个很有挑战性的尝试。

二、物价水平的财政决定理论

（一）物价水平的不定性问题

Sargent 和 Wallace 早在 1981 年就注意到了物价水平的不定性问题（indeterminacy

of price level），他们指出，如果中央银行采用钉住名义利率（pegging nominal interest rate）的策略，那么将会导致物价水平的不定性问题，此时仅靠中央银行是无法稳定物价的。

为方便起见，下面采用 Sargent-Wallace（1981）模型的一个简化形式。在这个模型中，不考虑生产部门，价格是弹性的。居民在预算约束下使其效用最大化，即求解以下的优化问题：

$$\max E_t \sum_{j=0}^{\infty} \beta^j \left[\ln(c_{t+j}) + \delta \ln(M_{t+j}/P_{t+j}) \right], 0 < \beta < 1, \quad \delta > 0$$

$$s.t. \quad c_t + \frac{M_t + B_t}{P_t} = y_t - \tau_t + \frac{M_{t-1} + (1+i_t)B_{t-1}}{P_t}$$

其中，居民的效用函数采用对数函数形式，E 表示预期，β 是贴现因子，c_t 是消费，y_t 是产出，M_t 和 B_t 分别是居民持有的货币和政府债券的名义余额，P_t 是物价水平，τ_t 是居民向政府上缴的实际税收，i_t 是名义利率。该优化问题的一阶条件是

$$c_t = E_t \left[\frac{c_{t+1}P_{t+1}}{\beta(1+i_{t+1})P_t} \right]$$

$$\frac{M_t}{P_t} = \delta \frac{1+i_{t+1}}{i_{t+1}} c_t$$

在考虑封闭经济的条件下，商品市场的均衡条件是

$$y_t = c_t + g_t$$

其中，g_t 是政府的实际支出。

定义通胀率和实际利率如下：

$$\pi_t = P_t/P_{t-1} - 1$$

$$1 + r_t = (1 + i_t)/(1 + \pi_t)$$

由上面的方程可得到

$$y_t - g_t = E_t \left[\frac{y_{t+1} - g_{t+1}}{\beta(1 + r_{t+1})} \right]$$

由于模型中不考虑生产部门，因而按照新古典经济增长理论的假设，不妨假设经济增长率为常数 ξ，即

$$\frac{y_{t+1}}{y_t} = \frac{c_{t+1}}{c_t} = \frac{g_{t+1}}{g_t} = 1 + \xi$$

从而可得到

$$E_t(1 + r_{t+1}) = (1 + \xi)/\beta$$

或者

$$E_t[(1 + \pi_{t+1})/(1 + i_{t+1})] = \beta/(1 + \xi)$$

假设稳态时的通胀率和名义利率分别为 π^{ss} 和 i^{ss}，其满足下面的关系式：

$$(1 + \pi^{ss})/(1 + i^{ss}) = \beta/(1 + \xi)$$

下面分两种情况讨论。

1. 中央银行采用利率规则。若中央银行采用钉住名义利率的规则，即 $i_t = i^{ss}$，从上面的关系式可以看出，那么稳态时的通胀率 π^{ss} 也就能够通过上式确定下来，但物价水平 P_t 是不能够确定的，因为物价水平 P_t 满足下面的关系式：

$$E_t\left(\frac{P_{t+1}}{P_t}\right) = \frac{\beta(1 + i^{ss})}{1 + \xi}$$

这是一个关于物价水平的零阶齐次方程，根据此方程不能确定物价水平 P_t，这就是 Sargent-Wallace（1981）得到的著名结论。

Sargent-Wallace（1981）的结论还可以进一步推广，即在钉住名义利率的策略下，虽然稳态时的通胀率 π^{ss} 能够确定下来，但通胀率的动态路径是不稳定的。具体来讲，对上面的方程在稳态附近进行对数线性化可得到下式：

$$E_t\hat{\pi}_{t+1} = \hat{i}_{t+1}$$

假设中央银行采用下面简单形式的 Taylor 规则：

$$\hat{i}_{t+1} = \phi\hat{\pi}_t + \varepsilon_t, \quad \phi > 0$$

其中，ϕ 是名义利率关于通胀率的弹性，ε_t 是货币政策冲击。在钉住名义利率的策略下，$\phi = 0$。结合上面的两式可得到

$$\hat{\pi}_t = (1/\phi)E_t\hat{\pi}_{t+1} - (1/\phi)\varepsilon_t$$

这个方程存在稳定解的条件是 $\phi > 1$，即货币政策规则中名义利率关于通胀率的弹性大于1，这正是 Taylor 得到的结论；而当 $\phi < 1$ 时，方程不存在稳定解，特别是，在钉住名义利率的策略下（$\phi = 0$），确定的通胀率动态路径也是不稳定的。

因此，在钉住名义利率的策略下，不仅物价水平是不能确定的，而且通胀率动态变化路径也是不稳定的。

2. 中央银行采用钉住货币供应量的规则。究竟是什么原因造成物价水平的不定性问题呢？Sargent-Wallace（1981）指出，造成不定性问题的原因在于货币政策与财政政策的协调失灵，特别是，在政府赤字没有受到约束而造成政府债务水平不稳定的情况下，政府会隐性地通过铸币税手段来弥补一般税收的不足，从而在中央银行采用钉住名义利率的规则下，财政政策的相对任意性导致了物价的不稳定。那么，如果中央银行采用钉住货币供应量的规则，物价能否得到控制呢？

采用 Aiyagari-Gentler（1985）的分析框架，将中央银行和财政部门合并为一个广义政府部门，并考虑下面广义政府部门的预算等式：

$$B_t + M_t = (1+i_t)B_{t-1} + P_t(g_t - \tau_t) + M_{t-1}$$

其中，M_t 和 B_t 分别是中央银行和政府发行的货币和政府债券，i_t 是名义利率，P_t 是物价水平，τ_t 和 g_t 分别是政府的实际税收和实际支出。定义货币和政府债券的实际余额分别为 $b_t = B_t/P_t$ 和 $m_t = M_t/P_t$，上面的预算约束可表示为

$$(1+r_t)b_{t-1} + g_t = b_t + \tau_t + s_t$$

$$s_t = (M_t - M_{t-1})/P_t = m_t - m_{t-1}/(1+\pi_t) = (m_t - m_{t-1}) + m_{t-1}\pi_t/(1+\pi_t)$$

其中，r_t 是实际利率，s_t 是铸币税。可以看出，在广义政府部门的预算等式中，铸币税也是一种税收来源。

为讨论方便，假设上面模型中经济增长率 $\xi = 0$，并假设经济的稳态为

$$y_t = y^{ss}, \quad g_t = g^{ss}, \quad c_t = c^{ss}, \quad b_t = b^{ss},$$

$$m_t = m^{ss}, \quad \pi_t = \pi^{ss}, \quad i_t = i^{ss}, \quad M_t = M^{ss}, \quad P_t = P^{ss}$$

考虑上面的一阶条件，可到稳态满足的以下方程：

$$(1/\beta - 1)b^{ss} + g^{ss} = \tau^{ss} + \delta \frac{[\beta(1+i^{ss})-1]}{\beta i^{ss}}\left(y^{ss} - g^{ss}\right)$$

$$\frac{M^{ss}}{P^{ss}} = \delta \frac{(1+i^{ss})}{i^{ss}}\left(y^{ss} - g^{ss}\right)$$

由于模型中不考虑生产部门，因而产出 y^{ss} 是外生的，另外按照通常的做法，假设政府支出 g^{ss} 也是外生的。在这种情况下，如果政府在税收及债务水平的设定上具有任意性，那么为保持预算的平衡，势必需要通过名义利率这条路径来进行。因此，即使中央银行采用钉住货币供应量的规则，但政府支出、税收和债务水平的相对任意性导致的名义利率的波动，势必使上面的第二个等式很难成立，从而物价水平也是不能确定的。事实上由上面两式经过变换可得到

$$\frac{M^{ss} + B^{ss}}{P^{ss}} = \frac{1}{1-\beta}\left[\delta(y^{ss} - g^{ss}) + \beta(\tau^{ss} - g^{ss})\right]$$

由此可见，物价水平不仅取决于货币供应量，而且还取决于政府支出、税收和债务水平。与上面钉住利率规则不同的是，这时政府不是直接通过铸币税来影响物价，而是间接地通过影响名义利率来影响物价。无论哪种情况，仅靠中央银行是不能控制物价的。

总结以上两种情况，无论中央银行采用钉住利率的规则还是采用钉住货币供应量的规则，财政政策的相对任意性均会导致物价水平的不定性问题。

（二）经典的物价水平财政决定理论

Aiyagari-Gentler（1985）对物价水平的确定问题进行了进一步详细而深入的探讨，并给出了稳态时的解析解。

仍然考虑上面的模型，定义贴现因子为

$$D_j = \prod_{s=0}^{j} \frac{1}{1+r_{t+s}} \quad , \quad D_0 = 1$$

对上面约束条件向前进行迭代可得到

$$(1+r_t)b_{t-1} + \sum_{j=0}^{\infty} D_j g_{t+j} = \lim_{j\to\infty}(D_j b_{t+j}) + \sum_{j=0}^{\infty} D_j(\tau_{t+j} + s_{t+j})$$

为避免 Ponzi 策略，需要施加横截性条件，$\lim_{j\to\infty}(D_j b_{t+j})=0$，从而可得到下面的跨期约束条件：

$$(1+r_t)b_{t-1}=\sum_{j=0}^{\infty}D_j(\tau_{t+j}-g_{t+j})+\sum_{j=0}^{\infty}D_j s_{t+j}$$

上面的跨期约束条件表明，政府当前的债务水平（包括本金和利息）等于未来政府财政盈余的贴现值，其中政府的税收不仅包括一般性税收，而且包括由铸币税带来的税收。因此，当政府的债务水平不能由财政盈余的贴现值完全支持时，铸币税将作为一种手段来支持政府的债务水平。在给定债务水平的情况下，那么财政赤字的任意性将会造成铸币税的增加，从而对物价产生向上的压力，并对货币政策稳定物价的效果产生影响。

为清楚地了解该问题，假设由财政盈余的贴现值支持的债务水平占总债务水平的比例为 ψ，即

$$\sum_{j=0}^{\infty}D_j(\tau_{t+j}-g_{t+j})=\psi(1+r_t)b_{t-1}$$

由于，

$$\psi(1+r_t)b_{t-1}=(\tau_t-g_t)+\frac{\psi(1+r_{t+1})b_t}{1+r_{t+1}}$$

因而，

$$(\tau_t-g_t)=\psi[(1+r_t)b_{t-1}-b_t]$$

代入前面模型中居民的预算约束等式，

$$c_t+\frac{M_t+B_t}{P_t}=y_t-\tau_t+\frac{M_{t-1}+(1+i_t)B_{t-1}}{P_t}$$

最终可得到

$$y_t+(1-\psi)(1+r_t)b_{t-1}=c_t+g_t+s_t+(1-\psi)b_t$$

定义变量，

$$\Omega_{t-1}=(1-\psi)B_{t-1}+M_{t-1}$$

$$\omega_t = \Omega_t / P_t$$

并考虑一阶条件 $c_t = E_t\left[\dfrac{c_{t+1}P_{t+1}}{\beta(1+i_{t+1})P_t}\right]$ 和 $\dfrac{M_t}{P_t} = \delta\dfrac{1+i_{t+1}}{i_{t+1}}c_t$，上式变成

$$y_t + (1+r_t)\omega_{t-1} = g_t + \omega_t + (1+\delta/\beta)c_t$$

考虑商品市场的均衡条件 $y_t = c_t + g_t$，并假设经济的稳态为 $y_t = y^{ss}$，$g_t = g^{ss}$，$c_t = c^{ss}$，$\omega_t = \omega^{ss}$，$M_t = M^{ss}$，$B_t = B^{ss}$，那么可得到

$$\omega^{ss} = \delta(y^{ss} - g^{ss})/(1-\beta)$$

或者

$$P^{ss} = \frac{(1-\beta)}{\delta(y^{ss} - g^{ss})}\left[M^{ss} + (1-\psi)B^{ss}\right]$$

从上式可以看出，即使中央银行能够完全控制货币供应量，但若政府的债务水平不能由财政盈余的贴现值完全支持（即 $\psi<1$），那么物价水平的变化将不能完全通过货币的变化反映出来，此时政府的债务水平也是影响物价水平的一个重要决定因素。只有当政府的债务水平能够通过财政盈余的贴现值完全支持（即 $\psi=1$）时，中央银行才能通过控制货币供应量来达到稳定物价水平的目的。$\psi=1$ 的含义实际上就是对财政政策的一种约束，即财政部门必须充分考虑税收、政府支出及债务水平之间的预算约束，而不能通过铸币税来弥补一般税收的不足。

上面结论似乎给人们一个启示，即只要政府不依靠铸币税作为一般税收的补充手段，那么中央银行就能够通过控制货币供应量来稳定物价水平。但是，Leeper（1991，1993）指出，这个结论只在经济的稳态下成立，而在其他状态下不成立。在其分析的模型中，Leeper 进一步假定政府将铸币税收入转移支付给居民，从而杜绝了铸币税作为政府税收来源的途径。在这种情况下，政府部门的预算等式变为

$$b_t = (1+r_t)b_{t-1} + g_t - \tau_t$$

前面已经得到下面的结果：

$$c_t = E_t\left[\frac{c_{t+1}}{\beta(1+r_{t+1})}\right]$$

$$1+r_t = (1+i_t)/(1+\pi_t)$$

$$y_t = c_t + g_t$$

经济的稳态由下面的方程来描述：

$$r^{ss} = 1/\beta - 1$$

$$y^{ss} = c^{ss} + g^{ss}$$

$$b^{ss} = (\tau^{ss} - g^{ss})/r^{ss}$$

$$(1+\pi^{ss})/(1+i^{ss}) = \beta$$

在稳态附近进行对数线性化可得到以下的动态方程：

$$\hat{c}_t = E_t(\hat{c}_{t+1} - \hat{r}_{t+1}) = E_t[\hat{c}_{t+1} - (\hat{i}_{t+1} - \hat{\pi}_{t+1})]$$

$$\hat{y}_t = \frac{c^{ss}}{y^{ss}}\hat{c}_t + \frac{g^{ss}}{y^{ss}}\hat{g}_t$$

$$\hat{b}_t = (1/\beta)(\hat{i}_t - \hat{\pi}_t + \hat{b}_{t-1}) + \frac{g^{ss}}{b^{ss}}\hat{g}_t - \frac{\tau^{ss}}{b^{ss}}\hat{\tau}_t$$

假设通胀率由 Phillips 曲线来描述：

$$\hat{\pi}_t = \beta E_t\hat{\pi}_{t+1} + \kappa\hat{y}_t + \varepsilon_t^\pi$$

其中，ε_t^π 是总供给冲击。

假设政府支出的变化是外生的，即

$$\hat{g}_t = \rho\hat{g}_{t-1} + \varepsilon_t^g$$

其中，ε_t^g 是政府支出冲击。

中央银行采用下面的 Taylor 规则，即

$$\hat{i}_{t+1} = \phi_\pi\hat{\pi}_t + \phi_y\hat{y}_t + \varepsilon_t^i, \quad \phi_\pi, \phi_y > 0$$

其中，ε_t^i 是货币政策冲击。

政府的税收采用下面的规则：

$$\tau_t = a + g_t + \gamma_b b_{t-1} + b^{ss}e^{\varepsilon_t^\tau}$$

其中，ε_t^τ 是政府税收冲击。这个规则表明，政府在制定税收政策时，不仅要考虑其日常支出的变化，而且还要考虑已有债务水平的变化。在稳态附近对上式进行对数线性化可得到

$$\hat{\tau}_t = \frac{g^{ss}}{\tau^{ss}}\hat{g}_t + \gamma_b \frac{b^{ss}}{\tau^{ss}}\hat{b}_{t-1} + \frac{b^{ss}}{\tau^{ss}}\varepsilon_t^\tau$$

代入前面的方程并经过变换最终可得到以下方程：

$$\hat{g}_t = \rho\hat{g}_{t-1} + \varepsilon_t^g$$

$$\hat{y}_t - \frac{g^{ss}}{y^{ss}}\hat{g}_t = E_t[\hat{y}_{t+1} - \frac{g^{ss}}{y^{ss}}\hat{g}_{t+1} - \frac{c^{ss}}{y^{ss}}(\phi_\pi\hat{\pi}_t + \phi_y\hat{y}_t - \hat{\pi}_{t+1} + \varepsilon_t^i)]$$

$$\hat{b}_t = (1/\beta - \gamma_b)\hat{b}_{t-1} + (1/\beta)(\phi_\pi\hat{\pi}_{t-1} + \phi_y\hat{y}_{t-1} + \varepsilon_{t-1}^i - \hat{\pi}_t) - \varepsilon_t^\tau$$

$$\hat{\pi}_t = \beta E_t\hat{\pi}_{t+1} + \kappa\hat{y}_t + \varepsilon_t^\pi$$

上面模型是带有预期变量的模型，针对两种规则中的参数，对模型求解可得到下面的几种结果：

（1）当 $\gamma_b > \frac{1-\beta}{\beta}$，$\phi_\pi > 1$ 时，模型存在唯一的鞍点（saddle-path）解，Leeper（1991）

称此时的政策组合为主动的货币政策和被动的财政政策组合（mix of active monetary policy and passive fiscal policy）。这里，主动的货币政策的含义是名义利率关于通胀率的弹性大于 1，被动的财政政策的含义是政府税收对政府债务水平的反应必须有足够的弹性。这种政策组合实际上意味着，货币政策在稳定实体经济和物价的同时，财政政策必须通过足够的税收来支持其已有的债务规模，从而保证债务水平的稳定。因此，该政策组合中两种政策的分工是非常明确的，货币政策充当稳定实体经济和物价的角色，而财政政策充当稳定政府债务水平的角色。

（2）当 $\gamma_b < \frac{1-\beta}{\beta}$，$\phi_\pi < 1$ 时，模型也存在唯一的鞍点解，Leeper（1991）称此时

的政策组合为主动的财政政策和被动的货币政策组合（mix of active fiscal policy and passive monetary policy）。在这种政策组合下，由于名义利率关于通胀率的弹性小于 1，

从而货币政策并不能保证实体经济及物价的稳定，因此稳定实体经济和物价的任务只能落在财政政策上。那么，财政政策是如何充当稳定实体经济和物价的角色呢？从该政策组合可以看出，政府在确定税收政策时对已有的债务水平考虑得很少，一种特殊情况是，税收是外生的（即 $\gamma_b = 0$），考虑到前面假设政府支出也是外生的情况，因而此时政府赤字具有相对的任意性，这种任意性必然导致政府债务规模的扩张。虽然政府债务规模的扩张将会对实体经济和物价产生向上的压力，但因为名义利率关于通胀率的弹性小于1，从而被动的货币政策实际上减轻了政府债务的利息负担，进而保证了政府债务水平的稳定，政府债务水平的稳定最终保证了其对实体经济和物价的影响仍在可控的范围内。可以看出，该政策组合中两种政策的分工也是非常明确的，货币政策在保证名义利率稳定的同时，保证了政府债务水平的稳定，而财政政策在通过相对任意的税收和支出手段调控经济的同时，由于货币政策的支持，债务水平得以控制，从而充当稳定实体经济及物价的角色。以上这种政策组合是 Leeper（1991）对物价水平的财政决定的一种扩展。

（3）当 $\gamma_b < \dfrac{1-\beta}{\beta}$，$\phi_\pi > 1$ 时，模型的解不存在，Leeper（1991）称此时的政策组合为主动的货币政策和主动的财政政策组合（mix of active monetary policy and active fiscal policy）。虽然中央银行试图通过主动的货币政策达到稳定实体经济和物价的目的，但在政府也采用主动的财政政策的情况下，由于税收和政府支出的相对任意性，当名义利率变化较大时，政府的债务水平得不到稳定，因而整个经济将难以达到稳定状态。这种政策组合本质上意味着两种经济政策缺少一种协调机制。

（4）当 $\gamma_b > \dfrac{1-\beta}{\beta}$，$\phi_\pi < 1$ 时，模型存在泡沫（bubble）解，Leeper（1991）称此时的政策组合为被动的财政政策和被动的货币政策组合（mix of passive fiscal policy and passive monetary policy）。此时，虽然被动的财政政策能够稳定债务水平，但由于被动的货币政策不能稳定通胀率的预期，从而预期通胀率的不确定性导致了物价的不稳定。

总结以上分析结果，如果政府债务水平不能由完全财政盈余支持而需要通过铸币税来支持其中的一部分，那么仅靠货币政策是不能完全稳定物价的，由财政赤字的相对任意性导致的铸币税的增加将会对物价的稳定产生影响。即使政府不以铸币税作为税收的一种补充手段，物价依然需要货币政策与财政政策的协调来实现稳定。此时，存在两种政策组合，其一是主动的货币政策和被动的财政政策组合，其二是主动的财政政策和被动的货币政策组合。在主动的货币政策和被动的财政政策组合下，货币政策充当稳定实体经济和物价的角色，而财政政策充当稳定政府债务水平的角色。在主动的财政政策和被动的货币政策组合下，货币政策在保证名义利率稳定的同时，保证了政府债务水平的稳定，而财政政策在通过相对任意的税收和支出手段调控经济的同时，由于货币政策的支持，债务水平得以控制，从而充当稳定实体经济及物价的角色。

（三）现代的物价水平的财政决定理论

从以上物价水平的决定理论可以看出，在不考虑铸币税的情况下，一个最为关键的等式是下面的跨期预算等式：

$$b_t = E_t \sum_{j=t+1}^{\infty} \left[\prod_{k=t+1}^{j} \frac{(1+\pi_{k+1})}{(1+i_{k+1})} \right] (\tau_j - g_j)$$

或者

$$B_t = E_t \sum_{j=t+1}^{\infty} \left[\prod_{k=t+1}^{j} \frac{1}{(1+i_{k+1})} \right] P_{t+j} (\tau_j - g_j)$$

该式表明，政府当前的债务水平（包括本金和利息）等于未来政府财政盈余的贴现值，因此，当政府税收和支出决策具有相对任意性时，政府的债务水平实际上是决定物价的一个重要因素。Woodford（1996）称这种理论是李嘉图体制（Ricardian regime）下的物价水平的财政决定理论，在这种体制下，上面的跨期预算等式对于任何物价水平均成立。同时 Woodford（1996）认为，在政府支出、税收及债务水平的决策具有相对任意性的情况下，还存在另一种体制下的物价水平的财政决定理论，即非李嘉图体制（non-Ricardian regime）下的物价水平的财政决定理论，且在这种体制下，上面的跨期预算等式并不要求在任何物价水平下均成立，而只要求在均衡物价水平下成立。这实际上意味着，财政政策的相对任意性虽然使政府可以暂时偏离上面的跨期预算约束，但为了保证均衡状态的存在，政府必须在均衡物价水平下满足这个跨期预算约束。故此，根据这个跨期预算约束，均衡状态下的物价水平决定于政府的债务水平，即

$$\frac{B_t}{P_t^*} = E_t \sum_{j=t+1}^{\infty} \left[\prod_{k=t+1}^{j} \frac{(1+\pi_{k+1})}{(1+i_{k+1})} \right] (\tau_j - g_j) = E_t \sum_{j=t+1}^{\infty} \left[\prod_{k=t+1}^{j} \frac{1}{(1+r_{k+1})} \right] (\tau_j - g_j)$$

Woodford（1996）称这种物价水平的财政决定理论为现代的物价水平的财政决定理论。

可以看出，在非李嘉图体制的财政政策下，财政政策的任意性迫使物价必须进行调整，从而保证政府的跨期预算约束在均衡状态下能够成立。因此，物价的稳定不仅受到货币政策的影响，而且也受到财政政策的影响。

但上面这种理论受到 Buiter（2002）等学者的批评。他们指出，政府既然作为一个经济主体，那么它在进行行为决策时必须时时刻刻地受到上面跨期预算等式的约束，而不仅仅是在均衡物价水平下受到该约束。如果政府不受到上面跨期预算等式的约束，那么在理性预期的条件下，政府债务在定价上将受到影响，因此，政府债务的价格完全可以充当一个调节变量以保证上面跨期预算等式在任何物价水平下成立，而不是依靠物价水平充当一个调节变量来保证上面跨期预算等式仅仅在均衡物价水平下成立。Woodford（2001，2003）认为，Buiter（2002）的解释是一种途径，但考虑到实践中财政政策的相对任意性，也不排除前面的解释途径。从另外一个角度来看，这种非李嘉图体制下的财政政策实际上为物价水平的决定提供了一种新的理论视角，这无疑是对传统的物价水平的决定理论的一种补充和新的诠释。

综上所述，无论是经典的还是现代的物价水平的财政决定理论，它们均表明，在货币政策和财政政策缺少协调机制的情况下，财政政策的相对任意性将对物价的稳定产生影响。

三、国外关于物价水平的财政决定理论的实证研究

（一）物价水平的财政决定理论在实证检验中遇到的困难

虽然物价水平的财政决定理论在理论上较为成熟，但在实证检验方面目前还处于起步阶段，实证检验中存在着很多困难。实证检验中遇到的最大困难是，尽管理论上给出了物价水平确定的各种分析结果，但由于实际数据中只能观察到一个均衡结果，因而如何从实际结果中识别出不同的政策体制是一个非常困难的事情。

从前面分析可以看出，检验该理论的一个关键是对政府的跨期预算约束在不同体制下的诠释。假设不考虑铸币税，政府的跨期预算约束为

$$b_t = (1 + r_t)b_{t-1} - \Delta_t$$

或者

$$b_t = E_t \sum_{j=t+1}^{\infty} \left[\prod_{k=t+1}^{j} \frac{1}{(1+r_{k+1})} \right] \Delta_j, \quad \Delta_t = \tau_t - g_t$$

由于实际数据只能观察到该约束在某个价格水平上成立，并且这个约束在前面介绍的各种政策体制下均要求满足，因而如果要检验物价水平的财政决定理论，那么仅靠这个等式并不能够给出财政政策有关行为决策的详细刻画，故此，除了这个预算约束等式外，我们还需要施加一些理论分析给出的约束条件。

Canzoneri-Cumby-Diba（2001）通过分析财政盈余和政府债务的动态变化规律提出了一种检验方法。在假设财政盈余受到一个正的冲击（即财政盈余增加）的情况下，他们指出，如果政府的实际债务水平下降，那么说明政府能够通过足够的税收来支持其已有的债务规模，从而保证了债务水平的稳定，因而物价水平的财政决定理论并不能成立。而如果随着财政盈余的增加，政府的实际债务水平不变或者反而上升，那么说明政府并不能保证债务水平的稳定，从而可以断定物价水平的财政决定理论是可以成立的。

但是，这种检验方法受到了 Cochrane（1998，2001）的批判，其指出 Canzoneri-Cumby-Diba（2001）的结论并不完全成立。即使随着财政盈余的增加，政府的实际债务水平下降，也仍然不能排除物价水平的财政决定理论也成立。具体来说，假设财政盈余受到一个正的冲击，并考虑下面的方程：

$$(1+r_t)b_{t-1} - \Delta_t = b_t = E_t \sum_{j=t+1}^{\infty} \left[\prod_{k=t+1}^{j} \frac{1}{(1+r_{k+1})} \right] \Delta_j$$

从该式的左边可以看出，即使是在物价水平的财政决定理论下，随着财政盈余的增加，政府的实际债务水平在当期也是下降的。而要保证上式的右边也成立，那么存在的一种可能性是财政盈余在以后各期的变化是下降的，由前面的理论分析可以看出，在物价水平的财政决定理论下，财政政策具有相对的任意性，从而这种可能性完全可能存在，因而也就不能排除物价水平的财政决定理论成立的可能性。而且，Sala（2004）进一步指出，如果实际利率和财政盈余的变化是负相关的，那么也能保证上式的右边成立，因而也不能排除物价水平的财政决定理论成立的可能性。

基于以上分析，要对物价水平的决定理论进行实证，最可靠的一种方法是在一个较完整的模型框架下，对前面介绍的物价水平的财政决定理论及货币决定理论所要求的约束条件进行详细的刻画，并且对这两种理论假设下得到的模型模拟结果与实际数据进行比较，这样才能真正而客观地了解物价水平的决定过程，从而为最佳的政策组合提供支持依据。因此，Leeper（1991，1993）、Woodford（1996，2001）、Cushing（1999）、Kocherlakota-Phelan（2000）、Niepelt（2004）及 Sala（2004）等学者建议应采用 DSGE 模型对物价水平的决定理论进行实证，这也是下面我们将采用的方法。

（二）国外关于物价水平的财政决定理论的实证研究结果

关于物价水平的财政决定理论的实证研究，目前国外主要采用两种方法：一种方法是在经过校准的 DSGE 模型的基础上，根据物价水平的不同决定理论对货币政策规则和财政政策规则的有关参数进行校准，然后进行随机模拟，再与实际情况进行比较，从而验证物价水平的不同决定理论；另一种方法是基于实际数据建立 VAR 模型，并根据物价水平的不同决定理论对 VAR 模型施加识别条件（identification condition），从而比较和验证物价水平的不同决定理论。

从对物价水平的财政决定理论的实证研究结果来看，目前国际上对美国的实证检验结果较多，而对其他国家的实证检验结果较少。

关于美国的实证研究，支持物价水平的财政决定理论的代表性成果有 Leeper（1991，1993）、Sims（1994）、Woodford（1996，2001）、Cochrane（1998，2001，2005）、Kocherlakota-Phelan（2000）、Kim（2003）、Davig-Leeper-Chung（2004）、Sala（2004）、Davig-Leeper（2005）、Muscatelli-Tirelli（2005）及 Creel-Bihan（2006）等研究成果。其中，Sala（2004）的研究结果表明，在 1979 年之前，美国的政策组合表现为主动的财政政策和被动的货币政策组合，财政政策主要充当了稳定物价的角色；在 1990—2003 年，美国的政策组合表现为主动的货币政策和被动的财政政策组合，货币政策主要充当了稳定物价的角色；在 1982—1990 年，在美国货币政策逐渐由被动的状态向主动的状态转变之间，由于财政也采取主动的态势，因而二者的不协调性导致了政府债务规模的不稳定性及物价的不稳定性。可是，其他学者却得到了与上面不同的结果。Canzoneri-Cumby-Diba（2001）、Cushing（1999）、Chadha-Nolan（2004）、Evans-Honkapohjia（2004）、Niepelt（2004）及 McCallum（2003，2006）等学者对美国的实证研究表明，物价水平的财政决定理论并不完全成立，即使该理论存在成立的可能性，其对模型参数施加的限制条件也是非常苛刻的，而这些条件在实际中很难得到满足；同时，Evans-

Honkapohjia（2004）和 McCallum-Nelson（2006）指出，由物价水平的财政决定理论得到的经济均衡状态是不可学习的（non-learnable），因而具有不稳定性。

关于物价水平的财政决定理论在其他国家的实证研究，结论不完全一致。Janssen-Nolan-Thomas（2002）通过研究英国 1705—1996 年的政府债务变化情况，发现物价水平的财政决定理论在英国基本上不成立；Afonso（2002）及 Creel-Bihan（2006）对欧盟的实证研究也发现物价水平的财政决定理论不成立；而 Creel（2005）对法国的实证研究却表明物价水平的财政决定理论存在着成立的可能性；虽然 Loyo（2000）和 Moreira-Souza-Almeida（2007）对巴西的实证研究表明物价水平的财政决定理论在巴西成立，但 Fialho-Portugal（2005）指出，由财政决定理论得到的均衡物价水平与由传统的货币决定理论得到的均衡物价水平并没有太大的差异。

总的来看，由于实际观察结果的等价性造成的体制识别性困难及模型选择的差异性，目前对物价水平的财政决定理论在实证上并没有达成完全一致的结论，但并不排除其成立的可能性。

四、物价水平的财政决定理论对货币政策选择的影响

物价的稳定需要货币政策与财政政策的协调配合，缺少二者任何一方均不能达到稳定物价的目的，这其实对货币政策在不同体制下的选择提供了一些启示。

如果中央银行采用主动的货币政策，即货币政策规则中名义利率关于通胀率的弹性大于 1，那么政府的最优选择是采用被动的财政政策。被动的财政政策意味着政府在财政税收、政府支出及发债规模上必须充分考虑政府的跨期预算约束，具体来讲有两方面的含义：一是政府不能依靠铸币税作为一般税收的补充手段，二是政府税收对政府债务水平的反应必须有足够的弹性。这样政府就可以通过足够的税收来支持其已有的债务规模，从而保证实际债务水平的稳定。由此可见，主动的货币政策与被动的财政政策组合正是物价水平的货币决定理论的充分体现，这种政策组合在实践中也很常见。实践中最为典型的一个范例是，欧洲中央银行在要求其成员国保持货币政策一致性以保持欧元区物价稳定的同时，还要求这些成员国在财政方面满足《马斯特里赫特条约》的有关规定，特别是财政赤字及政府债务余额与国内生产总值的比例不能超过条约中设定的警戒线。这种机制的设计本质上反映了在中央银行采用主动的货币政策情况下，财政政策不能任

意地选择，其必须考虑财政税收、政府支出及发债规模三者之间的跨期预算约束，只有在保证实际债务水平得到稳定的条件下，稳定物价的目的才能够真正实现。

那么如果在物价水平的财政决定理论下，货币政策又是如何选择的呢？从前面的分析可以看出，在该体制下，政府支出、税收和债务水平的选择具有相对的任意性，从而使财政政策体现出一种主动的状态，实际中政府面对经济中的不确定性采用相机抉择的财政政策正是该状态的一种充分体现。这种主动的财政政策其实对货币政策的选择提出了一定的要求，即中央银行此时的最佳选择是采用被动的货币政策。被动的货币政策意味着货币政策规则中名义利率关于通胀率的弹性小于1，这样实际上减轻了政府实际债务的利息负担，进而保证了政府实际债务水平的稳定，政府债务水平的稳定最终保证了其对实体经济和物价的影响仍在可控的范围内。由此可见，在主动的财政政策和被动的货币政策组合下，货币政策和财政政策在稳定经济的角色上实际上进行了适当的换位，即货币政策在保证名义利率稳定的同时，保证了政府实际债务水平的稳定，而财政政策在通过相对任意的税收和支出手段调控经济的同时，由于货币政策的支持，债务水平得以控制，从而充当稳定实体经济及物价的角色。

以上分析表明，货币政策的选择必须考虑财政政策的状态，但无论怎样，货币政策和财政政策必须协调配合才能达到稳定物价的目的。

五、对我国实证研究采用的模型

目前国际上研究物价水平的财政决定理论的一个重要工具是 DSGE 模型，但典型经济人的 DSGE 模型在研究该问题时有其局限性，这主要表现为，在理性预期假设及李嘉图体制（Ricardian regime）下财富效应在典型经济人的 DSGE 模型中很难充分体现，而在物价水平的财政决定理论下，财富效应是不可忽略的一个重要因素。为此，在下面对我国进行实证研究时，我们采用的 DSGE 模型是交迭世代模型（Overlapping Generations Model，OLG 模型）。这种模型与典型经济人的 DSGE 模型的最大不同是，其不再假设经济主体是同质的，而是假设在每个时期，经济主体是由不同时代的人组成，因此，它是对典型经济人的 DSGE 模型的一种扩展。另外，目前国际上采用 Bayes 方法对交迭世代形式的 DSGE 模型进行估计还非常少见，因此，下面我们采用 Bayes 方法对交迭世代形式的 DSGE 模型进行估计是一个很有挑战性的尝试。

（一）模型中的行为方程

我们采用的模型是一个封闭经济的模型，模型中包含的经济主体有：居民、厂商、中央银行及政府。其中，厂商假设是同质的，其分为生产最终产品的厂商、生产中间产品的厂商及生产资本品的厂商三类；而居民假设是异质的，即在每个时期居民由不同时代的居民组成。

居民在预算约束条件下，对消费、劳动力供给及资产的选择进行决策，其中可供居民选择的资产包括货币及政府债券。

生产最终产品的厂商将中间产品进行加工成最终产品，并提供给其他经济主体，模型假设最终产品的市场处于完全竞争状态。

生产中间产品的厂商利用劳动力和资本进行生产，并将中间产品出售给生产最终产品的厂商。在垄断竞争的环境下，生产中间产品的厂商面临需求约束，对中间产品有一定的定价权，同时在剔除劳动力成本及资本成本后，将超额利润转移支付给居民。

生产资本品的厂商利用现存资本存量及追加的投资进行加工得到资本品，并出售给生产中间产品的厂商。在追加投资时，其受到调整成本的影响。

中央银行采用货币政策规则来实现其期望的目标，货币政策规则采用了推广的 Taylor 规则形式。

政府部门的收入来源于税收和发债，支出主要用于政府的日常支出、债务的本息支付及对居民的转移支付。在不同的体制下，财政政策将采用相应的决策形式。

1. 居民的行为决策。由于模型中假设居民是异质的，因此在每个时期，经济主体由不同时代的居民组成，这里不同时代的居民以其出生时间来刻画，且假设在每个时期居民的死亡概率为（$1-q$）。对于在第 s 期出生的一代居民，其在预算约束条件下，对消费、劳动力供给及资产的选择进行决策，即求解下面的优化问题：

$$\max E_t \sum_{j=0}^{\infty} (\beta q)^j z_{t+j}^c \ln\left[c_{s,t+j}^{1-\delta}(1-l_{s,t+j})^{\delta} + \frac{\eta}{1-\frac{1}{\varepsilon}}(M_{s,t+j}/P_{t+j})^{1-\frac{1}{\varepsilon}} \right]$$

s.t.

$$c_{s,t+j} + \frac{M_{s,t+j}+B_{s,t+j}}{P_{t+j}} = \frac{1}{q}\left[\frac{M_{s,t+j-1}+(1+i_{t+j})B_{s,t+j-1}}{P_{t+j}} \right] + w_{t+j}l_{s,t+j}$$
$$+ \Pi_{t+j} + tr_{t+j} - \tau_{t+j}$$

$$0 < \beta, q < 1, \quad \delta, \eta, \varepsilon > 0$$

其中，E_t 表示预期，居民的效用函数采用对数函数形式，β 是贴现因子，（$1-q$）是居民的死亡概率，$c_{s,t}$ 表示 s 期出生的居民在 t 期的实际消费，$l_{s,t}$ 表示 s 期出生的居民在 t 期提供的劳动力，$M_{s,t}$ 表示 s 期出生的居民在 t 期末持有的名义货币余额，$B_{s,t}$ 表示 s 期出生的居民在 t 期末持有的名义政府债券余额，i_t 是政府债券的名义利率，P_t 是物价水平，w_t 是实际工资，τ_t 是居民向政府缴纳的税收，Π_t 是厂商对居民支付的剩余利润，tr_t 是政府对居民的转移支付，z_t^c 是总需求冲击。

定义实际货币余额为 $m_{s,t} = M_{s,t} / P_t$，实际债券余额为 $b_{s,t} = B_{s,t} / P_t$，通胀率为 $\pi_t = P_t / P_{t-1} - 1$，上面优化问题的一阶条件为

$$\frac{c_{s,t}}{1 - l_{s,t}} = \frac{1 - \delta}{\delta} w_t$$

$$m_{s,t}^{\frac{1}{\varepsilon}} = \frac{\eta}{1 - \delta} \frac{1 + i_{t+1}}{i_{t+1}} \left(\frac{c_{s,t}}{1 - l_{s,t}} \right)^{\delta}$$

$$E_t \left\{ z_{t+1}^c \left\{ c_{s,t+1} + \frac{\eta}{1 - \frac{1}{\varepsilon}} m_{s,t+1}^{1 - \frac{1}{\varepsilon}} [c_{s,t+1} / (1 - l_{s,t+1})] \right\} / [\beta(1 + r_{t+1})] \right\}$$
$$= z_t^c \left\{ c_{s,t} + \frac{\eta}{1 - \frac{1}{\varepsilon}} m_{s,t}^{1 - \frac{1}{\varepsilon}} [c_{s,t} / (1 - l_{s,t})] \right\}$$

其中，$r_t = (1 + i_t) / (1 + \pi_t) - 1$ 是实际利率。

另外，从上面的一阶条件可得到居民的跨期替代率为

$$\Lambda_{t,t+j} = \beta^j \frac{z_t^c \left\{ c_{s,t} + \frac{\eta}{1 - \frac{1}{\varepsilon}} m_{s,t}^{1 - \frac{1}{\varepsilon}} \left[c_{s,t} / (1 - l_{s,t}) \right] \right\}}{z_{t+1}^c \left\{ c_{s,t+j} + \frac{\eta}{1 - \frac{1}{\varepsilon}} m_{s,t+j}^{1 - \frac{1}{\varepsilon}} \left[c_{s,t+j} / (1 - l_{s,t+j}) \right] \right\}} = \frac{1}{\prod_{i=1}^{j} (1 + r_{t+i})}$$

可以看出，跨期替代率与居民的出生时间是无关的。

假设居民在刚出生时不拥有金融财富，并定义在 s 期出生的居民在 $t+1$ 期期初的实际金融财富为 $w_{s,t+1}^h = m_{s,t} / (1 + \pi_{t+1}) + (1 + r_{t+1}) b_{s,t}$，$w_{s,s}^h = 0$，那么上面预算的预算约束可改写为

$$c_{s,t+j} + \frac{i_{t+j+1}}{1 + i_{t+j+1}} m_{s,t+j} + \frac{1}{1 + r_{t+j+1}} w_{s,t+j+1}^h = \frac{w_{s,t+j}^h}{q} + w_{t+j} l_{s,t+j} + \Pi_{t+j} + tr_{t+j} - \tau_{t+j}$$

　　以上我们得到了 s 期出生的居民在 t 期的行为变量，为从总量上研究居民的决策行为，我们必须研究有关变量的加总问题。由于在每个时期生活着不同时代的居民，因而利用下面的方法来研究变量的加总问题：

$$x_t = \sum_{-\infty}^{t} (1-q)q^{t-s} x_{s,t}$$

其中，$x_{s,t}$ 表示 s 期出生的居民在 t 期的行为变量，x_t 是加总后的行为变量。

　　采用上面的加总方法，我们可得到最终的总量方程：

$$\frac{c_t}{1-l_t} = \frac{1-\delta}{\delta} w_t$$

$$m_t^{\frac{1}{\varepsilon}} = \frac{\eta}{1-\delta} \frac{1+i_{t+1}}{i_{t+1}} \left(\frac{c_t}{1-l_t} \right)^{\delta}$$

$$\frac{1}{\lambda_t} = E_t \left\{ \frac{1}{\beta(1+r_{t+1})} \left[\frac{1}{\lambda_{t+1}} + \left(\frac{1}{q} - 1 \right)(1-q\beta)w_{t+1}^h \right] \right\}$$

$$1+r_t = (1+i_t)/(1+\pi_t)$$

$$w_{t+1}^h = m_t/(1+\pi_{t+1}) + (1+r_{t+1})b_t$$

其中，$\lambda_t = \dfrac{(1-\delta)z_t^c}{c_t + \frac{\eta}{1-\varepsilon} m_t^{1-\frac{1}{\varepsilon}} \left[c_t/(1-l_t) \right]}$ 表示消费关于财富的边际效用。

　　2. 资本品的生产及投资决策。生产资本品的厂商利用现存资本存量及追加的投资进行加工得到资本品，并出售给生产中间产品的厂商。在追加投资时，其受到调整成本的影响。

　　资本存量的变化由下面的方程确定：

$$k_t = (1-dep)k_{t-1} + \left[1 - S\left(\frac{in_t}{in_{t-1}} \right) \right] in_t z_t^i$$

其中，k_t 是资本存量，in_t 是投资，z_t^i 是投资冲击，$S\left(\frac{in_t}{in_{t-1}} \right)$ 是投资的调整成本函数，dep 是资本的折旧率。假设投资的调整成本函数采用下面的二次函数形式：

$$S\left(\frac{in_t}{in_{t-1}}\right) = \frac{1}{2}h\left(\frac{in_t}{in_{t-1}}-1\right)^2$$

在上面的约束下,生产资本品的厂商通过求解下面的优化问题来确定最优的投资选择:

$$\max E_t\left[\sum_{j=0}^{\infty}\Lambda_{t,t+j}\left(r_{t+j}^k k_{t+j-1}-in_{t+j}\right)\right]$$

其中,E_t表示预期,$\Lambda_{t,t+j}$是跨期替代率,q_t是资本品的相对价格,由于厂商代表居民进行生产,因而其使用的贴现率应是居民的跨期替代率。上面优化问题的一阶条件是

$$E_t\left[q_t z_t^i\left(1-S-\frac{in_t}{in_{t-1}}S'\right)+\frac{q_{t+1}z_{t+1}^i}{(1+r_{t+1})}\left(\frac{in_{t+1}}{in_t}\right)^2 S'\right]=1$$

$$\frac{1}{(1+r_{t+1})}\left[q_{t+1}(1-dep)+r_{t+1}^k\right]=q_t$$

3. 最终产品的生产。模型假设经济中的厂商可分为两类,一类是生产最终产品的厂商,另一类是生产不同中间产品的厂商。最终产品市场处于完全竞争状态,中间产品市场处于垄断竞争状态。假设中间产品的种类连续分布于区间[0, 1]。

对于生产最终产品的典型厂商来说,其行为决策由下面的优化问题来描述:

$$\max\left\{P_t\left[\int_0^1 Z_t(i)^{(\theta-1)/\theta}di\right]^{\theta/(\theta-1)}-\int_0^1 P_t(i)Z_t(i)di\right\}$$

$$s.t. \quad \left[\int_0^1 Z_t(i)^{(\theta-1)/\theta}di\right]^{\theta/(\theta-1)}=Z_t, \qquad \theta>1$$

其中,Z_t是最终产品;$Z_t(i)$是生产最终产品所使用的第i类中间产品;P_t是最终产品的价格;$P_t(i)$是第i类中间产品的价格;θ是中间产品的相互替代弹性。通过求解该优化问题可得到对中间产品的需求方程如下:

$$Z_t(i)=[P_t(i)/P_t]^{-\theta}Z_t$$

由于假设最终产品市场处于完全竞争状态,因而当经济处于均衡状态时,生产最终产品的典型厂商的利润为零,这要求最终产品的价格满足下列等式:

$$P_t=\left[\int_0^1 P_t(i)^{1-\theta}di\right]^{1/(1-\theta)}$$

最终产品可以分为三类，分别是消费 c_t、投资 in_t 和政府支出 g_t，按照上面的处理方法，可以分别得到生产这三类最终产品所需要的中间产品的需求方程：

$$c_t(i) = \left[\frac{P_t(i)}{P_t}\right]^{-\theta} c_t$$

$$g_t(i) = \left[\frac{P_t(i)}{P_t}\right]^{-\theta} g_t$$

$$in_t(i) = \left[\frac{P_t(i)}{P_t}\right]^{-\theta} in_t$$

如果定义最终产品和中间产品的总需求分别为 $AD_t = (c_t + g_t + in_t)$ 及 $AD_t(i) = [c_t(i) + g_t(i) + in_t(i)]$，那么它们满足下面的方程：

$$AD_t(i) = \left[\frac{P_t(i)}{P_t}\right]^{-\theta} AD_t$$

4. 中间产品的生产。生产第 i 类中间产品采用下面的生产函数形式：

$$y_t(i) = \frac{a_t}{\alpha^\alpha(1-\alpha)^{1-\alpha}}[k_{t-1}(i)]^\alpha[l_t(i)]^{1-\alpha} - \varphi$$

其中，$y_t(i)$ 是第 i 类中间产品的产出，a_t 是生产率，$k_{t-1}(i)$ 是生产中间产品使用的资本，$l_t(i)$ 是生产中间产品使用的劳动力，α 和（$1-\alpha$）分别是产出关于资本和劳动力的弹性。由于中间产品市场处于垄断竞争状态，因此这里在生产函数中增加一个常数项是为了在后面处理垄断利润的方便。

中间产品的生产可通过下面的优化问题来刻画：

$$\min_{\{k_{t-1},l_t\}}[w_t l_t(i) + r_t^k k_{t-1}(i)]$$

$$s.t. \quad y_t(i) = \frac{a_t}{\alpha^\alpha(1-\alpha)^{1-\alpha}}[k_{t-1}(i)]^\alpha[l_t(i)]^{1-\alpha} - \varphi$$

其中，$l_t(i)$ 是劳动力，w_t 是实际工资，$k_{t-1}(i)$ 是资本，r_t^k 是资本收益率，$y_t(i)$ 是产出，a_t 是生产率。

假设生产单位产品的实际边际成本为 mc_t，那么求解该优化问题可得到下面的方程：

$$mc_t = \frac{(r_t^k)^\alpha w_t^{1-\alpha}}{a_t}$$

$$r_t^k k_{t-1}(i) = \alpha mc_t[y_t(i) + \varphi]$$

$$w_t l_t(i) = (1-\alpha)mc_t[y_t(i) + \varphi]$$

由于中间产品的种类连续分布于区间[0，1]，因此定义以下总量：

$$k_{t-1} = \int_0^1 k_{t-1}(i)\mathrm{d}i \qquad l_t = \int_0^1 l_t(i)\mathrm{d}i \qquad y_t = \int_0^1 y_t(i)\mathrm{d}i$$

利用条件 $\dfrac{k_{t-1}(i)}{l_t(i)} = \dfrac{\alpha w_t}{(1-\alpha)r_t^k}$ ，可得到下列各式：

$$y_t = \frac{a_t}{\alpha^\alpha(1-\alpha)^{1-\alpha}}(k_{t-1})^\alpha(l_t)^{1-\alpha} - \varphi$$

$$r_t^k k_{t-1} = \alpha mc_t[\int_0^1 y_t(i)\mathrm{d}i + \varphi] = \alpha mc_t(y_t + \varphi)$$

$$w_t l_t = (1-\alpha)mc_t[\int_0^1 y_t(i)\mathrm{d}i + \varphi] = (1-\alpha)mc_t(y_t + \varphi)$$

$$r_t^k k_{t-1} + w_t l_t = mc_t(y_t + \varphi)$$

另外，考虑中间产品市场的均衡条件为

$$\int_0^1 y_t(i)\mathrm{d}i = \int_0^1 AD(i)\mathrm{d}i = \int_0^1 \left[\frac{P_t(i)}{P_t}\right]^{-\theta} AD_t\mathrm{d}i = AD_t s_t$$

其中， $AD_t(i) = [c_t(i) + g_t(i) + in_t(i)]$ 是中间产品的总需求， $AD_t = (c_t + g_t + in_t)$ 是最终产品的总需求， $s_t = \int_0^1 \left[\dfrac{P_t(i)}{P_t}\right]^{-\theta}\mathrm{d}i$ 。利用前面各式可得到如下方程：

$$r_t^k k_{t-1} = \alpha mc_t(s_t AD_t + \varphi)$$

$$w_t l_t = (1-\alpha)mc_t(s_t AD_t + \varphi)$$

考虑 $r_t^k k_{t-1} + w_t l_t = mc_t(s_t AD_t + \varphi)$ 及 $r_t^k k_{t-1} + w_t l_t = mc_t(y_t + \varphi)$ ，我们可得到最终的方程如下：

$$y_t = s_t AD_t$$

或者

$$\frac{a_t}{\alpha^\alpha(1-\alpha)^{1-\alpha}}(k_{t-1})^\alpha(l_t)^{1-\alpha} - \varphi = s_t(c_t + g_t + in_t)$$

从这里可以看出，变量 $s_t = \int_0^1 \left[\frac{P_t(i)}{P_t}\right]^{-\theta} di$ 反映了垄断竞争对资源配置效率的影响。

5. 中间产品的定价。由于中间产品的市场处于垄断竞争的状态，因此，生产中间产品的厂商在需求的约束下，对中间产品具有一定的定价权，模型假设中间产品的定价策略采用 Calvo（1983）定价策略。Calvo 假设在每期并不是所有的厂商都调整自己的价格水平，进行价格调整的厂商只占一定的比例。假设在每期生产中间产品的厂商调整价格所占的比例为（$1-d$），对于没有调整价格的厂商，他的价格钉住上期通胀率及稳态时的通胀率，钉住的权重分别为（$1-\gamma$）和 γ，因此，厂商的定价行为可通过下面的利润最大化问题来描述：

$$\max_{\{P_t^*(i)\}} E_t \sum_{j=0}^\infty \left\{ d^j \Lambda_{t,t+j} \left[P_{t+j}^a(i)/P_{t+j} - mc_{t+j} \right] y_{t+j}(i) \right\}$$

$$\textbf{\textit{s.t.}} \qquad y_{t+j}(i) = \left[\frac{P_{t+j}^a(i)}{P_{t+j}} \right]^{-\theta} y_{t+j}$$

$$P_{t+j}^a(i) = P_t^*(i) \cdot (1+\pi^{ss})^{j(1-\gamma)} \cdot \left[(1+\pi_t)\cdots(1+\pi_{t+j-1}) \right]^\gamma$$

$$1 + \pi_{t+1} = P_{t+1}/P_t$$

其中，y_t 是最终产品，$y_t(i)$ 是第 i 类中间产品，P_t 是总价格水平，$P_t(i)$ 是第 i 类中间产品的价格水平，π_t 是通胀率，π^{ss} 是稳态时的通胀率，mc_t 是生产单位产品的实际边际成本，$\Lambda_{t,t+j}$ 是跨期替代率。由于厂商代表居民进行生产，因而其使用的贴现率是居民的跨期替代率。

上面优化问题的一阶条件是

$$E_t \left[\frac{P_t^*(i)}{P_t} pa_t - \frac{\theta}{\theta-1} pb_t \right] = 0$$

$$pb_t = y_t mc_t + d \frac{(1+\pi^{ss})^{-\theta(1-\gamma)}(1+\pi_t)^{-\theta\gamma}(1+\pi_{t+1})^{\theta}}{1+r_{t+1}} pb_{t+1}$$

$$pa_t = y_t + d \frac{(1+\pi^{ss})^{(1-\theta)(1-\gamma)}(1+\pi_t)^{(1-\theta)\gamma}(1+\pi_{t+1})^{\theta-1}}{1+r_{t+1}} pa_{t+1}$$

在得到最优的中间产品定价后，考虑经济均衡的对称性特点 $P_t^*(i) = P_t^*$，并假设生产中有成本冲击 z_t^p，那么可得到最优价格水平的方程：

$$\frac{P_t^*}{P_t} = \frac{\theta}{\theta-1} \frac{pb_t}{pa_t} + z_t^p$$

总价格水平由下面的方程来确定：

$$P_t = \left\{ (1-d)\left(P_t^*\right)^{1-\theta} + d\left[(1+\pi^{ss})^{1-\gamma}(1+\pi_{t-1})^{\gamma} P_{t-1}\right]^{1-\theta} \right\}^{\frac{1}{1-\theta}}$$

或

$$1 = \left\{ (1-d)\left(\frac{P_t^*}{P_t}\right)^{1-\theta} + d\left[\frac{(1+\pi^{ss})^{1-\gamma}(1+\pi_{t-1})^{\gamma}}{1+\pi_t}\right]^{1-\theta} \right\}$$

前面分析指出，变量 $s_t = \int_0^1 \left[\frac{P_t(i)}{P_t}\right]^{-\theta} di$ 反映了垄断竞争对资源配置效率的影响，利用上面的结果，我们可以进一步得到该变量的递推形式：

$$s_t = \left\{ (1-d)\left(\frac{P_t^*}{P_t}\right)^{-\theta} + d\left[\frac{(1+\pi^{ss})^{1-\gamma}(1+\pi_{t-1})^{\gamma}}{1+\pi_t}\right]^{-\theta} s_{t-1} \right\}$$

6. 政府和中央银行的行为决策。从广义政府（包括政府和中央银行）的角度来看，政府通过收税、发行债券及发行货币来保持下面的预算平衡：

$$B_t + M_t = (1+i_t)B_{t-1} + P_t(g_t + tr_t - \tau_t) + M_{t-1}$$

其中，M_t 和 B_t 分别是中央银行和政府发行的货币和政府债券，i_t 是名义利率，P_t 是物价水平，τ_t 和 g_t 分别是政府的实际税收和实际支出，tr_t 是政府对居民的转移支付。定义货币和政府债券的实际余额分别为 $b_t = B_t / P_t$ 和 $m_t = M_t / P_t$，上面的预算约束可表示为

$$b_t = (1 + r_t)b_{t-1} + g_t + tr_t - \tau_t - [m_t - m_{t-1}/(1 + \pi_t)]$$

假设政府支出的变化是外生的，并将铸币税收入转移支付给居民，即

$$g_t = (g^{ss})^{1-\rho_g} g_{t-1}^{\rho_g} \exp(\varepsilon_t^g)$$

$$tr_t = m_t - m_{t-1}/(1 + \pi_t)$$

其中，g_t 是政府支出，g^{ss} 是稳态时的政府支出，ε_t^g 是政府支出冲击，tr_t 是政府对居民的转移支付，m_t 是实际货币余额，π_t 是通胀率，π^{ss} 是稳态时的通胀率。

政府的税收采用下面的规则：

$$\tau_t = \tau^{ss}\left[\left(\frac{b_{t-1}}{b^{ss}}\right)^{\gamma_b}\left(\frac{y_t}{y^{ss}}\right)^{\gamma_{by}}\right]\exp(z_t^\tau)$$

其中，τ_t 是税收，τ^{ss} 是稳态时的税收，b_t 是政府的实际债务水平，b^{ss} 是稳态时的政府实际债务水平，y_t 是产出，y^{ss} 是稳态时的产出，z_t^τ 是政府税收冲击。这个规则表明，政府在制定税收政策时，不仅要考虑产出的变化，而且还要考虑已有债务水平的变化。在物价水平的财政决定理论下，上面方程中税收关于债务水平的弹性接近于零。

中央银行采用货币政策规则来实现其期望的目标，货币政策规则采用下面的Taylor 规则形式：

$$(1 + i_{t+1}) = (1 + i^{ss})^{1-\phi_m}\left[(1 + i_t)^{\phi_m}\left(\frac{1 + \pi_t}{1 + \pi^{ss}}\right)^{(1-\phi_m)\phi_\pi}\left(\frac{y_t}{y^{ss}}\right)^{(1-\phi_m)\phi_y}\right]\exp(\varepsilon_t^m)$$

其中，i_t 是名义利率，i^{ss} 是稳态时的名义利率，π_t 是通胀率，π^{ss} 是稳态时的通胀率，y_t 是产出，y^{ss} 是稳态时的产出，ε_t^m 是货币冲击。可以看出，中央银行在调整利率时，不仅要考虑通胀率和产出的变化，而且为避免利率的大幅波动对经济的影响，还考虑了利率的平滑（smoothing）作用，这样利率的调整具有一定的惯性。

（二）模型的稳态及确定稳态有关参数的校准

对于前面的模型，模型的稳态可通过下面的方程详细描述：

$$s^{ss} = 1$$

$$q^{ss} = 1$$

$$y^{ss} = s^{ss}(c^{ss} + g^{ss} + in^{ss})$$

$$y^{ss} = \frac{a^{ss}}{\alpha^{\alpha}(1-\alpha)^{1-\alpha}}(k^{ss})^{\alpha}(l^{ss})^{1-\alpha} - \varphi$$

$$k^{ss} = (1-dep)k^{ss} + in^{ss}$$

$$r^{kss} = r^{ss} + dep$$

$$mc^{ss} = \frac{(r^{kss})^{\alpha}(w^{ss})^{1-\alpha}}{a^{ss}} = \frac{\theta}{\theta-1}$$

$$r^{kss}k^{ss} = \alpha mc^{ss}(y^{ss} + \varphi)$$

$$w^{ss}l^{ss} = (1-\alpha)mc^{ss}(y^{ss} + \varphi)$$

$$1 + r^{ss} = (1+i^{ss})/(1+\pi^{ss})$$

$$pb^{ss} = mc^{ss}y^{ss} + \frac{d}{1+r^{ss}}pb^{ss}$$

$$pa^{ss} = y^{ss} + \frac{d}{1+r^{ss}}pa^{ss}$$

$$\lambda^{ss} = \frac{1-\delta}{c^{ss} + \frac{\eta}{1-\frac{1}{\varepsilon}}(m^{ss})^{1-\frac{1}{\varepsilon}}\left[c^{ss}/(1-l^{ss})\right]}$$

$$\lambda^{ss} = \frac{\beta(1+r^{ss})-1}{(1-\beta q)(1/q-1)}w^{hss}$$

$$w^{hss} = m^{ss}/(1+\pi^{ss}) + (1+r^{ss})b^{ss}$$

$$\frac{c^{ss}}{1-l^{ss}} = \frac{1-\delta}{\delta}w^{ss}$$

$$(m^{ss})^{\frac{1}{\varepsilon}} = \frac{\eta}{1-\delta}\frac{1+i^{ss}}{i^{ss}}\left(\frac{c^{ss}}{1-l^{ss}}\right)^{\delta}$$

$$r^{ss}b^{ss} = \tau^{ss} - g^{ss}$$

在确定稳态时，需要对确定稳态的有关参数进行校准。校准的方法主要体现为几个方面：（1）由于模型将所有的价格水平以总需求的价格水平 P_t 为基准换算成相对价格，因此在校准参数时，保持所有的相对价格水平在稳态时取值为 1。（2）在采用 Calvo 定价策略时，假定稳态时的加成率为 10%。（3）由于模型是一个封闭经济的模型，因而稳态时总需求中消费、投资及政府支出所占的比重（$\frac{c^{ss}}{y^{ss}}$、$\frac{in^{ss}}{y^{ss}}$、$\frac{g^{ss}}{y^{ss}}$）根据我国历史数据的平均值来确定。（4）稳态时政府税收、政府债券余额及货币余额与产出的比例（$\frac{\tau^{ss}}{y^{ss}}$、$\frac{b^{ss}}{y^{ss}}$、$\frac{m^{ss}}{y^{ss}}$）根据我国历史数据的平均值来确定。（5）稳态时的通胀率根据我国历史平均通胀率 π^{ss} 来确定。（6）政府支出冲击、投资冲击和总需求冲击的稳态值设定为 1。

确定稳态的有关参数的具体校准值参见表 6-5。虽然给定了这些参数的校准值，仍然不能完全确定模型的稳态，因为还需要确定稳态时的劳动力 l^{ss}、居民的死亡概率（$1-q$）、资本的折旧率 dep、生产函数中的参数 φ 及效用函数中的 η 和 δ 等，其中参数 l^{ss}、q 和 dep 将在后面采用 Bayes 估计技术来确定，而参数 φ、η 和 δ 将根据其他参数确定后的数值并利用上面的稳态关系式进行求解得到。

表 6-5　　　　　　　　　　确定模型稳态的有关参数的校准值

参数	解释意义	取值
β	贴现率	0.99
$\frac{\theta}{\theta-1}$	稳态时的加成率	1.10
$\frac{c^{ss}}{y^{ss}}$	稳态时消费占总需求的比重	0.48
$\frac{in^{ss}}{y^{ss}}$	稳态时投资占总需求的比重	0.30
$\frac{g^{ss}}{y^{ss}}$	稳态时政府支出占总需求的比重	0.17

参数	解释意义	取值
$\dfrac{\tau^{ss}}{y^{ss}}$	稳态时政府税收与产出的比例	0.175
$\dfrac{b^{ss}}{y^{ss}}$	稳态时政府债券余额与产出的比例	0.13
$\dfrac{m^{ss}}{y^{ss}}$	稳态时货币余额 M₂ 与产出的比例	1.3

（三）模型的动态方程

在得到模型的稳态后，在稳态附近对模型进行对数线性化，从而可得到模型的动态方程。在下面的表达式中，变量 $\hat{y}_t = \ln(y_t) - \ln(y^{ss})$ 表示在稳态值 y^{ss} 附近对 y_t 进行对数线性化。模型的动态方程包括两部分，一部分是外生变量的动态方程，另一部分是行为方程和其他恒等式。

外生变量的变化均由一阶自回归 AR（1）来刻画，具体的动态方程如下：

生产率冲击： $\hat{a}_t = \rho^a \hat{a}_{t-1} + \varepsilon_t^a$

总需求冲击： $\hat{z}_t^c = \rho^c \hat{z}_{t-1}^c + \varepsilon_t^c$

投资冲击： $\hat{z}_t^i = \rho^i \hat{z}_{t-1}^i + \varepsilon_t^i$

生产成本冲击： $\hat{z}_t^p = \rho^p \hat{z}_{t-1}^p + \varepsilon_t^p$

政府支出冲击： $\hat{g}_t = \rho^g \hat{g}_{t-1} + \varepsilon_t^g$

税收冲击： $\hat{z}_t^\tau = \rho^\tau \hat{z}_{t-1}^\tau + \varepsilon_t^\tau$

模型中的行为方程和其他等式由下面的动态方程来刻画：

$$\hat{y}_t = \hat{s}_t + cy \cdot \hat{c}_t + iny \cdot \hat{in}_t + gy \cdot \hat{g}_t$$

$$\hat{s}_t = d\hat{s}_{t-1}$$

$$\hat{c}_t = \frac{1-\delta}{\lambda^{ss} c^{ss}}\left(\hat{z}_t^c - \hat{\lambda}_t\right) + \left(\frac{1-\delta}{\lambda^{ss} c^{ss}} - 1\right)\left[\left(1 - \frac{1}{\varepsilon}\right)\hat{m}_t + \delta \hat{w}_t\right]$$

$$\hat{\lambda}_t = E_t\left\{\frac{1}{\beta(1+r^{ss})}\hat{\lambda}_{t+1} + \hat{r}_{t+1} - \left[1 - \frac{1}{\beta(1+r^{ss})}\right]\hat{w}_t^h\right\}$$

$$\hat{m}_t = \varepsilon \delta \hat{w}_t - \frac{\varepsilon}{i^{ss}} \hat{i}_{t+1}$$

$$\hat{r}_t = \hat{i}_t - \hat{\pi}_t$$

$$\hat{w}_t = \hat{c}_t - \frac{l^{ss}}{1-l^{ss}} \hat{l}_t$$

$$\hat{w}_t^h = \frac{m^{ss}}{(1+\pi^{ss})w^{hss}}(\hat{m}_t - \hat{\pi}_t) + \frac{(1+r^{ss})b^{ss}}{w^{hss}}\left(\hat{r}_{t+1} + \hat{b}_t\right)$$

$$\widehat{in}_t = \frac{1+r^{ss}}{2+r^{ss}}E_t\left(\widehat{in}_{t-1} + \frac{1}{1+r^{ss}}\widehat{in}_{t+1} + \frac{1}{1+r^{ss}}\hat{z}_{t+1}^i - \hat{z}_t^i + (1/h)\hat{q}_t\right)$$

$$\hat{q}_t = E_t\left[\frac{(1-dep)\hat{q}_{t+1} + r^{kss}\hat{r}_{t+1}^k}{1-dep+r^{kss}} - \hat{r}_{t+1}\right]$$

$$\hat{l}_t = \widehat{mc}_t - \hat{w}_t + \frac{y^{ss}}{y^{ss}+\phi}\hat{y}_t$$

$$\hat{r}_t^k = \widehat{mc}_t - \hat{k}_{t-1} + \frac{y^{ss}}{y^{ss}+\phi}\hat{y}_t$$

$$\widehat{mc}_t = (1-\alpha)\hat{w}_t + \alpha\hat{r}_t^k - \hat{a}_t$$

$$\hat{k}_t = (1-dep)\hat{k}_{t-1} + dep\widehat{in}_t$$

$$\hat{\pi}_t = \frac{1-d}{d}\left(\widehat{pb}_t - \widehat{pa}_t + \hat{z}_t^p\right) + \gamma\hat{\pi}_{t-1}$$

$$\widehat{pb}_t = \left(1 - \frac{d}{1+r^{ss}}\right)(\hat{y}_t + \widehat{mc}_t) + \frac{d}{1+r^{ss}}E_t[\theta(\pi_{t+1} - \gamma\pi_t) + \widehat{pb}_{t+1} - \hat{r}_{t+1}]$$

$$\widehat{pa}_t = \left(1 - \frac{d}{1+r^{ss}}\right)\hat{y}_t + \frac{d}{1+r^{ss}}E_t[(\theta-1)(\pi_{t+1} - \gamma\pi_t) + \widehat{pa}_{t+1} - \hat{r}_{t+1}]$$

$$\hat{b}_t = (1+r^{ss})(\hat{b}_{t-1} + \hat{r}_t) + \frac{g^{ss}}{b^{ss}}\hat{g}_t - \frac{\tau^{ss}}{b^{ss}}\hat{\tau}_t$$

$$\hat{\tau}_t = \gamma_b\hat{b}_{t-1} + \gamma_{by}\hat{y}_t + z_t^{\tau}$$

$$\hat{i}_{t+1} = \phi_m \hat{i}_t + (1-\phi_m)(\phi_\pi \hat{\pi}_t + \phi_y \hat{y}_t) + \varepsilon_t^m$$

（四）模型估计时采用的数据

我们模型中的外部冲击主要包括 7 项，分别是生产率冲击 ε_t^a、总需求冲击 ε_t^c、投资冲击 ε_t^i、生产成本冲击 ε_t^p、政府支出冲击 ε_t^g、税收冲击 ε_t^τ 及货币冲击 ε_t^m，这些冲击均是符合独立同分布（i.i.d）的随机变量，其均值为零，方差分别是 σ^a、σ^c、σ^i、σ^p、σ^g、σ^τ 和 σ^m。

为避免估计中的随机奇异性（stochastic singularity）问题，模型中选择的可观测变量数目不超过外部冲击的数目，模型中选择的可观测变量分别是我国的 GDP、消费、投资、政府支出、国债余额、GDP 平减指数及银行间国债市场加权利率。数据来源于 CEIC 数据库及中国人民银行统计司的《金融市场统计月报》，数据为季度数据，样本区间为 1993 年第一季度至 2007 年第四季度。由于模型是针对封闭经济而建立的，因而以 GDP 剔除净出口后得到的变量来代替模型中的产出变量。对于产出、消费、投资、政府支出及国债余额等名义变量，我们均采用 GDP 平减指数进行折实从而得到实际产出、实际消费、实际投资、实际政府支出及国债的实际余额，并且采用 X-12 方法对这些数据进行季节性调整以消除季节性因素。另外，为保证数据的平稳性，我们对数据采用 HP 滤波剔除趋势项。

六、对我国的实证研究结果

（一）我国财政收支及债务的基本状况

为了解我国财政收支及债务的基本状况，图 6-11 绘出了自 1990 年以来我国财政收入、财政支出、基本赤字及国内债务余额等四项指标与 GDP 的比例的变化曲线。

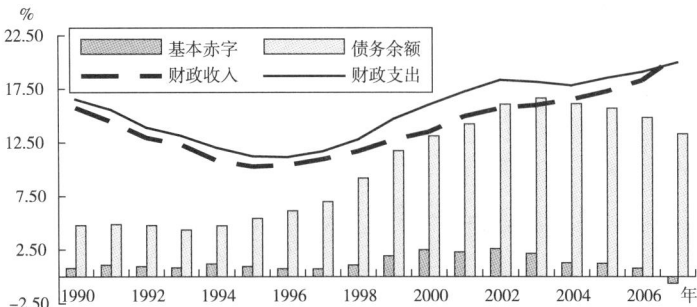

图 6-11　我国财政四项指标与 GDP 的比例

从图 6-11 可以看出,我们可以将这些指标的变化情况分为三个阶段,即 1990—1996 年、1997—2003 年及 2004—2007 年三个阶段。

在 1990—1996 年,我国财政收入及财政支出与 GDP 的比例基本上呈现出缓慢下降的趋势,基本赤字与 GDP 的比例保持在较低的水平(低于 1.5%),同时债务余额与 GDP 的比例也保持在一个较稳定的水平,基本上维持在 5% 附近。

在 1997—2003 年,为了走出通货紧缩的困境,我国采取了一系列的经济扩张政策,因而我国的财政支出与 GDP 的比例呈现明显的加快趋势,虽然随着产出的增加我国的财政收入与 GDP 的比例也有所上升,但其增加的幅度相对于财政支出来说显得较为缓慢,从而这个阶段我国的基本赤字与 GDP 的比例也呈现上升的趋势,其明显地高于上一个阶段,特别是在 2000—2003 年间基本赤字与 GDP 的比例均高于 2%。相应地,此间我国的债务余额与 GDP 的比例也迅速增加,自 1999 年该比例超过 10% 后,在 2003 年达到了最高点,超过 15%。

在 2004—2007 年,随着我国抑制经济过热的各项经济政策的全面实施,特别是在稳健的财政政策取向下,我国的财政政策基本上呈现中性而略微偏紧的状态。从图 6-11 可以看出,在这个阶段我国的财政支出与 GDP 的比例基本保持在较平稳的平台上,而我国的财政收入与 GDP 的比例却呈现出明显加快的趋势,尤其是在 2007 年财政收入与 GDP 的比例首次超过了财政支出与 GDP 的比例,因而我国的基本赤字与 GDP 的比例在此间呈现了快速下降的态势,基本赤字与 GDP 的比例从 2004 年的 1.3% 下降到 2006 年的 0.78%,并在 2007 年进一步转化为财政盈余。相应地,我国的债务余额与 GDP 的比例在此间也出现了下降的态势,但下降的幅度不是很大,该比例基本上保持在 10% 以上的水平。

对于以上这些指标的变化,我们提出的一个问题是,我国的财政收支状况是否完全能够保证债务水平的稳定,具体地讲,我国的税收对债务水平是否有足够的弹性,从而能够在保证政府日常支出的情况下,同时能够保证债务水平的稳定。

如果税收对债务水平确实有足够的弹性,那么要使经济稳定,就需要前面我们讨论的一种政策组合,即被动的财政政策与主动的货币政策组合,此时货币政策的状态应该是主动的,即货币政策规则中名义利率关于通胀率的弹性大于 1。这种政策组合本质上反映了在中央银行采用主动的货币政策情况下,财政政策不能任意地选择,其必须考虑财政税收、政府支出及发债规模三者之间的跨期预算约束，只有在保证实际债务水平得到稳定的条件下，稳定物价的目的才能够真正实现。

如果税收对债务水平没有足够的弹性，尤其是，在我国的实践中政府面对经济中的不确定性经常采用相机抉择的财政政策，从而使政府支出、税收和债务水平的选择均具有相对的任意性，那么此时财政政策体现出一种主动的状态，根据前面的分析，这种主动的财政政策将会使中央银行的最佳选择是采用被动的货币政策，即货币政策规则中名义利率关于通胀率的弹性小于 1。这种政策组合本质上意味着货币政策和财政政策在稳定经济的角色进行了适当的换位，即货币政策在保证名义利率稳定的同时，保证了政府实际债务水平的稳定，而财政政策在通过相对任意的税收和支出手段调控经济的同时，由于货币政策的支持，债务水平得以控制，从而充当稳定实体经济及物价的角色。

究竟是哪种政策组合起作用，我们仅根据图中这些指标的变化是无法进行判断的，因此需要使用前面的模型进一步进行实证和检验。

（二）两种体制下的模型 Bayes 估计结果及比较

从前面的分析可以看出，即使政府不将铸币税作为一般税收的补充手段，要使经济得到稳定仍然需要货币政策与财政政策的协调与配合。这时使实体经济和物价稳定存在着两种体制，一种体制是主动的货币政策和被动的财政政策组合，我们在下面称之为体制 1，这种体制实际上是物价水平的货币决定理论的充分体现；另一种体制是主动的财政政策和被动的货币政策组合，我们在下面称之为体制 2，这种体制实际上是物价水平的财政决定理论的充分体现。对于这两种体制，我们分别用 Bayes 技术对模型进行估计，然后再进行两种体制的比较。

具体来讲，在下面的税收规则和货币政策规则中，

$$\hat{\tau}_t = \gamma_b \hat{b}_{t-1} + \gamma_{by} \hat{y}_t + z_t^{\tau}$$

$$\hat{i}_{t+1} = \phi_m \hat{i}_t + (1-\phi_m)(\phi_\pi \hat{\pi}_t + \phi_y \hat{y}_t) + \varepsilon_t^m$$

体制 1 要求 γ_b 较大且 $\phi_\pi > 1$，体制 2 要求 γ_b 较小且 $\phi_\pi < 1$。

针对这两种体制，我们对以上两个参数采用不同的先验分布，而模型中其他参数在两种体制下采用同样的先验分布，然后分别在这两种体制下对模型进行 Bayes 估计。

有关待估计参数的先验分布及 Bayes 估计结果分别见表 6-6 和表 6-7 及图 6-12 和图 6-13。

表 6-6　　　　　　　　　　　体制 1 的 Bayes 估计结果

参数	先验分布	事后众数	事后均值	事后分布区间
ρ^a	B（0.6，0.1）	0.46	0.57	[0.44，0.67]
ρ^c	B（0.6，0.1）	0.82	0.82	[0.75，0.89]
ρ^i	B（0.6，0.1）	0.29	0.37	[0.28，0.45]
ρ^p	B（0.6，0.1）	0.58	0.37	[0.22，0.51]
ρ^g	B（0.6，0.1）	0.55	0.56	[0.42，0.68]
ρ^τ	B（0.6，0.1）	0.51	0.54	[0.41，0.66]
l^{ss}	B（0.6，0.1）	0.48	0.50	[0.47，0.52]
$1-q$	Γ（0.01，0.0025）	0.012	0.011	[0.010，0.013]
dep	N（0.025，0.0025）	0.026	0.025	[0.021，0.029]
ε	Γ（0.015，0.005）	0.014	0.013	[0.0063，0.020]
α	N（0.45，0.05）	0.42	0.43	[0.40，0.46]
d	B（0.5，0.2）	0.93	0.94	[0.93，0.95]
γ	B（0.6，0.1）	0.26	0.30	[0.21，0.38]
h	Γ（2，0.5）	1.70	1.38	[0.92，1.83]
ϕ_m	B（0.7，0.1）	0.95	0.95	[0.93，0.96]
ϕ_π	Γ（1.5，0.15）	1.46	1.44	[1.16，1.70]
ϕ_y	Γ（0.5，0.15）	0.54	0.64	[0.40，0.91]
γ_b	Γ（0.2，0.05）	0.22	0.22	[0.13，0.30]
γ_{by}	Γ（0.15，0.05）	0.14	0.16	[0.079，0.24]
σ^a	Γ^{-1}（0.1，∞）	0.39	0.12	[0.023，0.24]
σ^c	Γ^{-1}（0.1，∞）	0.062	0.066	[0.056，0.076]
σ^i	Γ^{-1}（0.1，∞）	0.25	0.30	[0.22，0.36]
σ^p	Γ^{-1}（0.1，∞）	0.19	0.22	[0.033，0.31]
σ^g	Γ^{-1}（0.01，∞）	0.044	0.046	[0.039，0.053]
σ^τ	Γ^{-1}（0.1，∞）	0.15	0.15	[0.13，0.17]
σ^m	Γ^{-1}（0.01，∞）	0.0024	0.0025	[0.0020，0.0029]

表 6-7 体制 2 的 Bayes 估计结果

参数	先验分布	事后众数	事后均值	事后分布区间
ρ^a	B（0.6，0.1）	0.62	0.67	[0.53，0.82]
ρ^c	B（0.6，0.1）	0.80	0.79	[0.71，0.88]
ρ^i	B（0.6，0.1）	0.31	0.34	[0.24，0.43]
ρ^p	B（0.6，0.1）	0.34	0.33	[0.23，0.43]
ρ^g	B（0.6，0.1）	0.55	0.56	[0.43，0.69]
ρ^τ	B（0.6，0.1）	0.48	0.49	[0.36，0.61]
l^{ss}	B（0.6，0.1）	0.45	0.48	[0.40，0.51]
$1-q$	Γ（0.01，0.0025）	0.012	0.013	[0.011，0.014]
dep	N（0.025，0.0025）	0.026	0.026	[0.022，0.030]
ε	Γ（0.015，0.005）	0.013	0.011	[0.006，0.016]
α	N（0.45，0.05）	0.42	0.42	[0.40，0.45]
d	B（0.5，0.2）	0.94	0.94	[0.93，0.95]
γ	B（0.6，0.1）	0.30	0.34	[0.26，0.41]
h	Γ（2，0.5）	1.44	1.34	[0.79，1.88]
ϕ_m	B（0.70，0.1）	0.94	0.94	[0.92，0.96]
ϕ_π	Γ（0.7，0.15）	0.54	0.56	[0.39，0.73]
ϕ_y	Γ（0.5，0.15）	0.48	0.57	[0.32，0.79]
γ_b	Γ（0.025，0.005）	0.028	0.029	[0.025，0.034]
γ_{by}	Γ（0.15，0.05）	0.15	0.17	[0.058，0.27]
σ^a	Γ^{-1}（0.1，∞）	0.047	0.088	[0.027，0.16]
σ^c	Γ^{-1}（0.1，∞）	0.058	0.062	[0.054，0.071]
σ^i	Γ^{-1}（0.1，∞）	0.26	0.28	[0.21，0.34]
σ^p	Γ^{-1}（0.1，∞）	0.21	0.22	[0.16，0.28]
σ^g	Γ^{-1}（0.1，∞）	0.044	0.045	[0.039，0.052]
σ^τ	Γ^{-1}（0.1，∞）	0.15	0.16	[0.13，0.18]
σ^m	Γ^{-1}（0.01，∞）	0.0023	0.0024	[0.0020，0.0028]

注：B（μ，σ）、Γ（μ，σ）、N（μ，σ）和 Γ^{-1}（μ，σ）分别表示均值为 μ，方差为 σ 的 Beta 分布、Γamma 分布、正态分布和逆 Γamma 分布。

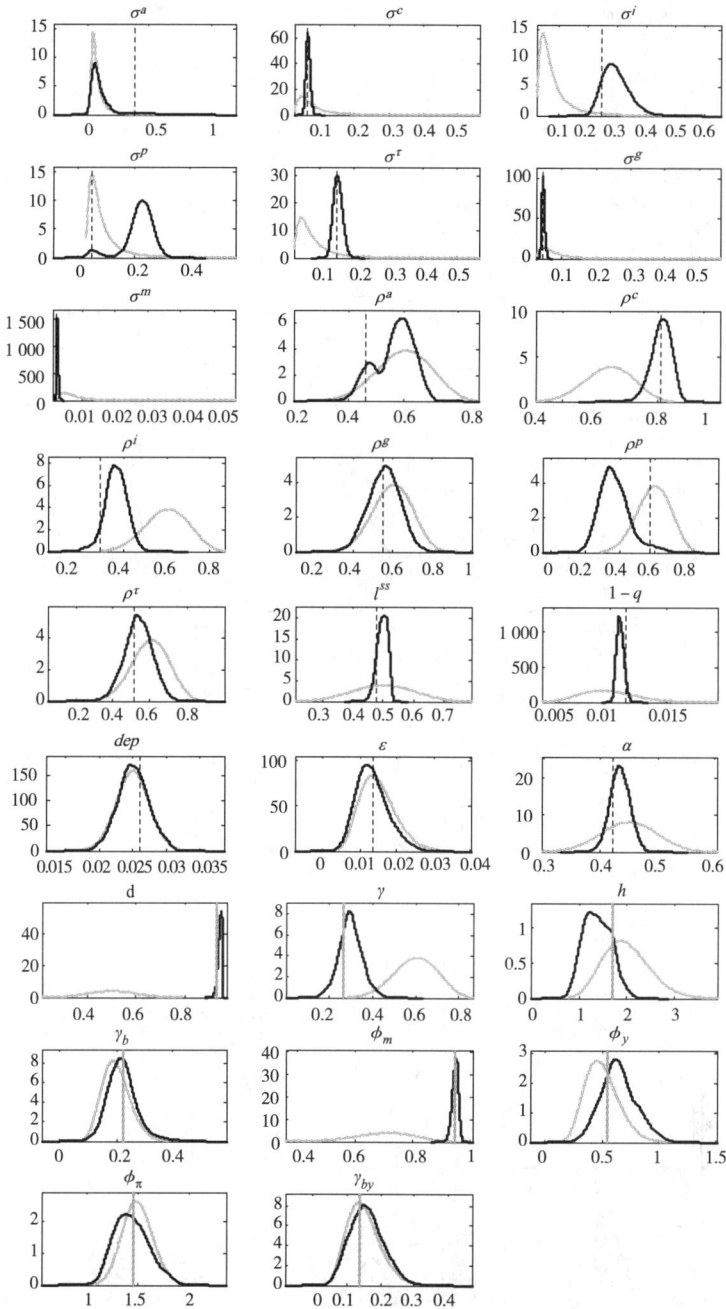

注：图中灰线对应先验分布，黑线对应事后分布，竖线对应事后均值。

图 6-12 体制 1 的参数 Bayes 估计结果

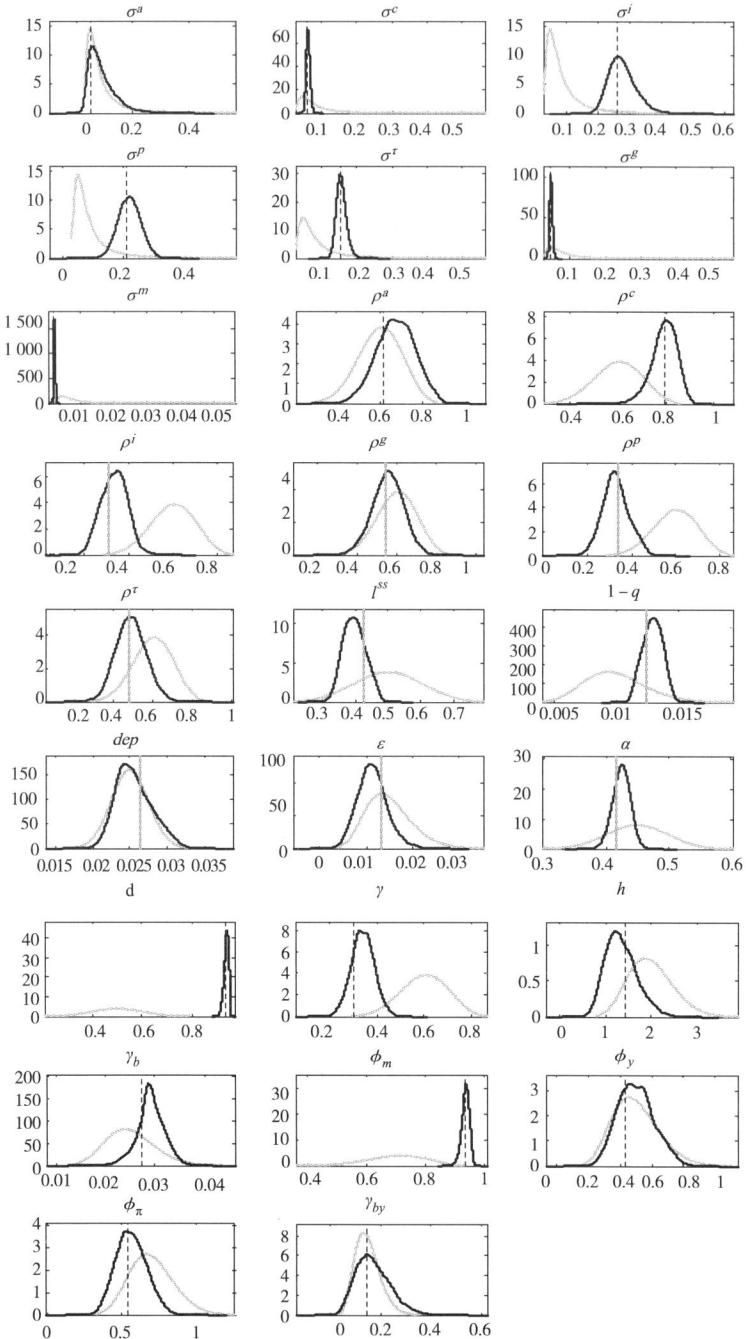

注：图中灰线对应先验分布，黑线对应事后分布，竖线对应事后均值。

图 6-13　体制 2 的参数 Bayes 估计结果

为清楚地比较两种体制下的估计结果，表 6-8 列出了两种体制下行为方程中主要参数的事后估计结果。从表中可以看出，这些行为参数在两种体制下估计出的事后众数和事后均值是比较接近的，这表明除了政策体制中的有关参数外，模型中的其他行为方程是比较稳定的，因而模型是一种结构性模型，可以避免 Lucas 批判（Lucas critique，1976），从而能够进行可靠的政策分析和不同政策之间的比较。

另外，从估计结果我们可以得出以下结论：（1）在总时间设定为 1 的情况下，劳动时间占总时间的比例接近 50%，这比其他国家的估计数值要大，说明在我国的生产过程中存在着加班加点的现象。（2）由于我们采用的模型体现了交迭世代模型的特征，因而在每个时期，居民是由不同时代的人组成，从表 6-8 的估计结果可以计算出每一代居民从事生产活动的有效时间平均约为 84 个季度，接近 21 年。（3）资本折旧率折成年率约为 10%，略高于国内有关实证研究得到的数值。（4）生产函数中产出关于资本的弹性为 42%，即资本收入占总收入的比例为 42%，该数值高于发达国家的估计结果。（5）由于中间产品的生产处于垄断竞争的状态，因而生产中间产品的厂商在需求的约束下对产品具有一定的定价权。从估计结果来看，生产中间产品的厂商每期调整的概率比较低，说明模型中名义刚性是较强的。（6）厂商在追加投资时受到调整成本的影响，从估计结果来看，调整成本的影响是显著的，这也说明模型中存在着实际刚性。（7）根据货币政策规则的事后估计可以看出，我国的货币政策调整具有很强的惯性，这与我国目前的利率管理体制是相符合的。（8）两种体制下税收关于产出的弹性是显著的，即随着产出的变化，税收也将进行适应性的调整。

表 6-8　　　　两种体制下行为方程中主要参数事后估计结果的比较

参数	事后众数的估计值		事后均值的估计值	
	体制 1	体制 2	体制 1	体制 2
l^{ss}	0.48	0.45	0.50	0.48
$1-q$	0.012	0.012	0.011	0.013
dep	0.026	0.026	0.025	0.026
ε	0.014	0.013	0.013	0.011
α	0.42	0.42	0.43	0.42
d	0.93	0.94	0.94	0.94
γ	0.26	0.30	0.30	0.34
h	1.70	1.44	1.38	1.34
ϕ_m	0.95	0.94	0.95	0.94
ϕ_y	0.54	0.48	0.64	0.57
γ_{by}	0.14	0.15	0.16	0.17

再来看两种体制下政策规则中参数 γ_b 和 ϕ_π 的估计结果，从表 6-9 中可以看出，在体制 1（即主动的货币政策和被动的财政政策组合）下，货币政策规则中名义利率关于通胀率的弹性约为 1.46，税收规则中税收关于债务水平的弹性约为 0.22；而在体制 2（即主动的财政政策和被动的货币政策组合）下，货币政策规则中名义利率关于通胀率的弹性约为 0.56，税收规则中税收关于债务水平的弹性仅为 0.029。因此，两种体制都有可能存在。

表 6-9　　　　　两种体制下政策规则参数事后估计结果的比较

参数	事后众数的估计值		事后均值的估计值	
	体制 1	体制 2	体制 1	体制 2
ϕ_π	1.46	0.54	1.44	0.56
γ_b	0.22	0.028	0.22	0.029

那么，两种体制到底谁占优呢？为此，我们需要进一步对这两个模型进行 Bayes 比较。首先我们计算体制 2 模型关于体制 1 模型的 Bayes 因子，即

$$B_{21} = \frac{p(Y \mid M_2)}{p(Y \mid M_1)} = e^{(812.74-809.20)} = 34.47$$

对 Jeffreys（1961）给出的 Bayes 因子判断值，我们可以得出，体制 2 模型得到较强的支持。

Bayes 因子方法是一种模型比较的方法，为进一步验证上面的结论，我们再采用另一种方法来比较这两种模型，即先假设给出两个模型的先验概率，然后根据 Bayes 方法计算这两个模型的事后概率。两种体制下模型的事后概率计算结果见表 6-10。

表 6-10　　　　　　　两种体制下模型的事后概率

先验概率		事后概率	
体制 1	体制 2	体制 1	体制 2
0.9	0.1	0.21	0.79
0.8	0.2	0.10	0.90
0.7	0.3	0.063	0.937
0.6	0.4	0.042	0.958
0.5	0.5	0.028	0.972
0.4	0.6	0.019	0.981
0.3	0.7	0.012	0.988
0.2	0.8	0.0072	0.9928
0.1	0.9	0.0032	0.9968

从表 6-10 可以看出，随着对体制 1 模型先验概率的下降和对体制 2 模型先验概率的上升，体制 1 模型的事后概率迅速下降，而体制 2 模型的事后概率却迅速上升。即使我们先验地非常偏好体制 1 模型，给出其先验概率为 90%，而体制 2 模型的先验概率仅为 10%，但从计算的事后概率来看，体制 1 模型的事后概率仅为 21%，而体制 2 模型的事后概率却为 79%。因此，两种体制比较，实际数据更支持体制 2。

基于以上实证检验，我们断定，我国的政策体制主要表现为主动的财政政策和被动的货币政策组合体制，这种体制实际上是物价水平的财政决定理论的充分体现。因此在这种体制下，主动的财政政策在通过相机抉择的税收和支出手段调控经济的同时，由于被动的货币政策的支持，政府的实际债务水平得到了稳定，从而保证了实体经济及物价的稳定。

（三）两种体制下的几种情景模拟分析

根据前面的 Bayes 估计结果，我们断定我国的政策体制体现为主动的财政政策与被动的货币政策组合（即体制 2）。在这种体制下，我们下面将对几种经济冲击对实体经济及物价的影响进行模拟分析，从而了解该体制的主要特性。同时为比较起见，我们也在体制 1（即主动的货币政策和被动的财政政策组合）对几种经济冲击对实体经济及物价的影响进行模拟分析，这样我们就可以进一步清楚地分析和比较两种体制的优缺点。

1. 增加税收对经济的影响。从前面的分析可知，自 2004 年以来，我国的财政政策基本上呈现出略微偏紧的状态，在财政支出基本保持平稳增长的同时，财政收入增长却呈现出明显加快的趋势，从而使基本赤字与 GDP 的比例呈现了快速下降的态势，尤其是在 2007 年财政赤字转化为财政盈余。针对这种实际情况，我们下面设计一种情景模拟来分析和比较两种体制下财政收支改善对经济的影响。具体来说，假设政府支出保持原来的水平，而税收受到一个冲击，使税收比原来的水平增加 1 个百分点，采用上面介绍的模型在两种体制下对这种冲击进行模拟，模拟结果见图 6-14。

由于我们采用的模型体现了交迭世代模型的特征，因而在每个时期，居民是由不同时代的人组成，这样税收对不同时代的居民将具有不同的影响，具有分配效应。对于年青一代的居民，在理性预期的前提下，他们针对目前税收的增加，预期政府将来可能减税，从而在考虑跨期替代效应后，他们的消费行为可能受到的影响很小，即会出现 Barro（1974）的李嘉图等价效应（Ricardian-equivalence effects）；而对于年长一代的居民，即使他们预期政府将来可能减税，但由于继续生存的概率逐步减小，因而他们预期未来享受减税带来的好处的效应逐步减小，从而目前税收的增加将会使他们的消费下降。从加总结果来看，当期税收的增加，将使消费出现下降的趋势。

增加税收对投资需求也产生了影响，使投资产生了下降的趋势。随着消费需求和投资需求的下降，总需求开始下降，从而使产出也出现了下降的趋势。总需求的下降使劳动力需求和资本需求下降，从而对生产要素的价格（工资和资本收益率）产生下降的压力，这样生产的实际边际成本开始下降，这无疑对通胀率产生向下的压力。

比较两种体制，从图 6-14 我们可以看出，增加税收对经济的影响具有不同的特征。

在主动的货币政策和被动的财政政策组合（即体制 1）下，当期税收的增加使政府债务水平产生了下降的趋势，由于税收对债务水平有足够的弹性，因而随着政府债务水平的下降，未来税收将会进一步下降，这样最终政府就可以通过足够的税收稳定其债务规模，使其恢复到原先的水平。可是在主动的财政政策和被动的货币政策组合（即体制 2）下，由于税收对债务水平的弹性非常小，从而在当期税收的增加使政府债务水平下降后，未来仅靠税收手段是不可能稳定债务水平的，此时只有在货币政策的支持下，未来政府债务水平才能得到稳定。那么货币政策是如何协助财政政策稳定政府债务水平的呢？实际上从图 6-14 可以看出，在体制 1 下，由于货币政策规则中名义利率关于通胀率的弹性大于 1，因而随着通胀率的下降，名义利率下降的幅度更大，使得实际利率呈现出负的状态；而在体制 2 下，由于货币政策规则中名义利率关于通胀率的弹性小于 1，随着通胀率的下降，名义利率下降的幅度较小，使得实际利率呈现出正的状态。在体制 2 下，正的实际利率水平实际上阻止了政府债务水平的进一步下降，从而使政府债务水平稳定到一定的水平。

虽然在两种体制下，政府债务水平都得到了稳定，但我们从图 6-14 可以看出，政府债务水平最终不是在同一个水准上。在体制 1 下，政府债务规模最终恢复到原先的水平，而在体制 2 下，政府债务规模最终下降到一个新的平台上。

模型中假设居民持有的金融财富包括货币和政府债券，虽然随着名义利率的下降，居民对货币的需求有所上升，但由于居民对政府债券的需求下降幅度较大，因而总的来看，居民的财富实际余额仍然呈现下降的趋势。同样我们比较两种体制可以看出，居民的财富实际余额最终不是在同一个水准上。在体制 1 下，居民的财富实际余额最终恢复到原先的水平，而在体制 2 下，居民的财富实际余额最终下降到一个新的平台上。

在交迭世代模型中，财富效应是一个不可忽视的因素，而从上面的分析中可以看出，两种体制下居民的财富实际余额最终达到的平台不同，因而财富效应在两种体制下的体现也不尽相同。在体制 1 下，财富效应对消费和产出的影响是暂时的，最终随着财富实际余额逐渐恢复到原先的水平，消费和产出也将恢复到初始的状态；而在体制 2 下，财富效应对消费和产出的影响却是永久的，随着财富实际余额最终下降到一个新的平台，消费和产出不会恢复到初始的状态，其将下降到一个新的平台。相应地，生产的实际边际成本及通胀率在体制 2 下也将最终下降到一个新的平台。

总结以上两种体制的模拟结果可以看出，虽然税收仅仅受到一个暂时的冲击，但该冲击在两种体制下产生的影响却是不完全相同的。在主动的货币政策和被动的财政政策组合的体制下，该暂时性冲击对实体经济和物价的影响是暂时的，而在主动的财政政策和被动的货币政策组合的体制下，该暂时性冲击对实体经济和物价的影响却是永久的。

基于以上模拟，我们再回过头来考虑 2004—2007 年的实际情况。前面的 Bayes 估计结果已经表明，我国的政策体制主要表现为主动的财政政策和被动的货币政策组合，因此在这种体制下，由于自 2004 年以来我国的财政收入相对财政支出来说具有明显加快的趋势，因而这种财政收支的改善，特别是财政赤字规模的减小势必对抑制这一轮经济过热产生了不可忽视的作用。当然在这一轮经济周期中，我国也采取了其他的相关经济紧缩政策，但毋庸置疑，在此期间稳健而较偏紧的财政政策对抑制经济过热及稳定物价也起到了很重要的作用。

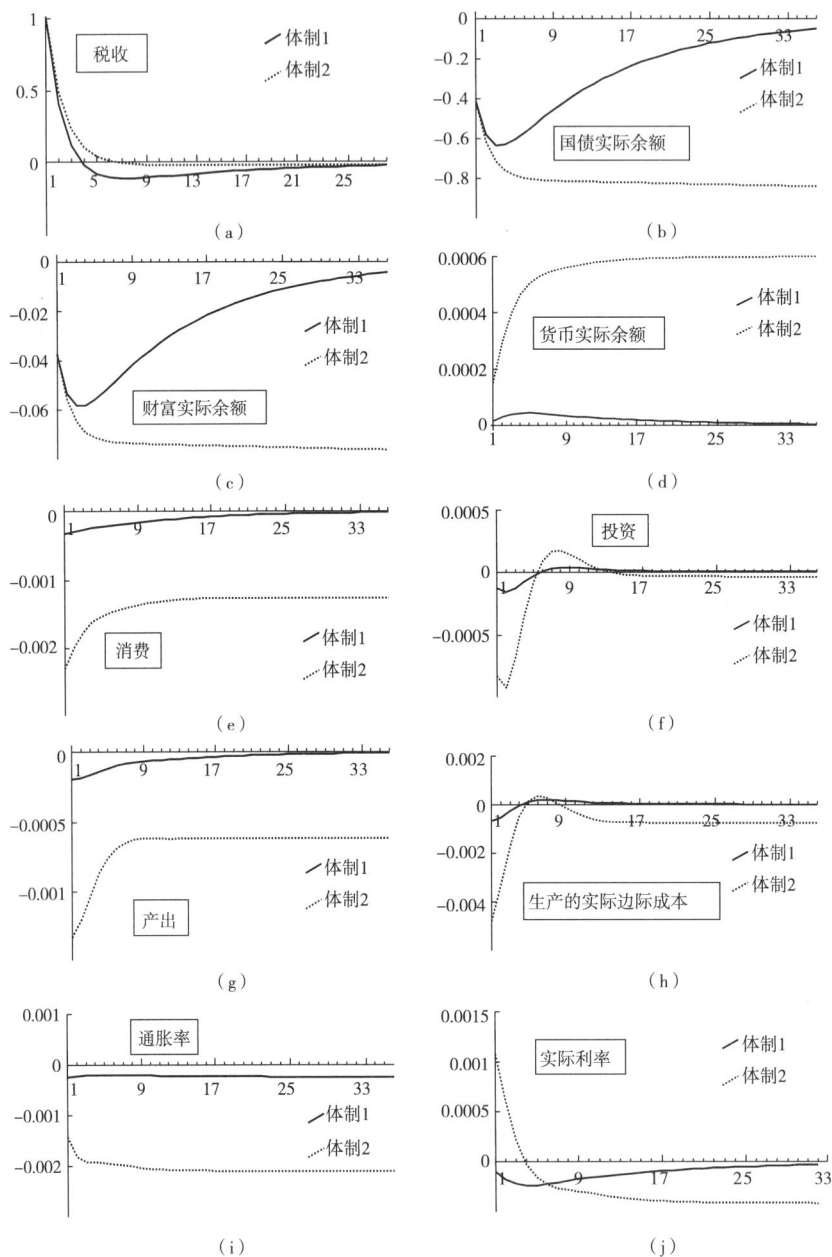

注：横轴单位为季度，纵轴单位为百分比，体制 1 对应主动的货币政策和被动的财政政策组合，体制 2 对应主动的财政政策和被动的货币政策组合。

图 6-14　增加税收对经济的影响

2. 提高利率对经济的影响。在 2004—2007 年这一个经济阶段中，我国除了采用稳健而较偏紧的财政政策外，中央银行也采用了偏紧的货币政策，特别是在此期间中央银行数次提高了名义利率。针对这种实际情况，我们下面设计一种情景模拟来分析和比较两种体制下提高名义利率对经济的影响。具体来说，假设中央银行在原来的基础上将名义利率提高 1 个百分点，采用上面介绍的模型在两种体制下对这种冲击进行模拟，模拟结果见图 6-15。

由于价格存在着黏性，因而在中央银行提高名义利率后，实际利率将上升，实际利率的上升将使未来消费与目前消费的跨期替代弹性提高，这样居民在消费的跨期决策时将降低目前的消费，从而使消费呈现出先降后升的趋势，但总的来看提高利率将导致消费需求的降低。与此同时，提高利率将导致融资成本的上升，这样使投资需求受到了抑制，产生了下降的趋势。随着消费需求和投资需求的下降，总需求开始下降，从而使产出也出现了下降的趋势。总需求的下降使劳动力需求和资本需求下降，从而对生产要素的价格（工资和资本收益率）产生下降的压力，这样生产的实际边际成本开始下降，这进一步对通胀率产生向下的压力。由于税收对于产出具有一定的弹性，因而随着产出的下降，税收也将进行适应性的调整，这样在短期内税收将呈现下降的趋势。名义利率的提高将使政府债务的利息负担加重，加之短期内税收下降的影响，政府为维持政府支出的原有水平势必将增加债券的发行规模，这样将使政府的债务水平上升。

比较两种体制，从图 6-15 我们可以看出，提高名义利率对经济的影响具有不同的特征。

由于在主动的货币政策和被动的财政政策组合（即体制 1）下货币政策规则中名义利率关于通胀率的弹性大于 1，而在主动的财政政策和被动的货币政策组合（即体制 2）下该弹性小于 1，因而两种体制相比较而言，实际利率在体制 1 下上升的幅度要高于在体制 2 下上升的幅度，这也意味着政府债务的利息负担在体制 1 下要比在体制 2 下严重。

虽然在体制 1 下政府债务的利息负担相对来说比较严重，但在该体制下由于税收对债务水平有足够的弹性，因而随着政府债务水平的上升，未来税收将会上升，这样最终政府就可以通过足够的税收稳定其债务规模，使其恢复到原先的水平。可是在体制 2 下，由于税收对债务水平的变化缺乏弹性，从而面对政府债务水平的上升，未来仅靠税收手段是不可能稳定债务水平的，此时只有在货币政策的支持下，未来政府债务水平才能得到稳定。货币政策协助财政政策稳定政府债务水平的主要手段是使实际利率保持在较低的水平。尽管在两种体制下，政府债务水平都得到了稳定，但我们从图 6-15 可以看出，政府债务水平最终不是在同一个水准上。在体制 1 下，政府债务规模最终恢复到原先的水平，而在体制 2 下，政府债务规模最终上升到一个新的平台上。相应地，居民的财富实际余额在体制 1 下将最终恢复到原先的水平，而在体制 2 下，居民的财富实际余额最终将上升到一个新的平台上。由于两种体制下居民的财富实际余额最终达到的平台不同，因而财富效应在两种体制的体现也不尽相同。在体制 1 下，财富效应对经济的影响是暂时的，而在体制 2 下，财富效应对经济的影响却是永久的。特别需要注意的是，中央银行本意是通过提高利率使经济降温，但因政府债务水平上升带来的正的财富效应却会产生一定的抵消作用，而且这种抵消作用在体制 2 下具有更强的持续性，因而在体制 2 下提高利率对抑制通胀率的效果是非常弱的。

基于该模拟再来考虑 2004—2007 年的实际情况。虽然中央银行在此期间数次提高了名义利率，但在主动的财政政策和被动的货币政策组合体制下，提高利率使经济降温的效应会受到财富效应抵消作用的影响，且这种抵消作用的影响在稳定物价方面表现得尤为突出。产生这种情况的根本原因是该体制本质上体现了物价水平的财政决定理论，在该体制下货币政策和财政政策在稳定经济的角色上进行了适当的换位，即货币政策客观上充当了稳定政府债务水平的角色，而财政政策在此支持下通过相机抉择的拟周期调控措施，充当了稳定经济的角色。

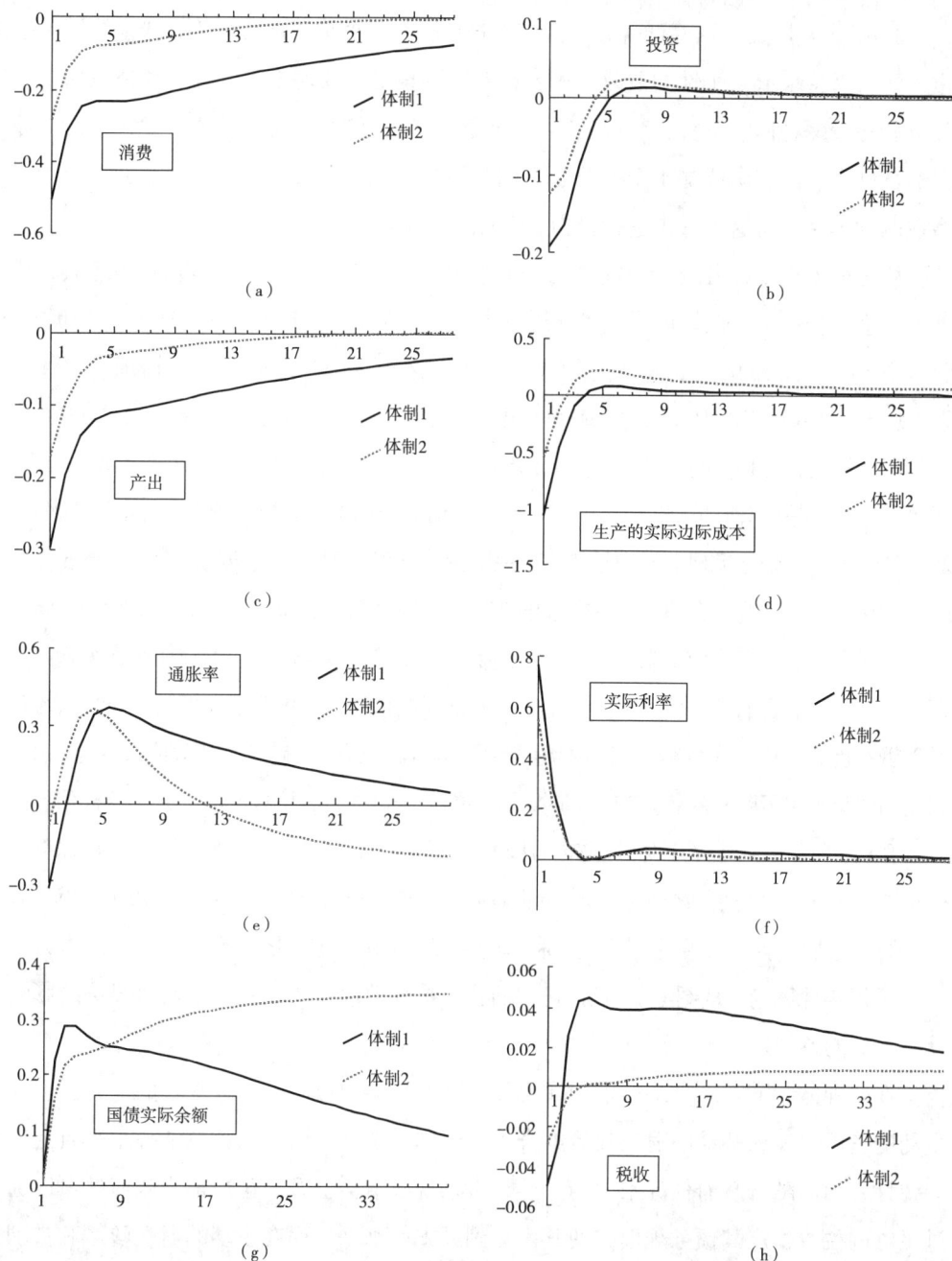

（a）消费

（b）投资

（c）产出

（d）生产的实际边际成本

（e）通胀率

（f）实际利率

（g）国债实际余额

（h）税收

注：横轴单位为季度，纵轴单位为百分比，体制 1 对应主动的货币政策和被动的财政政策组合，体制 2 对应主动的财政政策和被动的货币政策组合。

图 6-15　提高利率对经济的影响

3. 扩大政府支出及降低税收对经济的影响。在金融危机的影响下，未来我国为防止经济下滑将采取扩张性的财政政策，针对这种情况，我们下面设计一种情景模拟来分析和比较两种体制下扩大政府支出及降低税收对经济的影响。具体来说，假设在原来的基础上政府支出增加 1 个百分点，同时税收降低 1 个百分点，采用上面介绍的模型在两种体制下对这种冲击进行模拟，模拟结果见图 6-16。

从图 6-16 可以看出，随着政府支出的增加和税收的降低，总需求将增加，从而使产出增加。总需求的增加使劳动力需求和资本需求上升，从而对生产要素的价格（工资和资本收益率）产生上升的压力，这样生产的实际边际成本开始上升，这进一步对通胀率产生向上的压力。面对产出的增加和通胀率的上升，中央银行将提高名义利率。政府支出的增加、税收的降低及名义利率的上升，将会导致政府债务水平的上升。虽然随着名义利率的上升，居民对货币的需求有所下降，但由于居民对政府债券的需求上升幅度较大，因而总的来看，居民的财富实际余额呈现上升的趋势。居民的消费不仅受到财富效应的影响，而且还受到跨期替代效应的影响。在价格存在黏性的条件下，随着名义利率的上升后，实际利率将上升，实际利率的上升将使未来消费与目前消费的跨期替代弹性提高，这样居民在消费的跨期决策时将降低目前的消费。尽管财富效应对居民的消费有正的影响，但跨期替代效应却对消费有负的影响，从图 6-16 可以看出两者影响的最终结果是跨期替代效应占主导作用，因而消费呈现出下降的趋势。与此同时，利率的上升将导致融资成本的上升，这样使投资需求受到了抑制，产生了下降的趋势。在政府支出增加和降低税收的冲击下，之所以会产生总需求上升而总需求两个组成部分中的消费需求和投资需求出现下降的现象（虽然二者下降的幅度非常小），主要是因为实际利率的上升产生了一定的挤出效应。

比较两种体制，从图 6-16 我们可以看出，扩大政府支出及降低税收对经济的影响具有不同的特征。

在两种体制下政府支出的增加和税收的降低均会导致政府债务水平的上升，但在主动的货币政策和被动的财政政策组合（即体制 1）下，由于税收对债务水平有足够的弹性，因而随着政府债务水平的上升，未来税收将会上升，这样最终政府就可以通过足够的税收稳定其债务规模，使其恢复到原先的水平。而在主动的财政政策和被动的货币政策组合（即体制 2）下，由于税收对债务水平的变化缺乏弹性，从而面对政府债务水平的上升，未来仅靠税收手段是不可能稳定债务水平的，此时只有在货币政策的支持下，未来政府债务水平才能得到稳定。货币政策协助财政政策稳定政府债务水平的主要手段是使实际利率保持在较低的水平。尽管在两种体制下，政府债务水平都得到了稳定，但我们从图 6-16 可以看出，政府债务水平最终不是在同一个水准上。在体制 1 下，政府债务规模最终恢复到原先的水平，而在体制 2 下，政府债务规模最终上升到一个新的平台上。相应地，居民的财富实际余额在体制 1 下将最终恢复到原先的水平，而在体制 2 下，居民的财富实际余额最终将上升到一个新的平台上。由于两种体制下居民的财富实际余额最终达到的平台不同，因而财富效应在两种体制下的体现也不尽相同。在体制 1 下，财富效应对经济的影响是暂时的，而在体制 2 下，财富效应对经济的影响却是永久的，特别地，在体制 2 下这种扩张性财政政策导致的通胀率上升具有更强的持续性。因此，这种政策对抑制通货紧缩具有较好的效果。

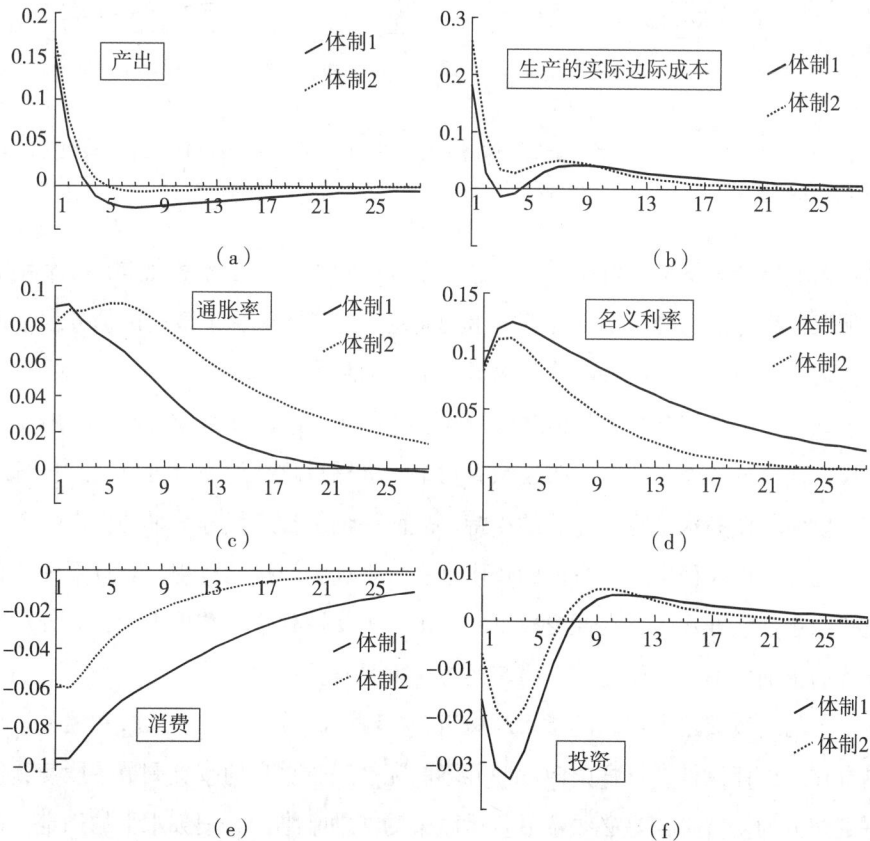

图 6-16　扩大政府支出及降低税收对经济的影响

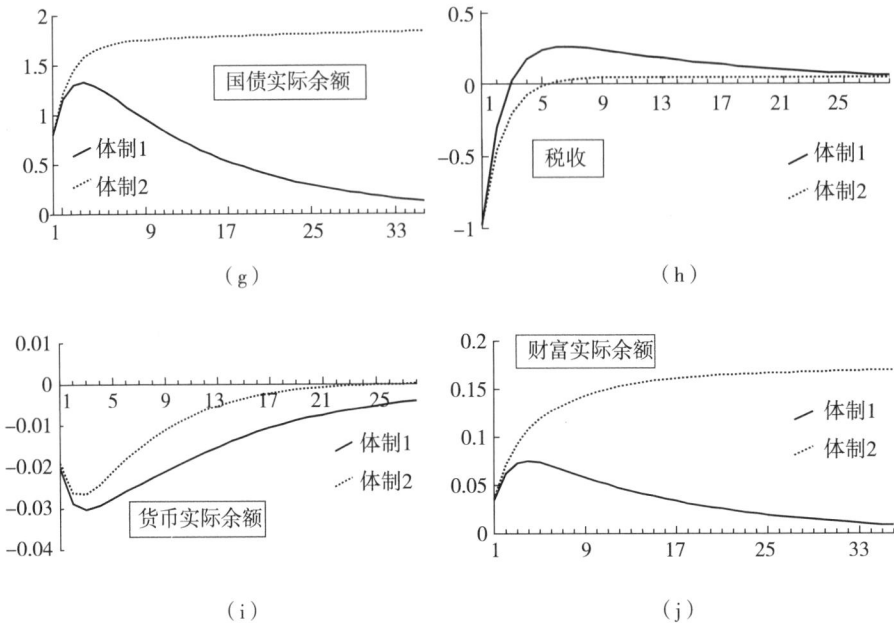

（g）

（h）

（i）

（j）

注：横轴单位为季度，纵轴单位为百分比，体制 1 对应主动的货币政策和被动的财政政策组合，体制 2 对应主动的财政政策和被动的货币政策组合。

图 6-16（续）

总结以上情景分析可以看出，无论是在哪种体制下，要使经济稳定，一个关键因素是必须保证政府部门的跨期预算等式得到满足，这样才能保证政府的债务水平得到稳定。在两种体制下，保证政府债务水平稳定的机制是不同的。

在主动的货币政策和被动的财政政策组合体制下，政府在财政税收、政府支出及发债规模方面充分考虑了政府的跨期预算约束，这样财政部门完全可以通过自身的收支调节手段使其债务水平得到充分的支持，从而保证了政府债务水平的稳定。在这种情况下，财政政策在稳定经济方面的作用是一种隐性和间接的作用，其首要任务客观上来说是稳定其债务水平，在此支持下，货币政策使用其各种调控手段，充分发挥其调控经济的主动作用，从而充当了稳定经济的重要角色。

在主动的财政政策和被动的货币政策组合体制下，政府支出、税收和债务水平的选择具有相对的任意性，这样财政部门并不能完全通过自身的收支调节手段使其债务水平得到充分的支持，而是必须依靠货币政策的帮助来维持其债务水平的稳定。在这种情况下，货币政策的作用客观上来说是被动地协助财政政策维持政府的债务水平，在此支持下，财政政策充分发挥其相机抉择的拟周期调控经济作用，从而在稳定经济方面起到一种显性和直接的作用。

无论是哪种体制，都需要货币政策与财政政策的协调和配合，才能使经济最终得到稳定。在实践中，我们应针对货币政策与财政政策在两种体制充当的角色来制定相应的措施，这样才能使政策措施充分发挥其应有的作用，并使效用真正到位。

七、结论和建议

基于我国的实际数据，我们在具有交迭世代特征的 DSGE 模型框架下，采用 Bayes 技术对我国物价水平的决定机制进行了深入的实证研究，从而得到结论：我国的政策体制主要表现为主动的财政政策和被动的货币政策组合体制，在此体制下，主动的财政政策在通过相机抉择的税收和支出手段调控经济的同时，由于被动的货币政策的支持，政府的实际债务水平得到了稳定，从而保证了实体经济及物价的稳定，因此这种体制实际上是物价水平的财政决定理论的充分体现。

在物价水平的财政决定理论下，如果物价的稳定存在问题，那么首先应该考虑的是财政方面采取的措施是否存在问题，如政府在财政税收、政府支出及发债规模方面是否充分考虑了政府的跨期预算约束，财政部门是否能够通过自身的收支调节手段使其债务水平得到充分的支持等；若财政收支状况不足以稳定政府的债务水平，那么需进一步考虑的是，财政政策与货币政策是否协调，二者的配合是否能够保证政府债务水平的稳定等；在以上两个方面的问题没有得到圆满解决的情况下，物价是不可能得到稳定的。从此也可以看出，只有充分了解物价水平的决定理论，才能从根本上解决物价的稳定问题，做到采取的政策措施有的放矢和政策效应完全到位。

不同的物价水平决定理论实际上决定了货币政策和财政政策在经济调控中承担的角色不尽相同。在物价水平的货币决定理论下，合理的政策组合表现为主动的货币政策和被动的财政政策组合，此时被动的财政政策意味着政府在财政税收、政府支出及发债规模方面必须充分考虑政府的跨期预算约束，从而主要承担稳定债务水平的角色，在此支持下，主动的货币政策主要承担稳定实体经济及物价的角色。而在物价水平的财政决定理论下，合理的政策组合表现为主动的财政政策和被动的货币政策组合，此时被动的货币政策意味着其客观上来说是被动地协助财政政策维持政府的债务水平，在此支持下，主动的财政政策充分发挥其相机抉择的拟周期调控经济作用，从而主要承担稳定实体经济及物价的角色，因此，货币政策和财政政策在稳定经济的角色上实际上进行了适当的换位。

虽然通过实证我们检验得到我国的政策体制主要表现为主动的财政政策和被动的货币政策组合体制，但这种体制在今后是否一定要继续保持值得我们思考。因为在该体制下，虽然财政政策的相机抉择性在调控经济方面具有其灵活性的优点，但相机抉择的政策会产生政策的时间不一致性（time inconsistence）问题，从而对社会的福利水平产生影响。为此，从社会福利水平最大化的角度来看，今后我国应该从现在的体制向主动的货币政策和被动的财政政策组合体制转换。要实现这一点，我们需要做以下两方面的事情：第一，要进一步加速我国的利率市场化进程，特别是要提高货币政策规则中名义利率关于通胀率的弹性，使其弹性大于 1，这样才能充分发挥货币政策在稳定经济方面的主动作用。第二，提高政府的债务管理水平，使政府在财政税收、政府支出及发债规模等三个方面充分考虑跨期预算约束，从而使财政部门能够通过自身的收支调节手段使其债务水平得到充分的支持和稳定。在短期内难以做到这点的情况下，可参考欧元区的做法，对财政的基本赤字及债务水平与 GDP 的比例提出严格的比例限制，限制财政政策的相机抉择性产生的负面影响。

第四节　不确定环境下最优财政政策规则的选择

对不确定环境下最优财政政策规则进行理论和实证研究，不仅可以对财政政策制定和操作的系统性和科学性提供必要的决策支持，而且可以提高财政政策的透明性、可信性和有效性。

对财政政策规则的研究是近年来国际上学术和应用领域研究的重要课题。目前国际上对货币政策规则的研究已有非常丰富的理论和实证上的研究成果，并且一些成果在货币政策的决策实践中已经发挥着重要的作用，而对于财政政策规则的研究目前国际上还处于起步阶段，这主要源于实践中财政政策具有较强的任意性和独立性，政府并不愿意放弃其带来的政策灵活性。但是财政政策规则在社会福利上带来的好处已经引起了学术界和应用界的重视，一些成果正在财政政策的决策实践中得以推广和应用。

Leeper（1991）、Schmitt-Uribe（1997）、Woodford（2001）及 Andrés-Domenech（2005）的研究表明，如果税收采用一定的规则形式，如税收钉住政府债务水平或者赤字，那么将会对产出和物价的稳定起到积极的作用，与相机抉择的税收政策相比，这些税收规则将会使社会福利水平得到显著的提高。

Schmitt-Uribe 于 2000 年提出了赤字规则，该规则允许政府具有有限的赤字，但赤字需要对产出缺口及政府债务水平具有一定的反馈机制；该规则比逐期（period by period）要求财政预算保持平衡更贴近现实情况，充分体现了欧盟《马斯特里赫特条约》和《稳定与增长公约》（The Stability and Growth Pact，1997）的内涵，并且在操作上更容易被公众理解，但是其缺乏灵活性。目前赤字规则已经和正在欧元区国家得以应用和推广，英国也于 1997 年开始尝试这一规则，从实际结果来看，该规则对经济的稳定起到了积极的作用。

Alesina-Perotti（1997）和 Fragetta-Kirsanova（2007）分别对 OECD 国家和欧元区国家的财政政策研究表明，如果政府支出表现出一定的规则性，如政府支出规则对通胀率、产出及贸易条件具有一定的反馈机制，那么可以对经济的稳定起到积极的作用，可以明显地提高社会福利水平，并且该规则可以从根本上解决政府受政治压力而扩大赤字的任意性问题，目前瑞典、芬兰和荷兰正在尝试该规则的应用。

与国际上的研究相比，目前国内关于财政政策规则的研究还是空白，特别是从社会福利最大化的角度来探讨最优财政政策规则的选择无论是理论上还是实证上都还没有见到定量的研究成果，因此本节在上节具有交迭世代特征的 DSGE 模型框架下，利用第五章的方法研究不确定环境下最优财政政策规则的选择及在我国应用的可行性。

一、损失函数的形式及财政政策的决策方式

首先来看政府部门的损失函数形式。从总量指标来看，政府部门在使用其调控工具调控经济时需要关注的两个重要指标是产出和通胀率的稳定，虽然财政政策与货币政策使用的调控工具、对这两个总量指标关注的权重及调控时它们的社会分工和侧重点有所不同，但这两个总量指标都是它们需要关注的两个重要方面，因此，政府部门的损失函数必须考虑产出和通胀率的变化。同时，为避免政府部门发债时的 Ponzi 策略，财政政策需要考虑的另一个重要方面是政府债务水平的稳定，而且在政府采用相

机抉择的财政政策方式下，这一方面的考虑显得尤为重要，故此政府部门的损失函数必须考虑政府债务水平的变化。另外，政府在发行债务时，债券市场的供求变化势必对名义利率产生影响，因而政府部门的损失函数必须考虑名义利率的波动对经济产生的影响。基于以上考虑，政府部门的损失函数选择为以下形式：

$$L = E_t \sum_{j=0}^{\infty} \beta^j L_{t+j}, \quad L_t = (1-\lambda)(y_t - y^*)^2 + \lambda(\pi_t - \pi^*)^2 + \mu(i_t - i_{t-1})^2 + \nu(b_t - b^*)^2$$

其中，β 是贴现因子，y_t 是产出，π_t 是通胀率，i_t 是名义利率，b_t 是政府部门的实际债务水平，y^*、π^* 和 b^* 分别是产出、通胀率及政府实际债务水平的目标值，$(1-\lambda)$、λ、μ 和 ν 分别是政府关于产出、通胀率、利率和实际债务等变量选择的权重。

财政政策的目标就是在上一节估计的经济模型约束下，通过选择财政政策工具使上述损失函数达到最小值。

在前面介绍的模型中，政府部门的跨期预算约束可表示为

$$b_t = (1+r_t)b_{t-1} + g_t - \tau_t$$

其中，b_t 是政府的实际债务水平，r_t 是实际利率，τ_t 和 g_t 分别是政府的实际税收和实际支出。

在政府支出、税收及债务水平这三个变量中，如果确定了其中的两个变量，那么另外一个变量将通过这个跨期预算等式来确定。在模型中，为使财政政策具有一定的调控灵活性，通常假设政府支出是一个外生变量并不是一个苛刻的假设条件。在此条件下，为求解上面的优化问题，我们必须在税收及债务水平这两个变量中选择一个变量作为控制变量，而另外一个变量将通过上面的跨期预算等式来确定。这里，我们将税收作为一个控制变量，而政府的债务水平由上面的跨期预算等式来确定。前面已经介绍，控制变量的不同决策方式将对求解上面的优化问题产生不同的影响，下面我们考虑三种不同的决策方式，一是相机抉择的方式，二是完全承诺的政策规则方式，三是简单的规则方式。

在简单的规则中，我们考虑下面的形式：

$$\tau_t - \tau^{ss} = \gamma_b(b_{t-1} - b^*) + \gamma_{by}(y_t - y^*)$$

这种简单的规则具有鲜明的经济含义：其一，随着产出的变化，税收将作适应性的

（accommodative）调整，这充分反映了财政政策在调控经济中的稳定器（stabilizer）功能；其二，为保证政府债务水平的稳定，政府在制定税收政策时，充分考虑了已有债务水平的变化对税收的影响。这种形式的简单规则在实际操作中也简单可行，而且在通过求解上面的优化问题确定出最佳的系数 γ_b 和 γ_{by} 后，若损失函数的数值非常接近完全承诺的政策规则下的损失函数的数值，那么这种最优的简单规则将不失为一种选择。

下面我们将利用前面介绍的方法，对这三种决策方式得到的最优财政政策进行比较和分析，从而选择切实可行的最优财政政策。

二、不同财政政策决策方式对经济动态特性的影响

基于前面的模型，我们首先来计算不同财政政策决策方式对经济动态特性的影响。在模拟计算中，产出、通胀率及政府实际债务水平的目标值 y^*、π^* 和 b^* 分别采用它们的稳态值（即它们长期的均衡水平值），这样可以隔离静态偏差产生的影响而着重讨论动态偏差产生的影响。从前面的分析来看，不同政策决策模式下的优化结果依赖于损失函数中关于各目标的权重 $K=diag$（$1-\lambda$，λ，μ，v），这里我们选择一种典型情形，$K=diag$（0.5，0.5，0.01，0.01），即政府对产出和通胀率的关注程度同样重要，同时其也对利率和债务的波动进行一定的重视。对于三种不同的财政政策决策方式，在利用前面的方法进行求解分别得到最优的财政政策后，我们考察不同的经济冲击对经济动态特性的影响。下面以政府支出冲击为例，考察该冲击在三种不同的决策方式下对经济动态特性的影响。假设政府支出受到一个冲击，使其比原来的水平增加 1 个百分点，在三种决策方式下该冲击对经济的动态影响见图 6-17。

从图 6-17 可以看出，随着政府支出的增加，总需求将增加，从而使产出增加。总需求的增加使劳动力需求和资本需求上升，从而对生产要素的价格（工资和资本收益率）产生上升的压力，这样生产的实际边际成本开始上升，这进一步对通胀率产生向上的压力。产出的增加和通胀率的上升，将导致名义利率的上升。针对以上经济状态，政府将通过税收的调整来熨平经济的波动变化。在税收的三种不同决策方式下，政府的调控效果存在着显著的差异。

在完全承诺的最优财政政策规则方式下，财政政策将对人们的预期产生系统性的影

响，这种系统性的影响使财政政策规则不仅要考虑当前的经济状态（其依赖于前定变量 x_{1t}），还要考虑预期的影响（其依赖于 Lagrange 乘子 ρ_{2t}），而且由于建立了承诺机制，从而只要经济没有达到长期均衡状态，那么财政政策将按照该规则进行持续的系统性调整。在政府支出开始增加的情况下，起初的一个显然结果是原来的政府预算平衡等式将被打破，为了重新维持该预算平衡，政府的选择是提高税收水平。在完全承诺的最优规则下，只要该预算平衡被打破，政府将持续地调整税收，从而最终使该预算平衡得到维持。从图 6-17 可以看出，税收的大幅提高使政府的债务水平得到了充分的稳定，使其迅速恢复到原先的水平。正是这种完全承诺的机制使财政部门的机会主义行为得以限制，使其信誉得到增强，从而使税收在系统性调整下达到了稳定经济的目标。

相反，在相机抉择的财政政策决策方式下，财政政策在每期都假定人们的预期给定，从而使财政政策的决策仅仅考虑经济的当前状态（其仅依赖于前定变量 x_{1t}），政府部门的这种机会主义和短视行为将使人们的预期不能得到稳定，并进而对其信誉产生影响，最终使税收的调整不具有系统性。从图 6-17 可以看出，在相机抉择的方式下，当政府预算平衡被打破时，税收的调整幅度变化不大，这样将使政府债务规模最终上升到一个新的平台上，其产生的财富效应也将逐步显现出来，这些都对经济的稳定产生了不良影响。

最优的简单规则是完全承诺的最优规则的一种近似，其使税收的调整行为具有系统性，并对人们的预期起到了稳定的作用，而且在这种承诺机制作用下，也使政府的信誉得到增强。但毕竟其仅仅利用了有限信息，从而使税收的调整是一种渐进的过程，可是与相机抉择比较，这种渐进的税收调整过程没有使政府债务规模得到进一步的上升，而是像完全承诺的最优规则一样逐步使其恢复到原先的水平，从而最终也达到了稳定经济的目标。

从图中的各个经济变量的动态变化特征来看，在完全承诺的最优财政政策规则下，各个经济变量的波动幅度最小，而且从非均衡状态调整到均衡状态的速度也最快；在相机抉择的财政政策下，各个经济变量的波动幅度最大，从非均衡状态向均衡状态的调整速度最慢，并且某些变量（如债务水平、通胀率）最终并不是恢复到原先的均衡水平，而是达到一个新的均衡水平；在最优的简单财政政策规则下，各个经济变量的波动幅度介于以上二者之间，从非均衡状态调整到均衡状态的速度也介于以上二者之间，但从产出和通胀率这二者的变化来看，其非常接近完全承诺的最优财政政策规则。

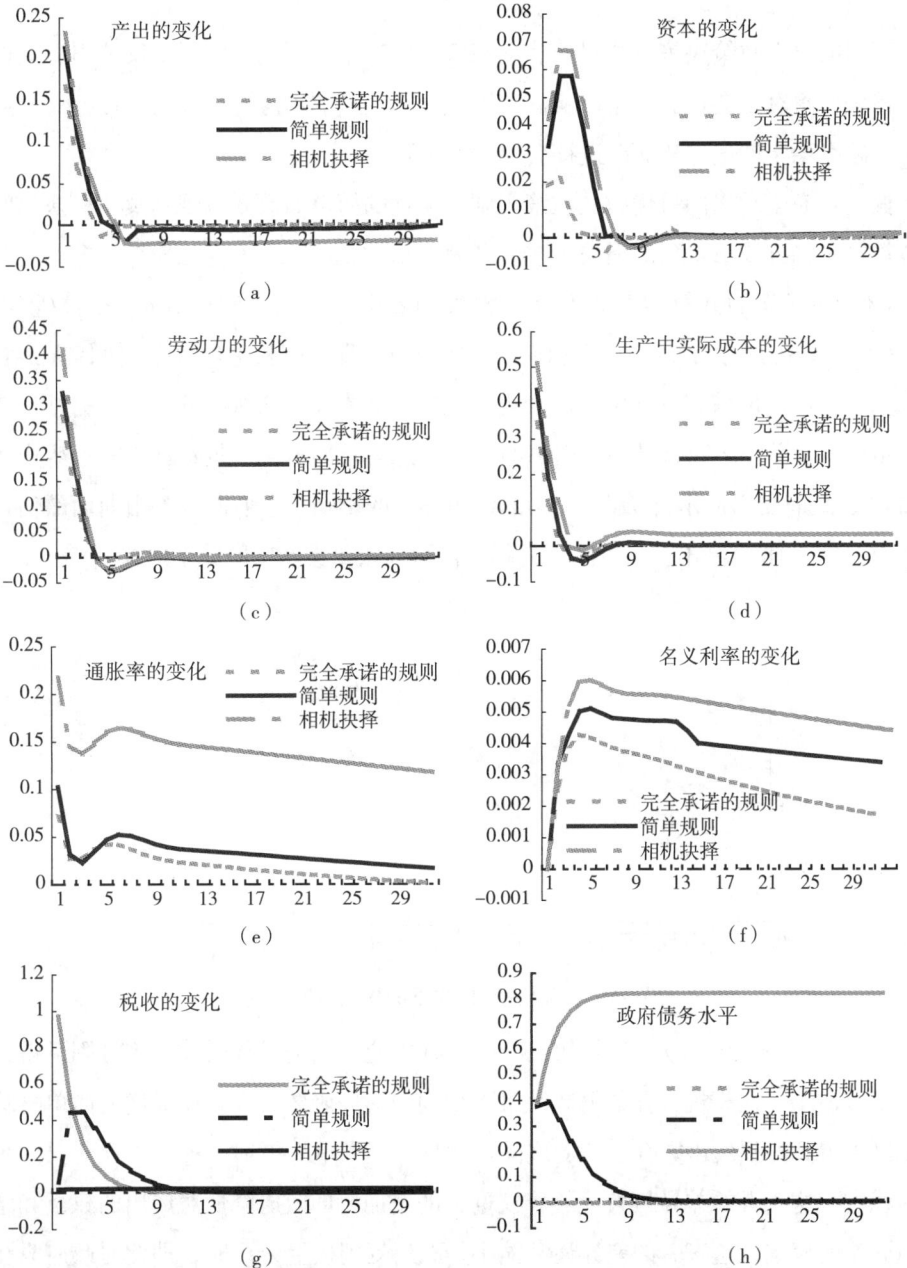

注：横轴单位为季度，纵轴单位为百分比。

图 6-17　政府支出冲击对经济的动态影响

三、不同财政政策决策方式对社会福利的影响

不同的财政政策决策方式对经济动态特性所产生的影响，实际上反映出稳定性偏差，该偏差将对社会福利产生影响。特别是，当经济的动态特性和前瞻性特性日益显著时，减少稳定性偏差从而改进社会福利更为重要。

假设在完全承诺的最优财政政策规则、最优的简单财政政策规则及相机抉择的财政政策这三种方式下得到的损失函数分别为 L_{com}、L_{sim} 和 L_{dis}，为比较决策方式对福利的影响，在下面的计算中，我们保持损失函数中关于利率和债务水平的权重不变（$\mu=0.01$，$v=0.01$），而改变产出和通胀率的权重，即改变权重参数 λ，使其从 $\lambda=0$ 变到 $\lambda=1$，即政府的偏好从非常关注产出的稳定到非常关注通胀率的稳定。另外，在随机模拟中，假设经济同时受到生产率冲击 ε_t^a、总需求冲击 ε_t^c、投资冲击 ε_t^i、生产成本冲击 ε_t^p、政府支出冲击 ε_t^g 及货币冲击 ε_t^m 等冲击的影响，它们的方差由前面的估计结果给出。图6-18绘制出三种方式下的损失函数与权重参数 λ 的关系曲线。

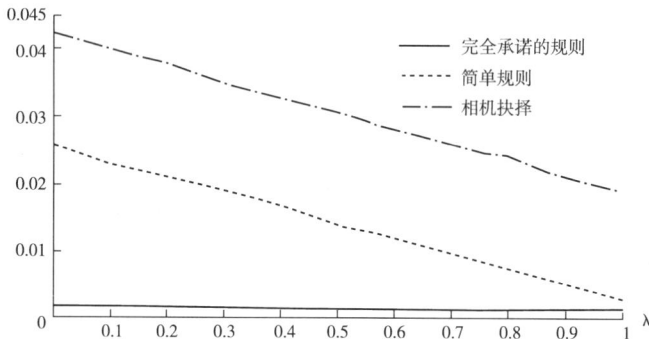

图6-18　三种决策方式下的损失函数比较

从图6-18可看出，对于不同的权重 λ，在完全承诺的最优财政政策规则下得到的损失函数最小，在相机抉择的财政政策下得到的损失函数最大，在最优的简单财政政策规则下得到的损失函数介于二者之间。而且，当权重 $\lambda=0$ 时，即政府此时只注重产出的稳定，这三者的差异最大；随着权重 λ 的增加，即政府降低对产出的权重和增加对通胀率的权重，这三者的差异逐渐缩小，而当变到权重 $\lambda=1$ 时，即此时政府只注重通胀率的稳定，这三者的差异最小。因此，从福利分析的角度来看，完全承诺的最优

财政政策规则是最优的选择，相机抉择的财政政策是最差的选择，尽管最优的简单财政政策规则与完全承诺的最优财政政策规则还有差距，但其比相机抉择的财政政策要好，其向完全承诺的最优财政政策规则更加靠近，特别是，权重 λ 增加时，这种接近程度更高。另外，从以上计算结果来看，为使福利水平达到最大，政府应更加偏重通胀率的稳定，而不是偏重产出的稳定，故此，实际中我国财政政策过多地强调促进经济增长这个目标是欠妥的。

如果上面的损失函数计算值的经济意义不鲜明，那么我们下面可采用 Lucas（2000）的方法计算与损失函数等价的通胀率（equivalent inflation），即计算下式：

$$L_{sim}(\pi_t^2) = L_{com}[(\pi_t - \pi_{sim})^2]$$

$$L_{dis}(\pi_t^2) = L_{com}[(\pi_t - \pi_{dis})^2]$$

其中，π_{sim} 和 π_{dis} 分别是在最优的简单财政政策规则和相机抉择的财政政策作用下与损失函数等价的通胀率，上面两式计算的实质就是，若以完全承诺的最优财政策规则对应下的福利水平度量，那么通胀率的平均水平扭曲到什么程度。图 6-19 绘制出与损失函数等价的通胀率与 λ 的关系曲线。

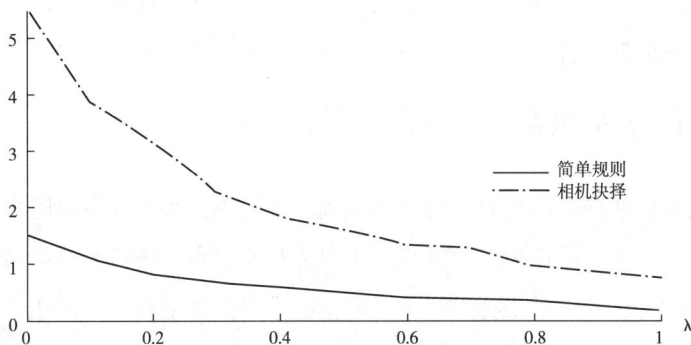

图 6-19　与损失函数等价的通胀率变化

从图 6-19 中可以看出，权重参数 λ 将影响与损失函数等价的通胀率变化 π_{sim} 和 π_{dis}，当政府对产出的稳定更加偏好时，与损失函数等价的通胀率变化较大，而当政府对通胀率的稳定更加偏好时，与损失函数等价的通胀率变化较小。另外，在相机抉择的财政政策下，与损失函数等价的通胀率中位数为 1.67%，而在最优的简单财政政策规则下，与损失函数等价的通胀率中位数为 0.51%，这也进一步说明最优的简单财政政策规则是完全承诺的最优财政政策规则的一种很好的近似。

与损失函数等价的通胀率有两方面的含义：当经济处于通货膨胀阶段时，与损失函数等价的通胀率为正值，对通胀率产生向上的偏差；而当经济处于通货紧缩阶段时，与损失函数等价的通胀率为负值，对通胀率产生向下的偏差。因此，根据图 6-19 中的计算结果，与完全承诺的最优财政政策规则相比，当经济处于通货膨胀阶段时，相机抉择的财政政策使通胀率平均上升 1.67%，而最优的简单财政政策规则使通胀率平均上升 0.51%；当经济处于通货紧缩阶段时，相机抉择的财政政策使通胀率平均下降 1.67%，而最优的简单财政政策规则使通胀率平均下降 0.51%。无论是哪种情况，相机抉择的财政政策对通胀率的稳定更加不利，从而对社会福利的影响最大，这也从一方面说明，在我国采用财政政策规则是必要的。

从实际情况来看，我国财政政策决策中时常表现为相机抉择行为，这种相机抉择行为主要体现在，政府为完成当年的经济增长目标在调整财政政策各项措施时缺乏系统性，没有一个钉住最终目标的系统性指导原则，特别是，政府在税收、政府支出及发债规模这三者之间对跨期预算约束等式考虑得不充分。从前面的福利分析来看，财政政策的相机抉择行为反映了政府的机会主义和短视行为，这将对经济的稳定产生影响，并进而对政府的信誉产生影响，最终造成社会福利的损失。

四、财政政策规则应用的可行性

鉴于上面相机抉择的财政政策对社会福利产生的不良影响，在我国采用财政政策规则是必要的。首先，采用财政政策规则可以为政府根据经济运行的当前状态及面对未来可能遇到的各种经济冲击提供一个系统性的指导性决策原则，避免了政府决策的盲目性和任意性，从而对经济的长期稳定及提高社会福利产生积极的作用。其次，采用财政政策规则建立了一种承诺机制，避免了政府的机会主义和短视行为，从而可以提高财政政策的有效性。最后，采用财政政策规则可以稳定人们的预期，提高政府的声誉，从而可以提高财政政策的可信性。

那么，采用财政政策规则是否会对财政政策的灵活性产生影响呢？实践中政府之所以仍然偏好相机抉择的财政政策，一个重要原因是这种方式使财政政策具有更多的灵活性，但过多的灵活性也导致了社会福利水平的损失。我们期望寻找的财政政策一方面能够改进相机抉择的不足之处，同时另一方面能够不丧失过多的灵活性。实际上，上面介绍的财政政策规则具有这个特性。从前面的模型可以看出，财政政策规则是针对税收提出的，而政府支出是一个外生变量，因而政府完全可以通过对该变量的调整使财政政策具有相当的灵活性，故此，总体上来看，财政政策并没有丧失过多的灵活性，只不过是我们克服了税收调节的非系统性和相对任意性，从而使税收、政府支出及政府债务水平这三者能够充分地协调起来，保证了政府跨期预算约束的充分实现。

基于以上分析，实际上财政政策规则具有应用的可行性，具体来讲，我们可以按以下步骤进行：

（1）对财政政策的目标进行量化。考虑到实际中工资或价格的刚性、垄断竞争、扭曲性税率、统计数据的误差、政府的政治压力及实际操作的约束等因素，财政政策的目标值可能有所偏离社会福利目标函数中的目标值，但偏离程度不能太大，否则将对社会福利产生影响。为此，应进一步对这些目标值进行深入的定量分析，给出其确定的范围区间。由于这些目标值的确定具有深刻的经济含义，因而其不是行政性的指令目标，更不是预测目标。

（2）对财政政策的偏好进行刻画，特别是，对损失函数中关于各个目标的权重值进行量化。在确定这些权重时，财政政策不应偏重对产出的考虑，而应兼顾对产出、通胀率、政府债务水平及利率波动等几个方面。如果过于偏重刺激产出的增长，那么将会对社会福利水平产生影响。

（3）政府在税收、政府支出及发债规模等三个方面应充分考虑跨期预算约束，从而使财政部门能够通过自身的收支调节手段使其债务水平得到充分的支持和稳定。在短期内难以做到这点的情况下，可参考欧元区的做法，对财政的基本赤字及债务水平与 GDP 的比例提出严格的比例限制，限制财政政策的相机抉择性产生的负面影响。

（4）在以上方面的基础上，通过求解前面的优化问题，我们可以确定最优的财政政策规则的具体形式，从而为财政政策的制定和操作提供一个参考基准。从福利分析的角度来看，最理想的结果是选择完全承诺的最优财政政策规则，但鉴于该规则在形式上非常复杂，特别是其还依赖于不可观测的变量，因而在应用方面具有一定的难度。此时可以尝试最优的简单财政政策规则，一般来说，简单规则并不能使政策目标函数达到最优值，但如果这种简单规则能使目标函数值充分接近在完全承诺的最优政策规则作用下的目标函数值，那么它也是可取的。因此，我们应尝试财政政策规则的应用，建立承诺机制并提高政府的声誉，避免政府的机会主义和短视行为，从而可以提高财政政策的有效性。先尝试最优的简单财政政策规则的应用，然后在时机成熟时进而尝试完全承诺的最优财政政策规则的应用。

总之，采用最优财政政策规则不仅可以对财政政策制定和操作的系统性和科学性提供必要的决策支持，而且可以提高财政政策决策的透明性、可信性和有效性。

第五节　我国经济波动的根源分析及政策选择

经济波动一直是经济学和政策决策部门研究的核心课题，而研究经济波动的关键是需要搞清楚经济波动的初始根源是什么，即需要了解影响经济波动的经济冲击是什么及其对经济波动影响的特征。

在不确定环境下，经济运行过程中时刻受到各种冲击的影响，我们实际观察到的经济运行结果是各种冲击作用于经济系统的结果。这些冲击包括经济环境变化带来的冲击（如世界经济运行的不确定性对我国经济造成的冲击）、经济供求变化带来的冲击（如生产率变化带来的供给冲击和国内外需求变化带来的需求冲击）、政策体制改变或政策调整带来的冲击（如货币政策或财政政策变化带来的冲击）、经济主体行为变化带来的冲击（如消费者偏好带来的冲击或者厂商产品定价行为带来的冲击）等，并且不同冲击对经济作用的动态机制和影响幅度不同，有的冲击对经济会产生永久性的影响（如生产率变化带来的供给冲击会对实体经济产生永久性的影响），而有的冲击仅对经济产生暂时的影响（如需求冲击对实体经济仅会产生暂时的影响）。各种冲击对经济影响的差异性决定了经济在不同时期表现出不同的波动特征，这将对经济政策的决策产生相应的影响。对政策决策部门而言，在每出台一项政策措施时，其必须考虑各种冲击对经济影响的差异性，并对政策实施可能波及的各个经济方面进行权衡，这样才能使出台的政策产生较满意的效果。因此，对经济波动的根源进行分析和研究，是了解经济运行特征的最重要环节，也是制定合理和有效的经济政策的基础。

对我国而言，伴随着经济发展模式的转变及经济政策和制度的不断调整，影响我国经济波动的因素更多，影响的机制也更为复杂。准确判断和分析我国经济波动的根源，对经济政策制定、经济结构的调整均具有重要意义。

基于以上考虑，下面的研究重点是根据我国经济的实际运行情况对我国经济波动的根源进行详细的分析，并着重对影响我国经济波动的各种经济冲击进行有效的识别，同时针对各个经济冲击对经济作用的机制和影响幅度进行深入的剖析，从而找出影响我国经济波动的主要因素，进而为经济政策的决策提供有力的支持。

一、分析经济波动的根源采用的两种方法

对经济波动的根源进行分析的一个基本思路是，首先对影响经济波动的各种冲击进行有效的识别，然后在此基础上分析各种冲击对经济波动影响的幅度，从而从总体上对各冲击对经济波动影响的重要性进行判断，进而为政策调控者将采取的各项应对措施提供决策支持。按照这一思路，目前的研究方法可分为两类：一是基于结构向量自回归模型（Structural Vector Autoregressive Models, SVAR 模型）的分析方法，二是基于动态随机一般均衡模型（DSGE 模型）的分析方法。

（一）基于 SVAR 模型的分析方法

SVAR 模型的出发点是在很少的经济理论假设下，根据时间序列的统计特性，通过对不同的经济冲击进行识别，进而研究各经济冲击对经济的动态影响及传导机制。在只知道经济运行结果的情况下，SVAR 模型对经济冲击识别的方法是施加识别条件（Identification Conditions），这包括识别条件的数目及每个识别条件的经济合理性。对于一个包含 N 个变量的 SVAR 模型，要完全识别 N 个冲击，通常需要施加 $N(N-1)/2$ 个识别条件。当模型中变量个数 N 增加时，施加的识别条件数目将显著增加，这是制约 SVAR 模型应用的一个瓶颈。如对于一个包含 10 个变量的 SVAR 模型，识别这 10 个冲击通常需要施加 45 个识别条件，这在实际应用中是非常困难的，而且采用仅包含 10 个变量的 SVAR 模型对经济波动的根源进行分析是不够的，经济受到的冲击数目远不止这些。故此，目前实际应用的 SVAR 模型规模不可能很大，即使建立了大规模的 SVAR 模型，但通常识别的冲击只是部分冲击而非全部冲击。另外，SVAR 模型中的每个方程是统计方程而非经济行为方程，经济解释意义不鲜明，依靠施加识别条件来识

别冲击的方式也是一种间接和隐性的方式。

（二）基于 DSGE 模型的分析方法

DSGE 模型是在不确定环境下研究经济的一般均衡问题，它的出发点是严格依据一般均衡理论，利用动态优化方法对各经济主体（居民、厂商、政府等）在不确定环境下的行为决策进行详细的刻画，从而得到经济主体在资源约束、技术约束及信息约束等条件下的最优行为方程，再加上市场出清条件，最终得到不确定环境下经济满足的方程。由于 DSGE 模型是在不确定环境下研究经济主体的行为决策，因此建模时就需要对不确定性进行刻画，对不确定性的刻画就包含对各种经济冲击的刻画，而且实际应用中根据问题的需要，可对影响经济波动的各种冲击尽可能地做细致的刻画，这不仅包括对冲击的数目进行刻画，而且包括对冲击的动态机制进行建模，故此在 DSGE 模型中对经济冲击的识别是直接和显性的方式。同时，DSGE 模型的显性建模框架、理论一致性、微观和宏观的完美结合、长短期分析的有机整合、政策分析的优越性等独特性日益受到人们的青睐，是目前研究诸多经济问题的一个重要工具。

国外采用 DSGE 模型研究经济波动的主要代表有 Kydland-Prescott（1982）、Long-Plosser（1983）、King-Rebelo（1999）、Bernanke-Gertler-Gilchrist（1999）、Smets-Wouters（2007））和 Dees-Pesaran-Smith（2010）等，而国内方面采用这一方法的主要研究成果有陈昆亭、龚六堂、邹恒甫（2004），李春吉、孟晓宏（2006）和刘斌（2010）等。在这些研究中，Smets-Wouters（2007）利用 Bayes 估计的 DSGE 模型得到的实证结果较为全面和具有代表性，他们的基本结论是，短期内经济波动的主要驱动力是需求冲击（包括投资冲击、消费偏好冲击和财政支出冲击），长期内经济波动的主要驱动力是供给冲击（包括生产率冲击、劳动力供给冲击及垄断竞争带来的成本冲击），这项成果之所以较为全面，是因为模型对经济冲击的刻画非常细致，而且对每项冲击对经济波动的影响程度进行误差分解。另外，Smets-Wouters（2007）还基于相同数据对 DSGE 模型和 SVAR 模型的边际概率以及预测表现进行了比较，并认为 DSGE 模型的分析结果总体上优于 SVAR 模型的分析结果。

总的来看，应用 DSGE 模型对经济波动的根源进行分析是目前国际上的一个大趋势，在下面我们也将采用这一方法。

二、模型中的不确定性刻画

基于采用前面第二节的开放经济 DSGE 模型，我们在此基础上对该模型进行了适当的拓展。DSGE 模型的一个突出特点及研究基础是它对经济冲击的识别是直接和显性的方式。前面提到在利用 DSGE 模型研究经济波动时，Smets-Wouters（2007）的实证结果较为全面和具有代表性，这项成果之所以较为全面，是因为模型对经济冲击的刻画非常细致。但与这里的模型相比，Smets-Wouters 模型相对简单，模型中涉及的经济冲击也仅有 7 项，而下面采用的模型中包含的经济冲击是非常丰富的，达到 20 项，这些经济冲击基本上反映了我国经济运行中不确定性的众多方面。

为下面讨论方便，我们对经济冲击进行如下分类。

（一）供给冲击

模型中包含的供给冲击共有 10 项，其中，反映实体经济方面的供给冲击有 5 项，反映名义成本方面的供给冲击有 5 项。

反映实体经济方面的供给冲击分为两部分：一部分是劳动力供给冲击，在我国劳动力相对比较充裕的情况下，劳动力供给的变化对经济波动的影响是需考虑的一个重要因素；另一部分是生产率冲击，模型中的生产部门包括国内产品和出口产品两个生产部门，在每个部门中生产率的变化由两个冲击来反映，即反映生产率趋势增长率变化的冲击和反映生产率水平变化的冲击。

反映名义成本方面的供给冲击分为三部分：一是由国外价格变化导致的名义成本冲击；二是由工资粘性导致的名义劳动力成本冲击；三是由价格粘性导致的名义成本冲击。由于模型中劳动力市场和中间产品（分为国内产品、出口产品和进口产品三部分）市场处于垄断竞争的状态，因而，居民和生产中间产品的厂商分别在劳动力需求和产品需求的约束下，对工资和中间产品的价格有一定的定价权，工资和中间产品价格定价加成率（Mark-up）的变化分别反映了由工资粘性导致的名义劳动力成本冲击和由价格粘性导致的名义成本冲击。

（二）需求冲击

模型中包含的需求冲击共有 4 项，分为国外需求冲击和国内需求冲击，国内需求冲击包括消费需求冲击、投资需求冲击及货币需求冲击，其中，除了货币需求冲击是名义冲击外，其他冲击是实质冲击。这里，我们没有把由政府支出变化带来的需求冲击列进来，主要是因为模型中对财政政策的刻画是通过政府支出变化的动态方程来进行的，因而我们把这个冲击放在下面的政策冲击模块。

（三）政策冲击

模型中包含的政策冲击共有 5 项，分为财政政策冲击和货币政策冲击。财政政策冲击由政府支出的变化来刻画；货币政策冲击包括两部分，一部分是国外货币政策冲击，它由国外利率的变化来刻画，另一部分是国内货币政策冲击，它包括央行调整利率带来的冲击、央行调整准备金率带来的冲击以及央行调整对商业银行的再贷款带来的冲击。

（四）汇率冲击

模型中汇率冲击主要反映由汇率体制变化、汇率调整及汇率风险溢价变化等因素带来的名义汇率冲击。

三、历史分解和误差分解技术

在对影响经济波动的各冲击进行有效的识别后，我们下一步将分析各种冲击对经济波动影响的幅度，从而从总体上对各冲击对经济波动影响的重要性进行判断。目前分析各种冲击对经济波动影响的幅度采用的技术主要包括历史分解（Historical Decomposition）技术和误差分解（Variance Decomposition）技术。

假定模型取对数后的方程如下：

$$E_t\{f(y_{t+1}, y_t, y_{t-1}, u_t; \theta)\} = 0$$

其中，E_t 是预期，y_t 是内生变量，u_t 是外部冲击，θ 是参数。在通过求解方程 $f(y^{ss}, y^{ss}, y^{ss}, 0; \theta) = 0$ 得到 y_t 的稳态值 y^{ss} 后，对 $\hat{y}_t = y_t - y^{ss}$ 在一阶近似的情况下可得到如下的解：

$$\hat{y}_t = g_y(\theta)\hat{y}_{t-1} + g_u(\theta)u_t$$

其中，矩阵 $g_y(\theta)$ 和 $g_u(\theta)$ 是关于参数 θ 的非线性函数。

对上式进行迭代可得到

$$\hat{y}_t = [g_y(\theta)]^t \hat{y}_0 + \sum_{i=0}^{t-1} [g_y(\theta)]^i g_u(\theta)u_{t-i}$$

从这里可以看出，内生变量的实际值决定于两方面因素的影响，一是内生变量初始水平的影响，二是从初期到当期已经发生的各结构性冲击对内生变量的影响。在不考虑初始值影响的情况下，若已经对经济冲击进行了识别，则根据上式就能够对实际中发生的各结构性冲击对经济变量水平值的影响进行历史分解，从历史分解结果我们可以了解各结构性冲击对经济变量水平变化的影响。

实际中我们不仅关心结构性冲击对经济变量水平值的影响，而且关心结构性冲击对经济波动的影响，因此在前面的基础上我们需要进一步进行误差分解分析。

记 $B_s(\theta) = [g_y(\theta)]^s g_u(\theta)$，$s = 0,1,\cdots$，从前面的方程可得到

$$E_t(\hat{y}_{t+s}) = [g_y(\theta)]^s \hat{y}_t$$

和

$$\hat{y}_{t+s} - E_t(\hat{y}_{t+s}) = B_0(\theta)u_{t+s} + B_1(\theta)u_{t+s-1} + \cdots + B_{s-1}(\theta)u_{t+1}$$

进而得到

$$E_t\left[(\hat{y}_{t+s} - E_t(\hat{y}_{t+s}))(\hat{y}_{t+s} - E_t(\hat{y}_{t+s}))'\right]$$
$$= B_0(\theta)VB_0'(\theta) + B_1(\theta)VB_1'(\theta) + \cdots + B_{s-1}(\theta)VB_{s-1}'(\theta)$$

其中，矩阵 V 是冲击 u_t 的协方差矩阵。

通过上面的误差分解，可以详细了解各个冲击在预测误差中的贡献度，从而了解各个冲击对经济波动影响的重要性，而且我们可以针对不同的预测区间进行上面的误差分解，从而可进一步了解各个冲击在不同时期对经济波动影响的重要性。

四、关于我国经济波动的根源分析实证结果

基于我国 1993 年第一季度至 2011 年第三季度的统计数据，在采用 Bayes 技术对前面的 DSGE 模型进行估计后，我们再利用误差分解技术对我国经济波动的根源进行分析。我们将对实体经济波动、物价波动、金融市场中的利率和资产价格波动、信贷及货币供应量波动及其他经济变量波动的根源进行分析，实证结果如下。

（一）我国实体经济波动的根源分析

1. 产出波动的根源分析。产出的波动是整个宏观经济波动最集中的反映，表 6-11 是不同区间有关产出波动的误差分解情况。从表中可以看出，在供给冲击、需求冲击、政策冲击及汇率冲击这四类冲击中，需求冲击与供给冲击对产出波动的影响是最显著的，且在不同的时期这两类冲击对产出波动的影响表现出不同的特点。

短期来看，需求冲击对产出波动的影响最大，且国内需求冲击是最重要的因素。1个季度内，需求冲击对产出波动的贡献率达到58.83%，其中国内需求冲击的贡献率为51.41%，其次是供给冲击（包括生产率冲击和劳动力供给冲击），其贡献率达到23.58%，其他冲击的贡献率相对较小。4个季度内，需求冲击对产出波动的贡献率达到45.27%，其中国内需求冲击的贡献率为41.84%，其次是供给冲击，其贡献率达到35.77%，其中生产率和劳动力供给冲击的贡献率达到28.45%，其他冲击的贡献率相对较小。

表6-11 产出波动的误差分解

单位：%

区间 \ 冲击	供给冲击		需求冲击		政策冲击	汇率冲击
	生产率和劳动力供给冲击	成本冲击	国内需求	国外需求		
1个季度	11.07	12.51	51.41	7.42	17.57	0.02
4个季度	28.45	7.32	41.84	3.43	18.77	0.19
8个季度	52.03	7.17	19.75	2.68	17.18	1.19
12个季度	55.55	3.76	19.49	2.49	15.5	3.21
20个季度	57.78	3.51	19.08	2.41	14.17	3.05
长期	58.15	3.48	19.07	2.4	13.89	3.01

长期来看，在影响总产出波动的冲击因素中，总供给因素，尤其是生产率和劳动力供给冲击对于产出的影响则是最大的。自8个季度后，供给冲击对产出波动的贡献率均在60%左右，其中生产率和劳动力供给冲击解释了产出波动的50%以上，而且在长期则达到了58.15%。需求冲击在长期对产出波动的贡献率仅在20%左右，其他冲击的贡献率相对较小。这一点与我国的实际情况是相符合的。在我国经过了多年的经济改革后，可以说"短缺"经济阶段已经过去，"瓶颈"问题已得到较好的解决，在以高新技术为主要特征的经济结构的调整过程中，生产率得到了大幅度的提高，并且产业的升级换代和教育培训的广泛普及也使劳动力的素质得到了普遍的提高，劳动力供给得到了明显的改善。生产率的提高和劳动力供给的改善无疑对经济产生了正的供给冲击，从而在长期对产出产生了显著的影响。

总结以上结果可以判断，短期内总需求冲击是影响我国产出波动的主要因素，其中国内需求冲击的贡献率最大，其他冲击的影响相对较小。而在长期，供给冲击是影响我国产出波动的主要因素，其中生产率和劳动力供给冲击的贡献率最大，其他冲击的影响相对较小。

2. 总需求中各个分量波动的根源分析。在考察经济冲击对产出波动影响的基础上，我们进一步考察经济冲击对总需求中各个分量波动的影响，表 6-12 至表 6-15 分别是不同区间有关消费、投资、进口及出口等变量波动的误差分解情况。

从表 6-12 至表 6-15 可以看出，无论是在短期还是长期，需求冲击与供给冲击是影响消费、投资、进口和出口等变量波动的最主要因素。

短期来看，需求冲击对消费、投资、进口和出口等变量波动的影响最大，其他冲击对这些变量波动的影响相对较小，但消费、投资和进口的波动主要由国内需求冲击主导，而出口的波动主要由国外需求冲击主导。1 个季度内，国内需求冲击对消费、投资和进口波动的贡献率分别达到 81.79%、65.61% 和 63.31%，国外需求冲击对出口波动的贡献率则达到 85.37%。4 个季度内，国内需求冲击对消费、投资和进口波动的贡献率分别达到 61.01%、45.72% 和 53.39%，国外需求冲击对出口波动的贡献率则达到 55.08%。

表 6-12　　　　　　　　　　　　消费波动的误差分解

单位：%

区间 ＼ 冲击	供给冲击		需求冲击		政策冲击	汇率冲击
	生产率和劳动力供给冲击	成本冲击	国内需求	国外需求		
1 个季度	0.06	0.01	81.79	0.01	18.02	0.11
4 个季度	15.99	0.37	61.01	0.02	22.08	0.53
8 个季度	38.35	0.42	38.69	0.01	22.03	0.5
12 个季度	45.44	0.5	32.35	0.01	21.18	0.52
20 个季度	46.85	0.52	30.99	0.01	21.11	0.52
长期	47.01	0.53	30.75	0.01	21.18	0.52

表 6-13　　　　　　　　　　　　投资波动的误差分解

单位：%

区间 ＼ 冲击	供给冲击		需求冲击		政策冲击	汇率冲击
	生产率和劳动力供给冲击	成本冲击	国内需求	国外需求		
1 个季度	9.98	0.34	65.61	0.01	23.41	0.65
4 个季度	27.67	1.25	45.72	0.01	23.86	1.49
8 个季度	36.98	1.88	36.52	0.01	23.65	0.96
12 个季度	46.39	1.91	27.2	0.01	23.61	0.88
20 个季度	55.17	2.07	19.29	0.01	22.5	0.96
长期	55.47	2.07	19.01	0.01	22.49	0.95

表 6-14 进口波动的误差分解

单位：%

冲击 \ 区间	供给冲击		需求冲击		政策冲击	汇率冲击
	生产率和劳动力供给冲击	成本冲击	国内需求	国外需求		
1 个季度	5.34	12.41	63.31	0.36	10.47	8.11
4 个季度	13.74	14.74	53.39	0.84	5.23	12.06
8 个季度	18.81	14.92	44.36	0.64	9.19	12.08
12 个季度	20.16	14.98	41.85	0.6	9.83	12.58
20 个季度	21.03	14.99	39.44	0.58	10.58	13.38
长期	22.02	15.01	38.11	0.58	10.86	13.42

表 6-15 出口波动的误差分解

单位：%

冲击 \ 区间	供给冲击		需求冲击		政策冲击	汇率冲击
	生产率和劳动力供给冲击	成本冲击	国内需求	国外需求		
1 个季度	4.45	6.41	1.81	85.37	1.38	0.58
4 个季度	23.12	8.21	3.31	55.08	3.44	6.84
8 个季度	29.22	7.26	3.51	48.91	3.43	7.67
12 个季度	28.64	7.48	3.69	48.15	3.26	8.78
20 个季度	28.34	7.67	3.32	46.82	3.13	10.72
长期	28.34	7.42	3.22	46.67	3.13	11.22

　　长期来看，消费和投资的波动主要由供给冲击主导，而进口和出口的波动依然由需求冲击主导。自 8 个季度后，供给冲击，尤其是生产率和劳动力供给冲击对消费和投资波动的贡献率逐步加强，并最终成为决定消费和投资波动的主要因素，生产率和劳动力供给冲击在长期对消费和投资波动的贡献率分别达到 47.01% 和 55.47%。与消费和投资相比，虽然自 8 个季度后供给冲击对进口和出口波动的贡献率也在逐步加强，但影响进口和出口波动的主导因素仍然是需求冲击，其中，进口波动依然主要由国内需求冲击主导，出口波动依然主要由国外需求冲击主导，在长期国内需求冲击对进口波动的贡献率仍然达到 38.11%，而国外需求冲击对出口波动的贡献率也达到 46.67%。

　　值得注意的是，由于在我国经济转轨和经济结构调整的过程中，经济政策的变化对不同时期的居民消费偏好和消费升级换代以及企业的投融资体制会产生影响，因而由这些政策变化导致的政策冲击对消费和投资波动的影响也是一个不可忽视的一个因素。虽然从表 6-12 至表 6-15 中可以看出，政策冲击对消费和投资波动的影响并不是主导因素，但其对消费和投资波动的贡献率也在 20% 左右，因此要保持消费和投资的稳定，就需要避免政策的不稳定变化。

另外，尽管自 2005 年以来，我国已经放弃了原先的固定汇率体制而转变为有管理的浮动汇率体制，近五年来汇率变化的幅度很大，但从表 6-12 至表 6-15 中可以看出，无论是在长期还是在短期，汇率冲击对进口和出口波动的影响相对较小，其对进口和出口波动的贡献率仅在 10% 左右，影响进口和出口波动的主导因素仍然是需求冲击。

3. 资本存量、资本利用率和就业波动的根源分析。以上考察了经济冲击对总需求及其各分量波动的影响，下面我们将考察经济冲击对决定总供给的生产要素波动的影响。资本和劳动力是两个最基本的生产要素，它们的变化将对总供给及经济增长的可持续产生重要的影响。由于资本的积累是一个缓慢的过程，并且资本的调整存在着调整成本，因而面对经济环境不确定性的变化，厂商在调整资本存量无法到位的情况下，可对资本的利用率进行调整，从而更加有效地进行生产，为此在对资本和劳动力的波动根源进行分析的同时，我们也对资本利用率波动的根源进行分析。表 6-16 至表 6-18 分别是不同区间有关资本存量、就业及资本利用率等变量波动的误差分解情况。

表 6-16　　　　　　　　　　　　资本存量波动的误差分解

单位：%

冲击\区间	供给冲击		需求冲击		政策冲击	汇率冲击
	生产率和劳动力供给冲击	成本冲击	国内需求	国外需求		
1 个季度	64.13	0.11	34.61	0.11	1.01	0.03
4 个季度	66.11	1.27	22.57	0.31	9.48	0.26
8 个季度	66.25	1.74	20.94	0.41	10.37	0.29
12 个季度	67.23	2.13	18.91	0.42	10.93	0.38
20 个季度	68.67	2.31	15.43	0.54	12.61	0.44
长期	69.65	2.31	14.41	0.54	12.65	0.44

表 6-17　　　　　　　　　　　　就业波动的误差分解

单位：%

冲击\区间	供给冲击		需求冲击		政策冲击	汇率冲击
	生产率和劳动力供给冲击	成本冲击	国内需求	国外需求		
1 个季度	44.53	6.82	39.61	4.78	4.24	0.02
4 个季度	50.11	9.37	30.48	3.87	5.69	0.48
8 个季度	60.29	9.75	20.31	2.98	5.71	0.96
12 个季度	61.24	10.31	18.22	2.96	5.84	1.43
20 个季度	62.62	11.89	15.19	2.95	5.87	1.48
长期	62.75	13.06	13.89	2.95	5.87	1.48

表 6-18　　　　　　　　　　　　　资本利用波动的误差分解

单位：%

区间＼冲击	供给冲击		需求冲击		政策冲击	汇率冲击
	生产率和劳动力供给冲击	成本冲击	国内需求	国外需求		
1 个季度	5.85	9.23	65.12	9.68	10.11	0.01
4 个季度	20.35	7.64	55.12	8.16	8.69	0.04
8 个季度	25.09	6.98	51.67	7.74	8.48	0.04
12 个季度	28.85	6.11	49.13	7.45	8.42	0.04
20 个季度	32.04	5.19	48.21	7.27	7.25	0.04
长期	32.92	5.12	48.12	7.27	6.53	0.04

从表 6-16 至表 6-18 可以看出，虽然短期内国内需求冲击对资本存量和就业波动的影响不可忽视，如 1 个季度内国内需求冲击对资本存量和就业波动的贡献率分别达到 34.61% 和 39.61%，但随着时间的推移，国内需求冲击对二者的贡献率逐渐降低，4 个季度国内需求冲击对二者的贡献率已分别下降到 22.57% 和 30.48%，而自 8 个季度后，国内需求冲击对二者的贡献率进一步降低，长期国内需求冲击对二者的贡献率则分别下降到 14.41% 和 13.89%。在资本积累缓慢及我国劳动力供给弹性很大的情况下，可以看到无论是在短期还是长期，生产率和劳动力供给冲击是影响资本存量和就业波动的最关键因素。生产率和劳动力供给冲击对资本存量波动的贡献率始终在 60% 以上，长期甚至接近 70%。尽管生产率和劳动力供给冲击对就业波动的贡献率在 1 个季度内仅为 44.53%，但这也超过了国内需求冲击对就业波动的贡献率（39.61%），而且自此以后生产率和劳动力供给冲击对就业波动的贡献率逐步增加，长期达到 62.75%。

与以上不同的是，在短期内资本调整无法到位的情况下，厂商可以对资本的利用率进行调整，因此，国内需求冲击对资本利用率波动的影响最大，国内需求冲击对资本利用率波动的贡献率在 1 个季度和 4 个季度分别达到 65.12% 和 55.12%。随着资本存量调整的逐步到位，虽然生产率和劳动力供给冲击对资本利用率波动的贡献率逐步加强，但影响资本利用率波动的主导因素仍然是国内需求冲击，国内需求冲击对资本利用率波动的贡献率长期接近 50%。

总的来看，无论是在短期还是长期，供给冲击中的生产率和劳动力供给冲击是影响资本存量和就业波动的最重要因素，而需求冲击中的国内需求冲击是影响资本利用率波动的最重要因素。

（二）我国物价波动的根源分析

1. 物价总水平波动的根源分析。物价的变化是经济决策者特别是中央银行关注的一个重要方面，通过对物价波动的根源进行分析，我们可以找出决定物价的基本因素。下面首先考察我国物价总水平的波动情况，表 6-19 是不同区间有关物价总水平波动的误差分解情况，这里物价总水平以 GDP 平减指数为代表。

表 6-19　　　　　　　　　　物价总水平波动的误差分解

单位：%

冲击 区间	供给冲击		需求冲击		政策冲击	汇率冲击
	生产率和劳动力供给冲击	成本冲击	国内需求	国外需求		
1 个季度	5.26	60.91	23.65	3.04	4.66	2.48
4 个季度	10.72	52.02	25.86	3.11	5.04	3.25
8 个季度	11.78	50.82	25.06	3.11	5.78	3.45
12 个季度	12.61	50.66	24.19	3.11	6.02	3.41
20 个季度	14.12	49.71	23.39	3.11	6.26	3.41
长期	14.12	49.66	23.39	3.11	6.31	3.41

由表 6-19 可以看出，无论在长期还是在短期，供给冲击和需求冲击是影响物价总水平波动的最显著的两个因素，供给冲击和需求冲击对物价总水平波动的贡献率分别在 63% 和 26% 左右，而其他冲击对物价总水平波动的影响较小。

在需求冲击中，主要是国内需求冲击对物价总水平波动的影响较大，国内需求冲击对物价总水平波动的贡献率在 23% 左右，而国外需求冲击的贡献率仅在 3% 左右。虽然需求冲击对物价总水平波动的影响不容忽视，但与供给冲击相比，需求冲击并不是主导因素，真正对物价总水平波动起决定作用的是供给冲击。

在供给冲击中，成本冲击是影响物价总水平波动的最重要因素，成本冲击在 1 个季度和 4 个季度内对物价总水平波动的贡献率分别达到 60.91% 和 52.02%，随着时间的推移，成本冲击的贡献率有所降低，但在长期贡献率也接近 50%。成本冲击是垄断竞争条件下价格粘性的最鲜明体现，上面计算结果表明，价格粘性对我国物价总水平波动具有很强的影响，我国物价总体变化基本上表现为成本推动型的特征，这一点和新凯恩斯学派的结论基本一致，因此稳定物价总体水平的关键是消除或减弱价格粘性产生的影响。

生产率和劳动力供给冲击也是非常重要的一类供给冲击，这类冲击对物价总体变化的影响体现在长期，这一点可以从表 6-19 清楚地反映出来。从表中可以看出，短期内生产率和劳动力供给冲击对我国物价总水平波动的贡献率较低，但在长期贡献率也接近了 14% 左右。

2. 国内价格、进口价格及出口价格波动的根源分析。实际经济决策中，我们不仅关注物价总水平的变化规律，而且关注物价结构的变化规律，为此，下面进一步分析经济冲击对国内价格、进口价格及出口价格波动的影响，表 6-20 至 6-22 分别是不同区间有关国内价格、进口价格及出口价格波动的误差分解情况。

表 6-20　　　　　　　　　　国内价格波动的误差分解

单位：%

区间	供给冲击		需求冲击		政策冲击	汇率冲击
	生产率和劳动力供给冲击	成本冲击	国内需求	国外需求		
1 个季度	6.23	59.58	27.27	0.09	5.76	1.07
4 个季度	11.91	53.96	26.08	0.54	6.34	1.17
8 个季度	12.68	52.71	25.87	1.23	6.35	1.16
12 个季度	13.53	51.79	25.34	1.84	6.35	1.15
20 个季度	15.12	49.73	25.03	2.61	6.38	1.13
长期	15.13	49.71	25.02	2.62	6.39	1.13

比较表 6-19 和表 6-20 可以看出，国内价格的波动情况与物价总水平的波动情况基本类似，成本冲击依然是国内价格波动的最重要因素。虽然需求冲击对国内物价波动的贡献率有所上升，但需求冲击并不是主导因素，真正对国内物价波动起决定作用的是供给冲击。在供给冲击中，生产率和劳动力供给冲击对国内价格波动的贡献率也有所上升，但成本冲击的贡献率仍然保持在 50% 左右，国内价格变化仍表现为成本推动型的特征。

与国内价格相比，进出口价格的波动则表现为不同的特征。从表 6-21 和表 6-22 可以看出，尽管成本冲击无论在短期还是在长期是影响进出口价格波动的主导因素，但成本冲击对这二者的贡献率已大大降低，成本冲击对进出口价格波动的贡献率在长期分别下降到 34.21% 和 30.16%。在成本冲击贡献率下降的过程中，需求冲击的贡献率保持在较高的水平，并成为影响进出口价格波动的第二重要因素，其中，国内需求冲击对进口价格波动的贡献率在长期达到 29.71%，国外需求冲击对出口价格波动的贡献率在长期达到 29.48%。另外，除了供给冲击和需求冲击外，汇率冲击对进出口价格波动的影响也较为显著，随着时间的推移，汇率冲击对进出口价格波动的贡献率逐渐上升，长期对二者的贡献率分别达到 23.37% 和 22.59%，因此长期来看，汇率冲击对进出口价格波动的影响不容忽视。

表 6-21 进口价格波动的误差分解

单位：%

冲击 区间	供给冲击		需求冲击		政策冲击	汇率冲击
	生产率和劳动力供给冲击	成本冲击	国内需求	国外需求		
1 个季度	3.23	43.58	36.27	0.09	3.76	13.07
4 个季度	6.91	40.97	31.07	0.54	4.34	16.17
8 个季度	6.67	38.71	30.32	1.23	4.35	18.72
12 个季度	6.53	35.09	30.31	1.84	4.75	21.48
20 个季度	5.78	34.45	30.03	2.61	4.82	22.31
长期	5.78	34.21	29.71	3.51	5.42	23.37

表 6-22 出口价格波动的误差分解

单位：%

冲击 区间	供给冲击		需求冲击		政策冲击	汇率冲击
	生产率和劳动力供给冲击	成本冲击	国内需求	国外需求		
1 个季度	5.01	40.36	3.34	37.37	3.56	10.36
4 个季度	7.11	34.34	3.75	32.18	3.69	18.93
8 个季度	10.22	31.09	3.11	30.76	4.16	20.06
12 个季度	10.35	30.29	3.03	29.67	4.27	22.39
20 个季度	10.84	30.16	2.61	29.48	4.37	22.54
长期	11.32	30.16	2.08	29.48	4.37	22.59

从以上结果来看，要稳定国内价格水平，只要消除或者减弱供给冲击和需求冲击对国内价格产生的影响，但要稳定进出口价格水平，除了消除或者减弱供给冲击和需求冲击对进出口价格产生的影响外，还须消除或者减弱汇率冲击对进出口价格产生的影响。

3. 生产成本、工资及资本收益率波动的根源分析。在垄断竞争条件下，厂商在对产品定价时需要考虑的一个重要因素是生产成本的变化，生产成本的变化无疑将对物价的变化产生重要的影响。生产成本决定于工资和资本收益率两个基本变量，工资和资本收益率的变化将对生产成本产生影响，从而对产品的价格产生影响。基于以上考虑，下面我们进一步就经济冲击对生产成本、工资及资本收益率波动的影响进行分析，表 6-23 至表 6-25 分别是不同区间有关实际生产成本、实际工资及实际资本收益率波动的误差分解情况。

表 6-23　　　　　　　　　　　实际生产成本波动的误差分解

单位：%

区间 \ 冲击	供给冲击		需求冲击		政策冲击	汇率冲击
	生产率和劳动力供给冲击	成本冲击	国内需求	国外需求		
1 个季度	7.14	35.67	51.11	1.01	5.03	0.04
4 个季度	12.41	32.79	48.23	1.04	5.05	0.48
8 个季度	23.57	31.03	38.33	1.15	5.09	0.83
12 个季度	31.03	30.71	30.97	1.27	5.11	0.89
20 个季度	37.62	29.59	25.24	1.49	5.15	0.91
长期	37.63	29.32	25.23	1.75	5.16	0.91

表 6-24　　　　　　　　　　　实际工资波动的误差分解

单位：%

区间 \ 冲击	供给冲击		需求冲击		政策冲击	汇率冲击
	生产率和劳动力供给冲击	成本冲击	国内需求	国外需求		
1 个季度	5.69	39.61	50.32	0.02	4.34	0.02
4 个季度	10.02	37.03	47.88	0.11	4.91	0.05
8 个季度	21.45	36.22	37.41	0.28	4.99	0.05
12 个季度	30.02	35.27	29.29	0.31	5.06	0.05
20 个季度	36.55	32.72	25.16	0.46	5.06	0.05
长期	37.18	32.12	25.12	0.46	5.07	0.05

表 6-25　　　　　　　　　　　实际资本收益率波动的误差分解

单位：%

区间 \ 冲击	供给冲击		需求冲击		政策冲击	汇率冲击
	生产率和劳动力供给冲击	成本冲击	国内需求	国外需求		
1 个季度	14.25	10.23	63.12	1.28	11.07	0.05
4 个季度	23.06	8.64	53.12	1.96	12.68	0.54
8 个季度	35.99	6.98	40.97	1.94	13.18	0.94
12 个季度	40.51	6.04	37.12	1.95	13.42	0.96
20 个季度	49.26	5.11	30.83	1.92	13.52	0.96
长期	49.26	5.11	30.83	1.92	13.52	0.96

从表 6-23 至 6-25 可以看出，无论是在短期还是长期，需求冲击与供给冲击是影响实际生产成本、实际工资及实际资本收益率波动的最主要因素。

短期来看，需求冲击对实际生产成本、实际工资及实际资本收益率等变量波动的影响最大，而且这些变量的波动主要由国内需求冲击主导。1 个季度内国内需求冲击对实际生产成本、实际工资及实际资本收益率波动的贡献率分别达到51.11%、50.32%和63.12%，4 个季度内则分别达到48.23%、47.88%和53.12%。虽然供给冲击中的成本冲击对实际生产成本、实际工资及实际资本收益率波动的贡献率也较为显著，但并不成为主导因素。

长期来看，实际生产成本、实际工资及实际资本收益率的波动主要由供给冲击主导，需求冲击对这些变量波动的影响大大减弱。自 8 个季度后，在需求冲击的贡献率逐步减弱的同时，供给冲击的贡献率则逐步加强，并最终成为决定这些变量波动的主要因素。在供给冲击中，生产率和劳动力供给冲击的长期贡献率最大，其对实际生产成本、实际工资及实际资本收益率波动的长期贡献率分别达到37.63%、37.18%和49.26%，这表明生产率的提升和劳动力供给的改善在长期将对实际生产成本、实际工资及实际资本收益率产生极为重要的影响。

与生产率和劳动力供给冲击相比，供给冲击中的成本冲击主要对实际生产成本和实际工资波动的影响较大，并在长期成为影响这二者的第二重要因素，成本冲击对实际生产成本和实际工资波动的长期贡献率分别为 29.32%和 32.12%。在生产过程中，成本冲击主要体现为是垄断竞争条件下的工资粘性，上面结果表明，工资粘性对我国实际生产成本和实际工资的波动具有很强的影响，这将会对物价总水平的波动产生影响，并进一步强化我国物价总体变化中成本推动型的特征，因此稳定物价水平也不可忽视工资黏性产生的影响。

与实际生产成本和实际工资不同的是，实际资本收益率的波动在长期除了受到生产率和劳动力供给冲击及国内需求冲击这两个主要影响因素外，政策冲击对实际资本收益率波动的长期贡献率也接近 13.52%，因而政策冲击对实际资本收益率的波动影响也是一个不可忽视的因素。

（三）我国利率及资产价格波动的根源分析

在不确定环境下，经济冲击一方面会直接对实体经济及物价产生影响，另一方面会对金融市场产生影响，由经济冲击造成的金融市场波动进一步会对实体经济及物价产生影响。经济冲击对金融市场波动的影响反映在两方面：一是对资金价格波动产生的影响，这主要通过各种利率及资产价格的变化来体现；二是对资金数量波动产生的影响，这主要通过信贷及融资规模的变化来体现。本部分分析经济冲击对资金价格波动产生的影响，下一部分分析经济冲击对资金数量波动产生的影响。

首先，我们分析经济冲击对各种利率波动产生的影响。我们选择分析的利率指标有同业拆借利率、短期贷款利率、长期贷款利率、活期存款利率、定期存款利率及国债收益率，表 6-26 至表 6-31 分别是不同区间以上变量波动的误差分解情况。

表 6-26 同业拆借利率波动的误差分解

单位：%

区间 \ 冲击	供给冲击		需求冲击		政策冲击	汇率冲击
	生产率和劳动力供给冲击	成本冲击	国内需求	国外需求		
1 个季度	0.53	0.08	21.12	0.01	78.25	0.01
4 个季度	3.66	0.37	19.81	0.03	76.32	0.01
8 个季度	3.87	0.92	19.14	0.03	76.02	0.02
12 个季度	3.92	0.99	18.73	0.03	75.28	0.03
20 个季度	4.97	1.17	18.61	0.03	75.08	0.14
长期	5.11	1.27	18.49	0.03	75.95	0.15

表 6-27 短期贷款利率波动的误差分解

单位：%

区间 \ 冲击	供给冲击		需求冲击		政策冲击	汇率冲击
	生产率和劳动力供给冲击	成本冲击	国内需求	国外需求		
1 个季度	0.73	0.09	26.11	0.01	73.05	0.01
4 个季度	5.66	0.57	22.51	0.03	71.22	0.01
8 个季度	5.87	1.12	21.94	0.04	71.01	0.02
12 个季度	5.92	1.19	21.23	0.04	70.49	0.13
20 个季度	6.77	1.37	21.21	0.04	70.17	0.44
长期	7.14	1.44	20.96	0.05	69.96	0.45

表 6-28　　　　　　　　　　　　　　长期贷款利率波动的误差分解

单位：%

区间　　　冲击	供给冲击		需求冲击		政策冲击	汇率冲击
	生产率和劳动力供给冲击	成本冲击	国内需求	国外需求		
1 个季度	1.36	0.07	26.44	0.01	72.09	0.03
4 个季度	5.81	1.24	25.01	0.03	67.76	0.15
8 个季度	6.51	3.03	22.47	0.04	67.49	0.46
12 个季度	7.16	3.06	22.26	0.04	67.02	0.46
20 个季度	7.77	3.03	22.03	0.04	66.66	0.47
长期	7.91	3.02	22.01	0.04	66.55	0.47

表 6-29　　　　　　　　　　　　　　活期存款利率波动的误差分解

单位：%

区间　　　冲击	供给冲击		需求冲击		政策冲击	汇率冲击
	生产率和劳动力供给冲击	成本冲击	国内需求	国外需求		
1 个季度	0.14	0.08	22.11	0.02	77.64	0.01
4 个季度	3.19	0.18	20.71	0.03	75.87	0.02
8 个季度	3.92	0.33	20.14	0.04	75.47	0.1
12 个季度	4.16	0.44	19.82	0.04	75.26	0.28
20 个季度	4.62	0.57	19.34	0.04	75.05	0.38
长期	4.71	0.63	19.34	0.05	74.87	0.4

表 6-30　　　　　　　　　　　　　　定期存款利率波动的误差分解

单位：%

区间　　　冲击	供给冲击		需求冲击		政策冲击	汇率冲击
	生产率和劳动力供给冲击	成本冲击	国内需求	国外需求		
1 个季度	1.14	0.08	23.11	0.01	75.65	0.01
4 个季度	3.84	0.54	22.07	0.02	73.49	0.04
8 个季度	4.76	1.21	20.46	0.02	73.43	0.12
12 个季度	5.25	2.97	19.03	0.03	72.33	0.39
20 个季度	5.92	2.99	18.94	0.03	71.71	0.41
长期	6.57	2.99	18.49	0.03	71.51	0.41

表 6-31　　　　　　　　　　国债收益率波动的误差分解

单位：%

冲击\区间	供给冲击		需求冲击		政策冲击	汇率冲击
	生产率和劳动力供给冲击	成本冲击	国内需求	国外需求		
1 个季度	1.14	0.08	27.11	0.01	71.65	0.01
4 个季度	2.84	0.25	26.37	0.02	70.49	0.03
8 个季度	3.75	1.11	24.63	0.02	70.44	0.05
12 个季度	4.26	1.96	23.33	0.04	70.32	0.09
20 个季度	4.94	1.97	23.25	0.04	69.69	0.11
长期	5.58	1.97	22.81	0.04	69.49	0.11

由表 6-26 至表 6-31 可以看出，无论在长期还是在短期，政策冲击和需求冲击中的国内需求冲击是影响同业拆借利率、短期贷款利率、长期贷款利率、活期存款利率、定期存款利率及国债收益率变量波动的最显著的两个因素，而其他冲击对这些变量波动的影响非常小。政策冲击和国内需求冲击对各种利率波动的贡献率保持在 90% 左右，其中，政策冲击的贡献率保持在 70% 左右，国内需求冲击的贡献率保持在 20% 左右。而且从期限上来看，政策冲击对短期利率波动的贡献率要高于对长期利率波动的贡献率。这一结果与我国现存的利率管理体制和金融市场发展状况是一致的。虽然我国近年来逐步放开了利率的管制，特别是加大了对存贷款利率的浮动区间，但受制于金融市场发展的深度和广度，在金融资产多样性还不够丰富及间接融资占主导地位的情况下，利率的期限结构并未真正形成，因此，随着货币政策的变化（特别是基准利率的调整变化），各种利率受政策冲击的影响非常显著。

尽管政策冲击对利率波动的影响占主导地位，但我们也看到，国内需求冲击对利率波动的影响也非常重要。国内需求的变化势必会导致经济主体对资金的需求变化，资金的需求变化将会通过利率的变化体现出来，因此从表中可看出，国内需求冲击对利率波动的影响是仅次于政策冲击的第二重要因素，随着我国金融市场的发展，预计这一影响在未来会逐步加大。

我们再来看经济冲击对名义资本收益率和资产价格波动的影响。在本模型中，体现资产价格变化的指标是资本品的价格，即 Tobin 提出的资本价格 Q，这个价格对厂商的投资具有重要影响。厂商进行投资需要考虑的因素包括资本品的价格和资本的收益率，因此我们下面进一步分析经济冲击对名义资本收益率和资产价格波动的影响，

表 6-32 至表 6-33 分别是不同区间以上两个变量波动的误差分解情况。

表 6-32　　　　　　　　　　名义资本收益率波动的误差分解

单位：%

冲击 区间	供给冲击		需求冲击		政策冲击	汇率冲击
	生产率和劳动力供给冲击	成本冲击	国内需求	国外需求		
1 个季度	8.26	12.22	59.11	0.78	19.59	0.04
4 个季度	17.07	10.63	50.13	1.46	20.47	0.14
8 个季度	29.99	8.98	37.97	1.44	21.38	1.24
12 个季度	34.51	8.08	34.11	1.45	21.62	0.26
20 个季度	43.25	7.12	27.84	1.42	21.71	0.26
长期	43.25	7.12	27.84	1.42	21.71	0.26

表 6-33　　　　　　　　　　资产价格波动的误差分解

单位：%

冲击 区间	供给冲击		需求冲击		政策冲击	汇率冲击
	生产率和劳动力供给冲击	成本冲击	国内需求	国外需求		
1 个季度	6.61	2.03	57.71	0.01	33.62	0.02
4 个季度	11.08	3.44	53.17	0.01	31.87	0.43
8 个季度	27.02	3.51	40.21	0.01	28.84	0.41
12 个季度	36.34	3.57	30.81	0.01	28.81	0.46
20 个季度	37.36	3.61	30.07	0.01	28.48	0.47
长期	38.53	3.61	29.96	0.01	28.42	0.47

从表中可以看出，名义资本收益率和资产价格的波动短期内主要由需求冲击中的国内需求冲击主导，而在长期则主要由供给冲击中的生产率和劳动力供给冲击主导，政策冲击对名义资本收益率和资产价格波动的影响也非常显著，其他冲击对这二者波动的影响比较小。

短期来看，需求冲击对名义资本收益率和资产价格波动的影响最大，而且这些变量的波动主要由国内需求冲击主导。1 个季度内国内需求冲击对名义资本收益率和资产价格波动的贡献率分别达到 59.11％和 57.71％，4 个季度内的贡献率则分别达到 50.13％和 53.17％。除了需求冲击，短期内政策冲击对名义资本收益率和资产价格波动的影响也非常大，1 个季度内政策冲击对名义资本收益率和资产价格波动的贡献率分别为 19.59％和 33.62％，4 个季度内政策冲击对二者的贡献率分别达到 20.47％和 31.87％。虽然供给冲击中的生产率和劳动力供给冲击对名义资本收益率和资产价格波动的贡献率也较为显著，但低于国内需求冲击和政策冲击的贡献率。

长期来看，对名义资本收益率和资产价格波动的显著因素主要反映在三方面：第一，供给冲击中的生产率和劳动力供给冲击对名义资本收益率和资产价格波动的影响占主导地位。自 8 个季度后，在需求冲击的贡献率大幅减弱的同时，供给冲击中的生产率和劳动力供给冲击对这些变量波动的贡献率则逐步加强，并最终成为决定这些变量波动的主要因素。生产率和劳动力供给冲击对名义资本收益率和资产价格波动的长期贡献率分别达到 43.25% 和 38.53%，这表明生产率的提高和劳动力供给的改善在长期将对企业的内在价值产生极为重要的影响，作为反映企业内在价值的名义资本收益率和资产价格，其波动也将主要由这些基本面因素来决定。第二，国内需求冲击对名义资本收益率和资产价格波动的影响大大减弱，其对二者的长期贡献率分别下降到 27.84% 和 29.96%，并由短期的主导地位变成长期的第二位。第三，政策冲击对名义资本收益率和资产价格波动的影响略有下降，其对二者的长期贡献率分别为 21.71% 和 28.42%，但依然保持在较稳定的水平。

（四）我国信贷及货币供应量波动的根源分析

上面分析了经济冲击对资金价格波动产生的影响，下面进一步分析经济冲击对资金数量波动产生的影响。在我国采用以货币供应量为中介目标的货币政策体制及利率未完全市场化的情况下，货币政策除了利率的传导机制外，信贷的传导机制仍然起到非常重要的作用，为此，我们下面分析经济冲击对我国信贷及货币供应量波动的影响，表 6-34 至表 6-37 分别是不同区间我国贷款、存款、狭义货币供应量 M_1 及广义货币供应量 M_2 变量波动的误差分解情况。

表 6-34　　　　　　　　　　　贷款波动的误差分解

单位：%

冲击 / 区间	供给冲击		需求冲击		政策冲击	汇率冲击
	生产率和劳动力供给冲击	成本冲击	国内需求	国外需求		
1 个季度	8.48	6.14	50.12	0.01	35.24	0.01
4 个季度	22.31	7.01	42.58	0.02	27.97	0.11
8 个季度	30.86	8.43	35.67	0.02	24.88	0.14
12 个季度	38.74	8.44	29.73	0.02	22.92	0.15
20 个季度	40.87	8.44	28.74	0.02	21.75	0.18
长期	40.87	8.44	28.73	0.02	21.75	0.19

表 6-35　　　　　　　　　　存款波动的误差分解

单位：%

区间 \ 冲击	供给冲击		需求冲击		政策冲击	汇率冲击
	生产率和劳动力供给冲击	成本冲击	国内需求	国外需求		
1 个季度	6.43	3.15	53.19	0.01	37.21	0.01
4 个季度	21.81	4.18	44.97	0.01	28.91	0.12
8 个季度	27.59	4.72	40.31	0.01	27.19	0.18
12 个季度	38.63	5.69	30.33	0.01	25.16	0.18
20 个季度	39.78	5.71	29.32	0.01	24.97	0.21
长期	39.79	5.71	29.32	0.01	24.94	0.23

表 6-36　　　　　　　狭义货币供应量 M_1 波动的误差分解

单位：%

区间 \ 冲击	供给冲击		需求冲击		政策冲击	汇率冲击
	生产率和劳动力供给冲击	成本冲击	国内需求	国外需求		
1 个季度	7.54	6.21	50.38	0.01	35.83	0.03
4 个季度	16.04	7.51	45.51	0.02	30.65	0.27
8 个季度	21.11	8.37	42.26	0.03	27.81	0.42
12 个季度	34.02	9.36	30.91	0.03	25.26	0.42
20 个季度	39.22	9.36	28.04	0.03	22.92	0.43
长期	39.25	9.36	28.04	0.03	22.88	0.44

表 6-37　　　　　　　广义货币供应量 M_2 波动的误差分解

单位：%

区间 \ 冲击	供给冲击		需求冲击		政策冲击	汇率冲击
	生产率和劳动力供给冲击	成本冲击	国内需求	国外需求		
1 个季度	8.74	5.78	49.17	0.01	36.09	0.21
4 个季度	18.75	7.71	43.95	0.02	29.32	0.25
8 个季度	26.64	8.16	35.86	0.03	28.93	0.38
12 个季度	39.34	8.25	30.76	0.03	21.23	0.39
20 个季度	40.68	8.75	29.65	0.03	20.48	0.41
长期	40.72	8.75	29.64	0.03	20.45	0.41

从表 6-34 至表 6-37 可以看出，贷款、存款、货币供应量 M_1 和 M_2 的波动短期内主要由需求冲击中的国内需求冲击主导，而在长期则主要由供给冲击中的生产率和劳动力供给冲击主导，政策冲击对这些变量波动的影响也较为显著，而其他冲击对这些变量波动的影响比较小。

短期来看，国内需求冲击及政策冲击对贷款、存款、货币供应量 M_1 和 M_2 变量波动的影响较大，其他冲击对这些变量波动的影响相对较小。1 个季度内，国内需求冲击对贷款、存款、货币供应量 M_1 和 M_2 波动的贡献率在 50% 左右，政策冲击的贡献率在 36% 左右；4 个季度内，国内需求冲击对这些变量波动的贡献率降到 43% 左右，政策冲击的贡献率也降到 28% 左右。因此，我国信贷的波动在短期除了受到国内需求冲击的主要影响外，政策冲击的影响也是一个不可忽视的重要因素。

长期来看，贷款、存款、货币供应量 M_1 和 M_2 变量的波动主要由供给冲击中的生产率和劳动力供给冲击主导，国内需求冲击对这些变量波动的影响大大减弱。自 8 个季度后，在国内需求冲击对贷款、存款、货币供应量 M_1 和 M_2 变量波动的贡献率逐步减弱的同时，生产率和劳动力供给冲击对这些变量波动的贡献率则逐步加强，生产率和劳动力供给冲击对这些变量波动的长期贡献率均在 40% 左右，并最终成为决定这些变量波动的主要因素。前面实证已经得出，生产率和劳动力供给冲击在长期是影响实体经济波动的主导因素，这里对贷款、存款、货币供应量 M_1 和 M_2 变量波动的分析我们也得到类似的结论，因此这进一步说明信贷的波动一方面是经济波动的反映，另一方面信贷波动也会对经济的波动产生影响。

（五）其他经济变量波动的根源分析

由于模型中引入了不完全信息下的债务契约安排，因而厂商在通过商业银行进行外部融资时，商业银行对厂商的贷款利率选定需要考虑厂商的财务结构，即外部融资风险溢价（External Finance Premium）依赖于厂商的财务结构。这样，在经济波动的不同阶段，融资结构的变化将对融资成本产生影响，从而对投资及经济产生影响。基于以上考虑，我们进一步分析经济冲击对厂商融资中自有资金比率的影响，表6-38是不同区间厂商自有资金比率波动的误差分解情况。

表 6-38　　　　　　　　　　厂商自有资金比率波动的误差分解

单位：%

冲击区间	供给冲击		需求冲击		政策冲击	汇率冲击
	生产率和劳动力供给冲击	成本冲击	国内需求	国外需求		
1 个季度	5.71	5.72	71.21	0.01	15.22	2.13
4 个季度	21.98	8.54	52.61	0.02	13.24	3.61
8 个季度	30.06	9.39	42.95	0.02	13.19	4.39
12 个季度	39.49	9.46	33.07	0.02	12.91	5.05
20 个季度	41.46	10.44	28.96	0.02	12.21	6.91
长期	42.28	10.45	28.61	0.02	11.69	6.95

从表 6-38 可以看出，厂商自有资金比率的波动短期内主要由需求冲击中的国内需求冲击主导，而在长期则主要由供给冲击中的生产率和劳动力供给冲击主导，其他冲击的影响比较小。

短期来看，国内需求冲击对厂商自有资金比率波动的影响最大，其他冲击对其影响相对较小。1 个季度内，国内需求冲击对厂商自有资金比率波动的贡献率达到 71.21%，4 个季度内的贡献率也达到 52.61%。长期来看，厂商自有资金比率的波动主要由供给冲击中的生产率和劳动力供给冲击主导，国内需求冲击对这些变量波动的影响大大减弱。自 8 个季度后，在国内需求冲击对厂商自有资金比率波动的贡献率逐步减弱的同时，生产率和劳动力供给冲击对这些变量波动的贡献率则逐步加强，生产率和劳动力供给冲击对厂商自有资金比率波动的长期贡献率达到 42.28%，并最终成为决定该变量波动的主要因素。

前面我们已经得出，投资、产出和信贷的波动短期内主要由需求冲击中的国内需求冲击主导，而在长期则主要由供给冲击中的生产率和劳动力供给冲击主导，这一点和厂商自有资金比率的波动规律是一致的。这表明，融资结构的变化在经济波动的不同阶段将对融资成本产生影响，从而对投资及经济的波动产生影响。当经济处于繁荣（衰退）时，厂商的财务状况将得到好转（恶化），厂商在投资时从银行得到的信贷支持将更加容易（困难），从而增加投资将更加顺利（不顺利），进而总需求增长（下降）的幅度和速度将加大，此即著名的金融加速器（Financial-Accelerator）效应。金融加速器效应存在的根源在于金融市场存在的摩擦，特别是，厂商的一部分外部融资需要通过银行来进行，且融资的定价又依赖于厂商的财务状况，因此信贷也是货币政策传导的一个重要途径。

最后我们再来分析经济冲击对国外净资产比例的影响情况。随着我国对外开放的深入和经济的快速发展，近年来我国国外净资产增速非常快，国外净资产与 GDP 的比例也逐渐提高。国外净资产规模的变化，有国外经济的影响因素，也有国内经济的影响因素，深入分析这些因素对国外净资产规模的影响，将对确定合理的国外净资产规模及详细分析国外净资产规模对国内外经济的影响具有重要意义。另外，在开放经济环境下，国外净资产规模不可能无限扩大，国外净资产与 GDP 的比例变化将对国外净资产的收益率产生影响，这会反过来对国内经济及未来的国外净资产变化产生影响。为此，下面我们分析经济冲击对国外净资产比例的影响情况，表 6-39 是不同区间国外净资产比例波动的误差分解情况。

表 6-39 国外净资产比例波动的误差分解

单位：%

区间 \ 冲击	供给冲击		需求冲击		政策冲击	汇率冲击
	生产率和劳动力供给冲击	成本冲击	国内需求	国外需求		
1 个季度	5.42	4.65	34.13	39.82	4.09	11.89
4 个季度	15.31	5.91	27.48	32.78	4.19	15.33
8 个季度	18.65	6.15	21.27	31.32	4.27	18.34
12 个季度	19.53	6.84	20.12	30.09	4.31	19.11
20 个季度	21.43	6.99	18.45	29.46	4.38	19.29
长期	22.42	7.15	15.87	29.21	4.46	19.89

从表 6-39 可以看出，需求冲击、供给冲击及汇率冲击是影响我国国外净资产比例波动的主要因素，并且这些冲击对我国国外净资产比例波动的影响在不同的时期表现出不同的特征。

短期来看，需求冲击对国外净资产比例波动的影响最大，供给冲击和汇率冲击对国外净资产比例波动的影响比较接近。在需求冲击中，国外需求冲击的影响相对较大，国内需求冲击的影响较小。而在供给冲击中，生产率和劳动力供给冲击的影响较大，成本冲击的影响较小。1 个季度内，国外需求冲击、国内需求冲击、汇率冲击及生产率和劳动力供给冲击对国外净资产比例波动的贡献率分别为 39.82%、34.13%、11.89% 及 5.42%，4 个季度内，这些冲击的贡献率分别为 32.78%、27.48%、15.33% 及 15.31%。前面的实证已经得出，在短期我国出口波动主要由国外需求冲击主导，进口波动主要由国内需求冲击主导，汇率冲击对进口和出口波动的影响相对较小，这一点和国外净资产比例的波动规律是一致的，因此，短期内由内外需求变化导致的贸易顺差变化是造成国外净资产规模变化的主要原因。

长期来看，国外需求冲击仍然是影响国外净资产比例波动的第一重要因素，在国内需求冲击的影响相对减弱的情况下，供给冲击中的生产率和劳动力供给冲击成为影响国外净资产比例波动的第二重要因素，汇率冲击则成为影响国外净资产比例波动的第三重要因素。自 8 个季度后，在国内需求冲击对国外净资产影响逐步减弱的同时，生产率和劳动力供给冲击和汇率冲击的影响逐步加强，国外需求冲击的影响虽有所减弱，但仍然是主导因素，国外需求冲击、生产率和劳动力供给冲击及汇率冲击对国外净资产比例波动的长期贡献率分别为 29.21%、22.42% 及 19.89%。与以上短期结果不同的是，尽管在长期国外需求冲击对我国国外净资产的影响仍是主导因素，但生产率和劳动力供给的变化在长期一方面将对我国的出口能力产生重要影响，另一方面将对出口的生产成本产生影响并进而对出口产品的国际竞争力及出口数量产生重要影响，这将对国外净资产产生影响；另外，已有的国外净资产规模将对汇率产生影响，汇率的调整将对进出口价格及进出口数量产生影响，从而对未来的国外净资产规模产生影响。因此我们看到，在长期生产率和劳动力供给冲击以及汇率冲击也是影响国外净资产比例波动的重要因素。

（六）实证小结

总结以上实证结果，可以得到以下结论。

第一，需求冲击和供给冲击是我国实体经济波动的两个主要因素，在不同的时期它们对实体经济的影响表现出不同的特征。

从总供给和总需求来看，我国产出、消费和投资的波动短期主要由需求冲击中的国内需求冲击主导，长期则由供给冲击中的生产率和劳动力供给冲击主导；而我国进出口的波动无论在短期还是在长期均由需求冲击主导，其中，国内需求冲击是影响进口波动的主导因素，国外需求冲击是影响出口波动的主导因素。

从决定总供给的生产要素来看，在资本积累缓慢和资本的调整存在调整成本的情况下，资本存量和就业的波动无论是在短期还是长期均由供给冲击中的生产率和劳动力供给冲击主导，而资本利用率的波动则由需求冲击中的国内需求冲击主导。

第二，在垄断竞争环境下，由价格粘性导致的成本冲击无论在短期还是在长期是影响物价总水平、国内价格及进出口价格波动的最重要因素，我国物价的波动表现为成本推动型的特征。在生产过程中，实际生产成本、实际工资及实际资本收益率的波动短期主要由需求冲击中的国内需求冲击主导，长期则由供给冲击主导，其中，实际资本收益率的波动长期主要由供给冲击中的生产率和劳动力供给冲击主导，而实际生产成本和实际工资的波动长期除了受到生产率和劳动力供给冲击的重要影响外，由工资粘性造成的成本冲击也是影响其波动的一个重要因素，工资粘性进一步加剧了我国物价变化中成本推动型的特征。

第三，在我国现存的利率管理体制和金融市场发展状况下，政策冲击无论在短期还是在长期是影响同业拆借利率、短期贷款利率、长期贷款利率、活期存款利率、定期存款利率及国债收益率等变量波动的最重要因素，需求冲击的影响虽然也比较显著，但不是主导因素。名义资本收益率和资产价格的波动短期主要由需求冲击中的国内需求冲击主导，而在长期则主要由供给冲击中的生产率和劳动力供给冲击主导。

第四，在信贷市场中，贷款、存款、货币供应量 M_1 和 M_2 的波动短期主要由需求冲击中的国内需求冲击主导，在长期则主要由供给冲击中的生产率和劳动力供给冲击主导。

第五，在外部融资风险溢价依赖于厂商的财务结构情况下，厂商自有资金比率的波动短期内主要由需求冲击中的国内需求冲击主导，而在长期则主要由供给冲击中的生产率和劳动力供给冲击主导，这种融资结构的变化将对融资成本产生影响，从而对投资及经济产生影响。

第六，在开放经济环境下，无论在短期还是在长期，国外需求冲击是影响我国国外净资产与 GDP 比例的波动的第一重要因素，国内需求冲击在短期是影响该比例波动的第二重要因素，而供给冲击中的生产率和劳动力供给冲击在长期是影响该比例波动的第二重要因素。

五、经济冲击对政策选择的影响及我国经济政策的改进方向

经济冲击对经济影响的差异性决定了经济在不同时期表现出不同的波动特征，这将对经济政策的选择产生影响。

首先，经济冲击对经济各个变量影响的方向未必完全一致，这将对经济政策的选择方向产生影响。需求冲击对实体经济和物价的影响是同方向的，即正（负）的需求冲击在导致实体经济扩张（紧缩）的同时，也对物价产生向上（向下）的压力，因而采取相应的需求管理政策就可以达到同时稳定实体经济和物价的目的。但供给冲击对实体经济和物价的影响是反方向的，即正（负）的供给冲击在导致实体经济扩张（紧缩）的同时，反而会对物价产生向下（向上）的压力，因而经济政策在稳定实体经济和物价上存在两难抉择（Trade-off）问题，在不可能同时达到稳定两者的目的情况下，

经济政策需要根据制定的目标加以权衡而采取相应的政策。

其次，经济冲击对经济波动影响的持续性将对经济政策的选择时机产生影响。有的经济冲击对经济波动的影响是短期影响，而有的经济冲击对经济波动的影响却是长期影响，因此，在稳定经济时应根据经济冲击对经济波动影响的动态特征选择经济政策出台或退出的合理时机。

最后，经济冲击对经济波动影响的程度将对经济政策的着重点和政策力度产生影响。有的经济冲击是经济波动的主导因素，而有的经济冲击对经济波动的影响比较微弱，因而经济政策的立足点应首先着重消除或减弱主导性经济冲击对经济波动造成的影响，在解决主要矛盾基础上再考虑消除或减弱非主导性经济冲击对经济波动造成的影响。

前面基于 DSGE 模型，在对经济冲击进行显性识别后，利用误差分解技术对我国经济波动的根源进行了详细的分析，根据这些结果，我们对未来我国的经济政策改进方向提出以下建议。

（一）从短期来看，我国的需求管理政策还有进一步改进的空间

前面的实证结果表明，我国实体经济及信贷市场的波动在短期内主要由需求冲击主导，因此，针对不同的需求冲击采取相应的需求管理政策将对稳定经济起到重要的作用。实践也证实了我国过去的短期需求管理政策是较为成功的，从 1993—1996 年的经济软着陆阶段、1997—2002 年走出由亚洲经济危机造成的通货紧缩阶段、2004—2007 年抑制经济过热阶段、2008—2010 年为抵御金融危机蔓延的经济刺激阶段以及现在的防止通货膨胀阶段等几个周期阶段来看，我国在这些阶段采取的相应货币政策、财政政策及其他经济管理政策对稳定经济起到了积极的作用，但是还有进一步改进的空间，这主要表现在以下几个方面：一是前面实证研究表明，由价格粘性和工资粘性导致的成本冲击是影响我国物价总水平、国内价格及进出口价格波动的最重要因素，需求冲击虽有影响但并不是主导因素，我国物价的波动基本上表现为成本推动型的特征，而且近几年的我国物价走势也更加证实了这一点，因此，完全依靠短期的需求管理政策不能根本解决物价的波动问题，应配合相应的供给管理政策协同达到稳定物价的目的。二是短期的需求管理政策可能对经济资源的配置效率产生影响，如税率的调整可能造成价格、生产要素和市场份额的扭曲，因此，未来的需求管理政策应关注和

测算这些扭曲性因素产生的影响并尽量减少这些不利影响，从而在不损失效率的情况下为经济的长期稳定奠定基础。三是在总量调控的同时应针对不同的需求冲击出台更加细致的需求管理措施，做到总量管理与结构治理的有机结合。四是应避免需求管理政策的短视行为，合理选择政策的出台与退出时机，保证短期目标与长期目标的一致性。

（二）从长期来看，我国的经济政策选择与决策还有很多迫切需要解决的问题

前面的实证结果表明，供给冲击在长期是影响我国经济波动的重要因素，并且，供给冲击中的生产率和劳动力供给冲击是影响实体经济长期波动的重要因素，而供给冲击中的成本冲击是影响物价长期波动的重要因素，因而消除或减弱供给冲击对经济波动造成的影响从而熨平经济周期是经济政策选择和决策的出发点。我国在过去为应对供给冲击出台了一系列的经济政策，这对经济的长期稳定起到了不可磨灭的作用，但总体来看还有很多不到位的地方，为此，未来应从以下几个方面进行改进。

其一，保证经济长期稳定的最优政策方案是从经济冲击所产生的根源来消除或减弱冲击产生的不利影响。从实体经济方面来看，经济政策应从提高生产率、改善劳动力供给、消除垄断竞争的扭曲性效应、降低实际刚性等方面着手，促进经济长期朝着持续稳定的健康路径发展；从物价方面来看，经济政策应着重从微观上解决由价格粘性和工资粘性产生的成本变化问题，消除或减弱成本推动型的物价波动，从而保证物价的长期稳定。

其二，保证经济长期稳定的次优方案是针对供给冲击对实体经济和物价的影响程度，政策决策者应根据政策目标加以权衡而采取相应的政策。这可以从两方面来考虑：一方面，对于一些有利的供给冲击，如生产率的提高、劳动力供给的改善、由价格粘性或工资粘性降低导致的生产成本降低等供给冲击，由于这些供给冲击在使实体经济增加的同时，对物价的影响是向下的，经济已经在依靠自身的内在动力朝着健康稳定的长期目标发展，因而经济政策可采取适应性的政策（Accommodative Policy）而不需要采取对冲性的政策。另一方面，对于一些不利的经济冲击，如生产率的降低或由价格粘性或工资粘性加剧导致的生产成本上升等供给冲击，政策决策者应测算和权衡这些不利的供给冲击对不同的政策目标产生的影响程度，并在此基础上采用相应的政策选择。若供给冲击使实体经济产生了剧烈的波动而对物价的影响较小，这时采用的政策可偏重于稳定实体经济；若供给冲击使物价产生了剧烈的波动而对实体经济的影响较小，这时采用的政策可偏重于稳定物价；若供给冲击均使实体经济和物价产生了剧烈的波动，这时的政策在关注实体经济和物价稳定的同时，如不能同时达到稳定二者的目的，只能在两难抉择中选择侧重稳定一方。

其三，各种经济政策在应对供给冲击时应有所分工和侧重点。政策目标和调控工具的不同决定着各种经济政策在应对供给冲击时的分工和侧重点不同。从产业政策方面来看，政策应从加快经济调整、改善生产环境和消除不良竞争的角度出发，促使企业在加快经济结构调整的过程中应减少技术水平低、市场需求饱和的产品生产，增加高性能、高附加价值的产品生产，进一步提高生产率水平和资本利用率水平，同时应创造良好的生产环境，消除恶性竞争对资源配置和生产要素利用的扭曲效应，继续发挥低成本优势，力争从供给冲击产生的根源来消除或减弱冲击产生的不利影响。从财政政策方面来看，除了使用各种总量调控措施熨平经济周期外，还应在国民收入的初次分配和再分配方面下功夫，综合利用税收、转移支付及财政补贴等手段，为劳动力供给的改善和资源的有效配置和利用创造条件，并消除生产要素价格和产品价格中的扭曲性因素，从结构调控上减少供给冲击对经济波动产生的不利影响。从货币政策方面来看，货币政策无论在短期还是长期都应以稳定物价为首要目标，及时制定出物价稳定所要求的控制范围，面对不利的供给冲击，合理运用数量型和价格型工具，在尽可能减少产出的损失率（Sacrifice Ratio）情况下保证物价的稳定，从而避免经济的剧烈波动。

其四，不同的经济政策短期内关注的目标可能不同，但这些政策的选择在长期均应使社会福利最大化，从而保证目标的长期一致性。实际中，货币政策、财政政策及其他经济政策短期内关注的目标不完全一致，但从社会福利最大化的角度来看，这些政策的选择应保证目标的长期一致性。

（三）建立承诺机制，提高政策决策部门的声誉，保证政策的时间一致性（Time Consistence），提高政策的有效性和可信性

经济政策不仅受到经济冲击的影响，而且经济政策的变化也将对经济的波动产生影响，因此，经济政策的决策和实施应保证政策的时间一致性，从而减少政策的不稳定对经济波动产生的影响。为应对经济冲击造成的经济波动，政策决策部门通常采用

的一种决策方式是相机抉择（Discretion），即政策决策部门根据经济状态相机而灵活地调整政策工具，这种方式的灵活性特点使之至今仍被政策决策所采用，但相机抉择会导致政策的时间不一致问题，即当期的最优决策未必在今后是最优的。这种政策的时间不一致性将会对政策的有效性和可信性（Credibility）产生影响，从而对经济的稳定产生影响。因此，政策决策部门应充分考虑政策的不一致性问题，建立承诺机制，提高政策决策部门的声誉，从而为保证政策的有效性和可信性奠定基础，并进而避免由政策决策和实施的不科学性对经济波动带来的负面影响。

六、结论

以 DSGE 模型为平台，在对经济冲击进行详细的刻画和充分识别的基础上，根据我国经济的实际运行情况对我国经济波动的根源进行详细的分析，并针对各个经济冲击对经济作用的机制和影响幅度进行深入的剖析，从而找出了影响我国经济波动的主要因素，最后就经济冲击对政策选择的影响进行了分析，进而为未来我国经济政策的改进方向提出了一系列建议。

参考文献

〔1〕Abreu，D.，D. Pearce and E. Stacchetti，1990，"Toward a Theory of Discounted Repeated Games with Imperfect Monitoring"，*Econometrica*，58，1041-1063.

〔2〕Adjemian，S. and M. Juillard，2011，"Accuracy of the Extended Path Simulation Method in a New Keynesian Model with Zero Lower Bound on the Nominal Interest Rate"，Dynare mimeo.

〔3〕Adjemian，S. and M. Juillard，2013，"Stochastic Extended Path Method"，Dynare mimeo.

〔4〕Adolfson，M.，S. Laseén，J. Lindé and M. Villani，2005a，"Bayesian Estimation of an Open Economy DSGE model with Incomplete Passthrough"，Sveriges Riksbank Working Paper No. 179.

〔5〕Adolfson，M.，M. Andersson，J. Lindé，M. Villani and A. Vredin，2005b，"Modern Forecasting Methods in Action: Improving Macroeconomic Analyses at Central Banks"，Sveriges Riksbank Working Paper No.188.

〔6〕Afonso，A.，2002，"Disturbing the Fiscal Theory of the Price Level：Can it fit the EU-15"，ISEG-UTL Working Paper 1/2002/DE/CISEP.

〔7〕Aikman，D.，2003，"Money，Wealth and Overlapping Generations"，Mimeo，University of Warwick.

〔8〕Aiyagari，S. and M. Gertler，1985，"The Backing of Government Bonds and Monetarism"，*Journal of Monetary Economics*，16，19-44.

〔9〕Alesina，A. and，R. Perotti，1997，"Fiscal Adjustments in OECD Countries：Composition and Macroeconomic Effects"，*IMF Staff Papers*，44.

〔10〕Alesina，A.，E. Glaeser and B. Sacerdote，2006，"Work and Leisure in the U.S. and Europe: Why So Different?"，*NBER Macroeconomics Annual 2005*，1-64.

〔11〕Allais，M.，1947，*Economie et intérêt*，*Imprimerie Nationale*，Clément Juglar，Paris.

［12］Altig，D.，L. Christiano，M. Eichenbaum and J. Linde，2004，"Firm Specific Capital，Nominal Rigidities and the Business Cycle"，Manuscript，Northwestern University.

［13］Álvarez，F. and U. Jermann，2004，"Using Asset Prices to Measure the Cost of the Business Cycle"，*Journal of Political Economy*，112，1223-1256.

［14］Álvarez，L.，P. Burriel and I. Hernando，2005， "Do Decreasing Hazard Functions for Price Changes Make Sense?"， ECB Working Paper No.461.

［15］Amano，R.，K. McPhail，H. Pioro，and A. Rennison，2002，"Evaluating the Quarterly Projection Model: A Preliminary Investigation"，Bank of Canada Working Paper No. 20.

［16］Amato，J. and T. Laubach，2001，"Implications of Habit Formation for Optimal Monetary Policy"，Finance and Economics Discussion Paper No.2001-58，Board of Governors of the Federal Reserve.

［17］Amato，J. and T. Laubach，2002，"Rule-of-thumb Behavior and Monetary Policy"，Finance and Economics Discussion Paper No.2002-5，Board of Governors of the Federal Reserve System.

［18］Ambler，S. and F. Pelgrin，2007，"Time-Consistent Control in NonLinear Models"，Bank of Canada Working Paper 2007-3.

［19］Amisano，G. and O. Tristani，2007． "Euro Area Inflation Persistence in an Estimated Nonlinear DSGE Model"，ECB Working Paper No.754.

［20］Aoki，K.，2001，"Optimal Monetary Policy Responses to Relative-price Changes"，*Journal of Monetary Economics*，48，55-80.

［21］An，S. and F. Schorfheide，2006，"Bayesian Analysis of DSGE Models"，*Econometric Reviews*，26，113-172.

［22］Anderson，G.，1999，"The Anderson-Moore Algorithm:A MATLAB Implementation"，Mimeo，Board of Governors of the Federal Reserve System.

［23］Anderson，G.，2008，"Solving Linear Rational Expectations Models: A Horse Race"，Computational Economics，31（2），95-113.

［24］Anderson, G., 2010, "A Reliable and Computationally Efficient Algorithm for Imposing the Saddle Point Property in Dynamic Models", Journal of Economic Dynamics and Control, 34, 472-489.

［25］Anderson, G., A. Levin and E. Swanson, 2006, "Higher-Order Perturbation Solutions to Dynamic Discrete-Time Rational Expectations Models", Federal Reserve Bank of San Francisco Working Paper Series 2006-01.

［26］Anderson, G. and G. Moore, 1983, "An Efficient Procedure for Solving Linear Prefect Foresight Models", Mimeo, Board of Governors of the Federal Reserve System.

［27］Anderson, G. and G. Moore, 1985, "A Linear Algebraic Procedure for Solving Linear Perfect Foresight Models", Economics Letters, 17（3）, 247-252.

［28］Andreasen, M., 2012, "On the Effects of Rare Disasters and Uncertainty Shocks for Risk Premia in Non-Linear DSGE Models", Review of Economic Dynamics, 15（3）, 295-316.

［29］Andreasen, M., J. Fernández-Villaverde and J. Rubio-Ramírez, 2013, "The Pruned State-Space System for Non-Linear DSGE Models:Theory and Empirical Applications", CREATES Research Paper 2013-12.

［30］Andrés, J. and R. Doménech, 2005a, "Fiscal Rules and Macroeconomic Stability", International Economics Institute Working Papers No.0501, University of Valencia.

［31］Andrés, J. and R. Doménech, 2005b, "Automatic Stabilizers, Fiscal Rules and Macroeconomic Stability", International Economics Institute Working Papers No. 0502, University of Valencia.

［32］Andrés, J., P. Burriel and A. Estrada, 2006, "BEMOD: a DSGEModel for the Spanish Economy and the Rest of the Euro Area", Documento de Trabajo del Banco de España 0631.

［33］Annicchiarico, B., N. Giammarioli and A. Piergallini, 2006, "Fiscal Policy in a Monetary Economy with Capital and Finite Lifetime", ECB Working Paper No.661.

［34］Armstrong, J., R. Black, D. Laxton and D. Rose, 1995, "The Bank of Canada's

New Quarterly Projection Model: A Robust Method for Simulating Forward-Looking Models", Bank of Canada Technical Report No.73.

[35] Armstrong, J., R. Black, D. Laxton and D. Rose, 1998, "A Robust Method for Simulating Forward-looking Models", *Journal of Economic Dynamics and Control*, 22, 489-501.

[36] Artis, M. and J. Onorante, 2006, "The Economic Importance of Fiscal Rules", CEPR Discussion Paper No. 5684.

[37] Arulampalam, A., S. Maskell, N. Gordon and T. Clapp, 2002, "A Tutorial on Particle Filters for Online Nonlinear/Non-Gaussian Bayesian Tracking", *IEEE Transactions on Signal Processing*, 50, 174-188.

[38] Aruoba, S., J. Fernández-Villaverde and J. Rubio-Ramírez, 2006, "Comparing Solution Methods for Dynamic Equilibrium Economies", *Journal of Economic Dynamics and Control*, 30, 2477-2508.

[39] Ascari, G. and T. Ropele, 2009, "Disinflation in a DSGE Perspective: Sacrifice Ratio or Welfare Gain Ratio?", Kiel Working Papers 1499, Kiel Institute for the World Economy.

[40] Backus, D., P. Kehoe and F. Kydland, 1992, "International Real Business Cycles", *Journal of Political Economy*, 100, 745-775.

[41] Backus, D., P. Kehoe and F. Kydland, 1995, "International Business Cycles: Theory and Evidence", in T. Cooley (eds.), *Frontiers of Business Cycle Research*, Princeton University Press.

[42] Backus, D., B. Routledge and S. Zin, 2005, "Exotic Preferences for Macroeconomists", *NBER Macroeconomics Annual* 2004, 319-390.

[43] Bansal, R. and A. Yaron, 2004, "Risks For The Long Run: A Potential Resolution of Asset Pricing Puzzles", *Journal of Finance*, 59, 1481-1509.

[44] Barro, R., 1974, "Are Government Bonds Net Wealth?", *Journal of Political Economy*, 82, 1095-1117.

[45] Barro, R., 2006, "On the Welfare Costs of Consumption Uncertainty", NBER

Working Paper No.12763.

[46]Batini, N., R. Harrison and S. Millard, 2003, "Monetary Policy Rules for Open Economies", *Journal of Economic Dynamics and Control*, 27, 2059-2094.

[47] Batini, N., P. Levine and J. Pearlman, 2004, "Indeterminancy with Inflation-Forecast-Based Rules in a Two-Bloc Model", ECB Discussion Paper No.340 and FRB Discussion Paper No.797.

[48] Batini, N., A. Justiniano, P. Levine and J. Pearlman, 2005, "Robust Inflation Forecast-based Rules to Shield against Indeterminacy", *Journal of Economic Dynamics and Control*, 30, 1491-1526.

[49] Batini, N., P. Levine and J. Pearlman, 2009, "Monetary and Fiscal Rules in an Emerging Small Open Economy", IMF Working Papers No.22 .

[50] Bauwens, L. and M. Lubrano, 1998, "Baysian Inference on GARCH Models Using the Gibbs Sampler", *The Econometric Journal*, 1, 23-46.

[51]Bauwens, L., M. Lubrano and J. Richard, 1999, *Baysian Inference in Dynamic Econometric Models*. Oxford Unversity Press.

[52] Baxter , M. and M. Crucini , 1993 , "Explaining Saving-Investment Correlations", *American Economic Review*, 83, 416-436.

[53] Baxter, M. and R. King, 1995. "Measuring Business-cycles: Approximate Band-Pass Filters for Economic Time Series", NBER Working Paper No.5022.

[54] Baxter, M., and R. King, 1999, "Measuring Business Cycles: Approximate Band-Pass Filters for Economic Time Series", *The Review of Economics and Statistics*, 81, 575-593.

[55] Bayoumi, T., 2004, "GEM: A New International Macroeconomic Model", IMF Occasional Paper, No.239.

[56]Becker, G. and L. Rayo, 2007, "Habits, Peers, and Happiness: An Evolutionary Perspective", *American Economic Review Papers and Procedings*, 97, 487-491.

[57]Beltratti, A., S. Margarita and P. Terna, 1996, Neural Networks for Economic and Financial Modeling, International Thompson Computer Press.

［58］Beneš，J.，T. Hlédik，M. Kumhof and D. Vávra，2005，"An Economy in Transition and DSGE:What the Czech National Bank's New Projection Model Needs"，CNB Working Paper No.12.

［59］Benhabib，J. and R. Farmer，1992，"Indeterminacy and Increasing Returns"，*Journal of Economic Theory*，63，19-41.

［60］Benhabib，J.，R. Rogerson and R. Wright，1991，"Homework in Macroeconomics: Household Production and Aggregate Fluctuations"，*Journal of Political Economy*，99，1166-1187.

［61］Benigno，P.，2000，"Optimal Monetary Policy in a Currency Area"，manuscript，New York University.

［62］Benigno，P.，2001，"Price Stability with Imperfect Financial Integration"，CEPR Discussion Paper No. 2854.

［63］Benigno，G. and P. Benigno，2004，"Exchange Rate Determination under Interest Rate Rules"，Mimeo，Revised Version of CEPR Discussion Paper No.2807，2001.

［64］Benigno，G. and P. Benigno，2006，"Designing Targeting Rules for International Monetary Cooperation"，*Journal of Monetary Economics*，53（3），473-506.

［65］Benigno，P. and M. Woodford，2003，"Optimal Targeting Rules for Monetary and Fiscal Policy"，Board of Governors of the Federal Reserve System，International Finance Discussion Papers No.806.

［66］Benigno，P. and M. Woodford，2005，"Inflation Stabilization and Welfare: The Case of a Distorted Steady State"，*Journal of the European Economic Association*，3（6），1185-1236.

［67］Benigno，P. and M. Woodford，2007，"Linear-Quadratic Approximation of Optimal Policy Problems"，NBER Working Paper No.12672，Revised Draft.

［68］Berger，J. and R. Wolpert，1988，*The Likelihood Principle（2nd edition）*，The Institute of Mathematical Statistics.

［69］Bernanke，B.，M. Gertler and S. Gilchrist，1999，"The Financial Accelerator in a Quantitative Business Cycle Framework"，*Handbook of Macroeconomics*，edited by J.

Taylor and M. Woodford, Elsevier Science, North-Holland, 1341-1393.

［70］Bernanke, B. and J. Boivin, 2003, "Monetary Policy in a Data-Rich Environment", *Journal of Monetary Economics*, 50, 525-546.

［71］Bernardo, J. and A. Smith, 2000, *Bayesian Theory*, John Wiley Series in Probability and Statistics.

［72］Bils, M. and P. Klenow, 2004, "Some Evidence on the Importance of Sticky Prices", *Journal of Political Economy*, 112, 947-985.

［73］Bils, M, P. Klenow and B. Malin, 2008, "Reset Price Inflation and the Impact of Monetary Policy Shocks", Mimeo, University of Rochester.

［74］Binder, M. and M. Pesaran, 1995, "Multivariate Rational Expectations Models and Macroeconometric Modelling: A Review and Some New Results", In M. Pesaran and M. Wickens（eds.）, Handbook of Applied Econometrics: Macroeconomics, 139-187, Oxford, Blackwell.

［75］Binder M. and M. Pesaran, 1997, "Multivariate Linear Rational Expectations Models: Characterization of the Nature of the Solutions and Their Fully Recursive Computation", Econometric Theory, 13（6）, 877-888.

［76］Binsbergen, J., J. Fernández-Villaverde, R. Koijen and J. Rubio-Ramirez, 2008, "Working with Epstein-Zin Preferences: Computation and Likelihood Estimation of DSGE Models with Recursive Preferences", Mimeo, University of Pennsylvania.

［77］Binsbergen, V., H., J. Fernandez-Villaverde, R. Koijen and J. Rubio-Ramirez, 2012, "The Term Structure of Interest Rates in a DSGE Model with Recursive Preferences", Journal of Monetary Economics, 59（7）, 634-648.

［78］Black, R., D. Laxton, D. Rose and R. Tetlow, 1994, "The Bank of Canada's New Quarterly Projection Model: The Steady-State Model（SSQPM）", Bank of Canada Technical Report No.72.

［79］Blake, A. and T. Kirsanova, 2006, "Monetary and Fiscal Policy Interactions: Optimal Delegation and the Value of Leadership", Mimeo.

［80］Blanchard, O. and C. Kahn, 1980, "The Solution of Difference Equations under

Rational Expectations", *Econometrica*, 48, 1305-1311.

[81] Blanchard, O., 1985, "Debt, Deficits and Finite Horizons", *Journal of Political Economy*, 98, 223-247.

[82] Blanchard, O. and S. Fischer, 1989, *Lectures on Macroeconomics*, MIT Press.

[83] Blanchard, O. and D. Quah, 1989, "The Dynamic Effect of Aggregate Demand and Supply Disturbances", *American Economic Review*, 79, 655-673.

[84] Boivin, J. and M. Giannoni, 2006, DSGE Models in a Data-Rich Environment, NBER Working Papers 12772.

[85] Boucekkine, R., 1995, "An Alternative Methodology for Solving Nonlinear Forward-looking Models", *Journal of Economic Dynamics and Control*, 19, 711-734.

[86] Brainard, W., 1967, "Uncertainty and the Effectiveness of Policy", *American Economic Review*, 58, 411-425.

[87] Brock, A., 1990, "Overlapping Generations Models with Money and Transactions Costs", *Handbook of Monetary Economics*, Vol. 1, eds. by B. Friedman and F. Hahn, North-Holland, 263-295.

[88] Buiter, W., 2002, "The Fiscal Theory of the Price Level", *The Economic Journal*, 112, 459-480.

[89] Burnside, C. and M. Eichenbaum, 1996 "Small Sample properties of GMM-based Wald Tests", *Journal of Business and Economic Statistics*, 14, 294-308.

[90] Buiter, W., 2003, "Ten Commandments for a Fiscal Rule in the EMU", *Oxford Review of Economic Policy*, Vol.19, No.1, 84-99.

[91] Caballero, R. and E. Engel, 1999, "Explaining Investment Dynamics in U.S. Manufacturing: a Generalized (S,s) Approach", *Econometrica*, 67, 783-826.

[92] Calvo, G., 1983, "Staggered Prices in Utility Maximizing Framework," *Journal of Monetary Economics*, 12, 383-398.

[93] Calvo, G. and F. Mishkin, 2003, "The Mirage of Exchange Rate Regimes for Emerging Market Countries", *Journal of Economic Perspectives*, 17, 99-118.

[94] Canzoneri, M., R. Cumby and B. Diba, 2001, "Is the Price Level Determined

by the Needs of Fiscal Solvency?", *The American Economic Review*, 91（5）, 1221-1238.

［95］ Canova, F., 1994, "Statistical Inference in Calibrated Models", *Journal of Applied Econometrics*, 9, 123-144.

［96］Canova, F., 1995a, "Sensitivity Analysis and Model Evaluation in Simulated Dynamic General Equilibrium Economies", *International Economic Review*, 36, 477-501.

［97］Canova, F., 1995b, "VAR Models: Specification, Estimation, Inference and Forecasting", in H. Pesaran and M. Wickens（eds.）, *Handbook of Applied Econometrics*, Ch.2, Blackwell, Oxford, UK.

［98］Canova, F., 1995c, "The Economics of VAR Models", in K. Hoover（eds.）, *Macroeconometrics: Tensions and Prospects*, Kluwer Press, NY.

［99］Canova, F., 2007, *Methods for Applied Macroeconomic Research*, Princeton University Press.

［100］ Canova, F., 2008, "Bridging DSGE Models and the Data", Manuscript.

［101］Canova, F., M. Finn and A. Pagan, 1994, "Evaluating a Real Business Cycle Model", in C. Hargreaves（eds.）, *Nonstationary Time Series Analyses and Cointegration*, Oxford University Press.

［102］ Canova, F. and De Nicolo, 2002, "Money Matters for Business Cycle Fluctuations in the G7", *Journal of Monetary Economics*, 49, 1131-1159.

［103］ Canova, F. and J. Pina, 2005, "Monetary Policy Misspecification in VAR models", in C. Diebolt, and C. Krystou（eds.）, *New Trends In Macroeconomics*, Springer Verlag.

［104］ Canova, F., and F. Ferroni, 2009, "Multiple Filtering Device for the Estimation of DSGE Models", Manuscript.

［105］ Caplin, A. and J. Leahy, 1991, "State-Dependent Pricing and the Dynamics of Money and Output", *Quarterly Journal of Economics*, 106, 683-708.

［106］ Caplin, A. and J. Leahy, 1997, "Aggregation and Optimization with State-Dependent Pricing", *Econometrica*, 65, 601-626.

［107］ Castillo, P., C. Montoro and V. Tuesta, 2006, "An Estimated Stochastic

General Equilibrium Model with Partial Dollarization: A Bayesian Approach", Mimeo, Banco Central de Reserva del Peru.

[108]Cespedes, L., R. Chang and A. Velasco, 2004, "Balance Sheets and Exchange Rate Policy", *American Economic Review*, 94 (4), 1183-1193.

[109] Chadha, J. and C. Nolan, 2004, "Optimal Simple Rules for the Conduct of Monetary and Fiscal Policy", Working Paper CDMA 04/06.

[110] Chadha, J. and C. Nolan, 2007, "Optimal Simple Rules for the Conduct of Monetary and Fiscal Policy", *Journal of Macroeconomics*, 29 (4), 665-689.

[111] Chamberlain, G. and G. Imbens, 2003, "Nonparametric Applications of Bayesian Inference", *Journal of Business Economics and Statistics*, 21, 12-18.

[112]Champ, B. and S. Freeman, 1994, *Modeling Monetary Economies*, New York, John Wiley.

[113]Chari, V., P. Kehoe and E. McGrattan, 2004, "A Critique of Structural VARs Using Business Cycle Theory", Fed of Minneapolis, Working Paper 631.

[114]Chari, V., P. Kehoe. and E. McGrattan, 2008, "Are Structural VAR with Long Run Restrictions Useful for Developing Business Cycle Theory?", *Journal of Monetary Economics*, 55, 1337-1352.

[115] Chernozhukov, V. and H. Hong, 2003, "A MCMC Approach to Classical Estimation", *Journal of Econometrics*, 115 (2), 293-346.

[116] Christensen, I., B. Fung, and C. Meh, 2006, "Modelling Financial Channels for Monetary Policy Analysis", *Bank of Canada Review (Autumn)*, 33-40.

[117] Christiano, L. and M. Eichenbaum, 1992, "Current Business Cycle Theories and Aggregate Labor Market Fluctuations", *American Economic Review*, 82, 430-450.

[118] Christiano, L. and W. den Haan, 1996, "Small Sample Properties of GMM for Business Cycle Analysis", *Journal of Business and Economic Statistics*, 14, 309-327.

[119] Christiano, L., R. Motto and M. Rostagno, 2002, "Banking and Financial Frictions in a Dynamic General Equilibrium Model", Manuscript, Northwestern University.

［120］Christiano，L. and J. Fitzgerard，2003，"The Band Pass Filter"，*International Economic Review*，44，435-465.

［121］Christiano，L.，M. Eichenbaum，and C. Evans，2005，"Nominal Rigidities and the Dynamic Effects of a Shock to Monetary Policy"，*Journal of Political Economy*，133（1），1-45.

［122］Clarida，R.，J. Gali and M. Gertler，2000，"Monetary Policy Rules and Macroeconomic Stability: Evidence and Some Theory"，*Quarterly Journal of Economics*，115，147-180.

［123］Clarida，R.，J. Gali and M. Gertler，2002，"A Simple Framework for International Monetary Policy Analysis"，*Journal of Monetary Economics*，49，879-904.

［124］Cochrane，J.，1998，"A Frictionless View of U.S. Inflation"，*NBER Macroeconomics Annual*，13，323-384.

［125］Cochrane，J.，2001，"Long Term Debt and Optimal Policy in the Fiscal Theory of the Price Level"，*Econometrica*，69，69-116.

［126］Cochrane，J.，2005，"Money as Stock"，*Journal of Monetary Economics*，52，501-528.

［127］Coenen，G. and V. Wieland，2003，"The Zero-Interest Rate Bound and the Role of the Exchange Rate for Monetary Policy in Japan"，*Journal of Monetary Economics*，50，1071-1101.

［128］Cogley，T.，2001，"Alternative Definitions of the Business Cycle and Their Implications for Business Cycle Models: A Reply to Torben Mark Pederson"，*Journal of Economic Dynamics and Control*，25，1103-1107.

［129］Cogley，T. and J. Nason，1995，"The Effects of the Hodrick and Prescott Filter on Integrated Time Series"，*Journal of Economic Dynamics and Control*，19，253-278.

［130］Coletti，D.，B. Hunt，D. Rose，and R. Tetlow，1996，"The Bank of Canada's New Quarterly Projection Model Part 3: The Dynamic Model: QPM"，Bank of Canada Technical Report No.75.

［131］Coletti，D. and S. Murchison，2002，"Models in Policy Making"，*Bank of*

Canada Review（Summer），19-26.

［132］Collard，F. and M. Juillard，2001a，"Accuracy of Stochastic Perturbation Methods: The Case of Asset Pricing Models"，*Journal of Economic Dynamics and Control*，25，979-999.

［133］Collard，F. and M. Juillard，2001b，"A Higher–Order Taylor Expansion Approach to Simulation of Stochastic Forward-Looking Models with an Application to a Nonlinear Phillips Curve"，*Computational Economics*，17，125-139.

［134］Collard，F.，and M. Juillard，2003，"Stochastic Simulations with DYNARE. A Practical Guide"，CEPREMAP Mimeo.

［135］Cooley，T. and M. Dwyer，1998，"Business Cycle Analysis without Much Theory: A Look at Structural VARs"，*Journal of Econometrics*，83，57-88.

［136］Cooper，R.，2002，"Estimation and Identification of Structural Parameters in the Presence of Multiple Equilibria"，*Les Annales de Economie et Statistique*，6，1-25.

［137］Cooper，R.，J. Haltiwanger，2006，"On the Nature of Capital Adjustment Costs"，*Review of Economic Studies*，73，611-633.

［138］Corsetti，G. and N. Roubini，1993，"The Design of Optimal Fiscal Rules for Europe After 1992"，in Torres，F. and F. Giavazzi（eds.），*Adjustment and Growth in the European Monetary Union*，Cambridge University Press.

［139］Côté，D.，J. Kuszczak，J. Lam，Y. Liu and P. St-Amant，2002，"The Performance and Robustness of Simple Monetary Policy Rules in Models of the Canadian Economy"，Bank of Canada Technical Report No. 92.

［140］Craine，R.，1979，"Optimal Monetary Policy with Uncertainty"，*Journal of Economic Dynamics and Control*，1，59-83.

［141］Creel，J.，2005，"Discretionary Policy Interactions and the Fiscal Theory of the Price Level: A SVAR Analysis on French Data"，OFCE Working Paper No. 2005-12.

［142］Correia，I.，J. Neves and S. Rebelo，1995，"Business Cycles in Small Open Economies"，*European Economic Review*，39，1089-1113.

［143］Creel，J. and H. Bihan，2006，"Using Structural Balance Data to Test the Fiscal

Theory of the Price Level: Some International Evidence", *Journal of Macroeconomics*, 28, 338-360.

［144］Cristadoro, R., A. Gerali, S. Neri and M. Pisani, 2006, "Estimating Open-Economy DSGE Models", Presentation at the Workshop "Practical Issues in DSGE Modelling" Held by Bank of Finland, June 2006.

［145］Cushing, M., 1999, "The Indeterminacy of Prices under Interest Rate Pegging: the Non-Ricardian Case", *Journal of Monetary Economics*, 44, 131-148.

［146］Davig, T. and E. Leeper, 2005, "Fluctuating Macro Policies and the Fiscal Theory", NBER Working Paper No.11212.

［147］Davig, T., E. Leeper and H. Chung, 2004, "Monetary and Fiscal Policy Switching", NBER Working Paper No.10362.

［148］Debortoli, D. and R. Nunes, 2011, "Monetary Regime Switches and Unstable Objectives", International Finance Discussion Papers 1036, Board of Governors of the Federal Reserve System.

［149］DeJong, D., B. Ingram and C. Whiteman, 1996, "Beyond Calibration", *Journal of Business and Economic Statistics*, 14, 1-10.

［150］DeJong, D.and C. Dave, 2007, *Structural Macroeconometrics*, Princeton University Press.

［151］Del Negro, M. and F. Schorfheide, 2003, "Take your Model Bowling: Forecasting with General Equilibrium Models", *Federal Reserve Bank of Atlanta Economic Review*, 35-50.

［152］Del Negro, M. and F. Schorfheide, 2004a, "Priors from General Equilibrium Models for VARs", *International Economic Review*, 45（2）, 643-673.

［153］Del Negro, M. and F. Schorfheide, 2004b, "Policy Predictions if the Model doesn't Fit", Federal Reserve Bank of Atlanta Working Paper 2004-38.

［154］Den Haan, J. and A. Marcet, 1994, "Accuracy in Simulations", Review of Economic Studies, 61, 3-17.

［155］Den Haan, J. and J. De Wind, 2012, "Nonlinear and Stable Perturbation-Based

Approximations", Journal of Economic Dynamics and Control, 36（10）, 1477-1497.

［156］Dennis, R., 2007, "Optimal Policy in Rational Expectations Models: New Solution Algorithms", Macroeconomic Dynamics, 11 （1）, 31-55.

［157］Diamond, P., 1965, "National Debt in a Neoclassical Debt Model", *Journal of Political Economy*, 55, 1126-1150.

［158］Don, F. and G. Gallo, 1987, "Solving Large Sparse Systems of Equations", *Journal of Forecasting*, 6, 167-180.

［159］Döpke, J., M. Funke, S. Holly and S. Weber, 2008, "The Cross-Section of Output and Inflation in a Dynamic Stochastic General Equilibrium Model with Sticky Prices", *Cambridge Working Papers in Economics 0853*, University of Cambridge.

［160］Dotsey, M. R. King and A. Wolman, 1999, "State Dependent Pricing and the General Equilibrium Dynamics of Money and Output", *Quarterly Journal of Economics*, 114, 655-690.

［161］Doucet. A., N. Freitas and N. Gordon, 2001, *Sequential Monte Carlo Methods in Practice*, Springer Verlag.

［162］Dridi, R., A. Guay and E. Renault, 2007, "Indirect Inference and Calibration of Dynamic Stochastic General Equilibrium Models", *Journal of Econometrics*, 136, 397-430.

［163］Duff, I., A. Erisman and J. Reid, 1986, *Direct Methods for Sparse Matrices*, Oxford University Press, Oxford, UK.

［164］Duffie, D. and K. Singleton, 1993, "Simulated Monment Estimation of Markov Models of Asset Prices", *Econometrica*, 61, 929-952.

［165］Duffy, J. and P. McNelis, 2001, "Approximating and Simulating the Stochastic Growth Model: Parameterized Expectations, Neural Networks, and the Genetic Algorithm", Journal of Economic Dynamics and Control, 25（9）, 1273-1303.

［166］Dupor, B., 2002, "Nominal Price Versus Asset Price Stabilization", Manuscript, University of Pennsylvania.

［167］Edge, R., M. Kiley and J. Laforte, 2005, "An Estimated DSGE Model of the

US Economy", Manuscript, Board of Governors of the Federal Reserve System.

［168］Eggertsson, G., 2006a, "The Deflation Bias and Committing to being Irresponsible", *Journal of Money*, Credit and Banking, 36（2）, 283-322.

［169］Eggertsson,G., 2006b, "Fiscal Multipliers and Policy Coordination", Federal Reserve Bank of New York Staff Reports, No.241.

［170］Eggertsson, G. and M. Woodford, 2003, "The Zero Interest-Rate Bound and Optimal Monetary Policy", *Brookings Papers on Economic Activity*, 1, 139-211.

［171］Eggertsson, G. and M. Woodford, 2004, "Optimal Monetary and Fiscal Policy in a Liquidity Trap", NBER Working Papers No. 10840.

［172］Erceg, C., L. Guerrieri and C. Gust, 2005, "SIGMA: A New Open Economy Model for Policy Analysis", International Finance Discussion Papers No.835, Board of Governors of the Federal Reserve System.

［173］Evans, G. and S. Honkapohja, 2004, "Policy Interaction, Learning and the Fiscal Theory of Prices", Manuscript, University of Oregon.

［174］Evers, M., 2010, "A Self-Consistent Perturbation Procedure For Solving Dynamic Stochastic General Equilibrium Models", Mimeo, Institute für Internationale Wirtschaftspolitik, Bonn University.

［175］Fair, R. and J. Taylor, 1983, "Solution and Maximum Likelihood Estimation of Dynamic Nonlinear Rational Expectations Models", *Econometrica*, 51, 1169-1186.

［176］Farmer, R., 2007, "Aggregate Demand and Supply", NBER Working Paper No. 13406.

［177］Farmer, R., D. Waggoner and T. Zha, 2006a, "Minimal State Variable Solutions to Markov-Switching Rational Expectations Models", Mimeo, Federal Reserve Bank of Atlanta.

［178］Farmer, R., D. Waggoner and T. Zha, 2006b, "Indeterminacy in a Forward Looking Regime Switching Model", Mimeo, Federal Reserve Bank of Atlanta.

［179］Faust, J., 1998, "On the Robustness of Identified VAR Conclusions about Money", *Carnegie-Rochester Conference Series on Public Policy*, 49, 207-244.

［180］Faust，J. and E. Leeper，1997，"Do Long Run Restrictions Really Identify Anything?"，*Journal of Business and Economic Statistics*，15，345-353.

［181］Fernandez-Villaverde，J. and J. Rubio-Ramirez，2004，"Comparing Dynamic Equilibrium Models to Data: a Bayesian approach"，*Journal of Econometrics*，123（1），153-187.

［182］Fernández-Villaverde，J. and J. Rubio-Ramírez，2005，"Estimating Dynamic Equilibrium Economies: Linear versus Nonlinear Likelihood"，*Journal of Applied Econometrics*，20，891-910.

［183］Fernandez-Villaverde，J. and J. Rubio-Ramirez，2006，"Solving DSGE Models with Perturbation Methods and a Change of Variables"，*Journal of Economic Dynamics and Control*，30，2509-2531.

［184］Fernandez-Villaverde，J. and J. Rubio-Ramirez，2007，"Estimating Macroeconomic Models: A Likelihood Approach"，*Review of Economic Studies*，74（4），1059-1087.

［185］Fernandez-Villaverde，J. and J. Rubio-Ramirez，2008，"How Structural are Structural Parameters?"，*NBER Macroeconomics Annual 2007*，83-137.

［186］Fernández-Villaverde，J.，J. Rubio-Ramírez and M.S. Santos，2006，"Convergence Properties of the Likelihood of Computed Dynamic Models"，*Econometrica*，74，93-119.

［187］Fernández-Villaverde，J.，P. Guerrón-Quintana and J. Rubio-Ramírez，2008，The New Macroeconometrics: A Bayesian Approach，in A. Hagan and M. West（eds.），*Handbook of Applied Bayesian Analysis*，Oxford University Press.

［188］Ferrero，A.，2005，" Fiscal and Monetary Rules for a Currency Union"，Mimeo，New York University.

［189］Fialho，M. and M. Portugal，2005，"Monetary and Fiscal Policy Interactions in Brazil: An Application of the Fiscal Theory of the Price Level"，UFRGS Working Paper.

［190］Fisher，P.，1992，*Rational Expectations in Macroeconomic Models*，Kluwer Academic Publishers，Dordrecht，Netherlands.

［191］Fisher，J.，2006，"The Dynamic Effects of Neutral and Investment-Specific Technology Shocks"，*Journal of Political Economy*，114，413-452.

［192］Fragetta，M. and T. Kirsanova，2007，"Strategic Monetary and Fiscal Policy Interactions: An Empirical Investigation"，Mimeo.

［193］Friedman，M.，1969，*The Optimum Quantity of Money and Other Essays*，Chicago，Aldine Publishing Company.

［194］Fujiwara I.，N. Hara，Y. Hirose and Y. Teranishi，2004，"The Japanese Economic Model: JEM"，Bank of Japan Working Paper No.04-E-3.

［195］Fukac，M. and A. Pagan，2006，"Issues in Adopting DSGE Models for Use in the Policy Process"，CAMA Working Papers 2006-10，Centre for Applied Macroeconomic Analysis，Australian National University.

［196］Fukac，M. and A. Pagan，2008，"Limited Information Estimation and Evaluation of DSGE Models"，Reserve Bank of New Zealand Discussion Paper Series DP2008/11.

［197］Furher，J.，J. Moore and S. Schuh，1995，"Estimating the Linear Quadratic Inventory Model，ML vs GMM"，*Journal of Monetary Economics*，35，115-157.

［198］Gagnon，J.，1990，"Solving the Stochastic Growth Model by Deterministic Extended Path"，Journal of Business and Economic Statistics，8（1）:35-36.

［199］Galeson，D.，2007，*Old Masters and Young Geniuses: The Two Life Cycles of Artistic Creativity*，Princeton University Press.

［200］Gali，J. and M. Gertler，1999，"Inflation Dynamics: A Structural Econometric Analysis"，*Journal of Monetary Economics*，44，195-222.

［201］Gali，J. and T. Monacelli，2005，"Optimal Fiscal Policy in a Monetary Union"，*Proceedings Journal*，Federal Reserve Bank of San Francisco.

［202］Gaspar，J. and K. Judd，1997，"Solving Large-Scale Rational-Expectations Models"，Macroeconomic Dynamics，1（1），45-75.

［203］Gelfand，A. and D. Day，1994，"Baysian Model Choice: Asymptotics and Exact Calculations"，*Journal of the Royal Statistical Society*，Series B，56，501-514.

[204] Gelman, A., 1996, Inference and Monitoring Convergence, in Gilks, W., S. Richardson and D. Speigelhalter (eds.), *Markov Chain Monte Carlo in Practice*, Chapman & Hall, New York.

[205] Gertler, M., S. Gilchrist and F. Natalucci, 2003, "External Constraints on Monetary Policy and the Financial Accelerator", NBER Working Paper No.10128.

[206] Geweke, J., 1992, "Evaluating the Accuracy of Sampling-Based Appraoches to the Calculation of Posterior Moments", in Bernardo, et., eds., *Baysian Statistics*, 4, Clarendon Press, Oxford.

[207] Geweke, J., 1993, "Bayesian Treatment of the Independent Student-t LinearModel", *Journal of Applied Econometrics*, 8, 19-40.

[208] Geweke, J., 1994, "Priors for Macroeconomic Time Series and Their Application", *Econometric Theory*, 10, 609-632.

[209] Geweke, J., 1999, "Using Simulation Methods for Bayesian Econometric Models: Inference, Development and Communication", *Econometric Review*, 18 (1), 1-126.

[210] Ghosh, J. and R. Ramamoorthi, 2003, *Bayesian Nonparametrics*. Springer Verlag.

[211] Giannoni, P., 2002, "Does Model Uncertainty Justify Caution? Robust Optimal Monetary Policy in a Forward-looking Model", *Macroeconomic Dynamics*, 6, 111-144.

[212] Giannoni, M. and M. Woodford, 2003, "Optimal Inflation Targeting Rules", NBER Working Paper No. 9939.

[213] Gilchrist, S., 2003, "Financial Markets and Financial Leverage in a Two-Country Word-Economy", Central Bank of Chile Working Paper No.228.

[214] Gilchrist, S., J. Hairault and H. Kempf, 2002, "Monetary Policy and the Financial Accelerator in A Monetary Union", European Central Bank Working Paper No.175.

[215] Gilli, M. and G. Pauletto, 1998, "Krylov Methods for Solving Models with

Forward-looking Variables", *Journal of Economic Dynamics and Control*, 22, 1275-1289.

[216] Giordani, P. and P. Söderlind, 2004, "Solution of Macromodels with Hansen-Sargent Robust Policies: Some extensions", *Journal of Economic Dynamics and Control*, 28, 2367-2397.

[217] Gomme, P. and P. Klein, 2011, "Second-Order Approximation of Dynamic Models without the Use of Tensors", Journal of Economic Dynamics and Control, 35(4), 604-615.

[218] González, L. and P. Martínez, 2004, "Central Bank Independence: Taylor Rule and Fiscal Policy", *Documentos de trabajo de la Facultad de Ciencias Económicas y Empresariales 04-01*, Universidad Complutense de Madrid.

[219] Gorodnichenko, Y. and Ng. Serena, 2009, "Estimation of DSGE Models When the Data are Persistent", NBER Working Papers No.15187.

[220] Gosselin, M. and R. Lalonde, 2005, "MUSE: The Bank of Canada's New Projection Model of the U.S. Economy", Bank of Canada Technical Report No.96.

[221] Gourieroux, C., A. Monfort and E. Renault, 1993, "Indirect Inference", *Journal of Applied Econometrics*, 8, 85-118.

[222] Gourieroux, C. and A. Monfort, 1995, "Testing, Encompassing and Simulating Dynamic Econometric Models", *Econometric Theory*, 11, 195-228.

[223] Gourieroux, C. and A. Monfort, 1996, *Simulation-Based Econometric Methods*, Oxford University Press.

[224] Greenwood, J., Z. Herkowitz and P. Krusell, 1997, "Long-Run Implications of Investment-Specific Technological Change", *American Economic Review*, 87, 342-362.

[225] Greenwood, J., Z. Herkowitz and P. Krusell, 2000, "The Role of Investment-Specific Technological Change in the Business Cycle", *European Economic Review*, 44, 91-115.

[226] Gregory, A. and G. Smith, 1993, "Calibration in Macroeconomics", in G. Maddala, (eds.), *Handbook of Statistics*, Vol. 11, Elsevier Science, Amsterdam, North Holland.

［227］Guerrón-Quintana，P.，2008，What You Match does Matter: The Effects of Data on DSGE Estimation，Mimeo，North Carolina State University.

［228］Guo，J. and S. Harrision，2004，"Balanced-Budget Rules and Macroeconomic Stability"，*Journal of Economic Theory*，119，357-363.

［229］Hall，A.，1992，"Some Aspects of Generalized Method of Moment Estimators"，in G. Maddala，C. Rao and H. Vinod（eds.），*Handbook of Statistics*，Vol. 11，Elsevier Science，Amsterdam，North Holland.

［230］Hall，A. and A. Sen，1999，"Structural Stability testing in Models Estimated by GMM"，*Journal of Business and Economic Statistics*，17（3），335-348.

［231］Hall，R.，1997，"Macroeconomic Fluctuations and the Allocation of Time"，*Journal of Labor Economics*，15，223-250.

［232］Hamilton，J.，1994，*Applied Time Series Analysis*，Princeton University Press.

［233］Hansen，L.，1982，"Large Sample Properties of GMM Estimators"，*Econometrica*，50，1029-1054.

［234］Hansen，L. and R. Hodrick，1980，"Forward Exchange Rates as Optimal Predictors of Future Spot Rates: An Econometric Analysis"，*Journal of Political Economy*，88，829-853.

［235］Hansen，L. and K. Singleton，1982，"Generalized Instrumental Variables Estimation of Nonlinear Rational Expectations Models"，*Econometrica*，50，1269-1286.

［236］Hansen，L. and T. Sargent，1991，"Two Difficulties in Interpreting Vector Autoregressions"，in Hansen，L. and T. Sargent（eds.），*Rational Expectations Econometrics*，Westview Press: Boulder & London.

［237］Hansen，L. and T. Sargent，2001，"Acknowledging Misspecification in Macroeconomic Theory"，*Review of Economic Dynamics*，4，519-535.

［238］Hansen，L. and T. Sargent，2002，*Robust Control and Economic Model Uncertainty*，Manuscript，Stanford University.

［239］Hansen，L. and T. Sargent，2004，*Misspecification in Recursive Macroeconomic Theory*，Manuscript，University of Chicago and New York University.

［240］Hansen，L. and T. Sargent，2007，*Robustness*，Princeton University Press.

［241］Hansen，L. and R. Jagannathan，1991，"Implications of Security Market Data for Models of Dynamic Economies"，*Journal of Political Economy*，99，225-262.

［242］Hansen，L. and J. Heckman，1996，"The Empirical Foundations of Calibration"，*Journal of Economic Perspective*，10，87-104.

［243］Hansen，L.，J. Heaton，J. Lee，and N. Roussanov，2007，"Intertemporal Substitution and Risk Aversion"，in J. Heckman and E. Leamer（eds.），*Handbook of Econometrics*，6，3967-4056. North Holland-Elsevier.

［244］Harding，D. and A. Pagan，2006 "Syncronization of Cycles"，*Journal of Econometrics*，132（1），59-79.

［245］Harrison，R.，K. Nikolov，M. Quinn，G. Ramsay，A. Scott and R. Thomas，2005，"The Bank of England Quarterly Model"，Bank of England.

［246］Harvey，A.，1989，*Forecasting，Structural Time Series Models and the Kalman Filter*，Cambridge University Press.

［247］Harvey，A. and A. Jeager，1993，"Detrending, Stylized Facts and the Business Cycles"，*Journal of Applied Econometrics*，8，231-247.

［248］Hayashi，F.，2002，*Econometrics*，Princeton University Press.

［249］Hodrick，R. and E. Prescott，1997，"Postwar U.S. Business Cycles：An Empirical Investigation"，*Journal of Money*，Credit，and Banking，29，1-6.

［250］Hornik，K.，M. Stinchcombe and H. White，1989，Multilayer Feedforward Networks are Universal Approximations'，Neural Networks，2，359-366.

［251］Horvath，M.，2008a，"Simple Monetary-Fiscal Targeting Rules"，Center for Dynamic Macroeconomic Analysis Working Paper No. 1.

［252］Horvath，M.，2008b，"The Effects of Government Spending Shocks on Consumption under Optimal Stabilization"，Center for Dynamic Macroeconomic Analysis Working Paper No. 5.

［253］Ireland，P.，2001a，"The Real Balance Effect"，NBER Working Paper No.8136.

［254］Ireland，P.，2001b，"Money's Role in the Monetary Business Cycle"，NBER Working Paper No.8115.

［255］Ireland，P.，2004，"A Method for Taking Models to the Data"，*Journal of Economic Dynamics and Control*，28（6），1205-1226.

［256］Jacquier，E.，M. Johannes and N. Polson，2004，*MCMC Maximum Likelihood for Latent State Models*，Mimeo.

［257］Janssen，N.，C. Nolan and R. Thomas，2002，"Money，Debt and Prices in the UK 1705-1996"，*Economica*，69，461-479.

［258］Jeanfils，P. and K. Burggraeve，2005，"Noname-A New Quarterly Model for Belgium"，National Bank of Belgium Research No.68.

［259］Jeffreys，H.，1961，*Theory of Probability*，3rd edition，Clarendon Press，Oxford.

［260］Johnson，R.，2001，"Fiscal Reaction Rules in Numerical Macro Models"，RWP 010-01，Federal Reserve Bank of Kansas City.

［261］Judd，K.，1992，"Projection Methods for Solving Aggregate Growth Models"，Journal of Economic Theory，58（2），410-452.

［262］Judd，K.，1998，*Numerical Methods in Economics*，The MIT Press，MA，USA.

［263］Judd，K. and S.-M. Guu，1997，"Asymptotic Methods for Aggregate Growth Models"，Journal of Economic Dynamics and Control，21（6），1025-1042.

［264］Juillard，M.，1996，"Dynare: A Program for the Resolution and Simulation of Dynamic Models with Forward Variables through the Use of a Relaxation Algorithm"，CEPREMAP Working Papers 9602，CEPREMAP.

［265］Juillard，M.，1999，"The Dynamical Analysis of Forward-Looking Models"，Analyses in Macroeconomic Modelling（ed.）A. Hallett and P. McAdam，KAP，Chapter 9，207-224.

［266］Juillard，M.，D. Laxton，P. McAdam and H. Pioro，1998，"An Algorithm Competition: First-order Iterations versus Newton-based Techniques"，*Journal of*

Economic Dynamics and Control，22，1291-1318.

［267］Juillard，M. and O. Kamenik，2004，"Solving Stochastic Dynamic Equilibrium Models:a k-Order Perturbation Approach"，Dynare Mimeo.

［268］Juillard，M.，P. Karam，D. Laxton and P. Pesenti，2006，"Welfare-based Monetary Policy Rules in an Estimated DSGE Model of the US Economy"，European Central Bank Working Paper No.613.

［269］Juillard，M. and F. Pelgrin，2007，"Computing Optimal Policy in a Timeless-Perspective：An Application to a Small-Open Economy"，Bank of Canada Working Paper 2007-32.

［270］Justiniano，A. and G. Primiceri，2008，"The Time Varying Volatility of Macroeconomic Fluctuations"，*American Economic Review*，98，604-641.

［271］Kamenik，O.，2005，"Solving DSGE Models: A New Algorithm for the Sylvester Equation"，Computational Economics，25（1），167-187.

［272］Karam，P. and A. Pagan，2008，"A Small Structural Monetary Policy Model for Small Open Economies with Debt Accumulation"，IMF Working Papers 08/64.

［273］Kasa，K.，2001，"A Robust Hansen-Sargent Prediction Formula"，*Economic Letters*，71，43-48.

［274］Kell，M.，2001，"An Assessment of Fiscal Rules in the United Kingdom"，IMF Working Paper No.91.

［275］Kendrick，D.，P. Mercado and H. Amman，2006，Computational Economics，Princeton University Press.

［276］Khan，A.，R. King and A. Wolman，2003，"Optimal Monetary Policy"，*Review of Economic Studies*，70，825-860.

［277］King，R.，C. Plosser and S. Rebelo，2002，"Production，Growth and Business Cycles: Technical Appendix"，*Computational Economics*，20，87-116.

［278］Kilponen，J.，M. Kuismanen.，A. Ripatti and J. Vilmunen，2004，"Aino：A DSGE Model of the Finnish Economy"，Mimeo，Bank of Finland.

［279］Klein，P.，P. Krusell and J. Rios-Rull，2008，"Time Consistent Public Policy"，

Review of Economic Studies，75，789–808.

［280］Kim，S.，2003，"Structural Shocks and the Fiscal Theory of the Price Level"，*Macroeconomic Dynamics*，7，759-782.

［281］Kim，K. and A. Pagan，1994，"The Econometric Analysis of Calibrated Macroeconomic Models"，in Pesaran，H. and M. Wickens（eds.），*Handbook of Applied Econometrics*，Vol.I，London: Blackwell Press.

［282］Kim，J. and H. Kim，2003，"Spurious Welfare Reversals in International Business Cycle Models"，*Journal of International Economics*，60，471-500.

［283］Kim，J.，S. Kim，E. Schaumburg and C. Sims，2008，"Calculating and Using Second-Order Accurate Solutions of Discrete Time Dynamic Equilibrium Models"，Journal of Economic Dynamics and Control，32（11），3397-3414.

［284］Kim，J.，A. Levin and T. Yun，2006，"Relative Price Distortion and Optimal Monetary Policy in Open Economies"，Bank of Korea Working Paper 251.

［285］King，R. and S. Rebelo，1999，"Resuscitating Real Business Cycles"，Chapter 14 in J. Taylor and M. Woodford（eds.），*Handbook of Macroeconomics*，Elsevier: Amsterdam，927-1007.

［286］King，R. and M. Watson，1998，"The Solution of Singular Linear Difference Systems under Rational Expectations"，International Economic Review，39（4），1015-1026.

［287］King，R. and M. Watson，2002，"System Reduction and Solution Algorithms for Singular Linear Difference Systems under Rational Expectations"，Computational Economics，20（1-2），57-86.

［288］Kirsanova，T. and S. Wren-Lewis，2007，"Optimal Fiscal Feedback on Debt in an Economy with Nominal Rigidities"，Federal Reserve Bank of Atlanta Working Paper No. 26.

［289］Kitamura，Y. and M. Stutzer，1997，"An Information-Theoretic Alternative to Generalized Method of Moment Estimation"，*Econometrica*，65，861-874.

［290］Klein，P.，2001，"Using the Generalized Schur Form to Solve a Multivariate

Linear Rational Expectations Model", *Journal of Economic Dynamics and Control*，24，1405-1423.

［291］Klein, P., P. Krusell and J. Rios-Rull, 2008, "Time Consistent Public Policy", Review of Economic Studies, 75, 789–808.

［292］Klenow，P. and O. Kryvtsov，2008，"State-Dependent or Time-Dependent Pricing: Does it Matter for Recent US Inflation?"，*Quarterly Journal of Economics*，123，863-904.

［293］Kocherlakota，N. and C. Phelan，2000，"Explaining the Fiscal Theory of the Price Level"，*Quarterly Review，Federal Reserve Bank of Minneapolis*，23（4），14-23.

［294］Kollmann，R.，2003，"Welfare Maximizing Operational Monetary and Fiscal Policy Rules"，Mimeo，University of Bonn.

［295］Kolsrud，D.，2001，"Simulating Forward-looking Models"，Norges Bank Working Paper 2001/9.

［296］Koop，G.，2007，*Baysian Econometric Methods*，Cambridge University Press.

［297］Kumhof，M. and I. Yakadina，2007，"Politically Optimal Fiscal Policy"，IMF Working Paper No.68.

［298］Künsch，H.，2005，"Recursive Monte Carlo Filters: Algorithms and Theoretical Analysis"，Annals of Statistics，33，1983-2021.

［299］Kydland，F. and E. Prescott，1977，"Rules rather than Discretion：the Inconsistency of Optimal Plan"，*Journal of Political Economy*，85，473-491.

［300］Kydland，F. and E. Prescott，1982，"Time To Build and Aggregate Fluctuations"，*Econometrica*，50，1345-1370 .

［301］Kydland，F. and E. Prescott，1996，"The Computational Experiment: An Econometric Tool"，*Journal of Economic Perspective*，10，69-85.

［302］Lagos，R. and R. Wright，2005，"A Unified Framework for Monetary Theory and Monetary Analysis"，*Journal of Political Economy*，113，463-484.

［303］Lan, H. and A. Meyer-Gohde, 2011, "Solving DSGE Models with a Nonlinear Moving Average"，SFB 649 Discussion Paper 2011-087.

［304］Lan, H. and A. Meyer-Gohde, 2012, "Existence and Uniqueness of Perturbation Solutions to DSGE Models", Dynare Working Paper No. 14.

［305］Lan, H. and A. Meyer-Gohde, 2013a, "Decomposing Risk in Dynamic Stochastic General Equilibrium", SFB 649 Discussion Paper 2013-022.

［306］Lan, H. and A. Meyer-Gohde, 2013b, "Pruning in Perturbation DSGE Models Guidance from Nonlinear Moving Average Approximations", SFB 649 Discussion Paper 2013-024.

［307］Lee, B. and B. Ingram, 1991, "Simulation Estimation of Time Series Models", *Journal of Econometrics*, 47, 197-205.

［308］Leeper, E., 1991, "Equilibria under Active and Passive Monetary Policies", *Journal of Monetary Economics*, 27, 129-147.

［309］Leeper, E., 1993, "The Policy Tango: Toward a Holistic View of Monetary and Fiscal Effects", *Federal Reserve Bank of Atlanta Economic Review*, 78（4）, 1-27.

［310］Leeper, E., 2003, "Fiscal Policy and Inflation: Pondering the Imponderables", *Journal of Investment Management*, 1（2）, 44-59.

［311］Leitemo, K. and U. Söderström, 2004, "Robust Monetary Policy in the New-Keynesian Framework", Working Paper No. 273, IGIER, Università Bocconi.

［312］Leitemo, K. and U. Söderström, 2005, "Robust Monetary Policy in a Small Open Economy", Manuscript, IGIER, Università Bocconi.

［313］Leith, C. and S. Wren-Lewis, 2000, "Interactions Between Monetary and Fiscal Rule", *The Economic Journal*, 110, 93-108.

［314］Leith, C. and S. Wren-Lewis, 2006, "Fiscal Sustainability in a New Keynesian Model", World Economy & Finance Research Program Working Paper Series, WEF 0006.

［315］Levin, T., V. Wieland, and J. Williams, 1999, "Robustness of Simple Monetary Policy Rules under Model Uncertainty", in J. Taylor（eds.）, *Monetary Policy Rules*, Chicago University Press, 263-299.

［316］Levin, T. and J. Williams, 2003, "Robust Monetary Policy with Competing Reference Models", *Journal of Monetary Economics*, 50, 945-975.

［317］Levine，P.，J. Pearlman and R. Pierse，2007，"Monetary Policy Revisited in a Two Bloc DSGE Model"，Presented at the Conference on "Robust Monetary Rules for the Open Economy" at the University of Surrey，September 20-21，2007.

［318］Levine，P.，P. McAdam，and J. Pearlman，2007，"Quantifying and Sustaining the Welfare Gains from Monetary Commitment"，ECB Working Paper No.759.

［319］Levy，Y.，2006，"Financial Dollarization: Evaluating the Consequences"，*Economic Policy*，21，61-118.

［320］Lim，G. and P. McNelis，2008，Computational Macroeconomics for Open Economy，MIT Press，Cambridge，MA.

［321］Linde，J.，2005，"Estimating New Keynesian Phillips Curve: A Full Information Maximum Likelihood"，*Journal of Monetary Economics*，52，1135-1149.

［322］Lippi，M. and L. Reichlin，1993，"The Dynamic Effect of Aggregate Demand and Supply Disturbances: A Comment"，*American Economic Review*，83，644-652.

［323］Lippi，M. and L. Reichlin，1994，"VAR Analysis，Non-Fundamental Representation，Blaschke Matrices"，*Journal of Econometrics*，63，307-325.

［324］Lombardo，G.，2010，"On Approximating DSGE Models by Series Expansions"，European Central Bank Working Paper No.1264.

［325］Lombardo，G. and A. Sutherland，2007，"Computing Second-Order-Accurate Solutions for Rational Expectation Models Using Linear Solution Methods"，Journal of Economic Dynamics and Control，31（2），515-530.

［326］Love，D.，2009，"Accuracy of Deterministic Extended-path Solution Methods for Dynamic Stochastic Optimization Problems in Macroeconomics"，Working Papers 0907，Department of Economics，Brock University.

［327］Loyo，E.，2000，"Tight Money Paradox on the Loose: a Fiscalist Hyperinflation"，Harvard University，Mimeo.

［328］Lubik，T. and F. Schorfheide，2003，"Do Central Banks Respond to Exchange Rate Movements? A Structural Investigation"，Economics Working Paper Archive 505，The Johns Hopkins University，Department of Economics.

［329］Lubick，T. and F. Schorfheide，2004，"Testing for Indeterminacy: An Application to U.S. Monetary Policy"，*American Economic Review*，94，190-217.

［330］Lubik，T. and F. Schorfheide，2005，"A Bayesian Look at New Open Economy Macroeconomics"，Economics Working Paper Archive 521，The Johns Hopkins University，Department of Economics.

［331］Lucas，R.，1976，"Econometric Policy Evaluation: a Critique"，*Carnegie-Rochester Conference Series*，1，19-46.

［332］Lucas，R.，2000，"Inflation and Welfare"，*Econometrica*，68，247-274.

［333］Lucas，R. and N. Stokey，1989，*Recursive Methods in Economic Dynamics*，Harvard University Press.

［334］Marattin，L. and M. Marzo，2008，"A（Un）Pleasant Arithmetic of Fiscal Policy: the Case of Italian Public Debt"，MPRA Paper No.6880，University of Munich，Germany.

［335］Marattin，L. and M. Marzo，2009，"Fiscal Rules in a Highly Distorted Economy"，MPRA Paper No. 11039，University of Munich，Germany.

［336］Marin，J.，2002，"Sustainability of Public Finances and Automatic Stabilization under a Rule of Budgetary Discipline"，European Central Bank Working Paper No.193.

［337］McCallum，B.，1983，"The Role of Overlapping Generations Models in Monetary Economics"，*Carnegie-Rochester Conference Series*，18，9-44.

［338］Marcet，A.，1991，"Time Aggregation of Econometric Time Series "，in Hansen，L. and T. Sargent（eds.），*Rational Expectations Econometrics*，Westview Press: Boulder &London.

［339］Marcet，A. and M. Ravn，2001 "The HP filter in Cross Country Comparisons"，LBS Manuscript.

［340］Martin，V. and A. Pagan，2001，"Simulation Based Estimation of Some Factor Models in econometrics" in R. Mariano，Schuermann and M. Weeks（eds.），*Inference Using Simulation Techniques*，Cambridge University Press.

[341]McCallum, B., 1988, "Robustness Properties of a Rule for Monetary Policy", *Carnegie-Rochester Conference Series on Public Policy*, 29, 173-204.

[342] McCallum, B., 2003a, "Is the Fiscal Theory of the Price Level Learnable?", *Scottish Journal of Political Economy*, 50, 634-649.

[343]McCallum, B., 2003b, "Multiple-Solution Indeterminacies in Monetary Policy Analysis", *Journal of Monetary Economics*, 50, 1153-1175.

[344] McCallum, B. and E. Nelson, 2006, "Monetary and Fiscal Theories of the Price level: the Irreconcilable Differences", NBER Working Paper No.12089.

[345] McFadden, D., 1989, "A Method of Simulated Moments for Estimation of Discrete Response Models Without Numerical Integration", *Econometrica*, 57, 995-1026.

[346] McNelis, P., 2005, Neural Networks in Finance: Gaining Predictive Edge in the Market, Elscvicr Academic Press, Burlington, MA.

[347]Medina, J. and C. Soto, 2005, "Model for Analysis and Simulations(MAS)", Manuscript, Research Department, Central Bank of Chile.

[348]Meyer-Gohde, A., 2010, "Linear Rational-Expectations Models with Lagged Expectations: A Synthetic Method", Journal of Economic Dynamics and Control, 34(5), 984-1002.

[349] Michel, P., L. Thadden and J. Vidal, 2006, "Debt Stabilizing Fiscal Rules", European Central Bank Working Paper No.576.

[350] Mitchel, P., J. Sault and K. Wallis, 2000, "Fiscal Policy Rules in Macroeconomic Models: Principles and Practice", *Economic Modeling*, 17, 171-193.

[351] Monfort, A., 1996, "A Reappraisal of Misspecified Econometric Models", *Econometric Theory*, 12, 597-619.

[352] Moreira, T., G. Souza and C. Almeida, 2007, "Fiscal Theory of the Price Level and the Interaction of Monetary and Fiscal Policies: The Brazilian Case", *Brazilian Review of Econometrics*, 27 (1).

[353] Morley, J., C. Nelson and E. Zivot, 2002, "Why Are Beveridge-Nelson and Unobserved-Component Decompositions of GDP So Different?", University of

Washington Working Paper.

[354] Murchison, S. and A. Rennison, 2006, "ToTEM: The Bank of Canada's New Quarterly Projection Model", Bank of Canada Technical Report No.97.

[355] Muscatelli, V. and P. Tirelle, 2005, "The Interaction of Fiscal and Monetary Policies: Some Evidence Using Structural Econometric Models", Mimeo.

[356] Muth, J., 1961, "Rational Expectations and the Theory of Price Movements", *Econometrica*, 29, 315-335.

[357] Nakamura, E. and J. Steinsson, 2008, "Five Facts About Prices: A Reevaluation of Menu Cost Models", *Quarterly Journal of Economics*, 123, 1415-1464.

[358] Newey, W., 1990, "Efficient Instrumental Variable Estimation of Nonlinear Models", *Econometrica*, 58, 809-837.

[359] Newey, W. and K. West, K., 1987, "A Simple, Positive Semi-Definite, Heteroskedasticity and Autocorrelation Consistent Covariance Matrix", *Econometrica*, 55, 703-708.

[360] Niepelt, D., 2004, "The Fiscal Myth of the Price Level", *The Quarterly Journal of Economics*, 119 (1): 277-300.

[361] Ogaki, M., 1993, "GMM: Econometric Applications", in G. Maddala, C. Rao, and H. Vinod (eds.), *Handbook of Statistics*, Vol. 11, Elsevier Science, Amsterdam, North Holland.

[362] Onatski, A. and J. Stock, 2002, "Robust Monetary Policy under Model Uncertainty in a Small Model of the U.S. Economy", *Macroeconomic Dynamics*, 6, 85-110.

[363] Onatski, A. and N. Williams, 2003, Modeling Model Uncertainty, NBER Working Paper No.9566.

[364] Orphanides, A., 2002, "Monetary Policy Rules and the Great Inflation", *American Economic Review*, 92, 115-120.

[365] Pagan, A., 2005, "Addendum to Report on Modelling and Forecasting at the Bank of England", *Bank of England Quarterly Bulletin (Summer)*, 190-193.

[366] Pagan, A. and Shannon, 1985, "Sensitivity Analysis for Linearized Computable General Equilibrium Models", in J. Piggott and J. Whalley (eds.), *New Developments in Applied General Equilibrium Analysis*, Cambridge: Cambridge University Press.

[367] Pagan, A. and D. Harding, 2002, "Dissecting the Cycle: A Methodological Investigation", *Journal of Monetary Economics*, 49, 365-381.

[368] Pagan, A. and M. Pesaran, 2008, "Econometric Aanalysis of Structural Systems with Permanent and Transitory Shocks", *Journal of Economic Dynamics and Control*, 32 (10), 3376-3395.

[369] Pakes, A. and D. Pollard, 1989, "Simulation and the Asymptotics of Optimization Estimators", *Econometrica*, 57, 1027-1057.

[370] Pappa, E., 2004, "Do the ECB and the Fed Really Need to Cooperate? Optimal Monetary Policy in a Two-Country World", *Journal of Monetary Economics*, 51, 753-779.

[371] Pauletto, G., 1997, *Computational Solution of Large-scale Macroeconometric Models*, Kluwer Academic Publishers, Dordrecht, Netherlands.

[372] Perez, J. and P. Hiebert, 2004 "Identifying Endogenous Fiscal Policies Rules for Macroeconomic Models", *Journal of Policy Modeling*, 26, 1073-1089.

[373] Petre, C., 2007, "An Estimated New Keynesian Model for Romania", *Journal for Economic Forecasting*, Institute for Economic Forecasting, 4 (4), 114-123.

[374] Petre, C., 2008a, "Forecasting Romanian GDP Using a Small DSGE Model", *Journal for Economic Forecasting, Institute for Economic Forecasting*, 5 (1), 182-192.

[375] Petre, C., 2008b, "An Analysis Of Domestic and External Shocks On Romanian Economy Using A DSGE Model", *Journal for Economic Forecasting, Institute for Economic Forecasting*, 5 (3), 100-114.

[376] Philip, L., 2005, "A Small New Keynesian Model of the New Zealand Economy", RBNZ DSGE Workshop, August 2005.

[377] Phillips, P. and W. Ploberger, 1996, "An Asymptotic Theory of Bayesian

Inference for Time Series", *Econometrica*, 64, 381-412.

［378］Pichler, P., 2007, "Forecasting with Estimated Dynamic Stochastic General Equilibrium Models: The Role of Nonlinearities", Vienna Economics Papers 0702, University of Vienna.

［379］Rabanal, P. and J. Rubio-Ramirez, 2005, "Comparing New Keynesian Models of the Business Cycle: A Bayesian Approach", *Journal of Monetary Economics*, 52（6）, 1151-1166.

［380］Ragusa, G., 2006, "Bayesian Likelihoods for Moment Condition Models", Mimeo, UC-Irvine.

［381］Railavo, J., 2004, "Stability Consequences of Fiscal Policy Rules", Bank of Finland Discussion Papers No.1.

［382］Railavo, J., 2005, "Essays on Macroeconomic Effects of Fiscal Policy Rules", Bank of Finland Studies, E33.

［383］Ratto, M., W. Roeger and J. Veld, 2006, "Fiscal Policy in an Estimated Open-Economy Model for the Euro Area", European Commission Economic Papers No.266.

［384］Ravenna, F. and C. Walsh, 2006, "Optimal Monetary Policy with the Cost Channel", *Journal of Monetary Economics*, 53（2）, 199-216.

［385］Ravn, M. and H. Uhlig, 2002, "On Adjusting the HP Filter for the Frequency of Observations", *Review of Economics and Statistics*, 84, 371-375.

［386］Roberds, W., 1987, "Models of Policy under Stochastic Replanning", International Economic Review, 28 （3）, 731-755.

［387］Robert, C., 2001, *The Bayesian Choice（2nd Edition）*, Springer Verlag.

［388］Robert, C. and G. Casella, 2005, *Monte Carlo Statistical Methods（2nd Edition）*, Springer Verlag.

［389］Roberts, G., A. Gelman, and W. Gilks, 1997, "Weak Convergence and Optimal Scaling of Random Walk Metropolis Algorthims", *Annals of Applied Probability*, 7, 110-120.

［390］Rogerson, R. and J. Wallenius, 2007, "Micro and Macro Elasticities in a Life Cycle Model with Taxes", NBER Working Paper No.13017.

［391］Rotemberg, J. and M. Woodford, 1997, "An Optimization Based Econometric Framework for the Evaluation of Monetary Policy," *NBER Macroeconomics Annual 1997*, 297-345.

［392］Ruge, M., 2007 "Methods to Estimate DSGE models", *Journal of Economic Dynamics and Control*, 31, 2599-2636.

［393］Ruge-Murcia, F., 2012, "Estimating Nonlinear DSGE Models by the Simulated Method of Moments", Journal of Economic Dynamics and Control, 36（6）, 914-938.

［394］Sala, L., 2004, "The Fiscal Theory of the Price Level: Identifying Restrictions and Empirical Evidence", IGIER Working Paper No.257.

［395］Samuelson, P., 1958, "An Exact Consumption-loan Model of Interest with or without the Social Contrivance of Money", *Journal of Political Economy*, 66, 467-482.

［396］Sargent, T., 1979, *Macroeconomic Theory*, Academic Press, New York, NY.

［397］Sargent, T., 1987, *Dynamic Macroeconomic Theory*, Harvard University Press.

［398］Sargent, T. and N. Wallace, 1981, "Some Unpleasant Monetarist Arithmetic", *Quarterly Review, Federal Reserve Bank of Minneapolis*, 5（3）, 1-17.

［399］Sargent, T., 1993, Bounded Rationality in Macroeconomics, Oxford University Press, Oxford, UK.

［400］Schaumburg, E. and A. Tambalotti, 2007, "An Investigation of the Gains from Commitment in Monetary Policy", Journal of Monetary Economics, 54（2）, 302-324.

［401］Schennach, S., 2005, "Bayesian Exponentially Tilted Empirical Likeliood", *Biometrika*, 92, 31-46.

［402］Schmitt-Grohe, S. and M. Uribe, 1997, "Balanced-Budget Rules, Distortionary Taxes and Aggregate Instability", *Journal of Political Economy*, 105（5）, 976-1000.

［403］Schmitt-Grohe, S. and M. Uribe, 2004a, "Solving Dynamic General

Equilibrium Models using a Second-order Approximation to the Policy Function", *Journal of Economic Dynamics and Control*, 28（4），755-775.

[404]Schmitt-Grohe, S. and M. Uribe, 2004b, "Optimal Fiscal and Monetary Policy under Sticky Prices", *Journal of Economic Theory*, 114, 198-230.

[405]Schmitt-Grohe, S. and M. Uribe, 2004c, "Optimal Fiscal and Monetary Policy under Imperfect Competition", *Journal of Macroeconomics*, 26, 183-209.

[406] Schmitt-Grohé and M. Uribe, 2004d, "Optimal Simple and Implementable Monetary and Fiscal Rules", CEPR Discussion Papers No.4334 and NBER Working Paper No.10253.

[407]Schmitt-Grohe, S. and M. Uribe, 2006a, "Optimal Simple and Implementable Monetary and Fiscal Rules: Expanded Version", NBER Working Paper No.12402.

[408]Schmitt-Grohe S. and M. Uribe, 2006b, "Optimal Fiscal and Monetary Policy in a Medium-Scale Macroeconomic Model", European Central Bank Working Paper No.612.

[409] Schorfheide, F., 2000, "Loss Function-based Evaluation of DSGE Models", *Journal of Applied Econometrics*, 15（6），645-670.

[410]Showen, J. and J. Whalley, 1992, *Applying General Equilibrium*, Cambridge University Press.

[411] Sims, C. , 1994, "A Simple Model for the Study of the Determination of the Price Level and the Interaction of Monetary and Fiscal Policy", *Economic Theory*, 4, 381-399.

[412]Sims, C., 1996 "Macroeconomics and Methodology", *Journal of Economic Perspectives*, 10, 105-120.

[413] Sims, C., 2001 "Solving Linear Rational Expectations Models", *Computational Economics*, 20, 1-20.

[414] Sims, C., 2002, *Implications of Rational Inattention*, Mimeo, Princeton University.

[415] Sims, C. and T. Zha, 1999, "Error Bands for Impulse Responses",

Econometrica, 67, 1113-1155.

[416] Sims, C. and T. Zha, 2006, "Were There Regime Switches in U.S. Monetary Policy?", *American Economic Review*, 96, 54-81.

[417] Sims, C., J. Stock, and M. Watson, 1990, "Inference in Linear Time Series Models with Some Unit Roots", *Econometrica*, 58, 113-144.

[418] Sirakaya, S., S. Turnovsky and M. Alemdar, 2006, "Feedback Approximation of the Stochastic Growth Model by Generic Neural Networks", Computational Economics, 27 (2), 185-206.

[419] Siu, H., 2004, "Optimal Fiscal and Monetary Policy with Sticky Prices", *Journal of Monetary Economics*, 51, 575-607.

[420] Smets, F. and R. Wouters, 2002, "Openness, Imperfect Exchange Rate Pass-through and Monetary Policy", *Journal of Monetary Economics*, 49, 947-981.

[421] Smets, F. and R. Wouters, 2003, "An Estimated Dynamic Stochastic General Equilibrium Model of the Euro Area", *Journal of the European Economic Association*, 1 (5), 1123-1175.

[422] Smets, F. and R. Wouters, 2007, "Shocks and Frictions in US Business Cycles: A Bayesian DSGE Approach", *American Economic Review*, 97, 586-606.

[423] Smith, A., 1993, "Estimating Nonlinear Time Series Models Using Simulated Vector Autoregressions", *Journal of Applied Econometrics*, 8, 63-84.

[424] Söderlind, P., 1999, "Solution and Estimation of RE Macromodels with Optimal Policy", *European Economic Review*, 43, 813-823.

[425] Söderström, U., 2002, "Monetary Policy with Uncertain Parameters", *Scandinavian Journal of Economics*, 104, 125-145.

[426] Srour, G., 2003, "Some Notes on Monetary Policy Rules with Uncertainty", Bank of Canada Working Paper 2003-16.

[427] Steinsson, J., 2002, "Optimal Monetary Policy in an Economy with Inflation Persistence", Manuscript, Harvard University.

[428] Stock, J. and M. Watson, 1999, "Forecasting Inflation", *Journal of Monetary*

Economics，44（2），292-335.

［429］Stockman，D.，2001，"Balanced-Budget Rules：Welfare Loss and Optimal Policies"，*Review of Economic Dynamics*，4，438-459.

［430］Sutherland，A.，2002，"Incomplete Pass-through and the Welfare Effects of Exchange Rate Variability"，Manuscript，University of St. Andrews.

［431］Svensson，L.，1997，"Inflation Forecast Targeting: Implementing and Monitoring Inflation Targets"，*European Economic Review*，41，1111-1146.

［432］Svensson，L.，1999，"Inflation Targeting as a Monetary Policy Rule"，*Journal of Monetary Economics*，43，607-654.

［433］Svensson，L.，2000，"Open-Economy Inflation Targeting"，*Journal of International Economics*，50，155-183.

［434］Svensson，L.，2003a，"The Inflation Forecast and the Loss Function"，*Central Banking，Monetary Theory and Practice: Essays in Honour of Charles Goodhart*，Volume I，eds. by P. Mizen，Edward Elgar，135-152.

［435］Svensson，L.，2003b，. "What is Wrong with Taylor Rules? Using Judgement in Monetary Policy through Targeting Rules"，*Journal of Economic Literature*，41，426-477.

［436］Svensson，L.，2005，"Monetary Policy with Judgment: Forecast Targeting"，*International Journal of Central Banking*，1，1-54.

［437］Svensson，L. and G. Rudebusch，2002，"Eurosystem Monetary Targeting: Lessons from U.S. Data"，*European Economic Review*，46，417-442.

［438］Taylor，J.，1993，"Discretion versus Policy Rules in Practice"，*Carnegie-Rochester Conference Series on Public Policy*，39，195-214.

［439］Taylor，J.，1999，*Monetary Policy Rules*，Chicago University Press.

［440］Taylor，J. and H. Ulig，1990，"Solving Nonlinear Stochastic Growth Models: A Comparison of Alternative Solution Methods"，Journal of Busyness Economics and Statistics，8（1），1-17.

［441］Theodoridis，K.，2007，"Dynamic Stochastic General Equilibrium（DSGE）

Priors for Bayesian Vector Autoregressive（BVAR）Models: DSGE Model Comparison",
Cardiff Economics Working Papers E2007/15，Cardiff University.

［442］Theil，H.，1958，*Economic Forecasts and Policy*，Amsterdam，North-Holland.

［443］Tinbergen，J.，1952，*On the Theory of Economic Policy*，Amsterdam，North-Holland.

［444］Townsend，R.，1979，"Optimal Contracts and Competitive Markets with Costly State Verification"，*Journal of Economic Theory*，21（2），265-93.

［445］Townsend，R.，1983，"Forecasting the Forecasts of Others"，*Journal of Political Economy*，91，546-588.

［446］Uhlig，H.，1999，"A Methods for Analyzing Nonlinear Dynamic Stochastic Models Easily" in Marimon，R. and A. Scott（eds.），*Computational Methods for the Study of Dynamic Economies*，Oxford University Press.

［447］Wallace，N.，1980，"The Overlapping-Generations Models of Fiat Money"，*Models of Monetary Economies*，eds. by J.H. Kareken and N. Wallace，Federal Reserve Bank of Minneapolis.

［448］Wallace，N.，1983，"A Legal Restrictions Theory of the Demand for 'Money' and the Role of Monetary Policy"，*Federal Reserve Bank of Minneapolis Quarterly Review*，Winter，1-7.

［449］Wallace，N.，2001，"Whither Monetary Economics?"，*International Economic Review*，42，847-869.

［450］Walsh，C.，2003，*Monetary Theory and Policy（2nd Edition）*，The MIT Press，Cambridge，MA.

［451］Walsh，C.，2004，"Robust Optimal Instrument Rules and Robust Control: An Equivalence Result"，Manuscript，University of California，Santa Cruz.

［452］Weil，P.，1989，"Overlapping Families of Infinitely-Lived Agents"，*Journal of Public Economics*，38，183-198.

［453］Weil，P.，1991，"Is Money Net Wealth?"，*International Economic Review*，32（1），37-53.

［454］Woodford，M.，1996，"Control of the Public Debt: a Requirement for Price Stability?"，NBER Working Paper No.5684.

［455］Woodford，M.，1998，"Comment on John Cochrane，A Frictionless View of U.S. Inflation"，*NBER Macroeconomics Annual 13*，400-428.

［456］Woodford，M.，1999，"Inflation Stabilization and Welfare"，NBER Working Paper No.8071.

［457］Woodford，M.，2001，"Fiscal Requirements for Price Stability"，*Journal of Money，Credit and Banking*，33，669-728.

［458］Woodford，M.，2003，*Interest and Prices: Foundations of a Theory of Monetary Policy*，Princeton University Press.

［459］Yu，B. and P. Mykland，1994，"Looking at Markov Samples through CUSUM Path Plots：A Simple Diagnostic Idea"，Technical Report 413，Department of Statistics，University of California at Berkeley.

［460］Zagaglia，P.，2002，"Matlab Implementation of the AIM Algorithm: A Beginner's Guide"，Tech. rept. 169. Universita' Politecnica delle Marche （I），Dipartimento di Economia.

［461］Zagaglia，P.，2005，"Solving Rational-Expectations Models through the Anderson-Moore Algorithm: An Introduction to the Matlab Implementation"，Computational Economics，26（1），91-106.

［462］Zellner，A.，1988，"Optimal Information Processing and Bayes.Theorem"，*American Statistician*，42，278-284.

［463］刘斌：《国内外中央银行经济模型的开发与应用》，北京，中国金融出版社，2003。

［464］刘斌：《高级货币经济学》，北京，中国金融出版社，2008。

［465］刘斌：《货币政策冲击的识别及我国货币政策有效性的实证分析》，载《金融研究》，2001（7），1~9 页。

［466］刘斌：《我国货币供应量与产出、物价间相互关系的实证研究》，载《金融研究》，2002（7），10~17 页。

［467］刘斌：《中央银行经济模型的开发与应用》，载《金融研究》，2003（4），1~12页。

［468］刘斌：《基于优化的 IS-LM-PC 模型在我国的应用》，载《金融研究》，2003（7），37~49页。

［469］刘斌：《最优货币政策规则的选择及在我国的应用》，载《经济研究》，2003（9），3~13页。

［470］刘斌：《最优简单货币政策规则在我国应用的可行性》，载《金融研究》，2003（9），22~38页。

［471］刘斌：《最优前瞻性货币政策规则的设计与应用》，载《世界经济》，2004（4），12~18页。

［472］刘斌：《稳健的最优简单货币政策规则在我国的应用》，载《金融研究》，2006（4），12~23页。

［473］刘斌：《我国 DSGE 模型的开发及在货币政策分析中的应用》，中国人民银行工作论文，2007。

［474］刘斌：《我国 DSGE 模型的开发及在货币政策分析中的应用》，载《金融研究》，2008（10），1~21页。

［475］刘斌：《物价水平的财政决定理论与实证研究》，载《金融研究》，2009（8），35~51页。

［476］刘斌、张怀清：《我国产出缺口的估计》，载《金融研究》，2001（10），69~77页。

［477］刘斌、张怀清：《冲击、经济波动及政策》，载《金融研究》，2002（2），10~20页。

［478］谢平、刘斌：《货币政策规则研究的新进展》，载《金融研究》，2004（2），9~20页。

［479］陈昆亭、龚六堂、邹恒甫：《什么造成了经济增长的波动，供给还是需求：中国经济的 RBC 分析》，载《世界经济》，2004（4），3~11页。

［480］李春吉、孟晓宏：《中国经济波动：基于新凯恩斯主义垄断竞争模型的分析》，载《经济研究》2006（10），72~82页。